桥梁结构温度
计算与控制理论

刘永健 刘 江 著

人民交通出版社

北京

内 容 提 要

温度作用是桥梁结构上一种重要的可变作用形式，其形成机理和计算方法与汽车荷载等其他作用形式截然不同。本书介绍了桥梁温度问题的传热学基础和主要研究方法，揭示了桥梁温度的作用规律，提出了温度作用的基本形式，建立了桥梁施工及运营阶段温度效应的计算理论与控制方法。

本书可供从事桥梁工程设计、施工、科研和管理的相关人员参考，亦可供高等院校相关专业师生使用。

图书在版编目(CIP)数据

桥梁结构温度计算与控制理论 / 刘永健，刘江著.
北京：人民交通出版社股份有限公司，2025.1.
ISBN 978-7-114-19883-0
Ⅰ.U443
中国国家版本馆 CIP 数据核字第 20249C3U26 号

Qiaoliang Jiegou Wendu Jisuan yu Kongzhi Lilun

书　　　名：	桥梁结构温度计算与控制理论
著　作　者：	刘永健　刘　江
责任编辑：	侯蓓蓓　刘永超
责任校对：	龙　雪　魏佳宁
责任印制：	刘高彤
出版发行：	人民交通出版社
地　　　址：	(100011)北京市朝阳区安定门外外馆斜街 3 号
网　　　址：	http://www.ccpcl.com.cn
销售电话：	(010)85285857
总 经 销：	人民交通出版社发行部
经　　　销：	各地新华书店
印　　　刷：	北京市密东印刷有限公司
开　　　本：	787×1092　1/16
印　　　张：	26.5
字　　　数：	486 千
版　　　次：	2025 年 1 月　第 1 版
印　　　次：	2025 年 1 月　第 1 次印刷
书　　　号：	ISBN 978-7-114-19883-0
定　　　价：	149.00 元

(有印刷、装订质量问题的图书，由本社负责调换)

PREFACE 前 言

　　桥梁结构长期处于露天环境,在太阳辐射、日温与年温变化、寒流等环境因素以及混凝土水化放热作用的影响下,结构逐渐形成不均匀温度分布,由此产生的温度应力与变形在桥梁设计荷载中占有很大比重。桥梁分联及约束体系的选择、支座和伸缩装置的选型、无伸缩缝桥梁的设计,以及桥梁施工线形的控制,都离不开对桥梁温度效应的研究。随着我国桥梁建设逐渐向极寒与极热、大温差,以及高原等气候环境特殊地区的推进,温度作用产生的效应可能超过恒载和活载,对桥梁的耐久性与安全运营造成较大的危害,成为结构设计的第一控制作用。

　　本书包含了作者团队 2015 年以来有关桥梁温度作用与效应研究的科研成果,同时也参考了许多国内外研究成果及工程资料,旨在系统地介绍桥梁结构温度的作用规律和作用形式,以及桥梁温度效应的计算理论与控制方法,为桥梁设计和施工阶段的计算提供参考。

　　全书共 8 章。第 1 章对桥梁结构温度问题、研究现状以及本书主要内容进行了概述;第 2 章介绍了温度场分析的传热学基础、桥梁所处的热环境和主要材料的热物理特性;第 3 章对桥梁温度场研究的测试、模拟等主要方法进行了阐述;第 4 章在桥梁温度分布规律的基础上,介绍了国内外规范对桥梁温度分析的基本规定,讨论了运营和施工阶段典型桥梁的均匀温度和温度梯度等作用模式;第 5 章介绍了温度作用的概率特征、气象相关性特性和地域差异性特征,建立了桥梁温度作用取值的方法体系;第 6 章介绍了混凝土梁、钢-混组合梁、桥梁墩柱等主要结构温度效应的实用计算方法;第 7 章建立了桥梁混凝土施工阶段水化热温度问题和桥梁运营阶段日照温度问题的三维精细化模拟方法;第 8 章介绍了

"抗""放""防"等桥梁温度效应控制的基本原理和案例，以及桥梁温度效应的有效利用方法。

在本书撰写过程中，西北农林科技大学张宁副教授和长安大学马志元博士、吕毅博士进行了文稿整理、现场试验、数据分析等工作，长安大学的白永新博士、闫新凯博士、王壮博士等也进行了资料收集和图表绘制等工作，在此谨向他们表示衷心的感谢。撰写过程中，参考了大量的文献资料，在此对相关作者深表谢意。

由于作者水平有限，书中难免有不足之处，恳请读者批评指正。

刘永健　刘江
2023 年 12 月

CONTENTS 目 录

第1章 概述

1.1 桥梁结构的温度问题 ········· 002
   1.1.1 环境温度作用对桥梁的影响 ········· 002
   1.1.2 水化热温度引起的桥梁混凝土开裂 ········· 007
1.2 桥梁结构温度问题的研究现状 ········· 008
   1.2.1 温度场测试与模拟 ········· 008
   1.2.2 温度作用模式与取值 ········· 009
   1.2.3 温度效应计算方法 ········· 009
   1.2.4 温度效应控制措施 ········· 010
   1.2.5 相关规范和标准现状 ········· 010
1.3 温度问题的研究难点 ········· 014
1.4 本书主要内容 ········· 015

第2章 传热学基础与桥梁热环境

2.1 传热学基础 ········· 018
   2.1.1 温度场基本概念 ········· 018
   2.1.2 傅立叶定律与导热微分方程 ········· 020
   2.1.3 导热微分方程求解条件 ········· 022
   2.1.4 热对流 ········· 024
   2.1.5 热辐射 ········· 027
2.2 桥梁热环境 ········· 032

2.2.1　太阳辐射 ⋯⋯⋯⋯⋯⋯⋯⋯⋯⋯⋯⋯⋯⋯⋯⋯⋯⋯⋯⋯⋯⋯⋯⋯⋯⋯⋯⋯ 033
　　2.2.2　气温和风速 ⋯⋯⋯⋯⋯⋯⋯⋯⋯⋯⋯⋯⋯⋯⋯⋯⋯⋯⋯⋯⋯⋯⋯⋯⋯ 042
2.3　混凝土水化理论 ⋯⋯⋯⋯⋯⋯⋯⋯⋯⋯⋯⋯⋯⋯⋯⋯⋯⋯⋯⋯⋯⋯⋯⋯⋯⋯⋯ 047
　　2.3.1　水泥水化热模型 ⋯⋯⋯⋯⋯⋯⋯⋯⋯⋯⋯⋯⋯⋯⋯⋯⋯⋯⋯⋯⋯⋯⋯ 047
　　2.3.2　混凝土绝热温升 ⋯⋯⋯⋯⋯⋯⋯⋯⋯⋯⋯⋯⋯⋯⋯⋯⋯⋯⋯⋯⋯⋯⋯ 052
　　2.3.3　混凝土硬化过程中力学性能的发展 ⋯⋯⋯⋯⋯⋯⋯⋯⋯⋯⋯⋯⋯⋯ 055
2.4　材料的热学特性 ⋯⋯⋯⋯⋯⋯⋯⋯⋯⋯⋯⋯⋯⋯⋯⋯⋯⋯⋯⋯⋯⋯⋯⋯⋯⋯⋯ 057
　　2.4.1　混凝土的热工参数 ⋯⋯⋯⋯⋯⋯⋯⋯⋯⋯⋯⋯⋯⋯⋯⋯⋯⋯⋯⋯⋯ 057
　　2.4.2　钢的热工参数 ⋯⋯⋯⋯⋯⋯⋯⋯⋯⋯⋯⋯⋯⋯⋯⋯⋯⋯⋯⋯⋯⋯⋯ 060

第3章　桥梁温度场研究方法

3.1　桥梁温度场测试 ⋯⋯⋯⋯⋯⋯⋯⋯⋯⋯⋯⋯⋯⋯⋯⋯⋯⋯⋯⋯⋯⋯⋯⋯⋯⋯⋯ 064
　　3.1.1　结构温度传感器 ⋯⋯⋯⋯⋯⋯⋯⋯⋯⋯⋯⋯⋯⋯⋯⋯⋯⋯⋯⋯⋯⋯ 064
　　3.1.2　桥梁温度测试方法 ⋯⋯⋯⋯⋯⋯⋯⋯⋯⋯⋯⋯⋯⋯⋯⋯⋯⋯⋯⋯⋯ 067
　　3.1.3　本研究团队的温度测试 ⋯⋯⋯⋯⋯⋯⋯⋯⋯⋯⋯⋯⋯⋯⋯⋯⋯⋯⋯ 071
3.2　桥梁温度场计算理论 ⋯⋯⋯⋯⋯⋯⋯⋯⋯⋯⋯⋯⋯⋯⋯⋯⋯⋯⋯⋯⋯⋯⋯⋯ 077
　　3.2.1　热传导微分方程简化求解 ⋯⋯⋯⋯⋯⋯⋯⋯⋯⋯⋯⋯⋯⋯⋯⋯⋯⋯ 077
　　3.2.2　热传导分析的有限元理论 ⋯⋯⋯⋯⋯⋯⋯⋯⋯⋯⋯⋯⋯⋯⋯⋯⋯⋯ 079
3.3　基于通用有限元软件的桥梁温度场数值模拟方法 ⋯⋯⋯⋯⋯⋯⋯⋯⋯⋯⋯⋯ 084
　　3.3.1　温度场初值问题 ⋯⋯⋯⋯⋯⋯⋯⋯⋯⋯⋯⋯⋯⋯⋯⋯⋯⋯⋯⋯⋯⋯ 084
　　3.3.2　温度场边界条件 ⋯⋯⋯⋯⋯⋯⋯⋯⋯⋯⋯⋯⋯⋯⋯⋯⋯⋯⋯⋯⋯⋯ 085
　　3.3.3　日照阴影的考虑 ⋯⋯⋯⋯⋯⋯⋯⋯⋯⋯⋯⋯⋯⋯⋯⋯⋯⋯⋯⋯⋯⋯ 089
　　3.3.4　水化热温度场模拟算例 ⋯⋯⋯⋯⋯⋯⋯⋯⋯⋯⋯⋯⋯⋯⋯⋯⋯⋯⋯ 091
　　3.3.5　日照温度场模拟算例 ⋯⋯⋯⋯⋯⋯⋯⋯⋯⋯⋯⋯⋯⋯⋯⋯⋯⋯⋯⋯ 094

第4章　桥梁温度场与温度作用

4.1　温度分布与温度作用 ⋯⋯⋯⋯⋯⋯⋯⋯⋯⋯⋯⋯⋯⋯⋯⋯⋯⋯⋯⋯⋯⋯⋯⋯ 100
　　4.1.1　桥梁温度场分布特性 ⋯⋯⋯⋯⋯⋯⋯⋯⋯⋯⋯⋯⋯⋯⋯⋯⋯⋯⋯⋯ 100
　　4.1.2　温度作用分类 ⋯⋯⋯⋯⋯⋯⋯⋯⋯⋯⋯⋯⋯⋯⋯⋯⋯⋯⋯⋯⋯⋯⋯ 102
　　4.1.3　温度作用的影响因素 ⋯⋯⋯⋯⋯⋯⋯⋯⋯⋯⋯⋯⋯⋯⋯⋯⋯⋯⋯⋯ 107
4.2　国内外桥梁规范关于温度作用的规定 ⋯⋯⋯⋯⋯⋯⋯⋯⋯⋯⋯⋯⋯⋯⋯⋯⋯ 116

  4.2.1 我国:《公路桥涵设计通用规范》(JTG D60—2015)………… 117
  4.2.2 英国:British Standard 5400 ………………………………… 118
  4.2.3 欧洲:Eurocode ……………………………………………… 121
  4.2.4 美国:AASHTO LRFD Bridge Design Specifications ………… 125
  4.2.5 澳大利亚:AS5100.2 ………………………………………… 126
  4.2.6 加拿大:CAN CSA-S6-00 …………………………………… 128
  4.2.7 日本:道路桥示方书Ⅱ编 …………………………………… 129
 4.3 运营阶段桥梁温度分布与作用模式 ……………………………………… 130
  4.3.1 温度梯度作用研究综述 ……………………………………… 130
  4.3.2 日照作用下混凝土箱梁的温度梯度模式 …………………… 132
  4.3.3 寒潮作用下混凝土箱梁的温度梯度模式 …………………… 136
  4.3.4 日照作用下组合梁桥的温度梯度模式 ……………………… 143
  4.3.5 混凝土桥墩/桥塔 …………………………………………… 166
  4.3.6 组合梁斜拉桥的温度作用 …………………………………… 171
 4.4 水化热阶段桥梁温度分布与作用模式 …………………………………… 178
  4.4.1 混凝土箱梁水化阶段的温度分布模式 ……………………… 178
  4.4.2 组合梁桥水化阶段的温度分布模式 ………………………… 186

第5章 温度作用取值理论与方法

 5.1 气象数据在温度作用取值中的应用 ……………………………………… 200
  5.1.1 温度作用取值特点 …………………………………………… 200
  5.1.2 全国历史气象数据 …………………………………………… 200
 5.2 基于气象相关性进行温度作用取值 ……………………………………… 204
  5.2.1 气象相关性取值理论 ………………………………………… 204
  5.2.2 钢-混凝土组合梁桥温度作用的气象相关性公式 ………… 211
 5.3 基于极值分析理论进行温度作用取值 …………………………………… 216
  5.3.1 可靠度与极值分析理论 ……………………………………… 216
  5.3.2 温度作用代表值计算方法 …………………………………… 221
  5.3.3 温度作用代表值计算案例 …………………………………… 228
 5.4 考虑地域差异性进行温度作用取值 ……………………………………… 231
  5.4.1 地域差异性取值方法 ………………………………………… 231

5.4.2　温度作用分区地图案例——混凝土箱梁桥 ……………………… 232
　　5.4.3　温度作用等值线地图案例——钢-混组合梁桥 …………………… 236

第6章　桥梁温度效应实用计算方法

6.1　温度效应的基本问题 …………………………………………………………… 250
　　6.1.1　约束与温度应力 ………………………………………………………… 250
　　6.1.2　温度应力与变形的关系 ………………………………………………… 254
　　6.1.3　温度应力分析的等效荷载法 …………………………………………… 256
6.2　混凝土梁桥的温度应力 ………………………………………………………… 260
　　6.2.1　基于结构力学的温度应力计算方法 …………………………………… 260
　　6.2.2　基于热弹性力学的温度应力计算方法 ………………………………… 266
　　6.2.3　混凝土箱梁桥算例分析 ………………………………………………… 270
6.3　温度梯度作用下混凝土梁桥的温度效应 ……………………………………… 271
　　6.3.1　温度梯度作用模式对温度效应差异的机理分析 ……………………… 271
　　6.3.2　作用效应比例关系 ……………………………………………………… 274
6.4　钢-混组合梁桥的温度效应 ……………………………………………………… 280
　　6.4.1　BS5400的温度效应计算方法 …………………………………………… 280
　　6.4.2　不考虑界面滑移的解析解 ……………………………………………… 282
　　6.4.3　考虑界面滑移的解析解 ………………………………………………… 284
　　6.4.4　关于组合梁温作用引起界面滑移机理的讨论 ………………………… 292
　　6.4.5　组合梁桥算例分析 ……………………………………………………… 294
6.5　桥梁墩柱的温度应力 …………………………………………………………… 305
　　6.5.1　纵向(墩高)的温差应力 ………………………………………………… 305
　　6.5.2　横向(水平)温差应力 …………………………………………………… 306

第7章　桥梁三维温度场和温度效应精细化模拟

7.1　桥梁早龄期混凝土热-力耦合模拟 ……………………………………………… 310
　　7.1.1　早龄期混凝土材料特性的发展 ………………………………………… 310
　　7.1.2　温度、收缩和徐变效应计算方法 ……………………………………… 311
　　7.1.3　基于ABAQUS的早龄期混凝土热-力耦合模拟方法 ………………… 318
7.2　水化热阶段混凝土热-力耦合模拟算例 ………………………………………… 319

         7.2.1 现浇混凝土箱梁水化温度应力分析 ················ 319
         7.2.2 现浇桥面板组合梁早龄期水化温度效应分析 ········ 323
   7.3 基于阴影识别的桥梁三维温度场精细化模拟 ················ 328
         7.3.1 桥梁的日照阴影 ································ 328
         7.3.2 光线追踪法基本原理 ···························· 331
         7.3.3 日照阴影识别的加速算法 ························ 333
         7.3.4 地形遮挡阴影的识别 ···························· 335
         7.3.5 三维温度效应的热-力耦合模拟流程 ·············· 336
   7.4 桥梁日照三维温度效应计算算例 ·························· 338
         7.4.1 超高桥塔 ······································ 338
         7.4.2 双层钢桁梁桥 ·································· 343

第8章　桥梁温度效应控制

   8.1 温度效应控制基本原则 ·································· 348
   8.2 温度效应控制方法——"抗" ······························ 350
         8.2.1 混凝土开裂问题 ································ 350
         8.2.2 混凝土结构抗裂配筋设计 ························ 351
         8.2.3 提高混凝土早期强度 ···························· 356
         8.2.4 新型混凝土材料的使用 ·························· 358
   8.3 温度效应控制方法——"放" ······························ 359
         8.3.1 通过支座与伸缩缝释放温度变形 ·················· 359
         8.3.2 无伸缩缝桥梁的温度变形与释放 ·················· 372
         8.3.3 连续刚构桥的温度变形与释放 ···················· 377
         8.3.4 其他体系和约束的控制措施 ······················ 379
         8.3.5 分段及分块施工方法 ···························· 383
   8.4 温度效应控制方法——"防" ······························ 385
         8.4.1 改善结构外部热交换条件 ························ 385
         8.4.2 改善结构内部热传导条件 ························ 388
   8.5 施工阶段桥梁温度效应控制 ······························ 392
         8.5.1 基于温度效应确定合理的施工时机 ················ 392
         8.5.2 合龙温度与成桥初始内力状态 ···················· 396

8.6 温度效应的有效利用 …………………………………………… 400
　　8.6.1 利用环境温差的桥梁预应力综合加固方法 ………………… 400
　　8.6.2 利用温度效应的梁式桥病害处治方法 ……………………… 401

参考文献

索引

CHAPTER ONE 第1章

概述

1.1 桥梁结构的温度问题

桥梁结构长期处于露天环境,在太阳辐射、日温与年温变化、寒流等多因素的影响下,逐渐形成不均匀温度分布,对桥梁结构的内力影响显著,由此产生的温度应力与变形在桥梁设计荷载中占有很大比重。在太阳辐射强烈的地区,日照温度作用的影响甚至超过恒载和活载成为第一控制作用。桥梁混凝土箱梁、墩台、拱座等混凝土结构在浇筑过程中,水泥水化反应过程产生大量水化热,由此造成的温度不均匀分布同样会导致混凝土表面过早出现裂缝。桥梁温度计算始终是桥梁结构理论研究的基础课题,结构体系和约束体系的选择、桥长分联、无缝桥等新桥型的研发,以及桥梁施工控制等均离不开对桥梁温度问题的研究。

温度作用是桥梁结构全寿命周期内时刻存在的作用形式,其形成的原因和计算方法与常规静、动力荷载截然不同,产生的效应是引起桥梁结构病害的重要原因。自20世纪50年代联邦德国学者在混凝土桥墩裂缝调查分析中认识到温度应力的重要性以来,在美国、德国、新西兰及我国等国家相继出现了因温度作用引起的混凝土桥梁裂损、支座破坏及伸缩缝病害。其中,以混凝土桥梁裂损最为常见,这些裂缝甚至严重影响结构正常使用,且维修加固困难、更新改造费用高,若拆除则既造成浪费,又污染环境。温度效应对桥梁结构的影响远不止于此,20世纪60—70年代,在奥地利和意大利均出现悬臂施工的连续梁桥因施工不当导致温度应力过大发生垮塌的现象。由于桥梁温度引起的病害和破坏逐渐显现,桥梁结构日照温度作用的研究越来越多地引起国内外学者的关注和重视,欧洲和美国的各类桥梁裂缝调查报告中也均涉及对日照温度作用的分析。

随着不同桥梁结构形式和斜拉桥、悬索桥等大跨复杂结构桥梁的逐渐增多,温度作用在钢-混凝土组合梁桥面板开裂和界面损伤、正交异性钢桥面板疲劳、钢管混凝土结构脱黏以及大跨桥梁动力特性等方面的影响亦开始显现。随着我国桥梁建设逐渐向极寒与极热、大温差,以及高原、峡谷山区等气候地理环境特殊、桥梁温度效应严重地区的推进,温度作用及效应计算理论建立的需求十分迫切。

1.1.1 环境温度作用对桥梁的影响

1)桥梁运营阶段

20世纪70年代末,著名桥梁专家弗里茨·莱昂哈特(Fritz Leonhardt)在《混凝土桥梁的裂缝损害——原因及补救》一文中指出"混凝土桥梁上产生的裂损现象,几乎总由温度产生的自应力和约束应力引起,一般在混凝土桥梁施工后 4～10 年内,在气候条件恶劣的时段产生",该文章还提到了混凝土箱梁桥和板梁桥的桥面板表面和梁底的温差可以达到 27～33℃,这是引起混凝土开裂的重要原因。

德国的一座厚腹板箱梁桥在通车第 5 年后产生严重裂缝;新西兰一座高架桥的预应力混凝土箱梁也因日照产生过大的断面温差而导致严重裂损;我国通惠河混凝土连续箱梁桥、九江长江大桥引桥箱梁、漓江二桥箱梁以及某些混凝土空心高桥墩曾发生过较严重的温致裂缝。混凝土箱梁腹板内侧水平裂缝[图 1-1a)]和腹板外侧竖向裂缝[图 1-1b)]均与日照温度效应相关。株洲六盘水铁路复线新响琴峡大桥是一座大跨度预应力混凝土连续梁桥,运营约 2 年后,箱梁腹板内侧下缘出现多处表层混凝土局部空鼓、剥离、掉块、漏筋现象,箱体散布有多处明显裂纹。通过分析发现,在冬季,该桥腹板受日照作用所产生的横向温度梯度板厚最大温差可达 17.5℃,在混凝土箱梁框架作用约束下,箱梁内侧梗腋处的最大拉应力高达 2.34MPa,腹板内侧温度拉应力也在 1.20～1.80MPa,与其他作用叠加后,诱发了混凝土表面的大范围开裂,如图 1-2 所示。

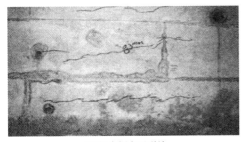
a)腹板内侧水平裂缝

b)腹板外侧竖向裂缝

图 1-1 混凝土桥梁温度裂缝

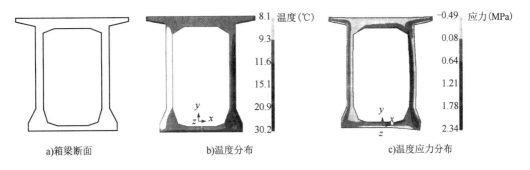

a)箱梁断面   b)温度分布   c)温度应力分布

图 1-2 新响琴峡大桥温度分布与应力分析

桥梁结构受温度变化引起的伸长与缩短需要通过梁底支座和梁端伸缩装置的变形进行释放，以避免产生过大的约束内力。在极端的温度作用下，支座脱空和剪切变形过大、伸缩装置闭合和端部混凝土压碎等病害不断出现（图1-3和图1-4），改变了桥梁原有的受力模式，给桥梁耐久性和安全运营带来了极大的危害。对于曲线连续梁桥，在日照温度作用下往往出现曲线梁体沿径向外侧"爬移"的现象，造成支座反力分布不均匀，甚至出现脱空，增大了梁体倾覆的风险。

a)支座脱空

b)剪切变形过大

图1-3　温度引起的支座破坏

a)伸缩缝闭合

b)伸缩缝破坏

图1-4　温度引起的伸缩缝损坏

2000年6月3日15:30左右，深圳市某立交桥（6跨连续混凝土曲线箱梁桥，如图1-5所示）第3联突然产生向曲线外侧的径向位移和转动，⑤和⑪内侧板式橡胶支座完全脱空，⑦～⑨的单向盆式橡胶支座大部分挤出盘外，当时室外气温高达37℃，其变形之大为国内罕见，媒体报道称"太阳把桥晒跑了"。事后对事故进行调查分析发现，在气温和日照长期反复作用下，梁体中间支承出现了较大的平面累计位移，且边支座⑤、⑩亦出现内侧支座脱空的现象，当梁体位移和转角达到一定值后，支座顶水平方向作用力超过其摩擦阻力，从而发生了突然的整体滑移和转动，如图1-6所示。

2）桥梁施工阶段

20世纪60—70年代，在奥地利和意大利均出现悬臂施工的连续梁桥因施工不当导致温度应力过大发生垮塌的现象。其中，1969年11月6日，奥地利维也纳多瑙河4号桥（4th

Danube Bridge,3 跨连续钢箱梁桥)由于施工时的恒载效应和温度效应叠加,钢箱梁下翼缘压应力过大造成局部失稳,致使桥梁进一步破坏(图 1-7)。1972 年 8 月 29 日晚,意大利的纳维诺桥(Cannavino Viaduct,混凝土 T 形刚构桥)因日照温度作用引起的次内力过大造成了挂篮吊杆内力不均匀分配,进一步引起吊杆断裂,桥梁则在冲击力作用下发生垮塌。

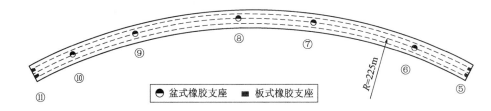

图 1-5 深圳市某 6 跨连续混凝土曲线箱梁桥桥跨布置

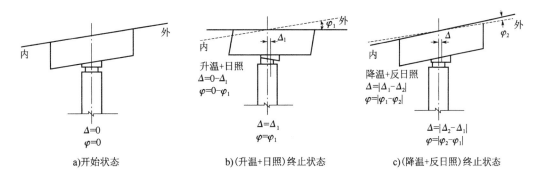

图 1-6 深圳市某 6 跨连续混凝土曲线箱梁桥横向"爬移"破坏过程

Δ-位移;Δ_1-(升温+日照)位移;Δ_2-(降温+反日照)位移;φ-转角;φ_1-(升温+日照)转角;φ_2-(降温+反日照)转角

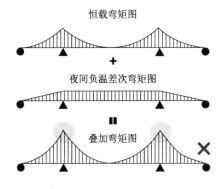

图 1-7 施工恒载和温度效应叠加

2004 年和 2007 年,美国宾夕法尼亚州 I-80 公路和亚利桑那州红山公路的 2 座正在施工的 AASHTO(美国国家公路与运输协会)标准预应力混凝土 Bulb-T 梁桥在架设桥面板前发生倒塌。前者截面高、宽分别为 2.74m 和 0.85m,高宽比为 3.22,后者截面高、宽分别为 1.92m 和 0.79m,高宽比为 2.43,两者均为梁高较大的窄梁。事故是由 1 片主梁的侧向失稳引起的,由此导致的主梁倾覆引发了相邻主梁的连续倒塌。事后分析指出,事故发生的主要原因是主梁一侧受到太阳辐射而迅速升温,产生明显的横向温度梯度造成主梁出现额外的横向变形,这种变形相当于增加了主梁的横向初始缺陷,进而降低了稳定承载力,造成主梁侧向失稳破坏,如图 1-8 所示。

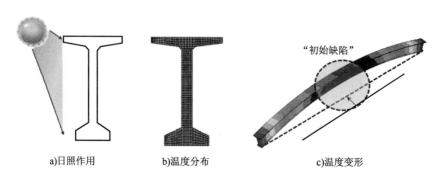

图 1-8　Bulb-T 梁桥施工期间倒塌事故原因分析

对于斜拉桥、悬索桥等超大跨径桥梁,结构形式复杂、施工周期长,施工线形受日照、气温等变化影响显著,若在施工过程中对温度效应考虑不足,施工偏差将不断累积,可能造成主塔或主梁偏离设计的理论线形,导致成桥内力状态产生偏差。除此之外,在施工阶段由于日照升温引起的梁体上拱变化,将导致施工支架的荷载重新分布,很有可能使一些支架杆件超载而引起破坏。对于如桥梁墩柱、桥塔及桁架弦杆等受压的部件,日照温度会引起这些杆件弯曲变形,将变形视为压杆的初始缺陷,会显著降低稳定承载力。随着超大跨径桥梁建设的不断增多,斜拉桥、悬索桥混凝土桥塔高度往往达到 200m 以上,混凝土上横梁浇筑往往需要超高支架的支撑,升温引起的支架变形对桥塔受力的影响亦不可忽视。

3) 试验测试环节

由于桥梁结构处于自然环境条件下,周围环境的温度变化使桥梁结构产生不均匀温度场,埋置在混凝土内部或外贴在钢结构表面上的传感器必然受温度影响,测试结果呈现较大的波动性。为了通过实测方法得到桥梁内部的实际受力状态,需要研究对振弦式、电阻式等传感器的计算结果进行温度修正或温度补偿。

此外,在进行桥梁室外试验或实桥测试时,在进行其他类别数据测试过程中,如车辆荷载识别、结构应变采集时,需要剔除温度作用产生的影响,因此会对试验构件采取遮阳、保温等措施。

1.1.2 水化热温度引起的桥梁混凝土开裂

桥梁混凝土结构受水化热影响会产生开裂,其中受影响最大的是承台、拱座、桥塔、桥墩、尺寸较大的混凝土箱梁等大体积混凝土结构。大体积混凝土以大区段为单位进行施工,施工体积大,水泥水化作用所放出的热量使混凝土内部温度逐渐升高,由此产生的内部热量又不易导出,造成较大的内外温差。随着混凝土龄期的增长,弹性模量的增大,对混凝土内部降温收缩的约束也就越来越大,以致产生很大的拉应力。当混凝土的抗拉强度不足以抵抗这种拉应力时,便开始出现温度裂缝,影响工程质量。

除此之外,现浇桥面板组合梁桥还存在施工阶段明显的水化热温度效应问题,往往在通车前就出现桥面板开裂的现象。桥面板浇筑后混凝土内部发生水化反应,混凝土弹性模量和强度逐渐形成,与此同时会放出大量热量导致短时间内桥面板温度急剧上升,后又逐渐下降。在降温阶段,桥面板体积收缩,且存在明显的干燥收缩,受钢梁约束产生拉应力,由于该阶段弹性模量已逐渐形成,因此,在桥面板上会形成明显的拉应力,加之早龄期混凝土存在明显的收缩和徐变效应,造成桥面板的拉应力要远大于升温阶段储备的压应力,当超过混凝土的抗拉强度时,便引起桥面板开裂。浙江省某双幅分离式八主梁组合梁桥(单幅四主梁)在混凝土浇筑后出现大量裂缝,如图 1-9 所示,墩顶现浇段最大裂缝长度约为 2.1m,裂缝宽度约为 0.26mm;湿接缝处最大裂缝长度为 0.4m,裂缝宽度为 0.19mm。美国新泽西州罗宾斯维尔市一座 2 跨组合梁桥在混凝土浇筑 1 个月后,出现明显的裂缝,其中,正弯矩区主要为横向裂缝,第一跨约有 33 道,平均间距约为 9.4cm,第二跨约有 35 道,平均间距约为 8.9cm;负弯矩区主要为蛛网形裂缝,裂缝长度较大,如图 1-10 所示。

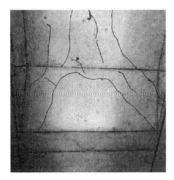
a)墩顶现浇段纵向及斜向裂

b)墩顶现浇段横向裂缝

c)湿接缝裂缝

图 1-9 某双幅分离式组合梁桥施工阶段混凝土桥面板底部开裂

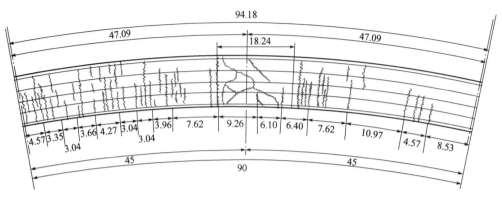

图1-10 美国新泽西州某组合梁桥面板顶部裂缝位置及走向(尺寸单位:m)

1.2 桥梁结构温度问题的研究现状

桥梁温度问题的研究涉及温度场测试与模拟、温度作用模式与取值、温度效应计算方法以及缓解或抵抗温度效应的控制措施等方面。

1.2.1 温度场测试与模拟

目前桥梁温度场测试主要结合桥梁施工监控和桥梁健康监测开展。对于桥梁施工监控,一般测试测点布置相对较少、测试周期短、频率低,且普遍缺少对相应气象数据的同步采集,所积累的温度数据对于桥梁施工有一定作用,但对于全寿命周期温度作用研究和温度效应控制的意义非常有限。与施工监控相同,桥梁健康监测系统也会选择几个特征断面进行桥梁的温度数据采集,不同的是,健康监测系统是高频、长期的采集,且会同步进行桥位气象数据和桥梁变形、应力、加速度等结构响应数据的采集,有助于建立完整的环境参数-桥梁温度场-桥梁温度效应间的联系,美中不足的是,温度测试往往不是健康监测系统的重点,因此,相关的测点数据仍然较少,测试结果难以充分反映桥梁不同部件温度的空间分布特征。亦有学者为了专门研究桥梁温度作用与效应,开展了桥梁实桥或节段模型的长期测试。

在模拟计算方面,早期学者多采用有限差分法或有限单元法自编程序进行计算。随着通用有限元商业软件的逐渐成熟,有限元通用软件如 ABAQUS、ANSYS 等成为桥梁结构温度场数值模拟的首选。桥梁温度场计算的重点是边界条件的确定,主要包括太阳辐射、对流换热和辐射换热的计算。其中,对流换热和辐射换热的计算较为统一,太阳辐射的计算模型种类较多,主要包括 ASHRAE 模型、Hottel 模型和幂指数模型三类,均提供了不同地区、不同条件的经验系数确定方法。其中,美国采暖、制冷和空调工程师学会

(ASHRAE)推荐采用的 ASHRAE 模型是应用最为广泛的晴天辐射模型。

1.2.2 温度作用模式与取值

采用实际的温度场进行设计计算十分不便。国内外规范形成了较为统一的温度作用分类方式，一般将其分为日照温度作用、骤然降温作用和年温变化作用3种类型，分别对应于正、负温度梯度作用和均匀温度作用。均匀温度作用主要根据桥位气温和材料组成进行取值，目前各国规范均提供了相应的取值地图，AASHTO 规范和欧洲结构设计标准(Eurocode)是等值线图，我国则是分区图。对于温度梯度作用，不同形式上部结构(混凝土梁、钢梁、钢-混组合梁)的温度梯度模式应该是不同的，国际主流规范中，目前只有 Eurocode 进行了区分，而我国规范和 AASHTO 则采用了相同的模式。另外，温度梯度作用的取值同样需要考虑桥位的地域差异，目前只有 AASHTO 考虑了地域因素，将美国分为 4 个辐射区进行温度梯度作用的确定，其他规范则采用统一的温度值。值得一提的是，现行的规范都采用了概率极限状态设计法，但是温度作用的取值大部分都不是基于概率统计方法给出的，与现行规范的概率极限状态设计法存在不适配的问题。现有学者的研究也建立了相对成熟的温度作用代表值的概率计算方法。

1.2.3 温度效应计算方法

目前，主流的温度效应计算方法主要分为适用于现行规范设计体系的简化计算方法和适用于精细化分析的三维模拟方法。均匀温度引起的变形和约束内力可以采用结构力学的经典方法进行计算，对于非线性的温度梯度作用，混凝土和钢等同一材料的桥梁的温度自应力和变形已有非常成熟的计算方法，但对于钢-混两种材料的组合结构桥梁的温度效应计算，目前的方法多不考虑界面的滑移，计算结果更偏于保守，这是造成桥面板配筋量增加的重要原因。同时，钢管混凝土拱桥拱肋的截面脱黏、拱肋轴向温差作用下的温度应力和变形计算等尚未形成统一方法。精细化的温度效应多针对复杂特殊结构展开，主要采用了热-力顺序耦合的方法，将三维温度场作为荷载带入力学计算模型，进而计算得到结构的三维应力和变形结果。

图 1-11 所示为简支组合梁在 Eurocode 1 的正温度梯度模式作用下有、无界面滑移时截面温度应力竖向分布对比，界面滑移对组合梁不同位置处温度应力的影响非常显著，在钢梁上翼缘温度应力甚至出现了拉压相反的情况。笔者前期研究表明，不考虑钢梁的非线性温差分布会使计算结果产生一定的偏差，且这种偏差会随着非线性温差的增大而增大。

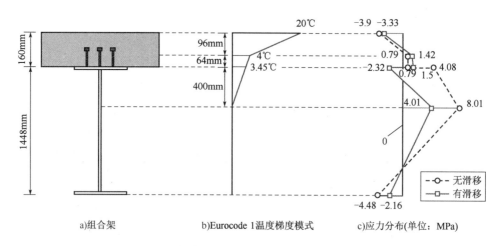

a)组合架 b)Eurocode 1温度梯度模式 c)应力分布(单位：MPa)

图 1-11　滑移对组合梁跨中截面和端部截面温度应力的影响

1.2.4　温度效应控制措施

从原理上来讲,控制温度效应的方法主要分为"抗""放""防"三类。"抗"是采用更高强度的材料来抵抗较大的温度内力;"放"是通过调整桥梁内部约束和外部边界条件的方式,来释放温度产生的变形,从而达到减小温度内力的目的;"防"是通过调整桥梁温度作用的方式来降低温度效应的不利影响。目前,国内外温度效应控制方法的研究主要针对"抗"和"放"展开,通过采取超高性能混凝土(ultra-high performance concrete,UHPC)、密集配筋、纤维增强复合材料(fiber reinforced polymer,FRP)等方法来防止混凝土桥面板开裂,或通过支座和伸缩装置的合理布置与设计,以释放温度内力,对于大跨桥梁施工阶段的线形控制,主要是避开不利的气温环境。目前,对于"防"的方式研究较少,主要通过改变结构内部传热和外部换热的方式来实现。

1.2.5　相关规范和标准现状

国内外桥梁设计、施工相关的一些规范对桥梁结构温度作用及效应计算进行了规定,见表 1-1 和表 1-2。其中,《公路工程结构可靠性设计统一标准》(JTG 2120—2020)中明确了温度作用是桥梁结构上一种重要的可变作用形式,并给出了其在桥梁设计基准期的概率意义。《公路桥涵设计通用规范》(JTG D60—2015)是公路桥梁设计的纲领性规范,其明确了公路桥梁的设计需要考虑均匀温度作用和温度梯度作用2类作用形式,特殊情况下还要考虑横向温度梯度和沥青铺装引起的温度影响。此外,特定桥型的规范也规定了相关的温度作用,如《钢管混凝土拱桥技术规范》(GB 50923—2013)和《公路钢管混凝土拱桥设计规范》(JTG/T D65-06—2015)中钢管混凝土拱肋的温度作用，《公路斜拉桥设计规范》(JTG/T 3365-01—2020)和《公路悬索桥设计规范》(JTG/T D65-05—2015)中塔、梁、索、缆等不同部件间的温差作用等。还有相关的施工规范，如《公路桥涵施工技术规范》(JTG/T 3650—2020)和《大体积混凝土施工标准》(GB 50496—2018)，对施工工艺和施工质量受温度的影响以及相应的温控措施进行了说明。

国内规范中与温度相关的内容　　　　　　表1-1

序号	规范名称	温度相关内容
1	《公路工程结构可靠性设计统一标准》（JTG 2120—2020）	①明确了温度作用是桥梁结构上一种重要的可变作用形式；②在大量调查和统计分析的基础上，提出了明确概率分布类型和统计参数是进行极限概率状态设计法的关键；③温度作用可采用平稳二项随机过程描述
2	《公路桥涵设计通用规范》（JTG D60—2015）	①给出了钢、混凝土等主要材料的线膨胀系数取值；②给出了均匀温度的计算方法和有效温度的分区取值方法；③给出了温度梯度模式的基本形式、取值和适用范围；④给出了宽幅箱梁的横向温度梯度模式；⑤采用沥青铺装的混凝土桥面板必要时考虑铺装的温度影响
3	《公路钢筋混凝土及预应力混凝土桥涵设计规范》（JTG 3362—2018）	①给出了温差变化引起的梁体伸缩量的计算方法；②给出了混凝土连续梁和简支梁的温度应力计算方法
4	《公路钢结构桥梁设计规范》（JTG D64—2015）	①钢桥温度作用模式按《公路桥涵设计通用规范》(JTG D60—2015)选取；②钢材质量等级和冲击韧性根据工作温度和牌号选取
5	《钢管混凝土拱桥技术规范》（GB 50923—2013）	①给出了计算均匀温度作用效应时钢管混凝土的组合线膨胀系数；②提出了钢管混凝土拱肋计算合龙温度的概念，给出了计算公式；③最高和最低有效温度可取当地最高和最低气温
6	《公路钢管混凝土拱桥设计规范》（JTG/T D65-06—2015）	①给出了体系温差效应的计算方法，明确合龙温度取钢管合龙的环境温度；②给出了钢管混凝土单管拱肋、哑铃形拱肋和桁式拱肋的竖向温度梯度曲线和取值
7	《公路斜拉桥设计规范》（JTG/T 3365-01—2020）	①体系温差和主梁温度梯度按《公路桥涵设计通用规范》(JTG D60—2015)执行；②四车道以上宽幅无悬臂主梁，宜考虑横桥向温度梯度作用的影响；③给出了混凝土索塔两侧温度梯度、斜拉索-混凝土塔梁温差和斜拉索-钢主梁温差；④施工中应监测温度对塔、梁线形的影响，并进行修正

续上表

序号	规范名称	温度相关内容
8	《公路悬索桥设计规范》（JTG/T D65-05—2015）	①体系温差和加劲梁温度梯度作用按《公路桥涵设计通用规范》（JTG D60—2015）执行；②四车道以上宽幅无悬臂主梁，宜考虑横桥向温度梯度作用的影响，并给出了横向的温度梯度模式和取值；③给出了混凝土索塔两侧梯度温差可取 ±5℃
9	《铁路桥涵设计规范》（TB 10002—2017）	①给出了钢、混凝土等主要材料的线膨胀系数取值；②给出了钢和混凝土等不同材料构件的有效温度取值方法，其中钢桥应考虑历年极端最高和最低气温，对于混凝土桥，则视构造的式样、尺寸和当地外界气温等条件按"钢筋混凝土、混凝土和砌石矩形截面杆件计算温度图解"确定构件的计算温度；③混凝土结构收缩的影响采用降低温度的方法计算，并给出了不同类型混凝土结构的降温值；④超静定结构挠度、结构横向挠度和钢轨支点处横向相对变形及其他相关变形计算要考虑温度的影响
10	《铁路桥涵混凝土结构设计规范》（TB 10092—2017）	①给出了混凝土箱梁竖向和横向日照温差荷载和降温温差荷载的作用形式和取值方法，以及板厚方向温差分布形式的取值方法；②给出了温度荷载下混凝土箱梁自约束应力和外约束应力（包含横向框架效应的约束弯矩和纵向约束力）的计算方法；③计算降温温差荷载的温度应力时取 0.8 倍受压弹性模量
11	《公路桥涵施工技术规范》（JTG/T 3650—2020）	①给出了大体积混凝土施工时温度控制的相关规定；②规定了冬季施工时，钢筋、预应力筋张拉和混凝土配制、搅拌和养护对温度的要求；③明确了施工监控应该考虑温度作用的影响，监控测量应考虑日照温差和季节性温差的影响；④明确了钢筋、混凝土、缆、索等结构施工工艺对温度的限制条件
12	《大体积混凝土施工标准》（GB 50496—2018）	①规定了大体积混凝土养护温度以及特殊气候条件下施工对温度的要求；②大体积混凝土温度监测与控制方法及要求；③大体积混凝土浇筑体施工阶段的温度应力和收缩应力计算方法；④大体积混凝土浇筑体表面保温层厚度计算方法
13	《大体积混凝土温度测控技术规范》（GB/T 51028—2015）	①大体积混凝土试验温度时间曲线的测定方法和要求；②大体积混凝土结构温度监测的方法和要求；③大体积混凝土温度控制的方法和要求

国外部分规范中与温度相关的内容　　　　　表1-2

序号	规范名称	温度相关内容
1	Eurocode 1：Actions on structures-Part 1-5：General actions—Thermal actions	①明确了桥梁主梁或桥面结构的三类形式：钢桥、组合结构桥梁和混凝土桥梁；②给出了线性温差和非线性温差两类温度梯度模式，分别适用于不同场景的效应计算；③针对三类桥梁形式，给出了不同的温度梯度模式及考虑铺装、板厚等因素的取值表格；④给出了相关气象参数概率意义上的取值方法
2	AASHTO LRFD Bridge Design Specification	①明确了桥梁主梁的两种形式：混凝土桥梁和钢-混凝土组合桥梁；②提出了两种均匀温度取值方法，第一种方法根据气候划分规定均匀温度取值范围；第二种方法通过气象相关性和历史气象数据建立均匀温度等温图，明确了混凝土桥梁和钢-混组合桥梁的均匀温度取值；③提出了统一的竖向温度梯度模式，适用于不同梁高的上部结构，并根据不同辐射强度分区进行温度梯度取值
3	British Standard 5400（简称BS5400）	①明确了桥梁主梁或桥面结构的三类形式：钢桥、组合结构桥梁和混凝土桥梁；②给出了线性温差和非线性温差两类温度梯度模式，分别适用于不同场景的效应计算；③针对三类桥梁形式，给出了不同的温度梯度模式及考虑铺装、板厚等因素的取值表格；④给出了相关气象参数概率意义上的取值方法
4	澳大利亚 AS5100.2	①明确了桥梁主梁的三类形式：混凝土梁或混凝土板梁组合桥梁、混凝土箱梁和钢-混凝土组合桥梁；②根据纬度、海拔以及与海岸线的距离将澳大利亚分为3个区域，并给出了各区域内最高、最低遮阴气温；③桥梁有效温度结合所处地区遮阴气温的大小按表格进行取值；④给出了各桥梁主梁相对应的竖向有效温度梯度模式，以及沿桥面板厚方向的温差，温度梯度及温差大小同样采取分区取值的方法
5	加拿大 CAN CSA-S6-00	①明确了桥梁主梁和桥面结构组合的三类形式：钢桥、组合结构桥梁和混凝土桥梁；②给出了加拿大最高日平均温度和对地日平均温度的等温图，不同上部结构类型所对应的有效温度根据等温图按表取值，同时可根据梁高对取值进行修正；③给出了各桥梁主梁相对应的竖向温度梯度模式，温差取值为固定值
6	日本道路桥示方书Ⅱ编	①明确了桥梁主梁或桥面结构的三类形式：上承式钢桥、下承式钢桥和混凝土桥梁；②均匀温度的取值根据气候类型（寒冷和温和）进行取值；③给出了不同主梁构件间的温差取值以及温差分布

目前，国内尚无针对桥梁温度问题的专门性规范。尽管多部规范都涉及桥梁温度作用与效应相关问题，但规定的方式和精细程度相差较大，有些条文过于简单，对问题解释不足，应用时仍存在争议。如《公路桥涵设计通用规范》（JTG D60—2015）中的负温度梯度模式对组合梁的适用性存疑，且缺少钢箱梁结构的温度梯度模式；有些条文则源于国外的规范，在我国特定气候环境下的适用性有待论证，如《公路桥涵设计通用规范》（JTG D60—2015）中的桥梁竖向温度梯度取值源于 AASHTO 中温度梯度的太阳辐射 2 区的取值，很难完全适用于我国不同气候区域的桥梁结构；针对各类桥梁结构温度作用的差异，规范取值之间还存在兼容性问题，如《钢管混凝土拱桥技术规范》（GB 50923—2013）和《公路钢管混凝土拱桥设计规范》（JTG/T D65-06—2015）两项钢管混凝土拱桥规范中对于有效温度和合龙温度的取值并不统一，尚未形成针对桥梁温度效应统一的分析方法。针对单一作用形式，规范能够更细致、更体系地介绍其对桥梁结构的影响，而随着抗风、抗震、抗撞等规范的相继出台，尚待编制一项系统的桥梁温度作用及效应专门性规范，以便实现在桥梁设计、施工和运营过程中对温度作用与效应影响更为精细的考虑。

1.3 温度问题的研究难点

（1）温度问题的特殊性

刘兴法最早在我国开展了桥梁结构温度作用与效应的研究，他指出，桥梁温度作用有如下 3 个特点：①温度作用产生的应力不再符合简单的胡克定律关系；②温度沿桥梁构件的分布具有典型的非线性特征；③桥梁结构的温度分布及产生的温度应力瞬时变化，具有明显的时间性。以上 3 个特点使得温度效应的计算较其他荷载形式更为复杂。

（2）涉及学科交叉明显

从桥梁结构获取热量的来源、内部传导的方式以及在桥梁上产生的结构应力、变形等响应来看，桥梁温度作用与效应的研究涉及了桥梁工程、传热学、气象学、天文学、材料学等多个学科，是探索桥梁等基础设施与气候环境相互作用的强交叉科学问题，具有较高的学术探索价值，同时也具有较高的复杂性。

1.4 本书主要内容

桥梁温度计算理论与控制的任务是认识太阳辐射、气温等环境因素以及混凝土水化热对桥梁结构温度场的作用机理及其影响,在此基础上,提出有效的预防和减轻桥梁温度病害的方法和通过温度进行桥梁结构内力调整的措施。本书是基于全国不同气候区域内大量的长期温度试验测试和充分的理论研究编著的,针对各类公路桥梁结构施工阶段和运营阶段的温度作用的共性特点和特殊问题进行系统阐述,具体包含以下章节:

第 1 章　概述。介绍桥梁结构的温度问题、研究现状以及本书的主要内容。

第 2 章　传热学基础与桥梁热环境。介绍桥梁温度计算的传热学基础、桥梁所处的热物理环境和桥梁主要材料热物理参数等取值方法。

第 3 章　桥梁温度场研究方法。介绍桥梁温度场及气象参数的测试技术,给出桥梁水化热和日照温度场的热传导数值模拟方法和案例。

第 4 章　桥梁温度场与温度作用。介绍施工水化阶段和运营阶段长期环境影响因素下的混凝土箱梁、钢-混组合梁等典型桥梁结构的均匀温度、温度梯度等作用类型和作用模式。

第 5 章　温度作用取值理论与方法。介绍基于气象相关性的桥梁温度作用取值方法、基于概率统计的桥梁温度作用取值方法和考虑地域差异性的桥梁温度作用取值方法。

第 6 章　桥梁温度效应实用计算方法。介绍施工水化热阶段桥梁混凝土结构的温度应力等计算方法,以及运营阶段环境作用下的桥梁温度效应分析方法等。

第 7 章　桥梁三维温度场和温度效应精细化模拟。介绍桥梁早龄期混凝土热-力耦合模拟方法、基于"光线追踪算法"的桥梁三维温度场精细化模拟方法,考虑地形阴影遮挡的温度场模拟方法及应用。

第 8 章　桥梁温度效应控制。介绍"抗""放""防"三类桥梁温度效应控制原理,归纳总结桥梁温度效应控制和利用温度效应进行结构内力调整的应用。

本书结构框架如图 1-12 所示,其中,第 1 章主要概述了桥梁的温度问题,第 2 章和第 3 章为桥梁温度问题研究的基础,第 4 章至第 6 章为桥梁温度问题的简化分析方法,第 7 章为桥梁温度问题的精细化分析方法,第 8 章则为温度研究成果在实际工程中的应用。

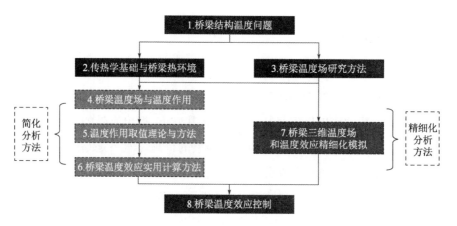

图 1-12　本书结构框架

CHAPTER TWO 第2章

传热学基础与桥梁热环境

2.1 传热学基础

2.1.1 温度场基本概念

1）温度场定义

在工程应用中,常常需要预测物体的温度分布,通常将某一时刻物体中各点温度分布的状况称为温度场。一般来说,温度场是空间和时间的函数,其数学表达式为:

$$T = (x,y,z,\tau) \tag{2-1}$$

式中:x、y、z——空间坐标;

τ——时间坐标;

T——温度。

温度场分为稳态温度场和非稳态温度场 2 类。非稳态温度场内各点的温度随时间变化,桥梁结构在日照和水化热等热源作用下的温度场就属于非稳态温度场。稳态温度场内各点的温度不随时间而变化,混凝土绝热温升试验后期就可以看作稳态温度场。在稳态温度场中的导热就是稳态导热,反之,在非稳态温度场中的导热就是非稳态导热。

根据温度在空间坐标方向的变化情况,温度场可以分为三维温度场、二维温度场和一维温度场,其数学表达式分别为:

$$T = f(x,y,z,\tau) \tag{2-2}$$

$$T = f(x,y,\tau) \tag{2-3}$$

$$T = f(x,\tau) \tag{2-4}$$

2）等温面及等温线

同一时刻,温度场中所有温度相同的点连接所构成的面称为等温面,如图 2-1 所示,它可能是平面,也可能是曲面。不同的等温面与同一平面相交,则在此平面上构成一簇曲线,称为等温线。等温面和等温线具有以下性质:

（1）同一时刻,物体内的任一点不可能具有多于一个的不同温度,所以不同温度值的等温面或等温线不会彼此相交。

（2）等温面或等温线可以是完全封闭的曲面或曲线,或者终止于物体的边界上,但不可以在物体内部中断。

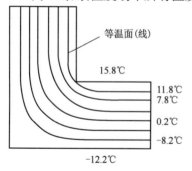

图 2-1 温度场与等温面(线)

(3) 在等温面或等温线上,不存在温差,所以没有热量的传递。

在任何时刻,标绘出物体中所有的等温面(线),就给出了这一时刻物体内的温度分布情况,即给出了物体的温度场。所以习惯上,温度场采用等温面(线)图来表示。

3) 温度梯度矢量

在等温面(线)上不存在温差,因此不可能有热量的传递,热量传递只发生在不同的等温面(线)上。自等温面(线)上的某点出发,沿不同方向到达另一等温面(线)时,会发现单位距离的温度变化(即温度的变化率)具有不同的数值(图2-2),自等温面(线)上某点到另一等温面(线),以该点法线方向的温度变化率最大。设两等温面

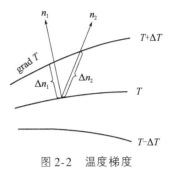

图2-2 温度梯度

(线)之间的温差为 ΔT,法线方向的距离为 Δn,则与 Δn 的比值的极限称为温度梯度,记作 $\mathrm{grad}\, T$,单位为℃/m,即:

$$\mathrm{grad}\, T = \lim_{\Delta n \to 0} \frac{\Delta T}{\Delta n} = \frac{\partial T}{\partial n} n \tag{2-5}$$

式中:$\frac{\partial T}{\partial n}$——沿法线方向温度的方向导数;

n——法线方向上的单位矢量。

在直角坐标系中,温度梯度可表示为:

$$\mathrm{grad}\, T = \frac{\partial T}{\partial x} i + \frac{\partial T}{\partial y} j + \frac{\partial T}{\partial z} k \tag{2-6}$$

式中:$\frac{\partial T}{\partial x}$、$\frac{\partial T}{\partial y}$、$\frac{\partial T}{\partial z}$——温度梯度在直角坐标系中3个坐标轴上的分量;

i、j、k——3个坐标轴方向的单位矢量。

温度梯度是向量,其方向指向温度增加的方向,而热量传递方向与温度梯度方向正好相反。

4) 热流密度矢量

单位时间单位面积上所传递的热量称为热流密度。在不同方向上,热流密度的大小是不同的。与定义温度梯度相类似,等温面上某点,以通过该点最大热流密度的方向为方向,数值上也正好等于沿该方向热流密度的矢量,称为热流密度矢量,简称热流矢量。其他方向的热流密度都是热流矢量在该方向的分量。热流矢量 q 在直角坐标系3个坐标轴上的分量为 q_x、q_y、q_z,而且:

$$q = q_x i + q_y j + q_z k \tag{2-7}$$

2.1.2 傅立叶定律与导热微分方程

1)傅立叶定律

1822年,傅立叶指出物体热传导速率与温度梯度成正比关系,提出了著名的热传导偏微分方程:

$$q = -\lambda \, \mathrm{grad} T \tag{2-8}$$

式中:q——单位时间内单位面积上的热流量,称为热流密度(W/m^2);

λ——导热系数[$W/(m \cdot ℃)$];

$\mathrm{grad} T$——温度梯度($℃/m$)。

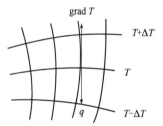

图2-3 热流矢量与温度梯度

式(2-8)中负号表示热流方向与温度梯度相反。傅立叶定律说明:在导热现象中,单位时间内通过给定截面的热量,正比于该截面的温度梯度和面积,而热量传递的方向与温度梯度方向相反,即由高温部分传向低温部分,如图2-3 所示。

需要指出的是,式(2-8)中存在着一个隐含条件,就是导热系数在各个不同方向是相同的。这种导热系数与方向无关的材料称为各向同性材料。

傅立叶定律确定了热流矢量和温度梯度的关系。因此要确定热流矢量的大小,就必须知道温度梯度,亦即知道物体内的温度场。

2)导热系数

导热系数是物质的一个重要热物性参数,可以认为,式(2-8)就是导热系数的定义式,即:

$$\lambda = -\frac{q}{\mathrm{grad} T} \tag{2-9}$$

可见,导热系数的数值就是物体中单位温度梯度单位时间通过单位面积的导热量,它的单位是 $W/(m \cdot ℃)$。导热系数的数值表征物质导热能力的大小。

工程计算采用的各种物质的导热系数,其数值一般都由实验测定。一般而言,金属比非金属具有较高的导热系数;物质的固相比它们的液相具有较高的导热性能;物质液相的导热系数又比其气相高;不论金属或非金属,它的晶体比它的无定形态具有较好的导热性能;与纯物质相比,晶体中的化学杂质将使其导热性能降低;纯金属比它们相应的合金具有高得多的导热系数。

物质的导热系数不但因物质的种类而异,而且还和物质的温度、压力等因素有关。导热既然是在温度不同的物体各部分之间进行的,导热系数通常可以认为是温度的线性函数,即:

$$\lambda = \lambda_0(1+bT) \tag{2-10}$$

式中:λ——某个参考温度时的导热系数;

b——由试验确定的常数。

3)导热微分方程

傅立叶定律确定了热流矢量和温度梯度的关系。因此要确定热流矢量的大小,就必须知道温度梯度,亦即知道物体内的温度场。为此,首先要找到描述上式的微分方程。可以在傅立叶定律的基础上,借助热力学第一定律,即能量守恒与转化定律,把物体内各点的温度关联起来,建立起温度场的通用微分方程,亦即导热微分方程式。

设有一均匀各向同性的固体,从中取出一无限小的六面体 $dxdydz$,见图2-4。

在单位时间内从左面 $dydz$ 流入的热量为 $q_x dydz$,经右面流出的热量为 $(q_{x+dx}) dydz$,流入的净热量为 $(q_x - q_{x+dx}) dydz$,在固体的热传导中,热流量 q 与温度梯度成正比,但热流方向与温度梯度的方向相反,即:

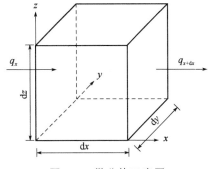

图2-4 微分体示意图

$$q_x = -\lambda \frac{\partial T}{\partial x} \tag{2-11}$$

q_{x+dx} 是 x 的函数,将 q_{x+dx} 展开成泰勒级数并取得二项得:

$$q_{x+dx} \approx q_x + \frac{\partial q_x}{\partial x}dx = -\lambda \frac{\partial T}{\partial x} - \lambda \frac{\partial^2 T}{\partial x^2}dx \tag{2-12}$$

于是,沿 x 方向流入的净热量为 $\lambda \frac{\partial^2 T}{\partial x^2}dxdydz$。

同理,沿 y 方向和 z 方向流入的净热量分别为 $\lambda \frac{\partial^2 T}{\partial y^2}dxdydz$ 和 $\lambda \frac{\partial^2 T}{\partial z^2}dxdydz$。

设由水泥水化热在单位时间内单位体积中放出的热量为 $Qdxdydz$,在 $d\tau$ 时间内,此六面体温度升高所吸收的热量为:

$$q = c\rho \frac{\partial T}{\partial \tau}dxdydz \tag{2-13}$$

式中:c——混凝土的比热容[$kJ/(kg \cdot ℃)$];

ρ——混凝土的密度(kg/m^3);

τ——时间(h)。

由热量的平衡原理,从外面流入的净热量与内部水化热之和必须等于温度升高所吸收的热量,即:

$$c\rho \frac{\partial T}{\partial \tau} d\tau dx dy dz = \left[\lambda \left(\frac{\partial^2 T}{\partial x^2} + \frac{\partial^2 T}{\partial y^2} + \frac{\partial^2 T}{\partial z^2} \right) + Q \right] dx dy dz d\tau \quad (2\text{-}14)$$

化简得均匀各向同性的固体导热方程:

$$\frac{\partial T}{\partial \tau} = a \left(\frac{\partial^2 T}{\partial x^2} + \frac{\partial^2 T}{\partial y^2} + \frac{\partial^2 T}{\partial z^2} \right) + \frac{Q}{c\rho} \quad (2\text{-}15)$$

式中:a——导温系数(m^2/h),$a = \frac{\lambda}{c\rho}$。

由于水化热作用,在绝热条件下混凝土的温度上升速度为:

$$\frac{\partial \theta}{\partial \tau} = \frac{Q}{c\rho} = \frac{\overline{W}q}{c\rho} \quad (2\text{-}16)$$

式中:θ——混凝土的绝热温升(℃);

$\overline{W}$——水泥用量(kg/m^3);

Q——单位质量水泥在单位时间内放出的水化热[$kJ/(kg \cdot h)$]。

根据式(2-16),导热方程可改写为:

$$\frac{\partial T}{\partial \tau} = a \left(\frac{\partial^2 T}{\partial x^2} + \frac{\partial^2 T}{\partial y^2} + \frac{\partial^2 T}{\partial z^2} \right) + \frac{\partial \theta}{\partial \tau} \quad (2\text{-}17)$$

2.1.3 导热微分方程求解条件

求解三维温度场问题过于复杂,通过大量的桥梁温度场的实测数据可以知道,沿桥梁构件长度方向的热传递基本可以忽略;对于钢桥或是水化热效应已经结束的混凝土桥梁,内部生热 Q 等于0。基于以上两个假设,可将导热微分方程简化为二维模型:

$$\frac{\partial T}{\partial \tau} = a \left(\frac{\partial^2 T}{\partial x^2} + \frac{\partial^2 T}{\partial y^2} \right) \quad (2\text{-}18)$$

如果仅分析结构竖向或横向的温度分布,式(2-18)又可以进一步简化为单一方向的一维模型:

$$\begin{cases} \frac{\partial T}{\partial \tau} = a \frac{\partial^2 T}{\partial y^2} & (竖向温度分布) \\ \frac{\partial T}{\partial \tau} = a \frac{\partial^2 T}{\partial x^2} & (横向温度分布) \end{cases} \quad (2\text{-}19)$$

对于一个给定的导热过程,要得到其温度场分布,除了需要热传导微分方程外,还应给出表征该问题的求解条件,即求解微分方程唯一解的单值性条件。

对于瞬态热传导过程,其单值性条件一般有如下 4 项。

1)几何条件

说明参与导热过程的物体的几何形状与大小。如钢-混凝土组合梁的钢、混凝土、沥青铺装的截面尺寸。

2)物理条件

说明参与导热过程的物体的物理特征。如钢-混凝土组合梁构件中钢、混凝土、桥面铺装的热学参数数值,包括密度 ρ、导热系数 λ 和比热容 c。

3)初始条件

初始条件为桥梁热传导过程开始时的温度分布状态,即结构内部的初始温度场状态,一般可以取其温度分布较为均匀的时刻作为初始条件。即:

$$T\big|_{\tau=0} = T_0 \qquad (2-20)$$

4)边界条件

边界条件是指结构表面与周围介质之间相互作用的规律。根据桥梁与环境或物体的接触情况,常见的边界条件有如图 2-5 所示的四类。

(1)第一类边界条件

结构表面温度 T 是时间 τ 的已知函数,一般为与水接触时的情况,即:

$$T(\tau) = f(\tau) \qquad (2-21)$$

(2)第二类边界条件

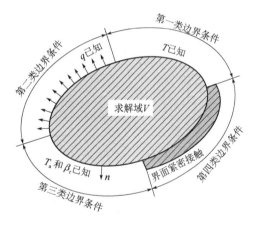

图 2-5 四类热力学边界条件

结构表面热流密度 q 是时间 τ 的已知函数,一般为日照时的情况,夜晚时可认为 $q(\tau)=0$,即:

$$-\lambda \frac{\partial T}{\partial n} = q(\tau) \qquad (2-22)$$

式中:n——结构表面外法线方向。

(3)第三类边界条件

结构表面的热流密度与结构表面温度 T 和接触物体温度 T_a 的差成正比,一般为与空气接触时的情况,即:

$$-\lambda \frac{\partial T}{\partial n} = \beta_r (T - T_a) \tag{2-23}$$

式中:β_r——物体表面放热系数[kJ/($m^2 \cdot h \cdot ℃$)],考虑对流与辐射的综合热交换。

(4)第四类边界条件

结构与接触物体的接触良好时,接触面的温度与热流密度均连续,边界条件表示为:

$$T_1 = T_2 且 \lambda_1 \frac{\partial T_1}{\partial n} = \lambda_2 \frac{\partial T_2}{\partial n} \tag{2-24}$$

一般组合结构桥梁中钢与混凝土接触的位置、桥面铺装与桥面板接触的位置可认为是良好接触的,若出现脱空或脱黏的现象(如钢管混凝土),则接触面上存在明显热阻,则 $T_1 \neq T_2$,边界条件可以表示为:

$$\begin{cases} -\lambda_1 \dfrac{\partial T_1}{\partial n_1} = \dfrac{1}{R_c}(T_2 - T_1) \\ -\lambda_1 \dfrac{\partial T_1}{\partial n_1} = -\lambda_2 \dfrac{\partial T_2}{\partial n_2} \end{cases} \tag{2-25}$$

式中:R_c——因接触不良而产生的热阻[($m^2 \cdot h \cdot ℃$)/kJ]。

2.1.4 热对流

1)基本概念

(1)对流

对流是指由于流体的宏观运动,使流体各部分之间发生相对位移,冷热流体相互掺混而引起热量传递的现象。就引起流动的原因而论,对流可分为自然对流和强制对流两大类。自然对流是在无外力作用下,由于流体中各部分的密度不同而引起的。当流体中各部分之间存在温差时,其密度也发生变化,于是轻浮重沉,引起流体的流动。如果流体的流动是由于动力机械的作用而造成的,则称为强制对流。

(2)对流换热

对流仅能发生在流体中,而且由于流体中的分子同时在进行着不规则的热运动,因而对流必然伴有导热现象。工程上特别关注的是流体流过一个物体表面时的热量传递过程,并称之为对流换热。

2)流体力学基础

对流换热与流体的流动有密切关系,影响流体流动的因素必然会影响对流换热。因此,首先介绍以下流体力学基本概念。

(1) 速度边界层

当具有黏性的流体流过壁面时,会在壁面上产生黏滞力。黏滞力阻碍了流体的运动,使靠近壁面流体的速度降低,直接贴附于壁面的流体实际上将停滞不动。这种在固体表面附近流体速度发生剧烈变化的薄层称为速度边界层。

图 2-6 中,从 $y=0$ 处 $u=0$ 开始,流体的速度随着离开壁面距离 y 的增加而急剧增大,经过一个薄层后 u 增长到接近主流速度 u_∞。这个薄层即为速度边界层,其厚度视规定的接近主流速度程度的不同而不同。通常规定达到主流速度的 99% 处的距离 y 为速度边界层的厚度,记为 δ。一般来说,边界层厚度相对于壁面尺寸是一个很小的数值,在这

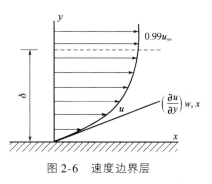

图 2-6　速度边界层

样薄的一层流体内,速度由 0 变化到接近于主流速度 u_∞,由此可见边界层内的平均速度梯度是极大的。

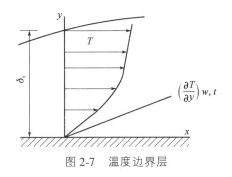

图 2-7　温度边界层

(2) 温度边界层

速度边界层的概念可以推广到对流换热中去,把固体表面附近流体温度发生剧烈变化的这一薄层称为温度边界层,其厚度记为 δ_t,如图 2-7 所示。对流换热主要发生在温度边界层内,主流区流体的温度变化可视为零。温度边界层和速度边界层既有联系又有区别,流体的温度分布受速度分布的影响,但是两者的分布曲线并不相同,一般来说两者的厚度也不相等。

(3) 流体的流态

① 层流和紊流。

1883 年英国物理学家雷诺通过试验发现,流体的流动有两种不同性质的状态,即层流和紊流(湍流)。对于一定的流体在某一通道内流动,当流速较小时呈现层流状态,此时,流体中的质点沿流向做直线运动,质点或流层间彼此不相掺混;当流速较大时呈现紊流状态,此时,流体质点不仅有沿流向的运动而且还有垂直于流向的运动,流层间相互掺混。

② 流体外掠平板的流态。

流体外掠平板是边界层在壁面上形成和发展过程中最典型的一种流动,其过程如

图 2-8 所示。设流体以速度 u_∞ 流进平板前缘,在流动的起始段,δ 很薄,随着 x 的增加,由于壁面黏滞力的影响逐渐向流体内部传递,边界层增厚,但在某一距离 x_c 以前会一直保持层流的性质。此时流体作有秩序地分层流动,各层互不干扰,这时的边界层称为层流边界层。沿流动方向,随着边界层厚度的增加,边界层内部黏滞力和惯性力的对比向着惯性力相对强大的方向变化,促使边界层内的流动变得不稳定起来。自距前缘 x_c 处起,流动朝着紊流过渡,最终变为旺盛紊流。此时质点在沿 x 方向流动的同时,又作紊乱的不规则脉动,故称为紊流边界层。

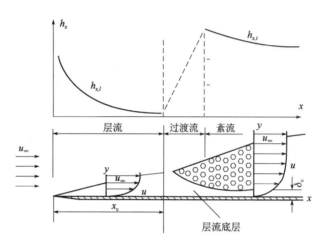

图 2-8 掠过平板时的流态

需要指出的是,紊流边界层的主体核心虽处于紊流流动状态,但紧靠壁面处黏滞力仍占主导地位,致使贴附于壁面的极薄层内仍保持层流的性质。这个极薄层称为紊流边界层的层流底层。在紊流核心与层流底层之间存在着过渡性质的缓冲层,是过渡层。

图 2-8 给出了边界层内的速度分布曲线,它们与流动状态相对应。层流边界层的速度分布为抛物线状;在紊流边界层中,层流底层的速度梯度较大,而在紊流核心,质点的脉动强化了动量传递,速度变化较为平缓。

综上所述,不难理解边界层状况与对流换热的关系:
①在层流段,沿壁面法线方向上的热量传递主要依靠导热作用;
②在紊流段,层流底层内的热量传递方式仍然是导热,这是紊流段主要的热阻,但在层流底层以外,对流的作用仍然占主导作用。

因此,对流换热实际上是层流底层的导热和层流底层以外的对流共同作用的结果。

3)影响对流换热的主要因素

对流换热是对流和导热共同作用的结果,那么所有影响这两种作用的因素,诸如流体的流动起因、流动状态、物理性质、相变和换热表面几何因素等,都会影响对流换热的进行。

(1)流体的流动起因

如前所述,流体流动的起因有两种:自然对流和强制对流。一般地说,强制对流的流速较自然对流高,因而表面换热系数也高。例如,空气自然对流时表面换热系数约为 $5\sim25W/(m^2\cdot℃)$,强制对流时表面换热系数可达 $10\sim100W/(m^2\cdot℃)$,再如,由于受风力影响,结构外表面换热系数可比内表面高出一倍以上。

(2)流体的流动状态

流体有两种不同的流态,即层流和紊流。层流时流体微团沿着主流方向作有规则的分层流动,而紊流时流体各部分之间发生剧烈的混合,因而在其他条件相同时,紊流的换热强度自然要较层流强烈。因此,要强化换热效果,应该在一定程度上提高流体的流速,这样可以使流体的流态由层流变为紊流,减小层流底层的厚度,提高表面换热系数。

(3)流体的物理性质

流体的物理性质如密度 ρ、动力黏度 μ、导热系数 λ 以及定压比热容 c 等,对对流换热有很大的影响。流体的导热系数越大,流体与壁面的热阻就越小,换热就越强烈;流体的定压比热容和密度越大,单位质量携带的热量就越多,传递热量的能力就越强;流体的黏度越大,黏滞力就越大,这就加大了边界层的厚度,不利于换热。

(4)流体的相变

流体是否发生变化,对对流换热的影响很大。不发生相变时的对流换热,是由流体显热的变化来实现的;发生相变时的对流换热(如沸腾和凝结),是由流体潜热的变化来实现的。对于同一种流体来说,有相变时的对流换热要比无相变时的对流换热强烈得多。

(5)流体的换热表面几何因素

这里的几何因素是指换热表面的形状、大小、状况(光滑或粗糙程度)以及相对位置等。几何因素影响了流体的流态、速度分布和温度分布,从而影响了对流换热的效果。

2.1.5 热辐射

1)基本概念

(1)热辐射的本质和特点

发射辐射是各类物质的固有特性。物质是由分子、原子、电子等基本粒子组成,当原子内部的电子受激和振动时,会产生交替变化的电场和磁场,发出电磁波向空间传播,这就是辐射。由于激发的原因不同,所产生的电磁波波长就不相同,它们投射到物体上产生的效应也不同。物体由于自身温度或热运动的原因而激发产生的电磁波传播,就称为热辐射。电磁波的波长范围可从几万分之一微米到数千米,如图 2-9 所示。

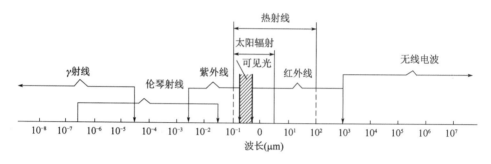

图 2-9 电磁波谱

通常把波长在 0.1~100μm 范围内的电磁波(包括可见光、部分紫外线和红外线)称为热射线。因为这段波长范围内的电磁波辐射到物体上能产生热效应,即辐射能可以全部或部分地转变成热量,并被物体吸收。

热辐射的本质及其传播过程可用经典的电磁波理论说明其波动性,可用量子理论来解释其粒子性。热辐射有如下特点:

①热辐射与导热、对流换热不同,它不需要任何中间物体传递能量,可以在真空中进行。

②热辐射过程中不仅有能量的转移,还伴随着能量的转换,即发射时由热能转变为辐射能,吸收时又由辐射能转换为热能。

③导热和对流换热是能量单向传递的过程,而热辐射是发射和接收同时进行的双向过程。任何物体只要温度在绝对零度(0K)以上,都会不停地向外发射电磁波。若两物体温度不同,则高温物体辐射给低温物体的能量将大于低温物体辐射给高温物体的能量,综合来看是高温物体将能量传给了低温物体。若两物体温度相同,这种辐射换热仍在进行,只不过每个物体辐射出去的能量等于它吸收的能量,从而处于动态的平衡。

(2)吸收、反射和透射

热辐射射线投射到物体上时,也遵循可见光的规律,会发生吸收、反射和透射现象。如图 2-10 所示,设外界透射到物体表面的总能量为 Φ,一部分能量 Φ_a 在进入表面后被物体吸收;另一部分能量Φ_ρ被物体反射,其余部分能量Φ_τ透射过物体,于是,按照能量守恒定律可得:

$$\Phi = \Phi_a + \Phi_\rho + \Phi_\tau \tag{2-26}$$

或

$$\frac{\Phi_a}{\Phi} + \frac{\Phi_\rho}{\Phi} + \frac{\Phi_\tau}{\Phi} = 1 \tag{2-27}$$

式中:$\frac{\Phi_a}{\Phi}$——辐射吸收率,用a表示;

$\frac{\Phi_\rho}{\Phi}$——辐射反射率,用ρ表示;

$\frac{\Phi_\tau}{\Phi}$——辐射穿透率,用τ表示。

所以式(2-27)可写成:

$$a + \rho + \tau = 1 \tag{2-28}$$

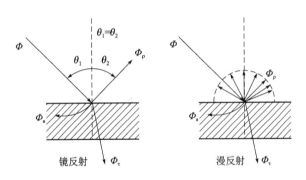

图 2-10　热辐射的吸收、反射和透射

a、ρ和τ反映了物体表面的辐射特性,它们和物体的性质、温度及表面状况有关。热射线进入固体或液体表面后,在一个极短的距离内就被完全吸收。对金属导体,这个距离仅有1μm;对大多数非导电材料,这个距离亦小于1mm。所以,可认为热射线不能穿透固体和液体。于是,对于固体和液体,式(2-28)可简化为:

$$a + \rho = 1 \tag{2-29}$$

由式(2-29)可知,对固体和液体而言,其吸收率越大,反射率就越小;反之,吸收率越小,反射率就越大。

为了研究方便,我们把吸收率$a=1$的物体称为黑体;把反射率$\rho=1$的物体称为白体;把穿透率$\tau=1$的物体称为透明体。显然,黑体、白体和透明体都是假定的理想物体,自然界并不存在。值得注意的是,这里的黑体、白体和透明体都是对全部波长射线而言的,在一定温度下,由于可见光在全部波长射线中只占有一小部分,所以物体对外来射线吸收能力的高低,不能凭物体颜色来判断。例如,雪对可见光是良好的发射体,肉眼看起来是白色的,但对红外线却几乎能全部吸收,非常接近黑体;再如,白布和黑布对可见光的吸收率不同,但对红外线的吸收率却基本相同。在工程中,为了简化辐射换热的计算,通常引入灰体的概念。所谓灰体,是指吸收率 $a<1$,且吸收率不随波长而改变(即 a 为常数)的物体。绝大多数工程材料都可近似地作为灰体处理。

2)热辐射基本定律

(1)斯蒂芬-波尔兹曼(Stefan-Boltzmann)定律

Stefan-Boltzmann 定律描述的是黑体辐射力与温度的关系。该定律于 1879 年由斯蒂芬从实验得出,1884 年由波尔兹曼用热力学理论推出。

黑体辐射力 E_b 为:

$$E_b = \int_0^\infty E_{b\lambda} d\lambda = \int_0^\infty \frac{C_1 \lambda^{-5}}{e^{\frac{C_2}{\lambda T}} - 1} d\lambda \tag{2-30}$$

式中:$E_{b\lambda}$——黑体光谱辐射力;

　　　λ——波长(μm);

　　　C_1——普朗克第一常数,取 $3.743 \times 10^8 W \cdot \mu m^4/m^2$;

　　　C_2——普朗克第二常数,取 $1.439 \times 10^4 \mu m \cdot K$。

对式(2-30)积分,就得到 Stefan-Boltzmann 定律:

$$E_b = C_b \left(\frac{T}{100}\right)^4 \tag{2-31}$$

式中:C_b——黑体辐射系数,取 $5.67 W/(m^2 \cdot K^4)$。

虽然 Stefan-Boltzmann 定律是针对黑体表述的,而实验证明这一定律也可以适用于实际物体(灰体)。对于灰体,该定律的数学表达式为:

$$E = C \left(\frac{T}{100}\right)^4 \tag{2-32}$$

式中:C——灰体的辐射系数,取决于物体的种类、表面温度和表面状况,C 值总小于 C_b。

实际物体(灰体)的辐射力与同温度下黑体的辐射力的比值称为实际物体的黑度,用 ε 表示:

$$\varepsilon = \frac{E}{E_b} = \frac{C \left(\frac{T}{100}\right)^4}{C_b \left(\frac{T}{100}\right)^4} = \frac{C}{C_b} \tag{2-33}$$

物体的黑度表示该物体辐射力与黑体辐射力的接近程度,是分析和计算热辐射的一个重要参数。金属表面具有较小的黑度,表面粗糙的物体或表面氧化的金属则具有较大的黑度。常用材料的黑度值一般通过实验测得,查取材料的黑度后,就可按式(2-34)计算实际物体的辐射力:

$$E = \varepsilon E_b = \varepsilon C_b \left(\frac{T}{100}\right)^4 \tag{2-34}$$

（2）基尔霍夫定律

基尔霍夫定律描述的是实际物体的辐射力与吸收率之间的关系。设有两个表面,一个为黑体,另一个为灰体,两个表面相互平行,距离很近,从一块板上发射的辐射能全部落到另一块板上。若板 1 为黑体表面,其辐射力、吸收率和表面温度分别为 E_b、a_b 和 T_1;板 2 为灰体表面,其辐射力、吸收率和表面温度分别为 E、a 和 T_2。灰体 2 表面所放射出来的能量 E 投射到黑体 1 表面上时,全部被黑体表面吸收;而黑体 1 表面放射出来的能量 E_b 投射到灰体 2 表面上时,被灰体表面吸收的能量为 aE_b,其余部分($1 - aE_b$)被反射回到黑体 1 表面并被吸收。

灰体表面吸收的能量为 aE_b,而失去的能量为 E,两者的差就是两板间的辐射换热量,即：

$$q = E - aE_b \tag{2-35}$$

当 $T_1 = T_2$ 时,两表面处于热辐射的平衡状态,即 $q = 0$,此时:

$$\frac{E}{a} = E_b \tag{2-36}$$

进一步推广到任何物体,可得:

$$\frac{E_1}{a_1} = \frac{E_2}{a_2} = \cdots = \frac{E}{a} = E_b \tag{2-37}$$

这就是基尔霍夫定律的数学表达式,其文字表述为:在热平衡条件下,任何物体的辐射力与吸收率的比值,恒等于同温度下黑体的辐射力,这个比值与物性无关,仅取决于温度。从基尔霍夫定律可以得出如下结论:

①在相同温度下,物体的辐射力越大,其吸收率也越大,也就是说,善于辐射的物体也善于吸收。

②相同温度下黑体的辐射力最大,其吸收辐射的能力也最强。

③在温度相等的热平衡条件下,物体的黑度恒等于它的吸收率。

这是因为,将式(2-37)与黑度定义式 $\varepsilon = E/E_b$ 对照,则有:

$$\varepsilon = a \tag{2-38}$$

这是基尔霍夫定律的另一种表达形式。

对于单色辐射,基尔霍夫定律同样成立,即对于某一波长 λ 下的黑度 ε_λ(称为单色黑度)和吸收率 a_λ(称为单色吸收率)也同样存在关系式:

$$\varepsilon_\lambda = a_\lambda \tag{2-39}$$

将基尔霍夫定律应用于灰体,可以得到一些适用于灰体的结论:

①对于灰体,因为 a 是常数,所以 $\varepsilon = \varepsilon_\lambda =$ 常数;

②对于灰体,不论辐射是否来自黑体,也不论是否处于热平衡条件,其吸收率恒等于同温度下的黑度。这是因为灰体的吸收率只取决于本身情况,与外界条件无关。

需要注意的是,在辐射换热计算中,虽然我们把工程材料作为灰体处理,但不能把这一处理方法推广到对太阳辐射的吸收。因为太阳辐射中可见光的比例占 46%,物体的颜色对可见光的吸收呈现出强烈的选择性,而在常温下物体的红外线辐射一般又与物体的颜色无关,所以物体的吸收率和黑度不可能相等。例如夏天穿白衣服,就对太阳辐射的吸收率低,而自身辐射黑度高。研究表明,白色油漆对太阳的吸收率仅为 0.12,而黑色油漆则高达 0.96。在常温下,各种颜色涂料对工业上热辐射波长范围的辐射率都在 0.9 左右。

2.2 桥梁热环境

桥梁结构日照温度场主要受太阳辐射、大气温度和风速等气候因素的影响,包含了太阳辐射、对流换热和辐射换热等热交换方式,如图 2-11 所示。F. Kehlbeck 在研究影响混凝土桥梁结构日照温度分布的各种因素时,考虑了包括太阳直接辐射、大气散射辐射、地面对太阳直射和散射的反射辐射三种短波辐射,大气逆辐射、地表环境辐射等两种长波辐射,以及对外辐射换热和对流换热两种热交换方式在内的较为全面的边界条件模型。一些学者的研究也基于 F. Kehlbeck 建立的边界条件模型上。通常认为大气逆辐射和地表环境辐射的影响较小,故可形成如下更为简化常用的日照边界模型:

$$q = q_s + q_c + q_r \tag{2-40}$$

式中:q_s——结构表面所吸收的太阳辐射热流密度;

q_c——结构表面与外界对流换热热流密度;

q_r——结构与外界辐射换热的热流密度。

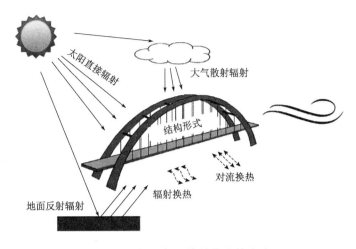

图 2-11　桥梁与环境的热交换方式

2.2.1　太阳辐射

桥梁表面所受到的太阳辐射包括直接辐射、散射辐射和反射辐射。太阳直接辐射是指太阳以平行光线的形式直接透射到结构表面的辐射,太阳散射辐射是指太阳辐射通过大气时,受到大气中气体、尘埃、气溶胶等的散射作用,从天空的各个角度到达结构表面的辐射,两者主要与大气透明度、太阳高度角和海拔等因素有关。反射辐射主要指地表物体对直接辐射和散射辐射反射后到达结构表面的辐射,其强弱还取决于地表反射率。

桥梁结构吸收太阳辐射的热流密度按式(2-41)计算:

$$q_s = \alpha \cdot (I_b + I_d + I_r) \tag{2-41}$$

式中:α——结构表面材料对太阳辐射强度的短波吸收率,不同混凝土表面和不同钢结构涂装结构表面的太阳辐射吸收率不尽相同;

I_b——指定面上的太阳直射辐射强度;

I_d——指定面上的太阳散射辐射强度;

I_r——指定面上的太阳反射辐射强度。

其中,I_b对结构温度场影响最大,I_d次之,I_r最小。因此,欲通过数值模拟方法得到日照下的桥梁结构温度场,就需要特定时间段内的太阳辐射强度变化曲线。

1) 太阳辐射角度的基本定义

计算太阳直接辐射和散射辐射时,需要明确太阳相对于地球观测点的基本运行规律,确定太阳的相对位置。其相对位置的确定主要依赖于一系列角度的定义,图 2-12 展示了这些角度的示意图。表 2-1 给出了太阳辐射角度的定义和取值范围。

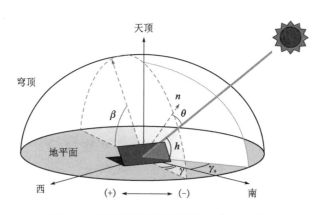

图 2-12　太阳辐射计算模型中各角度示意图

太阳辐射角度的定义与取值范围　　　　表 2-1

角度	符号	定义与取值范围
赤纬角	δ	地球中心与太阳中心的连线与地球赤道平面的夹角,计算太阳位置的一个参数,在北半球取正值,在南半球取负值,仅由日期决定
纬度	l	北半球为正,南半球为负,取值范围为 $-90°\sim90°$
太阳高度角	h	地球表面上某点与太阳的连线(太阳光的入射方向)和地平面之间的夹角,太阳高度角的范围为 $0°\sim90°$
太阳方位角	γ_s	地球表面上某点与太阳的连线在水平面上的投影与正南向(当地子午线)的夹角,偏东为负,偏西为正
太阳时角	τ	根据真太阳时 t 按 $\tau=(t-12)\times15°$ 计算,正午12:00 为 $0°$
面倾角	β	倾斜面相对于水平面的倾角,取值范围为 $0°\sim180°$。当 β 小于 $90°$ 时,斜面朝上;当 β 大于 $90°$ 时,斜面朝下
面方位角	γ	任意倾斜面的外法线在水平面上的投影与正南方向线的夹角,规定:偏东为负,偏西为正(顺时针为正)
太阳入射角	θ	确定太阳空间方位的角度,即太阳入射线(观察点与太阳的连线)与受照平面外法线之间的夹角

① 赤纬角 δ 计算公式为:

$$\delta = 23.45\sin\left(360\times\frac{284+N}{365}\right) \tag{2-42}$$

式中:N——日序数,即自 1 月 1 日起的日期序号,取值范围为 $1\sim365$,如,2 月 21 日,则 $N=52$。

② 太阳高度角 h 计算公式为：
$$\sin h = \sin l \sin \delta + \cos l \cos \delta \cos \tau \tag{2-43}$$

③ 太阳方位角 γ_s 计算公式为：
$$\begin{cases} \sin \gamma_s = \dfrac{\sin \tau \cos \delta}{\cos h} \\ \cos \gamma_s = \dfrac{\sin h \sin l - \sin \delta}{\cos h \cos l} \end{cases} \tag{2-44}$$

④ 任意斜面的太阳入射角 θ 计算公式为：
$$\cos \theta = \cos \beta \sin h + \sin \beta \cos h \cos(\gamma_s - \gamma) \tag{2-45}$$

或

$$\begin{aligned}\cos \theta = &\cos \beta \sin l \sin \delta + \cos \beta \cos l \cos \delta \cos \tau + \sin \beta \sin \gamma \cos \delta \sin \tau + \\ &\sin \beta \sin l \cos \delta \cos \tau \cos \gamma - \sin \beta \cos \gamma \sin \delta \cos \delta\end{aligned} \tag{2-46}$$

对于水平面，即 $\beta = 0°$，则：
$$\cos \theta = \sin h \tag{2-47}$$

对于垂直面，即 $\beta = 90°$，则：
$$\cos \theta = \cos h \cos(\gamma_s - \gamma) \tag{2-48}$$

2) 太阳辐射的理论计算模型

到达结构表面的太阳辐射主要分为太阳直接辐射、散射辐射以及反射辐射。其中，直接辐射和散射辐射最为复杂，常用的计算模型主要包括 Hottel 模型、ASHRAE 模型和幂指数模型 3 种。

(1) Hottel 晴空模型

Hottel 于 1976 年提出了一种考虑以太阳高度角和海拔高度计算太阳直接透过比的计算方法，建立了计算太阳辐射的 Hottel 模型，该模型为晴空模型，一般适用于大气能见度高于 23km，海拔低于 2.5km 的情况。

根据 Hottel 模型大气层外切平面上太阳辐射强度 I_0 由式(2-49)计算：
$$I_0 = G_{SC} \sin h \tag{2-49}$$

式中：G_{SC}——太阳常数(MJ/m^2)。

晴朗天气太阳辐射直射透过比 τ_b 由式(2-50)计算：
$$\tau_b = a_0 + a_1 e^{-k/\sin h} \tag{2-50}$$

式中，a_0、a_1 和 k 是适用于大气能见度高于 23km 的标准晴空大气的物理常数，当海拔低于 2.5km 时，系数确定方法：

$$a_0 = r_0 a_0^*, a_1 = r_1 a_1^*, k = r_k k^*$$
$$a_0^* = 0.4237 - 0.00821(6-H)^2$$
$$a_1^* = 0.5055 + 0.00595(6.5-H)^2$$
$$k^* = 0.2711 + 0.01858(2.5-H)^2 \tag{2-51}$$

式中：H——海拔高度(km)；

r_0、r_1、r_k——气候类型修正因子，取值见表 2-2。

气候类型修正因子 表 2-2

气候类型	r_0	r_1	r_k
高纬度,夏天	0.99	0.99	1.01
中纬度,夏天	0.97	0.99	1.02
中纬度,冬天	1.03	1.01	1.00
亚热带	0.95	0.98	1.02

①晴朗天气太阳散射透过比 τ_d 由式(2-52)计算。
$$\tau_d = 0.271 - 0.294\tau_b \tag{2-52}$$

②水平面太阳直接辐射强度 I_{bH} 由式(2-53)计算。
$$I_{bH} = I_0 \cdot \tau_b \tag{2-53}$$

③水平面太阳散射辐射强度 I_{dH} 由式(2-54)计算。
$$I_{dH} = I_0 \cdot \tau_d \tag{2-54}$$

④水平面太阳辐射总强度 I_{gH} 由式(2-55)计算。
$$I_{gH} = I_{bH} + I_{dH} \tag{2-55}$$

⑤地表反射强度 I_r 由式(2-56)计算。
$$I_r = I_{gH} \cdot \rho \tag{2-56}$$

式中：ρ——地表物体的反射率，取值见表 2-3。在工程计算中，普通地面取 0.2，有雪覆盖地面时可取 0.70。

地物表面的反射率 表 2-3

地物表面的状态	反射率 ρ	地物表面的状态	反射率 ρ	地物表面的状态	反射率 ρ
沙漠	0.24~0.28	干草地	0.15~0.25	新雪	0.81
干裸地	0.10~0.20	湿草地	0.14~0.26	残雪	0.46~0.70
湿裸地	0.08~0.09	森林	0.04~0.10	水表面	0.69

⑥任意表面实际吸收太阳辐射热流密度 q_s 由式(2-57)计算：

$$q_s = \alpha(I_{bH} \cdot R_b + I_{dH} \cdot R_d + I_r \cdot R_\rho) \tag{2-57}$$

式中：α——结构表面对太阳辐射的吸收率；

R_b——直接辐射修正因子，按照 $R_b = \dfrac{\cos\theta}{\sin h}$ 计算；

R_d——散射辐射修正因子，按照 $R_d = \dfrac{1+\cos\beta}{2}$ 计算；

R_ρ——地面反射修正因子，按照 $R_\rho = \dfrac{1-\cos\beta}{2}$ 计算。

(2) ASHRAE 晴空模型

美国采暖、制冷和空调工程师学会(ASHRAE)推荐采用的 ASHRAE 模型是较为广泛采用的晴天辐射模型，该模型通过3个经验系数来建立直接辐射和散射辐射的计算方法，其中：

①水平面太阳辐射总强度 I_{gH} 由式(2-58)计算：

$$I_{gH} = A\mathrm{e}^{-\frac{B}{\sin h}}(C + \sin h) \tag{2-58}$$

式中：A——零大气质量下的表观太阳辐射系数；

B——大气消光系数；

C——散射辐射系数。

系数 A、B、C 均为随日期变化的函数，三者均根据美国太阳辐射的实测数据得到，取值见表2-4。

ASHRAE 晴空模型系数表 表2-4

月份	A	B	C
1	1230.23	0.142	0.058
2	1214.46	0.144	0.060
3	1186.07	0.156	0.071
4	1135.60	0.180	0.097
5	1104.06	0.196	0.121
6	1088.29	0.205	0.134
7	1085.13	0.207	0.136
8	1107.21	0.201	0.122
9	1151.37	0.177	0.092
10	1192.38	0.160	0.073

续上表

月份	A	B	C
11	1220.77	0.149	0.063
12	1233.39	0.142	0.057

②水平面太阳直接辐射强度 I_{bH} 由式(2-59)计算：

$$I_{bH} = Ae^{-\frac{B}{\sin h}}\sin h \tag{2-59}$$

③水平面太阳散射辐射强度 I_{dH} 由式(2-60)计算：

$$I_{dH} = Ae^{-\frac{B}{\sin h}}C \tag{2-60}$$

④地表反射强度 I_r 计算公式同式(2-56)，任意表面实际吸收太阳辐射热流密度 q_s 计算公式同式(2-57)。

由上述可知，只要知道了 A、B、C 值随日期的变化规律（A 值可由太阳常数日地间距离的变化函数求出），就可以计算出水平面上各时刻的直射辐照度和散射辐照度。对此，宋爱国等基于不同地区太阳辐射实测数据对 ASHARE 模型中经验系数进行了修正，建立了北京地区晴天太阳辐射模型，明确了北京地区的 B、C 值随日期的变化规律，并通过回归拟合得到 B、C 值随日序数的年变化函数。通过一日内的瞬时值和一日内的辐射总量对模型的准确性进行了检验，发现理论计算值与实测值吻合良好，验证了该修正方法的合理性。

(3) 指数模型

阳光经过大气层时，太阳直接辐射强度按指数规律衰减。F. Kehlbeck[22] 在对混凝土桥梁温度应力的研究中，基于 Bouguer-Lambert 定律，采用幂指数模型计算到达地表的太阳直接辐射强度，法向直接辐射强度 I_{bN} 由式计算：

$$I_{bN} = G_{SC}e^{-Kdm} = G_{SC}P^m \tag{2-61}$$

式中：K——消光系数，反映大气吸收太阳辐射的能力；

d——大气层厚度；

P——大气透过率（复合大气透明度系数），$P = e^{-Kd}$；

m——大气光学质量，可由经验公式计算：$m = \dfrac{1}{\sin h}$。

复合大气透明度系数也可采用式(2-62)计算：

$$P = 0.9^{t_u k_a} \tag{2-62}$$

式中：k_a——相对气压，不同海拔高度取值见表2-5；

t_u——林克氏混浊度系数，$t_u = A_{tu} - B_{tu}\cos\dfrac{360N}{365}$，$A_{tu}$ 和 B_{tu} 取值见表2-6。

不同海拔高度相对气压　　　　　　　　　　表2-5

海拔高度(m)	0	500	1000	1500	2000	2500	3000
相对气压 k_a	1	0.94	0.89	0.84	0.79	0.74	0.69

林克氏混浊度系数　　　　　　　　　　表2-6

参数	山区	乡村	大城市	工业区
A_{tu}	2.2	2.8	3.7	3.8
B_{tu}	0.5	0.6	0.5	0.6

水平面太阳直接辐射强度 I_{bH} 由式(2-63)计算：

$$I_{bH} = I_{bN}\sin h \tag{2-63}$$

水平面太阳散射辐射强度 I_{dH} 由式(2-64)计算：

$$I_{dH} = (0.271G_{SC} - 0.294I_{bN})\sin h \tag{2-64}$$

地表反射强度 I_r 计算公式同式(2-56)，任意表面实际吸收太阳辐射热流密度 q_s 计算公式同式(2-57)。

(4) 不同模型计算结果对比

基于 Hottel 晴空模型、ASHRAE 晴空模型和指数模型3种太阳辐射理论计算模型，计算所得7月23日青海省尖扎县的水平面太阳辐射总强度、水平面太阳直接辐射强度和水平面太阳散射辐射强度，如图2-13所示。其中，青海省按中纬度取值；ASHRAE 模型中的系数 A、B、C 按表2-4取值；指数模型中相对气压 k_a 依据表2-5插值得到，林克氏混浊度系数 t_u 按山区取值。三者的计算结果较为接近。Hottel 晴空模型和 ASHRAE 晴空模型公式中的主要系数均通过实测数据根据经验得到，其经验系数的取值并不具有普适性，且 ASHRAE 晴空模型在计算时不考虑海拔的影响，在利用 ASHRAE 晴空模型计算我国的太阳辐射强度时，应基于我国实测数据对经验系数的取值给予修正。与之相比，指数模型计算太阳辐射强度时有较好的理论基础，但林克氏混浊度系数 t_u 仍然采用经验公式计算。故要建立适用于我国某一地区的太阳辐射模型，需要基于大量的实测数据。在无实测数据的情况下，可以采用 Hottel 晴空模型和指数模型进行计算。

3) 基于实测数据的太阳辐射强度计算方法

桥梁日照温度场的分析往往需要知道太阳直接辐射和散射辐射等辐射强度，而直接辐射和散射辐射的测试较为复杂，往往能获取的是水平面的太阳辐射总强度或日太阳辐射总量，以下介绍如何基于上述实测数据得到用于桥梁日照温度场计算的太阳直射和散射辐射强度。

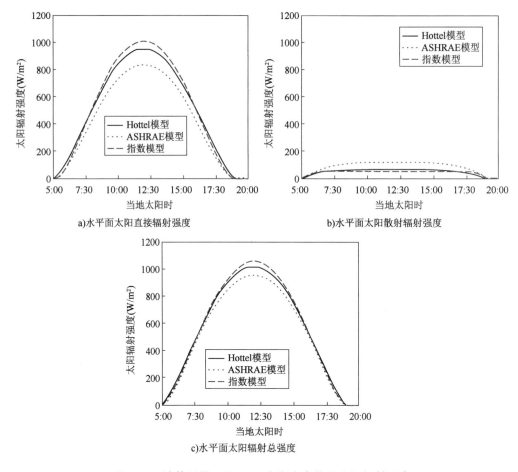

图 2-13 计算所得 7 月 23 日青海省尖扎县太阳辐射强度

(1) 已知水平面太阳辐射总强度——Hottel 模型

一般进行长期测试时,只能对水平面的总太阳辐射强度进行测试,直射和散射的测试需要配合遮光环进行,在设备断电或重启后须进行对准,难以用于长期测试。因此,有必要通过总太阳辐射强度来推导太阳直接辐射强度和散射辐射强度,以满足日照桥梁结构温度场的计算需求。太阳辐射总强度为直射强度和散射强度之和,见式(2-55)。

由式(2-53)和式(2-54)可知:

$$I_{dH} = \frac{\tau_d}{\tau_b} I_{bH} \tag{2-65}$$

带入式(2-65),则可将水平面的直接辐射强度和散射辐射强度分解开:

$$\begin{cases} I_{bH} = I_{gH} \dfrac{1}{1 + \dfrac{\tau_d}{\tau_b}} \\ I_{dH} = I_{gH} \dfrac{1}{1 + \dfrac{\tau_b}{\tau_d}} \end{cases} \tag{2-66}$$

式中,$\dfrac{\tau_d}{\tau_b} = \dfrac{0.271}{a_0 + a_1 e^{-k/\sinh}} - 0.294$,参数取值参照 Hottel 模型。

(2) 已知水平面太阳辐射日总量

在通常情况下,气象部门提供的水平面太阳辐射的日总量难以直接用于桥梁日照温度场分析,需要进一步计算得到太阳直接辐射强度和散射辐射强度,太阳直接辐射和散射辐射的逐时总量亦可用于日照温度场的计算,具体过程如下:

第一步,将水平面太阳辐射日总量 H_g(MJ/m^2) 通过查表法或经验公式分解为太阳直接辐射日总量 H_b(MJ/m^2) 和太阳散射辐射日总量 H_d(MJ/m^2)。

《太阳能应用技术》中以列表形式给出了 1961—1977 年我国主要城市太阳辐射月平均值及我国长期以来的太阳散射辐射、直接辐射以及总辐射等全国分布情况资料,利用直接辐射、散射辐射与总辐射的比值,可对太阳辐射日总量 H_g 进行分解。同时,该书也提供了太阳散射辐射日总量与太阳总辐射日总量比值的经验计算公式,见式(2-67)和式(2-68):

$$k_d = 1 - 0.1059 k_t + 1.0952 k_t^2 - 8.1897 k_t^3 + 6.7459 k_t^4 \quad (0 < k_t \leqslant 0.76) \quad (2\text{-}67)$$

$$k_d = 0.6086 - 1.815 k_t + 1.06 k_t^2 - 0.3228 k_t^3 \quad (k_t > 0.76) \quad (2\text{-}68)$$

式中:k_d——太阳散射辐射日总量与太阳总辐射日总量的比值;

k_t——太阳总辐射日总量与大气上界太阳总辐射日总量的比值。

大气上界太阳总辐射日总量 H_0 可按式(2-69)计算:

$$H_0 = \dfrac{24 \times 3600}{\pi} G_{SC} \left[1 + 0.33 \left(\cos \dfrac{360 N}{365}\right)\right] \left(\cos l \cos \delta \sin \tau_r + \dfrac{\pi}{180} \tau_r \sin l \sin \delta\right) \quad (2\text{-}69)$$

式中:τ_r——日出时角(°)。

第二步,将太阳直接辐射日总量 H_b(MJ/m^2) 和太阳散射辐射日总量 H_d(MJ/m^2) 分解为太阳辐射强度或逐时总量。

通常用各个小时的太阳辐射总量相加计算太阳辐射日总量,如式(2-70)和式(2-71)所示,因此,可根据 H_b 和 H_d 进行迭代分析,计算得出 P 和 C。

$$H_b = \sum_{i=\text{日出}}^{\text{日落}} 3600 I_{bH} = \sum_{i=\text{日出}}^{\text{日落}} 3600 G_{SC} P^m \sin h \quad (2\text{-}70)$$

$$H_d = \sum_{i=\text{日出}}^{\text{日落}} 3600 I_{dH} = \sum_{i=\text{日出}}^{\text{日落}} 3600 C G_{SC} P^m \quad (2\text{-}71)$$

最后得出逐时水平面太阳直接辐射强度 $I_{bH}(W/m^2)$ 和水平面太阳散射辐射强度 $I_{dHi}(W/m^2)$。

$$I_{bH} = G_{SC}P^m \sin h \tag{2-72}$$

$$I_{dHi} = CG_{SC}P^m \tag{2-73}$$

1960 年，Liu 和 Jordan 分析发现太阳辐射日总量 H 和逐时总量 I 之间的关系如式(2-74)所示：

$$r_d = \frac{I}{H} = \frac{\pi(\cos\tau - \cos\tau_s)}{24(\sin\tau_s - \tau_s\sin\tau_s)} \tag{2-74}$$

式中：r_d——比例系数(若为负值，则取 0)；

τ——太阳时角；

τ_s——日落时角。

该模型仅适用于计算晴天的逐时太阳总辐射。有学者认为，只有在晴天时逐时水平面总辐射与日水平面总辐射之间的比例关系才存在。Collares-Pereira 和 Rabl 等对式(2-74)进行了修正，如式(2-75)所示：

$$r_a = \frac{I}{H} = (a + b\cos\tau) \times \frac{\pi(\cos\tau - \cos\tau_s)}{24(\sin\tau_s - \tau_s\sin\tau_s)} \tag{2-75}$$

式中：a、b——经验系数，$a = 0.409 + 0.5016\sin(\tau_s - 1.047)$，$b = 0.660 - 0.4767\sin(\tau_s - 1.047)$。

该公式成为利用日太阳总辐射计算逐时太阳总辐射最常用的公式。

2.2.2 气温和风速

除太阳辐射外，气温和风速也是桥梁结构温度场的重要影响因素。其中，气温作为桥梁温度的直接影响因素，对桥梁与外部环境之间的对流换热与辐射换热两类换热方式均有影响，而风速则间接对气温和太阳辐射引起桥梁温度变化起到一定的缓解作用，其影响主要体现在结构和外部的对流换热上。

1)气温

气温是影响混凝土桥梁结构温度分布的重要参数。不论是对于对流换热还是辐射换热的计算，都要考虑外界气温的时程变化。气温变化受多种自然因素的影响，根据大量实测数据可知，气温在年尺度和日尺度上都呈现出较强的周期性分布规律，如图 2-14 所示。

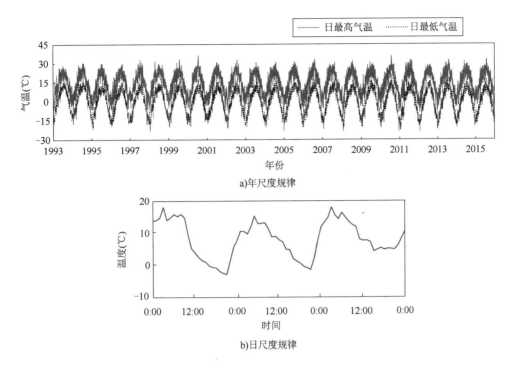

图 2-14 实测气温变化过程

由于气温日变化过程有着较好的规律,多数学者在进行桥梁结构温度作用研究中,在已知日最高和最低气温时(通常由气象站提供),则可采用正弦函数来描述一天气温的变化过程:

$$T(t) = A\sin\left[(t-t_0)\frac{\pi}{12}\right] + B \tag{2-76}$$

式中:$T(t)$——日气温变化函数;

$2A$——最大日温差,可按 $2A = T_{max} - T_{min}$ 计算,T_{max}、T_{min} 分别为日最高气温和最低气温;

B——日平均气温,当仅 T_{max}、T_{min} 已知时,按 $B = 0.5(T_{max} + T_{min})$ 计算;

t_0——最高气温和最低气温出现的时间,当 $t_0 = 9$ 时,15 时为最高气温,3 时为最低气温。

式(2-76)计算逐时气温是以每日零点为日分界点,在连续计算多日的逐时气温时,这种方法会引起气温在零点两侧出现不连续,甚至突变的情况,与实际气温的连续变化不符。为避免出现这种现象,对上述正弦函数拟合方法进行修正,即以日气温的最大值和最小值为分界点,以正弦曲线的单调递增段描述第 n 天日最低气温和日最高气温间的逐时气温变化,以正弦曲线的单调递减段描述第 $n+1$ 天日最高气温和日最低气温间的

逐时气温变化(图2-15),即:

$$T(t)=\begin{cases}\dfrac{T_{\max,n}+T_{\min,n}}{2}+\dfrac{T_{\max,n}-T_{\min,n}}{2}\sin\left[\dfrac{\pi}{9(t-t_{0,d})}\right] & (t_{\min}+24n\leqslant t<t_{\max}+24n)\\ \dfrac{T_{\max,n}+T_{\min,n+1}}{2}+\dfrac{T_{\max,n}-T_{\min,n+1}}{2}\sin\left[\dfrac{\pi}{15(t-t_{0,n})}\right] & [t_{\max}+24n\leqslant t<t_{\min}+24(n+1)]\end{cases}$$

(2-77)

式中:$T_{\max,n}$、$T_{\min,n}$、$T_{\max,n+1}$、$T_{\min,n+1}$——第 n 天和第 $n+1$ 天的日最高气温和日最低气温;

$t_{0,d}$ 和 $t_{0,n}$——与日最高和最低气温出现时间相关的参数,一般日最低气温出现的时间为日出前,大约为6:00,最高气温出现在15:00,此时二者分别取10.5 和7.5。

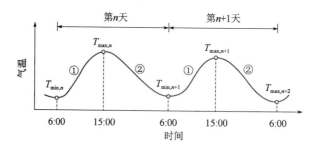

图2-15 一日内的气温变化模型

2) 风速

风速,是指空气相对于地球某一固定地点的运动速率。其对桥梁结构温度场分析中的对流换热系数有着重要的影响,风速越高对流换热系数越大。实测数据表明,风速随时间通常没有明显的变化规律(图2-16),风速的差异主要受到高度的影响。这里以2014年丹麦的洛兰岛东部风速实测数据为例(图2-17),一天内同一高度风速变化幅度约在2m/s,随着高度的增加风速变化明显,40m 高度风速约为5m/s,60~80m高度范围内约为6m/s,100~140m 高度

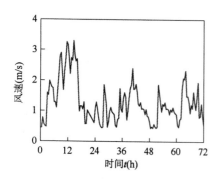

图2-16 某地三天实测风速

范围约为7m/s,160~180m 高度范围约为8m/s,并且这种差异会随着高度的增加而越发明显,在500m 以上的高空,风速可达到地表风速的3倍以上。

在大气边界层内，风速随离地高度的增加逐渐增大。风速随高度增大的规律，主要取决于地表类别和温度垂直梯度。通常认为在离地面高度为 300~500m 时，风速不再受地表类别的影响，也即达到所谓"梯度风速"，该高度称之为梯度风高度 δ_0。《公路桥梁抗风设计规范》（JTG/T 3360-01—2018）给出了海面、海岸、开阔水面、沙漠（类型 A），田野、乡村、丛林、平坦开阔地及低层建筑物稀少地区（类型 B），树木及低层建筑物等密集地区、中高层建筑物稀少地区、平缓的丘陵地（类型 C），以及中高层建筑物密集地区、起伏较大的丘陵地（类型 D）4 类地表状况，各类地表类别的地表粗糙度系数 a 分别取为 0.12、0.16、0.22 和 0.30，地表粗糙高度分别取为 0.01m、0.05m、0.3m 和 1.0m，梯度风高度 δ_0 分别取为 300m、350m、400m 和 450m。图 2-18 给出了不同地表类别下的风速剖面变化规律及相应的梯度风高度，当到达梯度风高度之后认为风速不变。

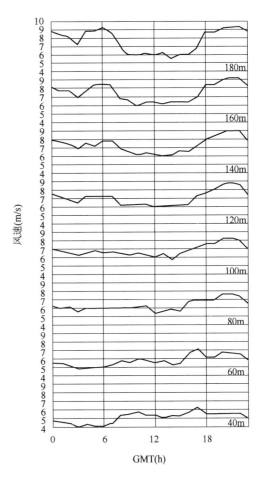

图 2-17 洛兰岛不同高度的风速分布差异

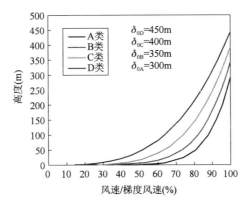

图 2-18 风速随高度的分布规律

3)对流换热计算

对流换热是指流体流经固体时流体与固体表面之间的热量传递现象。对流换热热流密度 q_c 可以通过牛顿换热公式进行计算,即:

$$q_c = h_c(T_a - T) \tag{2-78}$$

式中:T_a——环境温度;

T——桥梁结构表面温度;

h_c——对流换热系数,其取值与结构表面的粗糙程度、风速及大气温度等因素有关。

表 2-7 总结了现有文献常用的对流换热系数计算公式。可以看到,风速较小时,对流换热系数表达式一般由自由对流和强制对流两部分组成。自由对流由结构表面和大气温度差造成的空气运动产生,但多数公式对此进行了假设,采用一定值进行表示;强制对流由风速引起,当风速较大时,自由对流则可以忽略。表 2-7 中的所有公式均考虑了风速的影响,仅公式 4 和 5 同时考虑了大气与结构表面温差的影响。

对流换热系数的计算公式 表2-7

编号	计算公式	考虑因素	符号说明
1	$h_c = 6 + 3.7v$	风速	h_c——对流换热系数; v——风速; $A、B、C$——参数,在不同文献中取值不同; C_h——热对流常数; T_a——环境温度; T——桥梁结构表面温度; T_{avg}——结构与大气平均温度,可近似按 $(T+T_a)/2$ 计算; $h_{c,t}、h_{c,b}、h_{c,w}$ 和 $h_{c,i}$——箱梁顶板、底板、腹板和箱室内壁的对流换热系数
2	$h_c = \begin{cases} A + Bv, v < 5\text{m} \cdot \text{s}^{-1} \\ Cv^{0.78}, v \geq 5\text{m} \cdot \text{s}^{-1} \end{cases}$	风速	
3	$h_c = 4.35 + 3.0v, v < 5\text{m} \cdot \text{s}^{-1}$ $h_c = 6.31v^{0.656} + 3.25e^{-1.91v}$	风速	
4	$h_c = 2.6\sqrt[4]{|T_a - T|} + 4.0v$	大气与结构温差、风速	
5	$h_c = 0.2782C_h \cdot \left(\dfrac{1}{T_{avg} + 17.8}\right)^{0.181} \cdot$ $|T_a - T|^{0.266} \cdot \sqrt{1 + 2.8566v}$	大气与结构温差和平均温度、风速	
6	$h_{c,t} = 4.67 + 3.83v, h_{c,b}$ $= 2.17 + 3.83v,$ $h_{c,w} = 3.67 + 3.83v, h_{c,i} = 3.5$	箱梁不同部位、风速	

图 2-19 是用表 2-7 中 6 个公式计算的对流换热系数随风速的变化关系。公式 4 的 $|T_a - T|$ 假定取为 5℃;公式 5 的 C_h 取 20.4,$|T_a - T|$ 假定取为 5℃,T_{avg} 假定取为 15℃。由图 2-19 可知:公式 3 的斜率较低,计算结果较其他公式小。公式 5 斜率也较低;T_{avg} 的取值直接影响曲线的截距,在 T_{avg} 的合理取值范围内,$v > 5\text{m/s}$ 时公式 5 的计算结果较其

他公式小。公式 4 中，当 $|T_a - T|$ 分别取 28.36℃、23.10℃、21.52℃和 10.32℃时，计算结果与公式 1、公式 2 和公式 6 的 $h_{c,t}$ 基本相同，即公式 4 能够通过调整外界大气温度和桥梁结构之间温度差的方法综合反映其他表达式，且上述温度差的取值较为合理。

4）辐射换热计算

桥梁结构一般处于 $-30 \sim +60$℃ 之间的温度范围，会向外界发射辐射能，桥

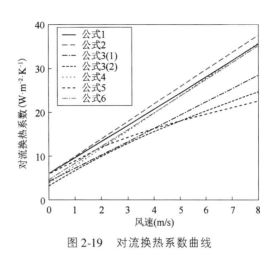

图 2-19 对流换热系数曲线

梁结构对外界环境、大气、地面等均存在这种辐射换热。根据 Stefan-Boltzmann 定律，桥梁结构的辐射能力与绝对温度的 4 次方成正比，结构表面与周围环境的辐射换热热流密度 q_r 可按式 2-79 计算：

$$q_r = C_b \varepsilon \left[\left(\frac{T}{100} \right)^4 - \left(\frac{T_a}{100} \right)^4 \right] \qquad (2-79)$$

式中：q_r——结构表面与周围环境的辐射换热热流密度；

ε——结构表面黑度（也称辐射率），一般取 0.85～0.95；

C_b——Stefan-Boltzmann 常数，即黑体辐射系数，取 $5.67 \text{W}/(\text{m}^2 \cdot \text{K}^4)$；

T——结构外表面温度（K）；

T_a——空气干球温度（K）。

2.3 混凝土水化理论

2.3.1 水泥水化热模型

1）水化反应原理

水泥遇水后，在硅酸盐颗粒周围生成半渗透的硅酸盐水化物外壳，它将无水的表面和主液体隔开，因而产生诱导期，而钙离子（Ca^{2+}）能够通过这层外壳进入主液体，硅酸盐离子则不能，仍留在外壳内，因而使渗透压增大。当渗透压增大时，耗尽了钙的水化硅酸盐被挤入主液体中，这时，它重又与 Ca^{2+} 结合形成空心管状的或其他形状的颗粒，标

志着诱导期的结束,原粒子边缘内的水泥组分又进一步溶解。根据水化反应的趋势和进程,可将水泥的水化过程分为 5 个阶段,即初始水解期、诱导期、加速期、衰退期和稳定期,且每个阶段的水化产物不同,见图 2-20。

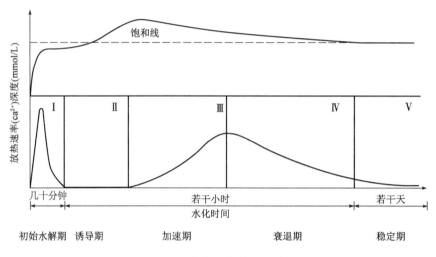

图 2-20　水化反应的不同阶段

Ⅰ.初始水解期:加水后立即发生急剧反应,但该阶段时间较短,通常在几十分钟内结束。又称诱导前期。

Ⅱ.诱导期:这一阶段反应速率极其缓慢,又称静止期,一般持续 2~4h,是硅酸盐水泥浆体能在几小时内保持塑性的原因。初凝时间基本上相当于诱导期的结束。

Ⅲ.加速期:反应重新加快,反应速率随时间而增长,出现第二个放热峰,在到达峰顶时本阶段即告结束(4~8h)。此时终凝已过,开始硬化。

Ⅳ.衰退期:反应速率随时间下降的阶段,又称减速期,约持续 12~24h,水化作用逐渐受扩散速率的控制。

Ⅴ.稳定期:反应速率很低、基本稳定的阶段,水化作用完全受扩散速率控制。

2)水化反应影响因素

影响混凝土中水泥水化反应的因素很多,除水泥熟料外,含水量、矿物掺合料、外加剂及混凝土中各种成分的含量、形状等都影响着水泥的水化反应。此外,养护条件(如养护温度、湿度)、初始温度、拌和程度等也都有一定的影响。温度在水泥水化反应中扮演着十分重要的角色,随着水泥水化反应不断产生热量,混凝土温度升高,而温度升高又加速了水化反应速率,水化放热率提高。因此,水泥水化反应过程中的温度与水化之间是不断相互促进的。随着环境和自身温度升高,混凝土水化反应速率不断加快,因此,混凝土各项力学性能随龄期的发展同样受温度影响。

3)水化反应的描述

混凝土热力学特性不仅与龄期有关,还与自身温度及温度历程等因素有关。目前,国内外通常采用两个概念来描述混凝土的水化反应及其对混凝土热力学性能的影响,一个是混凝土水泥水化反应程度即水化度(degree of hydration),另一个是混凝土的成熟度(maturity)。

(1)水化度

从水泥水化机理与过程中,可以看出,水泥与水拌和后,会发生一系列的物理变化和化学反应,并释放热量。由于某一时刻水泥水化反应的程度与该时刻水化放热量密切相关,因此,需要定义某一时刻的水泥水化程度(水化度)。目前,根据评价和制定标准的不同,水化度的定义方法也不同。Kjellsen 提出,对于纯水泥体系,根据龄期 t 的水泥浆体的化学结合水含量与水泥浆体完全水化后的化学结合水含量,可得出龄期 t 的硬化水泥浆体的水化度:

$$\alpha(t) = \frac{W_n(t)}{W_{n,\infty}} \tag{2-80}$$

式中:$W_n(t)$——水化时刻硬化水泥浆体的化学结合水含量;

$W_{n,\infty}$——完全水化水泥浆体的化学结合水含量。

在粉煤灰-水泥体系中,用复合胶凝材料的化学结合水量来直接表征其中所含水泥的水化反应程度不再适用。石明霞等提出一种等效化学结合水量法,并给出了将复合胶凝材料的总化学结合含水量转化为单位质量水泥对应的化学结合水含量的转换公式:

$$W_{ne,C} = \frac{W_{ne}}{1 - f_{FA}} \tag{2-81}$$

式中:W_{ne}——单位质量胶凝材料对应的化学结合水含量;

$W_{ne,C}$——单位质量水泥的化学结合水含量;

f_{FA}——粉煤灰的掺量百分数。

由式(2-83)和式(2-84)可知,如果可以测定 $W_{n,\infty}$,即可求出粉煤灰-水泥体系的水化度。由于式(2-84)并未考虑粉煤灰水泥中粉煤灰结合用水量的贡献,且 $W_{ne,C}$、$W_{n,\infty}$ 本身仅是一个粗略值,依据上述方式评价粉煤灰水泥的水化度往往误差较大。

(2)成熟度

当某一种混凝土的原材料、组成比例已知,混凝土成熟度的增长主要由温度与龄期决定,为此,将成熟度函数 M 定义为:

$$M = \sum (T - T_0) \Delta t \tag{2-82}$$

式中：M——成熟度；

t——混凝土龄期；

T——混凝土温度；

T_0——基准温度。

1953 年，Bergstrom 等根据 Saul 的成熟度法则，对一系列抗压强度试验的结果进行了归纳，认为混凝土硬化的起始温度为 –10℃，提出了常温养护条件下混凝土的成熟度函数：

$$M = \sum (T + 10) a_T \tag{2-83}$$

式中：T——养护温度；

a_T——温度 T 的养护时间。

此后，Rastrup 提出了另一种表示成熟度的方式——等效龄期的概念。1960 年 Copeland 等提出可以根据水化程度来表达混凝土的成熟度，并建议用 Archenius 方程来描述温度对水泥水化速率的影响。1977 年 Freiesleben Hansen 和 Pedersen 建立了基于 Arrhenius 函数的等效龄期成熟度函数：

$$t_e = \sum_0^t \exp\left[\frac{E_a}{R}\left(\frac{1}{273 + T_r} - \frac{1}{273 + T}\right)\right] \cdot \Delta t \tag{2-84}$$

式中：t_e——相对于参考温度的混凝土等效龄期成熟度；

E_a——混凝土活化能（kJ/mol）；

R——气体常数；

T_r——混凝土参考温度（℃），一般取 20℃；

T——时段 Δt 内的混凝土平均温度（℃）。

之后，Freiesleben Hansen 等对上述模型进行了完善，建立积分形式的等效龄期成熟度模型：

$$t_e = \int_0^t \exp\left[\frac{E}{R}\left(\frac{1}{273 + T_r} - \frac{1}{273 + T}\right)\right] dt \tag{2-85}$$

式中，$\begin{cases} E = 33500 & (T < 20℃) \\ E = 33500 + 1470(20 - T) & (T \geq 20℃) \end{cases}$

Byfors 和 Naik 研究表明，基于 Arrhenius 方程的等效龄期成熟度函数可以更为有效地反映出养护温度和龄期对混凝土各种性能的影响，他们还指出 Nurse-Saul 和 Rastrup 的成熟度方程适用的温度范围很窄，为 10~32℃，而基于 Arrhenius 方程的等效龄期成熟度函数适用范围则更广。

4）水泥水化热模型

水泥的水化热是影响混凝土温度分布和温度应力的重要因素,目前,常用的水泥水化热模型主要包括美国垦务局(水和能源服务部)的指数式、蔡正咏提出的双曲线式以及朱伯芳提出的双指数式,见式(2-86)至式(2-88)。

指数式：
$$Q(t) = Q_\infty (1 - e^{-mt}) \tag{2-86}$$

双曲线式：
$$Q(t) = Q_\infty \frac{t}{n+t} \tag{2-87}$$

双指数式：
$$Q(t) = Q_\infty (1 - e^{-at^b}) \tag{2-88}$$

式中：$Q(t)$——累积水化热；

t——龄期(d)；

Q_∞——$t \to \infty$ 时的最终水化热；

m、n、a、b——经验参数。

以上水化热的研究主要依据大体积混凝土水工结构在 15～25℃ 浇筑温度下水化热绝热温升实测数据,采用的水泥品种和混凝土类型与桥梁结构使用的材料差别较大,且未考虑浇筑温度对水化反应速率的影响,Cristofari 等依据化学反应动力学原理,提出了同时考虑浇筑温度和龄期的水泥水化热模型——水化动力模型：

$$Q(t) = Q_\infty \exp\left\{ -\omega \left[2\beta \exp(\xi T_0) \frac{t}{60} \right]^{-\zeta} \right\} \tag{2-89}$$

式中：T_0——浇筑温度；

t——龄期,单位为分；

ω、β、ξ、ζ——经验参数。

在结构水化热温度场计算中,使用的水化热基本参数为热源密度 q,可通过水泥用量 W 按式(2-90)计算：

$$q(t) = W \frac{\mathrm{d}Q}{\mathrm{d}t} \tag{2-90}$$

为选取合适的水泥水化热模型准确计算水泥水化热期间混凝土结构的温度分布,调研现有文献中的参数,对以上4种水化热模型的热源密度 q 进行对比。采用的 P.O.52.5 水泥最终水化热为 350kJ/kg,参数选取见表 2-8。图 2-21a)对比了不同水泥水化热模型热源密度随龄期的变化,可以看到,指数式、双曲线式和双指数式在浇筑开始,热源密度即达到了最大值,随后逐渐减小,而已有试验和测试结果均表明,水泥的水化热放热速率会在很短时间内从零增长至峰值,然后逐渐减小至零,水化动力模型的热源密度变化曲线更符合这种测试规律。图 2-21b)给出了水化动力模型不同浇筑温度下的热源密度变化曲线,可以看到,浇筑温度越高,热源密度的峰值越高,达到峰值的时间越短,下降的速度越快,在水化热温度场模拟时,若不考虑浇筑温度的影响,对计算结果的准确性会有较大影响。

水化热模型参数取值 表2-8

模型	参数
累积水化热	$Q_\infty = 350 \text{kJ/kg}$
指数式	$m = 0.362$
双曲线式	$n = 1.03$
双指数式	$a = 0.36, b = 0.74$
水化动力模型	$\omega = 55, \beta = 0.481, \xi = 0.039, \zeta = 1.25$

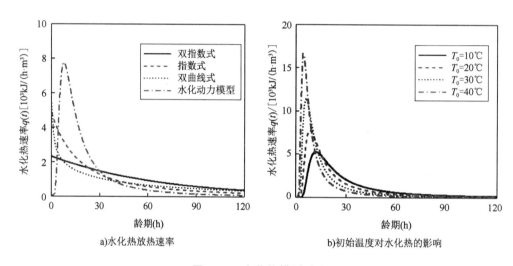

a) 水化热放热速率　　　　　b) 初始温度对水化热的影响

图 2-21　水化热模型对比

2.3.2 混凝土绝热温升

绝热温升顾名思义就是指混凝土所有边界处于绝热条件下,水泥水化反应过程中所放出的热量使混凝土升高的温度。对于某种确定的混凝土,如果水泥水化热完全反应,则其最高绝热温升也是确定的,不受温度等因素的影响。混凝土中水泥成分水化反应进行的程度、水泥含量及品质等决定着绝热温升值,水化热进行得越彻底,绝热温升值越大。混凝土绝热温升值应该根据实际情况由试验来确定,在缺乏试验条件时,也可依据水化反应放热量和水化热度进行估算。测定绝热温升有两种方法:一是直接法,用绝热温升试验设备直接测定;二是间接法,先测定水泥水化热,再根据水化热和混凝土的比热容、重度和水泥用量计算绝热温升。

1)直接法——绝热温升测定试验

根据《普通混凝土拌合物性能试验方法标准》(GB/T 50080—2016)及《水泥混凝土拌合物绝热温升试验方法》(T 0539—2020),绝热温升可按如下方法测试。

(1)试验目的及适用范围

混凝土绝热温升试验测定的目的是在绝热条件下,测定水泥混凝土拌合物在水化过程中的温度变化及最高温升值。

(2)设备及材料

绝热温升测定仪:该测定仪器由绝热养护箱和控制记录仪两部分组成,如图2-22所示,温度控制记录仪的测量范围应为0~100℃,分度值为0.05℃。试验容器宜采用钢板制成,顶盖宜具有橡胶密封圈,容器尺寸应大于粗集料最大粒径的3倍。

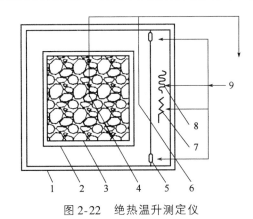

图2-22 绝热温升测定仪

1-绝热试验箱;2-试样桶;3-混凝土试样;4、6-温度传感器;5-风扇;7-制热器;8-制冷器;9-温度测量与仪器控制系统

捣棒及放测温探头的紫铜测温管或玻璃管等:管的尺寸要求内径稍大于测温探头直径,长度为试件高度的1/2。

成型室:20℃±2℃,相对湿度不小于50%。

(3)试验步骤

①绝热温升试验装置应进行绝热性检验,即试验容器内装与绝热温升试验试样体积相同的水,水温分别为40℃和60℃左右,在绝热温度跟踪状态下运行72h,试样容器内的水温变动值应不大于±0.05℃。试验时,绝热试验箱内空气的平均温度与试样中心温度的差值应保持不大于±0.1℃,超出±0.1℃时,对仪器进行调整。重复上述试验,直至满足要求。

②试验前24h应将混凝土拌和用原材料放在20℃±2℃的室内,使其温度与室温一

致。如对拌合物浇筑温度有专门要求时,则按要求控制拌合物的初始温度。

③拌和均匀后分两层装入容器中,每层捣实后高度约为 1/2 容器高度;每层装料后由边缘向中心均匀地插捣 25 次,捣棒应插透本层至下一层的表面;每一层捣实后用橡皮锤沿容器外壁敲击 5~10 次,进行振实,直至拌合物表面插捣孔消失为止;在容器中心埋入一根紫铜测温管或玻璃测温管,测温管中应盛入少许液压油,然后盖上容器上盖,保持密封。

④试样容器送入绝热室内,将测温元件(温度传感器或温度计)装入测温管中,测得混凝土拌合物的初始温度(θ_0)。

⑤开始试验,控制绝热室温度与试样中心温度相差不应大于 ±0.1℃。试验开始后应每 0.5h 记录一次试样中心温度,历时 24h 后每 1h 记录一次,7d 后可 3~6h 记录一次。试验历时 7d 后可结束,也可根据需要确定试验周期。

⑥试件从拌和、成型到开始测读温度,应在 30min 内完成。

(4)计算结果

绝热温升值,按式(2-91)计算:

$$\theta_n = \alpha(\theta'_n - \theta_0) \tag{2-91}$$

式中:θ_n——n 天龄期混凝土绝热温升值(℃);

　　　θ'_n——n 天龄期仪器记录的温度(℃);

　　　θ_0——混凝土拌合物的初始温度(℃);

　　　α——试验设备绝热温升修正系数,结果计算精确至 0.1℃。

以时间为横坐标、温升为纵坐标绘制混凝土温升过程线,根据曲线即可查得不同龄期的混凝土绝热温升值。

2)间接法——绝热温升计算方法

混凝土绝热温升值试验对设备精度和控制条件要求较高,在缺乏直接测定的资料时,一般情况下可以根据水泥水化热按式(2-92)进行估算:

$$\theta(t) = \frac{Q(t)(W + kF)}{c\rho} \tag{2-92}$$

式中:$Q(t)$——水泥的水化热;

　　　W——混凝土中的水泥用量;

　　　c——混凝土的比热容;

　　　ρ——混凝土的密度;

　　　F——掺合料用量;

k——折减系数,对于粉煤灰,取 $k=0.25$。

可知,混凝土产生的最终绝热温升 θ_∞ 为:

$$\theta_\infty = \frac{Q_\infty(W+kF)}{c\rho} \tag{2-93}$$

2.3.3 混凝土硬化过程中力学性能的发展

王铁梦开展试验研究了描述混凝土从早龄期到硬化时的部分材料力学性能的变化规律,包括抗压强度、轴心抗拉强度、应力-应变关系、劈裂抗拉强度、抗拉弹性模量、极限拉应变等,进行了从较早龄期到硬化(28d)时的性能发展的试验研究。

混凝土极限拉伸、弹性模量与抗拉强度随龄期的变化关系如图 2-23 所示,混凝土极限拉伸、弹性模量与轴向抗拉强度均随龄期增长而增长。混凝土极限拉伸、弹性模量随抗拉强度的增长而增长。从增长的速率来看,极限拉伸的增长率最高,弹性模量次之,且均高于混凝土抗拉强度的增长率,从图 2-23 中还可以看出,早期增长率高一些,后期增长率较小。

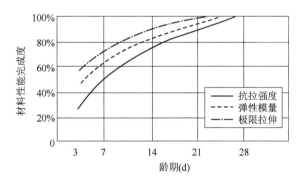

图 2-23 混凝土抗拉强度、弹性模量与极限拉伸随龄期增长速率比较

混凝土弹性模量随龄期变化的规律有两种表示方法:双曲函数和指数函数表示法。严格说来,混凝土受压弹性模量和受拉弹性模量是不同的,后者一般低于前者。考虑到既要接近试验结果,又应便于计算,故对于拉压作用均采用指数函数表示。

$$E(\tau) = E_0(1-\beta e^{-\alpha\tau}) \tag{2-94}$$

式中:$E(\tau)$——不同龄期的弹性模量;

E_0——成龄期的弹性模量;

β、α——经验系数,$\beta=1$、$\alpha=0.09$;

τ——龄期(d)。

式(2-97)中,E_0 可根据混凝土强度等级按《公路钢筋混凝土及预应力混凝土桥涵设计规范》(JTG 3362—2018)取值。任意龄期弹性模量变化见式(2-95):

$$E(\tau) = E_0(1 - e^{-0.09\tau}) \tag{2-95}$$

根据苏联水工科学院所做的试验,抗拉强度的变化规律服从式(2-96):

$$R_f(\tau) = 0.8R_{f0}(\lg \tau)^{2/3} \tag{2-96}$$

式中:$R_f(\tau)$——不同龄期的抗拉强度;

R_{f0}——龄期为28d的抗拉强度。

当然,同样可以确定不同龄期的极限拉伸:

$$\varepsilon_p(\tau) = 0.8\varepsilon_{p0}(\lg \tau)^{2/3} \tag{2-97}$$

式中:$\varepsilon_p(\tau)$——不同龄期的极限拉伸;

ε_{p0}——龄期28d的极限拉伸。

在计算中遇有弯拉、偏拉受力状态,考虑低拉应力区对高拉应力区的约束作用,乘以系数 $\gamma = 1.7$,借以表达受弯时抗拉能力的提高。

混凝土浇筑成形过程中力学性能的发展取决于水泥中水化反应的程度,即水化热度,不仅仅取决于龄期,与温度变化历程也紧密相关,也就意味着同一混凝土结构的不同单元的力学性能发展是不均衡的。Arrhenius方程定义了化学反应速率受温度的影响程度为:

$$\frac{d(\ln \nu_k)}{dT} = \frac{E_r}{RT^2} \tag{2-98}$$

式中:ν_k——化学反应的速率;

T——热力学温度;

E_r——活化能,常温下的一般硅酸盐水泥可取为41572J/mol;

R——气体常量,取值为8.3144J·mol^{-1}·K^{-1};

E_r/R——活化温度,常温下的一般硅酸盐水泥可近似取5000K,或按式(2-99)计算:

$$\frac{E_r}{R} = \theta_{ref}\left(\frac{30}{T+10}\right)^{\sigma} \tag{2-99}$$

式中,$\theta_{ref} = 4600$K,对于普通的波特兰水泥,$\sigma = 0.39$。

采用式(2-87)等效龄期 t_e 函数考虑温度历程 T 对混凝土水化程度及力学性能的影响。等效龄期 t_e 可以量化温度历程对水化热度 α 的影响,在得到混凝土确定的水化热模式后,实际混凝土各单元的水化热度可通过在等效时间下的水化热释放量占总水化热的比重计算:

$$\alpha(t_e) = \frac{Q(t_e)}{Q_{\infty}} \tag{2-100}$$

为了计算混凝土硬化过程中的应力,需要建立水泥水化热对混凝土抗拉强度 f_t、抗

压强度 f_c 和弹性模量 E_c 等力学参数的影响关系。Schutter 在大量试验的基础上发现，水化热度与混凝土材料力学性能的演变具有显著的相关性，可按式（2-101）～式（2-103）计算：

$$\frac{f_t(\alpha)}{f_t(\alpha=1)} = \left(\frac{\alpha-\alpha_0}{1-\alpha_0}\right)^{na} \tag{2-101}$$

$$\frac{f_c(\alpha)}{f_c(\alpha=1)} = \left(\frac{\alpha-\alpha_0}{1-\alpha_0}\right)^{a} \tag{2-102}$$

$$\frac{E_c(\alpha)}{E_c(\alpha=1)} = \left(\frac{\alpha-\alpha_0}{1-\alpha_0}\right)^{ma} \tag{2-103}$$

式中：α_0——混凝土材料形成初始刚度对应的水化热度；

n、m、a——待定参数，对于波特兰水泥，可取：$n=2/3$，$m=1/3$，$a=3/2$。

由于水泥水化热发展是一个并不短暂的过程，通常在龄期达到 28d 时，水化反应并未发展完全，即 $\alpha<1$，但为了便于计算，$f_c(\alpha=1)$、$f_t(\alpha=1)$ 和 $E_c(\alpha=1)$ 一般取值为混凝土 28d 龄期时的值。

2.4 材料的热学特性

2.4.1 混凝土的热工参数

从微观结构的非均质性出发考虑，混凝土无论在物理性质上，还是力学性质上，都不是连续体，因为这个原因，混凝土的热传导性能比较差。影响混凝土的导热系数和比热容等热工参数性质的主要因素是：集料种类、集料用量、混凝土的含水状态。

从定量方面分析，集料对混凝土导热系数的影响较大。采用不同种类集料组成的混凝土，它的导热系数有明显差别。例如用玄武岩等作为集料的混凝土导热系数约为 1.86～2.33W/(m·℃)，采用砂岩作为集料的混凝土导热系数约为 2.91～3.49 W/(m·℃)，采用轻质集料的混凝土导热系数约为 1.16W/(m·℃)。

由于空气的导热系数非常小，仅为 0.026W/(m·℃)，约等于水的导热系数 0.61 W/(m·℃) 的 1/25，所以处于干燥状态的混凝土导热系数比混凝土在含水状态时小，约为后者的 0.6～0.7 倍。这就是说，在日照情况下，干燥状态下的混凝土结构的温差比潮湿状态下要大一些。

集料对混凝土比热容的影响比较明显,普通混凝土的比热容为 $8.79 \times 10^5 \sim 1.09 \times 10^6 \mathrm{J/(kg \cdot ℃)}$,约为轻质集料制成的混凝土比热容的 1.6 倍左右。

一般来讲,混凝土的导热系数和比热容由组成材料的热工参数和混凝土配合比决定,可根据混凝土各组成成分的质量百分比加权平均计算。混凝土常用成分热工参数见表2-9。

混凝土常用成分热工参数   表2-9

材料	导热系数 $\lambda[\mathrm{W/(m \cdot ℃)}]$				比热容 $c[\mathrm{J/(kg \cdot ℃)}]$			
	21℃	32℃	43℃	54℃	21℃	32℃	43℃	54℃
水	0.600	0.600	0.600	0.600	418.68	418.68	418.68	418.68
普通水泥	1.235	1.276	1.315	1.351	45.64	53.59	66.15	82.48
石英砂	3.091	3.083	3.070	3.066	66.92	74.53	79.55	86.67
玄武岩	1.914	1.909	1.905	1.899	76.62	75.78	78.29	83.74
花岗岩	2.918	2.908	2.901	2.883	71.59	70.76	73.27	77.46
石灰岩	4.036	3.943	3.886	3.794	74.94	75.78	78.29	82.06

从作者团队调研的混凝土的导热系数和比热容的常用取值,(图2-24)来看,混凝土的导热系数和比热容的离散性较大,前者介于 $1.2 \sim 4.0 \mathrm{W/(m \cdot ℃)}$,均值为 $2.03 \mathrm{W/(m \cdot ℃)}$,后者介于 $700 \sim 1200 \mathrm{J/(kg \cdot ℃)}$,均值为 $950 \mathrm{J/(kg \cdot ℃)}$,在无配合比的情况下,可按以上均值作为混凝土热工参数进行温度场计算。表2-10为混凝土表面颜色对应的太阳辐射吸收率,在进行混凝土结构日照温度场计算时可近似采用。

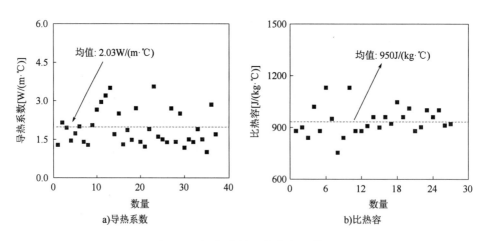

图 2-24 混凝土热工参数调研情况

混凝土表面不同颜色的太阳辐射吸收率　　　　表 2-10

面漆颜色	白色	灰色	浅黑色	黑色
太阳辐射吸收率	0.15	0.45	0.56	0.8

混凝土的热膨胀系数,在常温范围内一般是不变的,可用水泥石和集料的热膨胀率(弹性模量×体积比)的加权平均值来确定。

一般水泥石的热膨胀系数约为 $(10\sim20)\times10^{-6}/℃$,比集料的热膨胀系数 $(6\sim12)\times10^{-6}/℃$ 大。混凝土的热膨胀系数 α 介于二者之间,约为 $(7\sim14)\times10^{-6}/℃$。当混凝土采用石灰质集料时,它的热膨胀系数偏小;采用砂岩或硅酸质等集料时,它的热膨胀系数就比较大。中铁第四勘察设计院集团有限公司对长沙水塔混凝土试件进行测定,其值为 $(1.06\sim1.14)\times10^{-5}/℃$。在一般工程设计计算中,普通混凝土热膨胀系数可采用 $1\times10^{-5}/℃$。

对于沥青混凝土材料,不同类型的沥青混合料由于沥青、集料种类、填料等各组分含量不同而表现出不同的比热容和导热系数。从李兴海等调研的混凝土的导热系数和比热容的常用取值(表 2-11)可以看出,离散程度较大。沥青混凝土的导热系数和比热容的计算与混凝土相似,亦根据混凝土各组成成分的重量百分比按加权平均法计算。沥青材料的导热系数一般取 $0.699W/(m\cdot℃)$,固态沥青的比热容一般为 $1670J/(kg\cdot℃)$,液态沥青的比热容为 $1340J/(kg\cdot℃)$。

在无实际资料的情况下,可参照《民用建筑热工设计规范》(GB 50176)进行取值,沥青混凝土的导热系数可取 $1.05W/(m\cdot℃)$,比热容可取 $1680J/(kg\cdot℃)$。

沥青混凝土热工参数取值　　　　表 2-11

作者	导热系数 $\lambda[W/(m\cdot℃)]$	比热容 $c[J/(kg\cdot℃)]$
Kersten	1.49	—
Kavianipour	2.28~2.88	—
o'Blenis	0.85~2.32	—
Jordan and Thomas	0.80~1.06	850~870
TurnerandMalloy	0.76	—
TegelerandDempsey	1.21~1.38	840~1090
Corlew and Dickson	1.21	920
BruceA.,RachelA.D	1.5~2.0	1000~1010
张秀华等	1.04~1.53	740~1020

续上表

作者	导热系数 $\lambda[\text{W}/(\text{m}\cdot\text{℃})]$	比热容 $c[\text{J}/(\text{kg}\cdot\text{℃})]$
牛俊明等	0.43~1.22	—
资建民	1.02~1.58	929~967
逯彦秋	1.50~1.89	939~1020

2.4.2 钢的热工参数

一般来说,钢材的导热系数随温度的升高而降低,在 20~70℃范围内,钢材导热系数和比热容随温度变化的幅度均不大,因此,在分析桥梁结构日照作用下的温度场时,钢材的热工参数可以取常数。

Eurocode 3 提出的随钢材温度变化的导热系数为:

$$\lambda_s = \begin{cases} -\dfrac{T}{300} + 54 & (20℃ \leqslant T \leqslant 800℃) \\ 27.3 & (T > 800℃) \end{cases} \quad (2\text{-}104)$$

Eurocode 3 同时给出不随温度变化的导热系数的值:

$$\lambda_s = 54 \quad (2\text{-}105)$$

钢材的比热容随着温度的变化较大,Eurocode 3 提出的结构钢随温度变化的比热容为:

$$c_s = \begin{cases} 2.22 \times 10^{-6} T^3 - 1.69 \times 10^{-6} T^2 + 0.773T + 425 & (20℃ \leqslant T \leqslant 600℃) \\ \dfrac{13002}{738 - T} + 666 & (600℃ < T \leqslant 735℃) \\ \dfrac{17820}{T - 731} + 545 & (735℃ < T \leqslant 900℃) \\ 650 & (900℃ < T \leqslant 1200℃) \end{cases}$$

(2-106)

在分析桥梁结构日照作用下的温度场时,钢材的热工参数可以取常数,钢材的导热系数 $\lambda_s = 54\text{W}/(\text{m}\cdot\text{℃})$,比热容 $c_s = 460\text{J}/(\text{kg}\cdot\text{℃})$。从调研的钢的导热系数和比热容常用取值(图 2-25)来看,钢的导热系数主要介于 $40 \sim 64\text{W}/(\text{m}\cdot\text{℃})$,比热容则介于 $400 \sim 550\text{J}/(\text{kg}\cdot\text{℃})$,分布离散性不大,因此,在无实测数据情况下,可取钢的导热系数和比热容为图 2-25 中均值,分别为 $51.9\text{W}/(\text{m}\cdot\text{℃})$ 和 $460\text{J}/(\text{kg}\cdot\text{℃})$。钢表面涂装颜色决定了太阳辐射吸收率的大小,对于常见涂装颜色,吸收率可按表 2-12 取值。

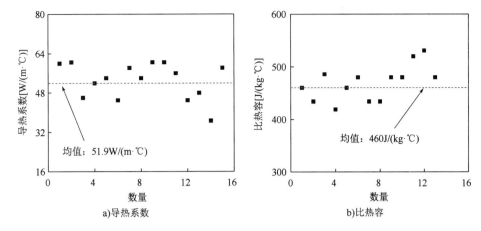

图 2-25 钢热工参数调研情况

钢表面常见涂装的太阳辐射吸收率　　　　　　　　表 2-12

颜色	白	银白	灰	红	氧化钢板
太阳辐射吸收率	0.33	0.55	0.70	0.70	0.80

CHAPTER THREE 第3章

桥梁温度场研究方法

3.1 桥梁温度场测试

关于桥梁结构日照温度场的研究方法,总体上可以分为三类:试验测试、理论分析和数值模拟。桥梁日照温度场的研究综合了传热学、气象学、天文学及基础数学等一系列复杂学科,理论分析难以就基本的热传导方程和复杂的边界条件给出理论解析解。随着计算机技术的快速发展,有限元数值模拟技术逐渐代替理论分析,只要选取的边界条件足够准确,计算结果就可以逼近真实的桥梁温度分布状态。试验测试通过在实桥或缩尺模型上布置温度传感器,连续观测即可得到桥梁最为真实的温度分布状态。

3.1.1 结构温度传感器

常用的工业用温度传感器分为接触式和非接触式两类。接触式温度传感器通过传导或对流达到热平衡,从而使温度传感器的显示值能表示被测物体的温度;非接触式温度测试是利用物体的热辐射能随温度变化的原理来测定物体的温度,测试时无须直接接触物体,通常用来测定1000℃以上的移动高温物体的温度。工程结构的温度一般采用接触式测试,采用的温度传感器主要包括热电阻(如铂热电阻)、热电偶(如铜-康铜热电偶)和数字式温度传感器。

1)热电阻温度计

热电阻(thermal resistor)测温是基于金属导体的电阻热效应这一特性(即电阻体的阻值随温度的变化而变化的特性)来进行温度测量的,它的主要特点是测量精度高,性能稳定。因此,只要测量出感温热电阻的阻值变化,就可以测量出温度。用于热电阻的金属材料主要有铂、铜、镍,它们在常用温度段的温度与电阻的比值接近线性关系。

铂是一种贵金属,它的物理化学性能很稳定,尤其是耐氧化能力很强,有良好的工艺性,易制成极细的铂丝,与铜、镍等金属相比,有较高的电阻率,温度-电阻曲线的线性关系良好,是一种比较理想的热电阻材料。以常用的铂电阻 PT100 为例,PT 后的 100 即表示它在0℃时阻值为100Ω,在100℃时它的阻值约为138.5Ω,其温度-阻值对应关系为:

$$R_T = \begin{cases} R_0[1 + AT + BT^2 + C(T-100)T^3] & (-200℃ \leq T < 0℃) \\ R_0(1 + AT + BT^2) & (0℃ \leq T < 850℃) \end{cases} \quad (3\text{-}1)$$

式中:R_T——T温度下铂电阻的阻值;

R_0——0℃下铂电阻的阻值,对于PT100,$R_0 = 100Ω$;

A、B、C——经验系数,根据工业铂电阻温度计和铂温度传感器国际标准(IEC 60751),$A = 3.9083 \times 10^{-3}$,$B = -5.775 \times 10^{-7}$,$C = -4.18 \times 10^{-12}$。

PT100 温度传感器的主要技术参数如下:测量范围:$-200 \sim +850$℃;允许偏差值:A 级 $\pm(0.15 + 0.002|T|)$℃,B 级 $\pm(0.30 + 0.005|T|)$℃;热响应时间小于 30s。另外,PT100 温度传感器还具有抗振动、稳定性好、耐高压、准确度高等优点。铂电阻的温度-电阻曲线如图 3-1 所示。

2)热电偶温度计

热电偶温度计是以热电偶作为测温元件,用热电偶测得与温度相应的热电动势,由仪表显示出温度的一种温度计。它由热电偶、补偿(或铜)导线和测量仪表构成,广泛用来测量 $-200 \sim +1800$℃范围内的温度。

热电偶的测温原理是基于 1821 年塞贝克(Seebeck)发现的热电现象,即 2 种不同的导体 A 和 B 连接在一起,构成一个回路,当两个接点 1 与 2 的温度不同时(图 3-2),如 $T_1 > T_0$,在回路中就会产生"热电动势",即著名的"塞贝克温差电动势",此种现象称为热电效应。导体 A、B 称为热电极。接点 1 为测量端,通常是焊接在一起的,测量时将它置于测温场感受被测温度,接点 2 为参考端,要求温度恒定。

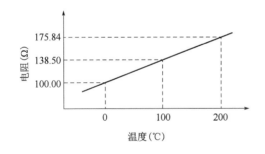

图 3-1 铂的温度-电阻曲线

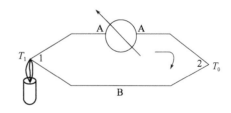

图 3-2 热电偶工作原理——塞贝克效应

为了制成实用的热电偶,其热电极材料一般应具有:①良好的热电特性:热电动势和热电动势率(灵敏度)要足够大,并且热电动势与温度的关系最好呈线性;②良好的物理性能:高电导率、小比热容、小电阻温度系数;③稳定的化学性能:抗氧化、还原性气氛或其他强腐蚀性介质,使用寿命长;④良好的耐热性和耐低温性:高温机械强度高、低温抗脆断性能好;⑤良好的力学性能和可加工性能。热电偶的种类是根据热电偶芯的材质来划分的(表 3-1)。热电偶等级分为 1 级、2 级、3 级,1 级的要求最严格,精度也最高。每种等级中分为 2 种不同的温度范围,而不同的温度范围精度是不同的,温度值越高,误差就会越大,而且误差会与温度值相关。图 3-3 给出了常用热电偶的热电动势与温度的关系。

不同热电偶的主要技术指标　　　　　　　　表 3-1

型号	热电偶材质	分度号	等级:2 级	
			温度范围(℃)	允许误差(℃)
WRR	铂铑 30-铂铑 6	B	600 ~ 700	±1.5
WRQ	铂铑 13-铂	R	0 ~ 600	±1.5
WRP	铂铑 10-铂	S	0 ~ 600	±1.5
WRM	镍铬硅-镍硅镁	N	-40 ~ +333	±2.5
WRN	镍铬-镍硅	K	-40 ~ +333	±2.5
WRE	镍铬-康铜	E	-40 ~ +333	±2.5
WRF	铁-康铜	J	-40 ~ +333	±2.5
WRC	铜-康铜	T	-40 ~ +133	±1.0

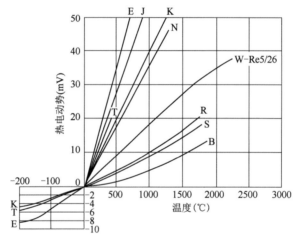

图 3-3　常用热电偶的热电动势与温度关系

3)数字式温度传感器

数字式温度传感器是在半导体集成温度传感器的基础上发展起来的。晶体管的基极—发射极的正向压降随着温度升高而减少,利用 P(P 型半导体,带正电)-N(N 型半导体,带负电)结的这一固有特性,可制成温度传感器,将感温 P-N 结及有关的电子线路集成在一个小硅片上,即可形成半导体集成温度传感器。数字式温度传感器是在此基础上,利用数字化技术,将被测温度以数字形式直接输出,能够远程传输数据,可适配各种处理器和单片机。其中,DS18B20 是最为常用的数字式温度传感器。

DS18B20 是美国达拉斯半导体公司(Dallas Semiconductor Corporation)生产的单总线可组网数字式温度传感器,具有线路简单、体积小的特点,在一根通信线上,可以挂很多这样的数字温度计,十分方便,因此用它来组成一个测温系统。DS18B20 内部结构如

图 3-4 所示,主要由 4 部分组成:温度传感器、64 位 ROM、非挥发的温度报警触发器 TH 和 TL、配置寄存器。其内部采用在线温度测量技术,测量范围为 -55 ~ +125℃,在 -10 ~ +85℃时,精度为 ±0.5℃。每个 DS18B20 在出厂时都已具有唯一的 64 位序列号,单片机通过简单的协议就能识别这个序列号,因此,一条总线上可以同时挂接多个 DS18B20,而不会出现混乱现象。

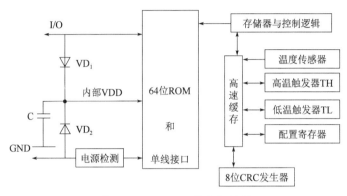

图 3-4 DS18B20 的内部结构

3.1.2 桥梁温度测试方法

1)基于太阳辐射深度的温度测点布置方法

由于温度测点布置数量有限,如何合理确定温度测点的位置以尽可能准确捕捉到桥梁结构日照作用下的温度分布是温度试验研究的关键。桥梁温度测试断面宜设置在标准梁段位置,测点应布置在结构热边界、尺寸突变、材料突变等温度梯度变化较大的位置,以尽可能精准地反映出结构温度场分布规律。

王永宝等指出,研究混凝土箱梁温度场时,有近 50% 的学者未沿板厚度方向布置温度测点,有 2/3 的学者未按变间距的方式布置竖向温度梯度测点。其建议采用太阳辐射影响深度的概念来指导测点布置,在太阳辐射影响深度范围内温度变化剧烈,分布非线性程度高,测点应非等间距密集布置,影响范围外的测点可以较少布置。

为提高温度传感器的利用效率,减小在温度梯度变化较小区域的测点布置数目,提高在温度梯度变化较大区域的拟合精度,笔者提出太阳辐射影响深度的概念,即在太阳辐射作用下,深度每下降 1cm,温度变化开始小于 ±0.1℃ 的深度值。在太阳辐射影响深度范围内,受外界环境影响较大,在范围以外,影响较小。

图 3-5 给出了既有文献实测及计算的太阳辐射影响深度值。目前,主要的竖向温度梯度公式有负指数函数、抛物线公式和三折线公式。3 种公式均表明,在受太阳辐射影响较为强烈的顶面温度梯度变化较大,在辐射影响较小的底面温度梯度变化较小。基于试验结

果和测试时机的不同,各个学者拟合得到的最大竖向温度梯度值不尽相同。在最不利温度梯度作用下,受桥型和地理环境的影响,太阳辐射影响深度在 0.3~0.5m 的居多。

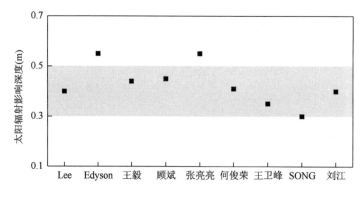

图 3-5 混凝土桥梁的太阳辐射影响深度

图 3-6 给出了既有文献实测不同壁厚桥墩的太阳辐射影响深度,一般在 0.3m 左右,小于混凝土箱梁。在太阳辐射的作用下,外界环境温度对混凝土内部温度的影响有限。由于箱梁为水平构件,箱形桥墩为竖直构件,各混凝土表面受太阳辐射的强度和时长有差异。因此,取混凝土箱梁竖向和桥墩壁厚方向的太阳辐射影响深度分别为 0.5m 和 0.3m。

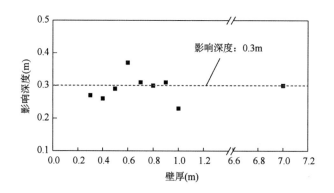

图 3-6 不同壁厚桥墩的太阳辐射影响深度

2) 长期温度测试汇总

相比于有限元数值模拟,通过对实桥或模型测试可以反映桥梁结构真实的温度分布状态,试验研究应根据结构形式确定合适的测点布置,以便充分反映温度场非线性分布的特性。桥梁结构日照温度场变化缓慢,需要长期测试来反映温度变化规律,温度场的变化与气象因素息息相关,建议同时对相应气象参数进行长期采集,或通过当地气象部门获取。表 3-2 汇总了现有桥梁温度长期测试(超过 1 年)的主要文献,测试多集中在混凝土箱梁结构。

桥梁温度场长期测试情况统计 表3-2

序号	文献来源	主梁形式	横断面简图	测试类型	测点数量	测试时间	测试地区
1	Maes 等	混凝土箱梁		实桥测试	50 个测点	1988.10~1990.04	加拿大阿尔伯塔省
2	Froli 等	混凝土箱梁		实桥测试	—	1987.04~1990.07	意大利中部
3	Roberts-Wollman 等	混凝土箱梁		实桥测试	17 个测点	1992.07~1994.11	美国得克萨斯州
4	Shushkewich 等	混凝土箱梁		实桥测试	共58个测点,2个断面分别布置26个和32个测点	1995.01~1996.12	美国夏威夷州
5	Li Dongning 等	混凝土箱梁		实桥测试	共142个测点,分3个断面布置	1998~2001	美国亚特兰大地区
6	王毅	混凝土箱梁		实桥测试	48 个测点	2004.10~2005.11	中国江苏省
7	雷笑等	混凝土箱梁		实桥测试	48 个测点	2005.10~2007.09	中国江苏省
8	Peiretti 等	混凝土板梁		实桥测试	12 个测点	2008.08~2012.01	西班牙阿维拉省
9	Hedegaard 等	混凝土箱梁		实桥测试	48 个测点	2008.09~2011.10	美国明尼苏达州
10	Lee 等	混凝土预制Bulb-T梁		足尺模型测试	18 个测点	2009.04~2010.03	美国佐治亚州
11	陶翀等	混凝土箱梁		实桥测试	共58个测点,2个断面分别布置16个和42个测点	2009.05~2011.05	中国浙江省
12	Abid 等	混凝土箱梁		足尺模型测试	62 个测点	2013.05~2014.07	土耳其加济安泰普省

续上表

序号	文献来源	主梁形式	横断面简图	测试类型	测点数量	测试时间	测试地区
13	Zhang Feng 等	混凝土箱梁		模型试验	258个测点	2020.06~2021.11	中国陕西省
14	LiuJinyi 等	混凝土箱梁		模型试验	180个测点	2020.06~2021.05	中国西藏自治区
15	LiuJinyi 等	混凝土箱梁		足尺模型试验	133个测点	2021.07~2022.08	中国广西壮族自治区
16	Chang 等	钢箱-混凝土组合梁		实桥测试	30个测点	1996.09~1998.04	韩国首尔
17	Lucas 等	扁平钢箱梁		实桥测试	18个测点	1996.02~1998.12	法国诺曼底地区
18	丁幼亮等	扁平钢箱梁		实测测试（健康监测）	共32个测点,4个断面,每个断面布置8个测点	2005~2010	中国江苏省
19	王高新等	扁平钢箱梁		实桥测试（健康监测）	8个测点	2011.01~2011.12	中国,江苏省
20	刘扬等	扁平钢箱梁		实桥测试（健康监测）	15个测点	2014.01~2014.12	中国四川省宜宾市
21	王达等	钢-混组合桥面钢桁梁		实桥测试（健康监测）	8个测点	2013.01~2013.12	中国
22	郑德志	扁平钢箱梁		实桥测试（健康监测）	5个测试断面,共布置86个测点	2018~2020	中国

随着传感器技术和数据处理技术的成熟,越来越多的学者基于健康监测系统对桥梁结构温度场进行多测点长周期观测,主要针对大跨斜拉桥和悬索桥的扁平钢箱梁结构,而断面测点一般布置较少,测试结果难以充分反映箱梁温度空间分布特征。

3.1.3 本研究团队的温度测试

1) 测试工作概述

团队研发了温度-气象的高频、远程、无线、实时、同步测试系统和配套程序(图3-7),开展了桥梁温度和气象数据长期测试,获取了全国范围内宝贵的桥梁温度和气象长期实测数据。自开发了桥梁长期温度数据采集系统,并编制了自动存储和数据处理的采集程序,可实现桥体温度和桥位气象数据的高频、远程、无线、实时、同步采集。系统内部设有阿尔泰 DAM-3601 温度采集模块、DAM-3058R 模拟量采集模块、宏电 4G 工业级 DTU 无线数据终端,远程开启云主机平台。通过自编采集软件实现桥梁温度和气象数据的同步采集,通过 4G 移动网络传输至网络云主机并自动存储为 .xls 或 .txt 格式。试验数据采集间隔设置为 60s。试验所用测试仪器及其参数汇总见表 3-3。

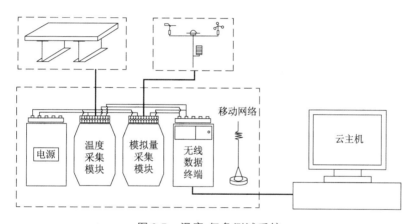

图 3-7 温度-气象测试系统

试验用传感器及参数汇总 表3-3

	测试仪器	型号	主要参数
传感器	温度传感器	DS18B20	量程:-55~+125℃,精度:±0.5℃
	大气温湿度计(百叶箱)	NH121WS-I	温度量程:-50~+80℃,精度:±0.2℃ 湿度量程:0~100%RH,精度:±3%RH
	风速传感器	NHFS45BI	量程:0~60m/s,精度:±0.3m/s
	风向传感器	NHFX46AI	量程:0°~359°,精度:±3°
	太阳总辐射表	NHZF51	量程:0~2000W/m²,波长:280~3000nm
测试系统	温度采集模块	DAM-3601A	测温点数:128个,测温范围:-40~+120℃,精度:0.0625℃
	模拟量采集模块	DAM-3058R	点数:8个,测试范围:4~20mA,精度:±0.2%
	无线数据终端	H7710	内嵌 PPP、TCP/IP、UDP/IP 协议栈,支持4G网络

团队开展了混凝土箱梁、钢-混组合梁桥和钢管混凝土拱桥实桥、节段模型温度场长期野外观测试验,测试范围覆盖了我国东部沿海地区、南部沿海地区、西北寒旱地区、青藏高原高寒地区、西南湿热地区、关中平原等不同气候区域的 11 个城市,测试结构包含了 1 个混凝土小箱梁节段模型测试、3 个混凝土箱梁实桥测试、4 个不同形式的组合梁桥实桥测试、3 个不同形式组合梁节段模型测试、1 个钢管混凝土拱桥实桥测试、9 个钢管混凝土单管模型和 2 个钢管混凝土拱肋模型测试,积累了不同气候环境区域大量的桥梁温度实测数据和气象数据,为桥梁温度作用与效应的研究奠定了数据基础(图 3-8 和表 3-4)。

a)新疆阿勒泰小箱梁缩尺模型

b)青海苏龙珠黄河特大桥

c)广东东莞东平东江大桥

d)陕西安康发觉沟桥

e)浙江台州湾跨海大桥

f)陕西西安钢管混凝土拱肋模型

图 3-8

g) 青海玉树朗切涌曲大桥

h) 云南怒江渡口大桥

i) 青海钢管混凝土和组合梁模型试验

j) 青海海黄大桥

图 3-8　温度测试桥梁

桥梁温度测试一览表　　　　　　　　　　　表 3-4

测试地点	结构形式	横断面图式	类型	气候区域
新疆阿勒泰	混凝土小箱梁		模型测试	严寒地区
湖北武汉	混凝土预制梁 （嘉鱼长江大桥）		实桥测试	温热地区
广东东莞	混凝土多室箱梁 （常平六号桥）		实桥测试	温热地区
	混凝土箱梁 （东平东江大桥）		实桥测试	温热地区

续上表

测试地点	结构形式	横断面图式	类型	气候区域
陕西安康	开口截面组合梁（发觉沟桥）	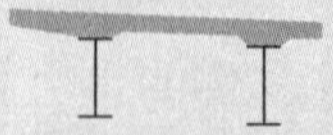	实桥测试	温热地区
陕西西安	钢管混凝土拱肋及构件		模型测试	寒冷地区
浙江台州	双边箱形组合梁（台州湾跨海大桥）		实桥测试	温热地区
青海西宁	矩形钢管混凝土构件	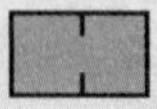	模型测试	严寒地区
青海玉树	钢-混组合梁桥（朗切涌曲大桥）		实桥测试	严寒地区
内蒙古包头	混凝土小箱梁		实桥测试	严寒地区
云南怒江傈僳族自治州	下承式组合梁钢箱拱桥主梁（怒江渡口大桥）		实桥测试	温热地区
青海黄南藏族自治州	双边上形钢-混组合梁（海黄大桥）		实桥测试	严寒地区
	钢-混组合梁	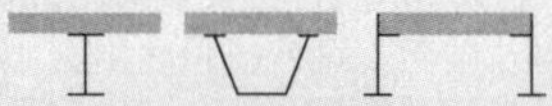	模型测试	
	钢管混凝土拱桥（苏龙珠黄河特大桥）	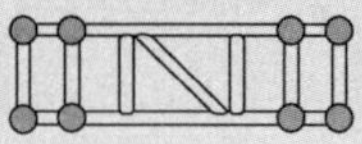	实桥测试	
	钢管混凝土拱肋	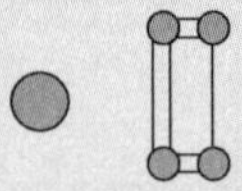	模型测试	

2）点阵测试与实测温度场

基于传感器的实时温度数据，绘制桥梁截面随时间变化的二维温度分布云图，步骤如下：

（1）在被测截面上建立局部坐标系，确定各温度测点的坐标，建立温度传感器的点阵坐标索引。

（2）根据温度传感器点阵坐标，对箱梁截面进行三角网格剖分（图3-9），使用德洛内三角网算法，相邻测点进行连线，并且保证任意三角网格的外接圆不重叠其他测点。

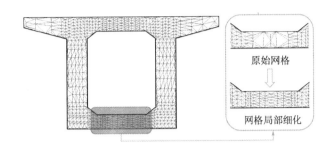

图3-9　基于温度测点的三角网格剖分

（3）利用有限单元法的拉格朗日形函数，对箱梁截面任意位置的温度进行插值换算，建立整个截面的实测温度场数据库。

（4）根据沃罗诺伊图形学原理，运用泰森多边形方法计算每个温度测点数据的权重，权重计算方法依据该测点所占多边形面积的比例，对相邻测点的温度云图作光滑修正。

需要注意的是，需对箱梁顶和底板温度传感器布置稀疏的区域进行局部网格加密。相应区域可进行网格加密的条件应满足：该区域的温度梯度近似为一维分布，其温度大小可通过邻近测点的线性插值获得；该区域沿板厚方向的温度分布模式沿板宽保持不变。经对比发现，加密后的网格剖分可有效改善个别传感器误差导致的温度云图不均匀问题。基于点阵测试的混凝土箱梁和钢-混组合梁温度场云图如图3-10所示。

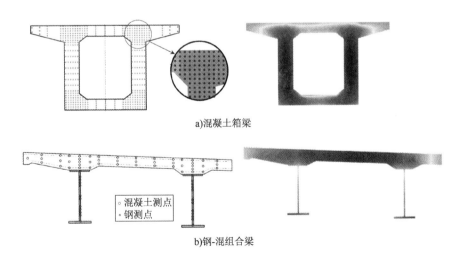

a) 混凝土箱梁

b) 钢-混组合梁

图3-10　点阵测试与实测温度场云图

3) 温度与气象数据长期同步测试

对于确定结构形式的桥梁，气温、太阳辐射和风速等气象参数决定了其在露天环境下的温度分布，是确定桥梁热传导边界条件的重要参数。通过温度与气象数据长期同步采集，可以反映出桥梁日照温度场和气象参数之间的相互影响及变化规律。以青海黄南藏族自治州钢-混组合梁节段模型为例，逐时气温、水平面太阳辐射强度和风速等气象数据的实测结果见图3-11。

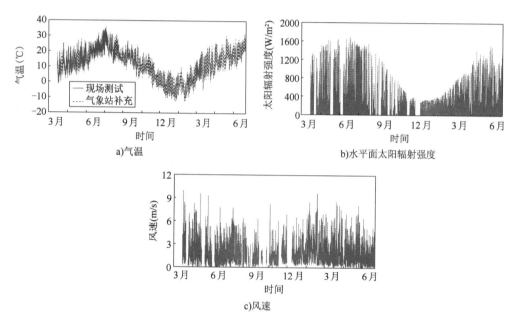

图3-11 实测逐时气象数据

长期温度与气象数据同步测试数据可用于建立桥梁温度作用取值的气象相关性公式。桥梁结构的有效温度主要受气温的影响，对于钢结构或组合结构桥梁，还需考虑太阳辐射对钢结构升温的影响。因此，建立钢-混组合梁桥日最高有效温度 $T_{e,\max}$ 的气象相关性公式时，除考虑日最高气温 $T_{a,\max}$（单位：℃）外，还将日太阳辐射总量 H（单位：MJ/m^2）作为自变量；对于日最低有效温度 $T_{e,\min}$，则考虑日最低气温 $T_{e,\min}$（单位：℃）和日温差 TV（单位：℃）作为自变量。通过组合梁运营阶段长期温度测试中的实测气象数据和实测有效温度进行多元回归分析，可以得到计算日最高和最低有效温度的气象相关性公式[式(3-2)]。基于气象相关性公式的温度作用取值方法将在第5章中介绍。

$$\begin{cases} T_{e,\max} = c_1 T_{a,\max} + c_2 H + c_3 \\ T_{e,\min} = c_1 T_{a,\min} + c_2 TV + c_3 \end{cases} \tag{3-2}$$

式中:c_1、c_2、c_3——待拟合系数。

3.2 桥梁温度场计算理论

桥梁结构温度分布随周围气象条件的不断变化具有明显的时间特征,因而桥梁结构的温度场是一个随时间而变化的函数。加之桥梁结构的温度分布在空间上又是多维的,因此,分析求解这种温度分布很复杂,要求得到一个严格的函数解是不可能的。现有各种温度场计算方法,无论在物理上还是数学上都需要一定的假定,以简化求解过程,求解得到的温度场具有一定的近似性。温度场计算方法主要包括解析法、差分法以及有限元数值模拟。早期学者进行桥梁结构温度场计算时多采用有限差分法或有限单元法自编程序进行计算,随着通用有限元商业软件的逐渐成熟,有限元通用软件如 ABAQUS、ANSYS 等成为桥梁结构温度场数值模拟的首选。

3.2.1 热传导微分方程简化求解

1)热传导微分方程简化

工程结构内部和表面的某一点,在某一瞬间的温度 T,不仅与坐标 x、y、z 有关,而且与时间 τ 有关。因此,对于各项均质、同性的固体,根据傅立叶热传导理论,可导出三维不稳定导热方程(当处于无内热源时):

$$\lambda \left(\frac{\partial^2 T}{\partial x^2} + \frac{\partial^2 T}{\partial y^2} + \frac{\partial^2 T}{\partial z^2} \right) = c\rho \frac{\partial T}{\partial \tau} \tag{3-3}$$

式中:λ——材料的导热系数;

c——材料的比热容;

ρ——材料的重度。

现场实测资料分析表明,工程结构的热传导状态,可近似地用一个一维热传导状态来逼近,作这样的简化处理,从工程实用角度考虑,其近似程度仍然是允许的,这样问题的复杂性将大大简化。例如,在运营阶段的桥梁结构,在桥长方向的温度分布一般总是很接近的。在桥梁的横断面上,太阳辐射在垂直方向的热传导远远大于水平方向的热传导。所以在工程计算中,可用一个垂直方向的一维热传导状态来分析,于是,式(3-3)改变为:

$$a \frac{\partial^2 T}{\partial x^2} = \frac{\partial T}{\partial \tau} \tag{3-4}$$

式中：a——混凝土的导温系数，$a = \dfrac{\lambda}{c\rho}$。

对于横向温度分布不能忽略的窄翼缘桥梁，则可近似地用垂直和水平方向各自的一维导热状态计算，然后再进行叠加。

2）简化求解方法

初始条件即桥梁结构的初始温度状态，或作为分析用的某一特定温度分布状态，一般可选择在桥梁截面整体温度分布较均匀的时刻，对自然环境条件变化引起的日照温度荷载，现场实测资料表明，这一时刻约在日出前的 1h。此时，即 $\tau = 0$ 时，$T_0 = T(x,0)$ ℃ 或 $T_0 = K$ ℃。

结构在自然环境条件变化时，表面上热交换状况一般可按第三类边界条件来处理。即 $t > 0$ 时：

$$-\lambda \left(\dfrac{\partial T}{\partial n} \right) = \beta_r (T - T_a) - \alpha s \tag{3-5}$$

式中：β_r——总热交换系数，考虑对流与辐射的综合热交换系数，这里将复杂的边界面上的辐射换热状况作线性化处理，以牛顿冷却定律规律计算；

s——日辐射强度；

α——结构物表面日辐射热量吸收系数；

n——计算板面的外法线方向。

经验表明，按第三类边界条件求解，往往要选取合适的热交换系数，要测定结构物边界的热交换系数是很复杂的。因此，有时为了简化，直接用边界的实测温度数据作为边界条件，即采用第一类边界条件。在有现场实测资料或能确定边界面温度的条件下，分析结果往往是比较满意的。

为了求得一维热传导方程的解析解的简明形式，对具体结构做进一步的近似处理，对结构物中被计算的壁板，近似地认为是一块半无限厚板，将周期化的气温变化简化为谐波形式，采用第一类边界条件，则可求得：

$$T(x,\tau) = A e^{-\sqrt{\omega/2a} \cdot x} \cdot \sin(\omega\tau - \sqrt{\omega/2a} \cdot x) \tag{3-6}$$

式中：A——结构中计算壁板的表面温度波动的半波幅；

ω——圆频率（$2\pi/24$）；

x——计算点距表面距离（m）；

τ——时间。

F. Kehlbeck 用周期函数求得了如下形式解：

$$T_{(\tau)} = T_{\text{ave}} + \sum_{n=1}^{\infty}\left[\alpha_n\cos\left(\frac{n\pi}{l}\tau\right) + \beta_n\sin\left(\frac{n\pi}{l}\tau\right)\right] \tag{3-7}$$

式中：T_{ave}——年平均温度；

α_n、β_n——待定系数；

l——傅立叶级数相关参数。

式(3-7)虽较复杂，但能较好地反映辐射和气温波动的影响。因为气温波动并不完全与谐波曲线规律相符。由此可见，如再考虑太阳辐射等因素，解的形式就更为复杂。由于这一计算较为复杂，故一般很少使用。

3.2.2 热传导分析的有限元理论

有限单元法具有很大的灵活性和适应性，可用于任意形状的结构热传导问题的分析，具体包括如下内容。

1）单元划分和温度场的离散

在图 3-12 所示的区域 D 上，首先划分成任意的三角形单元。每个单元都有自己的编号①、②、…，每个节点也有对应的数字序号 1、2、…，每个单元的三个顶点又都用 i、j、m 按逆时针方向进行编号。不包含边界的单元，如单元①、②、③等称为内部单元；包含边界的单元，如单元④、⑤等称为边界单元。通常内部单元编号在前，然后是第一类边界条件的单元，最后是第三类边界条件的单元。为简单起见，规定边界单元只有一条边位于边界上，节点 i 则与边界相对。

图 3-13 示出了区域 D 中取出的一个任意单元，在这里三个顶点的坐标都是已知的，所以对应于顶点 i、j、m 的三条边 s_i、s_j、s_m 以及三角形面积 $\triangle$ 也都已知。三角形中任一点 (x,y) 的温度 T，在有限单元法中把它离散到单元的三个节点上去，即用 T_i、T_j、T_m 三个温度值来表示单元中的温度场 T：

$$T = f(T_i, T_j, T_m) \tag{3-8}$$

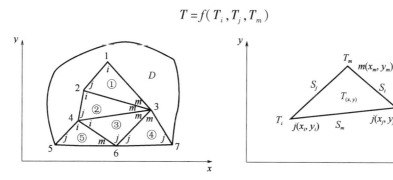

图 3-12　将平面划分成三角形单元　　图 3-13　将温度场离散到三个节点上

在后面的计算中,只对离散温度 T_i、T_j、T_m 进行计算,而不作连续温度场 T 的计算。

离散处理是一种近似计算方法。总的来讲,单元划分得越小,计算精度就越高。我们可以灵活改变三角形单元的形状和尺寸:在形状复杂和温度变化剧烈的区域,把单元划分得小一些,而在其他区域把单元适当放大一些。这样就可以在不增加单元和节点数量的情况下,提高计算精度。

无内热源平面稳定温度场的单元变分计算如下。

边界单元:

$$J_{\text{边}}^o = \iint_o -\frac{k}{2}\left[\left(\frac{\partial T}{\partial x}\right)^2 + \left(\frac{\partial T}{\partial y}\right)^2\right]\mathrm{d}x\mathrm{d}y + \int_s \left(-\frac{1}{2}\alpha T^2 - \alpha T_f T\right)\mathrm{d}s \tag{3-9}$$

内部单元:

$$J_{\text{内}}^o = \iint_o \frac{k}{2}\left[\left(\frac{\partial T}{\partial x}\right)^2 + \left(\frac{\partial T}{\partial y}\right)^2\right]\mathrm{d}x\mathrm{d}y \tag{3-10}$$

所谓单元的变分计算,就是计算 $\dfrac{\partial J^e}{\partial T_i}, \dfrac{\partial J^e}{\partial T_j}, \dfrac{\partial J^e}{\partial T_m}$。

2)温度插值函数的确定

插值函数又称试样函数或分段函数。对三角形单元,通常假设单元 e 上的温度 T 是 x、y 的线性函数,即:

$$T = a_1 + a_2 x + a_2 y \tag{3-11}$$

式中:a_1、a_2、a_3——待定常数,它们可由节点上的温度值来确定,为此,将节点的坐标及温度代入式(3-11)得:

$$\begin{aligned} T_i &= a_1 + a_2 x_i + a_3 y_i \\ T_j &= a_1 + a_2 x_j + a_3 y_j \\ T_m &= a_1 + a_2 x_m + a_3 y_m \end{aligned} \tag{3-12}$$

3)边界单元变分计算结果

边界单元变分计算结果可用下列矩阵形式:

$$\begin{bmatrix} \dfrac{\partial J^e}{\partial T_i} \\ \dfrac{\partial J^e}{\partial T_j} \\ \dfrac{\partial J^e}{\partial T_m} \end{bmatrix} = \begin{bmatrix} k_{ii} & k_{ij} & k_{im} \\ k_{ji} & k_{jj} & k_{jm} \\ k_{mi} & k_{mj} & k_{mm} \end{bmatrix} \begin{bmatrix} T_i \\ T_j \\ T_m \end{bmatrix} - \begin{bmatrix} p_i \\ p_j \\ p_m \end{bmatrix} = K^e \cdot T^e - P^e \tag{3-13}$$

式中：$k_{ii} = \varphi(b_i^2 + c_i^2)$；$k_{jj} = \varphi(b_j^2 + c_j^2) + \dfrac{\alpha s_1}{3}$；$k_{mm} = \varphi(b_m^2 + c_m^2) + \dfrac{\alpha s_1}{3}$；

$k_{ij} = k_{ji} = \varphi(b_i b_j + c_i c_j)$；$k_{im} = k_{mi} = \varphi(b_i b_m + c_i c_m)$；$k_{jm} = k_{mj} = \varphi(b_j b_m + c_j c_m) + \dfrac{\alpha s_1}{6}$；

$p_i = 0, p_j = \dfrac{\alpha s_1 T_f}{2}, p_m = \dfrac{\alpha s_1 T_f}{2}, \varphi = k/(4\Delta)$。

4）内部单元变分计算结果

内部单元变分计算结果得到与式(3-13)相似的一个方程组，其中：

$k_{ii} = \varphi(b_i^2 + c_i^2)$；$k_{jj} = \varphi(b_j^2 + c_j^2)$；$k_{mm} = \varphi(b_m^2 + c_m^2)$；

$k_{ij} = k_{ji} = \varphi(b_i b_j + c_i c_j)$；$k_{im} = k_{mi} = \varphi(b_i b_m + c_i c_m)$；$k_{jm} = k_{mj} = \varphi(b_j b_m + c_j c_m)$；

$p_i = p_j = p_m = 0, \varphi = k/(4\Delta)$。

5）无内热源平面稳定温度场的总体合成

有限单元法计算的最终结果是要求出区域 D 中的温度分布。总体合成的任务就是要把节点上的温度值 $T_1, T_2, \cdots, T_n$ 求出来。

如果 J 为整个区域 D 上的泛函，J^e 为在三角单元上的泛函，则：

$$J = \sum_n J^e \tag{3-14}$$

由于温度场已经离散到全部节点上去，泛函实际上成为一个描写这些未知节点温度的多元函数，泛函的变分问题转化为多元函数求极值的问题。

如果区域 D 上 n 个节点的温度都是未知量，则多元函数具有 $J(T_1, T_2, \cdots, T_n)$ 的形式，J 取极值的条件为：

$$\dfrac{\partial T}{\partial T_k} = \sum \dfrac{\partial J^e}{\partial T_k} = 0 \quad (k = 1, 2, \cdots n) \tag{3-15}$$

由图 3-12 可见，只有单元③、④、⑤中包含有节点 3，所以 $\sum \dfrac{\partial J^e}{\partial T_k} = 0$ 的求和实际只与③、④、⑤三个单元有关。这是因为别的单元中不含有节点 3，它们的泛函对 T_3 求偏导数后度等于零的缘故。

对于单元③来说，节点 3 就是节点 j，其余类推。由此可写出：

$$\dfrac{\partial T}{\partial T_S} = \dfrac{\partial J③}{\partial J_i③} + \dfrac{\partial J④}{\partial J_j④} + \dfrac{\partial J⑤}{\partial T_m⑤} = 0 \tag{3-16}$$

所以对 n 个节点温度都求偏导数，并等于零，就可得到 n 个代数方程，把这个方程组写成矩阵形式，即：

$$\begin{bmatrix} k_{11} & k_{12} & \cdots & k_{1n} \\ k_{21} & k_{22} & \cdots & k_{2n} \\ \vdots & \vdots & & \vdots \\ k_{n1} & k_{n2} & \cdots & k_{nn} \end{bmatrix} \begin{bmatrix} T_1 \\ T_2 \\ \vdots \\ T_n \end{bmatrix} = \begin{bmatrix} p_1 \\ p_2 \\ \vdots \\ p_n \end{bmatrix} \tag{3-17}$$

或简写成：

$$\boldsymbol{K} \cdot \boldsymbol{T} = \boldsymbol{p} \tag{3-18}$$

式中：$\boldsymbol{K}$——温度刚度矩阵；

$\boldsymbol{T}$——未知温度值的列向量；

$\boldsymbol{p}$——等式右端项组成的列向量。

单元的总体合成的主要工作是，组成温度刚度矩阵 $\boldsymbol{K}$。这对于手算是很容易的，因为与某节点有关的单元及其邻近节点，在单元划分图上是一目了然的。但在编写计算机程序时就比较复杂，因为要把划分图上的关系用数学形式输送到计算机里去。

另外，还可采用加权余量法，加权余量法与上述方法的不同点是，从控制方程出发，将温度的试函数代入，通过余量的加权积分等于0，求解温度场，下面以内部无热源的平面稳定温度场为例作一说明。对于内部无热源的平面稳定温度场，利用热的平衡关系，导出温度 $T(x,y)$ 必须满足的基本微分方程和边界条件为：

在域内：

$$\nabla^2 T = \frac{\partial^2 T}{\partial x^2} + \frac{\partial^2 T}{\partial y^2} = 0 \tag{3-19}$$

在温度已知的边界 S_1 上 $T(x,y)|_{s_1} = f(x,y)$；

在热交换情况已知的边界 S_1 上：

$$\left(\lambda \frac{\partial T}{\partial n} + \beta T \right) \bigg|_{s_2} = g(x,y) \tag{3-20}$$

或 $\lambda \left(\dfrac{\lambda T}{\lambda x} n_x + \dfrac{\partial T}{\partial y} n_y \right) \bigg|_{s_2} + \beta (T - T_0) \bigg|_{s_2} = 0 \tag{3-21}$

这里 λ 为物体的热传导系数；$f(x,y)$ 是已知函数，表示边界 S_1 上的温度值；$g(x,y) = \beta T_0$ 为已知函数，表示边界 S_2 上的热交换情况；β 是周围介质与物体的热交换系数；T_0 为在物体表面附近的周围介质的温度；n_x 和 n_y 分别表示边界 S_1 上外法线的方向余弦。

对整个求解域 D 按三角形单元进行划分，假定温度的待求函数的试函数为：

$$T^e(x,y) = \sum_{i,j,m} N_i(x,y) T_i \tag{3-22}$$

其中 $N_i(x,y)$ 是试探函数项,它的表达式为:

$$N_i(x,y) = \frac{1}{2\Delta}(a_i + b_i x + c_i y) \quad (i,j,m) \tag{3-23}$$

式(3-23)中(i,j,m)表示此式对下标作 i、j、m 轮换,其中系数 a_i、b_i、c_i 分别为:

$$\alpha_i = x_i y_m - x_m y_i, b_i = y_i - i_m, c_i = x_m - x_j \quad (i,j,m) \tag{3-24}$$

Δ 表示单元的面积:

$$\Delta = \frac{1}{2}\begin{vmatrix} 1 & x_i & y_i \\ 1 & x_j & y_j \\ 1 & x_m & y_m \end{vmatrix} \tag{3-25}$$

将温度的试函数代入控制方程中,要求在单元域中,余量的加权积分等于零。伽辽金余量积分为:

$$\iint N_i\left(\frac{\partial^2 T^e}{\partial x^2} + \frac{\partial^2 T^e}{\partial y^2}\right)dxdy = 0 \tag{3-26}$$

对上式左端按分部积分进行简化后得:

$$\iint N_i\left(\frac{\partial^2 T^e}{\partial x^2} + \frac{\partial^2 T^e}{\partial y^2}\right)dxdy = \int_{S_e}\left(\frac{\partial T^e}{\partial x}N_i n_x + \frac{\partial T^e}{\partial y}N_i n_y\right)ds - \iint \frac{\partial T^e}{\partial n}\cdot\frac{\partial N_i}{\partial x}dxdy - \iint \frac{\partial T^e}{\partial y}\cdot\frac{\partial N_i}{\partial y}dxdy \tag{3-27}$$

并将式(3-26)代入式(3-27),经过整理可得:

$$\int_{s_e}\beta(T-T_0)N_i ds - A\left[(b_i^2 + c_i^2)T_i + (b_i b_j + c_i c_j)T_j + (b_i b_m + c_i c_m)T_m\right] = 0 \quad (i,j,m) \tag{3-28}$$

其中:$A = \frac{\lambda}{4\Delta}$,$S_e$ 是单元的边界。

对于内部单元,上式中的第一项线积分不出现,所以上式改为以下形式:

$$\begin{bmatrix} A(b_i^2 + c_i^2) & A(b_i b_j + c_i c_j) & A(b_i b_m + c_i c_m) \\ A(b_j b_i + c_j c_i) & A(b_j^2 + c_j^2) & A(b_j b_m + c_j c_m) \\ A(b_m b_i + c_m c_i) & A(b_m b_j + c_m c_j) & A(b_m^2 + c_m^2) \end{bmatrix} \cdot \begin{bmatrix} T_i \\ T_j \\ T_m \end{bmatrix} = 0 \tag{3-29}$$

或简写成:

$$\boldsymbol{K}^e \boldsymbol{T}^e = 0 \tag{3-30}$$

上式是内部单元的基本方程,其中 $\boldsymbol{K}^e$ 是单元的特征矩阵或称温度刚度矩阵,它的元素可统一表示为:

$$k_{ij}^e = A(b_i b_j + c_i c_j) \quad (i,j,m) \tag{3-31}$$

对于边界单元(若 j、m 为边界节点),式(3-28)中第一项线积分不再为零。对此,利

用面积坐标进行积分,并考虑到 $N_i|_{S_e} = N_j|_{jm} = 0$,可得:

$$\int_{se} \beta(T-T_0)N_j \mathrm{d}s = S_l\beta\left(-\frac{1}{3}T_j + \frac{1}{6}T_m - \frac{1}{2}T_0\right) \tag{3-32}$$

$$\int_{se} \beta(T-T_0)N_m \mathrm{d}s = S_l\beta\left(-\frac{1}{3}T_j + \frac{1}{6}T_m - \frac{1}{2}T_0\right) \tag{3-33}$$

式中 S_l 是边界的长度,于是对于边界单元式(3-28)可写成:

$$\begin{bmatrix} A(b_i^2 + C_i^2) & A(b_ib_j + C_iC_j) & A(b_ib_m + C_iC_m) \\ A(b_jb_i + C_jC_i) & A(b_j^2 + C_j^2) + S_l\beta/3 & A(b_jb_m + C_jC_m) + S_l\beta/6 \\ A(b_mb_i + C_mC_i) & A(b_mb_j + C_mC_j) + S_l\beta/6 & A(b_m^2 + C_m^2) + S_l\beta/3 \end{bmatrix} \cdot \begin{bmatrix} T_i \\ T_j \\ T_m \end{bmatrix} - \begin{bmatrix} 0 \\ S_lg_j/2 \\ S_lg_m/2 \end{bmatrix} \tag{3-34}$$

或简写成:

$$\overline{\boldsymbol{K}}^e \cdot \boldsymbol{T}^e = \boldsymbol{F}^e \tag{3-35}$$

上式是边界单元的基本方程。$\overline{\boldsymbol{K}}^e$ 是边界单元的温度刚度矩阵。$\boldsymbol{F}^e$ 是右端向量。

把每个单元按照相应的节点编号全部叠加起来,即可以形成总的温度刚度矩阵 $\overline{\boldsymbol{K}}$ 及右端向量 $\boldsymbol{F}$,从而建立了有限元基本方程。

3.3 基于通用有限元软件的桥梁温度场数值模拟方法

3.3.1 温度场初值问题

对于无内热源的导热微分方程,其边界条件作等幅周期性变化并不意味着求解域内的温度解从一开始就跟着作等幅周期性变化。因此,在进行桥梁温度场数值模拟的过程中,应注意温度场初值的选取。在受到等幅变化的日照作用下,需要经历一定的过渡时间,使结构温度场进行等幅周期变化,因初值选取差异带来的影响将在这段时间内逐渐消失。

徐丰等对混凝土箱梁日照温度场初始温度的影响开展研究,给出了广州一座正南方向箱梁表面和内部代表点处温度计算值在不同初始温度下的变化曲线(图 3-14)。可以发现,若以 1h 为一个时间步,则初始温度的影响一般在分析开始后的 96 个时间步内可被认为消失,即过渡时间为 4d。如果初始温度取为大气温度的日平均值,则过渡时间还可以减为3d。这种过渡时间与结构板件厚度与导温系数有关,板件厚度越大,导温系数越小,相应的过渡时间越长。钢桥材料的导热能力更强,其过渡时间会显著短于混凝土桥梁。

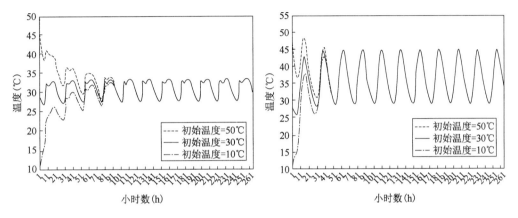

图 3-14 不同初始温度条件下箱梁内各点的温度计算时程

计算选取的起始点不同,初始温度场的选取亦有所不同。一般可取日出前后时刻构件的温度值,考虑到任何时刻构件温度场不可能达到绝对的均匀分布,因而可采用下述方法确定初始温度场:

(1)若仿真时长较短,可对温度场实测数据进行分析,确定日出前构件温差最小的时刻,并基于此时构件实测温度场分布情况对构件进行分区,拟合各个分区温度场分布函数;

(2)若仿真时长较长,可采用日出前的环境温度作为构件计算的初值,通过循环多天的计算以消除初值选取的误差。

3.3.2 温度场边界条件

1)直接模拟法

以 ABAQUS 程序为例,其在程序中内置了热流荷载、对流换热以及辐射换热的定义,从而无需将太阳辐射、对流换热和辐射换热的热流密度转化为第二或第三类特定的边界条件进行处理。

(1)太阳辐射强度的定义

在 ABAQUS 程序中,热流量荷载提供了面热流、体热流和点热流 3 种,太阳辐射强度可以直接通过面热流输入相应的热流密度,体热流可用于定义水化热的生热速率,点热流可以用来模拟大体积混凝土中冷却管通水降温的热流密度。如图 3-15、图 3-16 所示,在模拟中,程序提供了"倍数(Magnitude)"和"量值(Amplitude)"的定义。"量值(Amplitude)"可用于输入到达桥梁结构表面的太阳辐射强度,"倍数(Magnitude)"可以用来定义结构表面的太阳辐射吸收率,通过这2个参数的定义,即可实现结构表面吸收的太阳辐射强度的定义。

图 3-15　Create Load 对话框　　　　图 3-16　Edit Load 对话框

(2)对流换热的定义

第2章给出了牛顿换热公式表达下的对流换热热流密度计算公式[式(2-78)],ABAQUS 程序采用同样的公式来定义对流换热,如图3-17、图3-18 所示。ABAQUS 在"相互作用(Interation)模块"提供了"表面膜条件(Surface film condition)"的定义,通过"膜系数(Film coefficient)"与"膜系数量值(Film coefficient amplitude)"来定义对流换热系数,对流换热系数为两者的乘积,在"散热温度(Sink temperature)"与"散热温度量值(Sink amplitude)"中定义环境温度。在明确了对流换热系数和环境温度后,程序内部即可实现对流换热的计算。

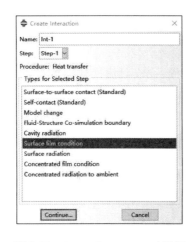

图 3-17　Create Interaction 对话框　　　　图 3-18　对流换热定义

(3) 辐射换热的定义

第 2 章给出了桥梁结构与外界环境的辐射换热计算公式[式(2-79)],公式中 Stefan-Boltzmann 玻尔兹曼常数(黑体辐射系数)为定值,在给出结构表面的辐射率和环境温度后,即可实现在有限元程序中辐射换热的计算,如图 3-19、图 3-20 所示。ABAQUS 程序即采用这种方法进行对流换热的计算,在"相互作用(Interation)模块","ABAQUS 程序提供了"表面辐射(Surface radiation)"的定义,通过"辐射率(Emissivity)"输入结构表面的辐射率,在"环境温度(Ambient temperature)"与"环境温度量值(Ambient temperature amplitude)"中定义环境温度。在明确了辐射率和环境温度后,程序内部即可实现辐射换热的计算。

图 3-19 Create Interaction 对话框

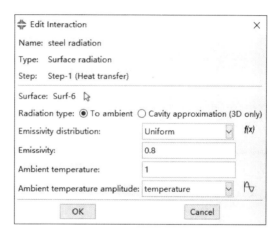

图 3-20 辐射换热定义

2) 综合对流换热系数

由第 2 章桥梁热环境部分可知,结构表面的对流换热和辐射换热计算公式形式相近,其热交换的热流密度均与环境温度结构表面的温度相关,即可将两种换热方式合并成统一的表达式,以简化桥梁温度场的计算。一般采用一个总换热系数来统一计算对流换热和辐射换热的总热量 q_c 和 q_r。

结构外表面向周围空气进行的对流换热密度 q_c 为:

$$q_c = h_c(T - T_a) \tag{3-36}$$

式中:h_c——结构表面的对流换热系数,其计算方法可参照"2.2.2 气温和风速"。

结构外表面与外界的辐射换热密度 q_r 为:

$$q_r = C_b \varepsilon \left[\left(\frac{T}{100} \right)^4 - \left(\frac{T_a}{100} \right)^4 \right] \tag{3-37}$$

式中:C_b——黑体辐射系数;

ε——结构表面黑度(也称辐射率);

T——结构外表面温度;

T_a——空气干球温度。

令 $h_r = \dfrac{C_b \varepsilon \left[\left(\dfrac{T}{100}\right)^4 - \left(\dfrac{T_a}{100}\right)^4\right]}{T - T_a} = C_b \varepsilon \theta = 0.04 C_b \varepsilon_0 \left(\dfrac{T + T_a}{200}\right)^3$,则式(3-37)可改写为:

$$q_r = h_r(T - T_a) \tag{3-38}$$

式中,当平均温度在某一范围内变化时,温度因素 θ 数值变化不大,因此,可以近似地将表面的辐射换热系数 h_r 看作常数,可取为 1.1。

因此,结构外表面对外的总换热量 q_a 为:

$$q_a = q_c + q_r = h_c(T - T_a) + h_r(T - T_a) = h(T - T_a) \tag{3-39}$$

式中:h——表面总换热系数,其计算式为 $h = h_c + h_r$。

3)综合大气温度

结构外表面与外界的实际辐射换热量,应为外表面对天空的辐射换热量与对地面辐射换热量之和,即:

$$q'_r = q_r - q_s - q_g \tag{3-40}$$

式中:q'_r——实际辐射换热密度;

q_s——天空辐射换热密度;

q_g——地面辐射换热密度。

根据克希霍夫定律,代入相关系数并简化可得结构外表面与外界的实际辐射换热量 q'_r:

$$q'_r = C_b \varepsilon_s \varphi_s \left[\left(\dfrac{T}{100}\right)^4 - \left(\dfrac{T_s}{100}\right)^4\right] + C_b \varepsilon_g \varphi_g \left[\left(\dfrac{T}{100}\right)^4 - \left(\dfrac{T_g}{100}\right)^4\right] \tag{3-41}$$

式(3-41)可改写为:

$$q'_r = q_r + q_e \tag{3-42}$$

式中:T_s——天空当量温度;

T_g——地面温度;

φ_s、φ_g——结构外表面对天空和对地面的辐射角系数;

ε_s、ε_g——结构外表面对天空和对地面的辐射率;

q_e——有效辐射。

$$q_e = C_b \varepsilon \left(\dfrac{T_a}{100}\right)^4 - C_b \varepsilon_s \varphi_s \left(\dfrac{T_s}{100}\right)^4 - C_b \varepsilon_g \varphi_g \left(\dfrac{T_g}{100}\right)^4 \tag{3-43}$$

根据热平衡方程式,可以得到由结构外表面向结构内部的传热量 q_0,即:

$$\begin{aligned} q_0 &= q_s + q_R - q_c - q_r + q_B + q_g = q_s + q_R - q_a - q_e \\ &= q_s + q_R - h(T - T_a) - q_e \end{aligned}$$

$$= h\left(T_a + \frac{q_s + q_R}{h} - \frac{q_e}{h} - T\right)$$
$$= h(T_z - T) \tag{3-44}$$

式中：T_z——综合大气温度，它表达了结构外空气温度、太阳辐射、地面发射辐射和长波辐射、大气长波辐射对结构外表面的综合热作用，其计算式为：

$$T_z = T_a + \frac{q_s + q_R}{h} - \frac{q_e}{h} \tag{3-45}$$

3.3.3 日照阴影的考虑

对于窄翼缘或大跨桥梁中无翼缘的主梁，日照作用下，腹板几乎全部暴露于太阳辐射下，此时可以不考虑翼缘悬臂板长度对腹板阴影的遮挡作用。实际工程中的中小跨径梁桥，其翼缘板的悬臂长度通常比较大，此时，腹板受到翼缘的遮挡而造成阴影区域不能接受太阳的直接辐射。如图3-21所示，阴影区域的高度与腹板的倾角和太阳方位有直接关系，可按式(3-46)计算：

$$L_s = L_c \frac{\tan h}{\cos\beta \tan h + \cos(\gamma_n - \gamma_s)\sin\beta} \tag{3-46}$$

式中：L_s——腹板阴影高度；

　　　L_c——翼缘悬臂长度；

　　　h——太阳高度角；

　　　β——腹板倾角；

　　　γ_n——腹板面方位角；

　　　γ_s——太阳方位角。

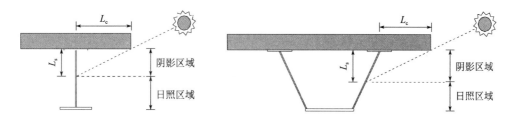

图 3-21　翼缘悬臂长度与腹板日照阴影高度示意图

当腹板竖直($\beta = 90°$)时，式(3-46)可简化为：

$$L_s = L_c \frac{\tan h}{\cos(\gamma_n - \gamma_s)} \tag{3-47}$$

腹板的阴影区域随着季节和日照条件而变化，计算时可通过对腹板区域进行人工划分的方式来实现阴影高度识别。对于超过一年的长期温度场数值模拟,每一天阴影区域实时变化,若对区域进行人为划分,以 1h 为计算间隔,则一年温度场模拟需要在腹板上划分 4000 多个阴影区域,操作过于复杂。为此,基于 ABAQUS 子程序 DFLUX 平台,在式(3-46)的基础上,开发了一种用于快速进行二维温度场阴影区域识别并自动化添加太阳辐射荷载的简化算法。图 3-22 和图 3-23 分别给出了具体流程图及示例组合梁断面。该算法在子程序 DFLUX 中通过 Fortran 语言编程实现。首先计算太阳高度角来判断夜晚和白天;随后将钢-混组合梁各表面分为 5 类,通过计算光线入射角来初步判断各表面能否接受太阳直接辐射;对于不能接受太阳直接辐射的表面,判断是否添加散射辐射和地面反射;对于可能接受太阳直接辐射的表面,采用COORDS( )输出表面单元积分点坐标,通过阴影计算公式计算该单元是否处于阴影区域,进一步确定该单元添加的太阳辐射组合;直至所有表面判断完成后,更新至下一计算步开始计算。

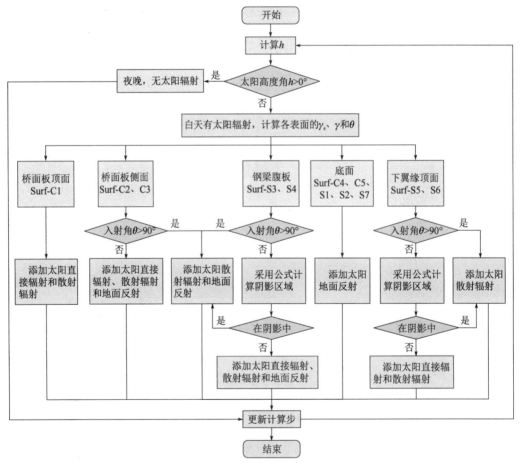

图 3-22 阴影识别简化算法

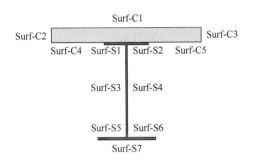

图 3-23 示例钢-混组合梁断面

3.3.4 水化热温度场模拟算例

1) 有限元模型

采用有限元程序 ABAQUS 对组合梁混凝土水化过程进行三维热传导数值模拟。图 3-24 为组合梁的有限元模型，混凝土桥面板采用 8 节点线性传热实体单元 DC3D8 模拟，钢梁采用 4 节点线性传热壳单元 DS4 模拟，网格尺寸设置为 50cm 左右，以保证桥面板和钢梁高度方向的节点位置与温度传测点的布置位置相匹配。桥面板和钢梁的界面采用"Tie"命令进行绑定，以保证界面处的热流和温度连续。表 3-5 给出了混凝土和钢的热工参数。其中，混凝土的密度、导热系数和比热容均根据桥面板 C50 混凝土的实际配合比和所用材料的热工参数加权平均求得，钢材的热工参数按"2.4.2 钢的热工参数"调研参数的平均值选取。

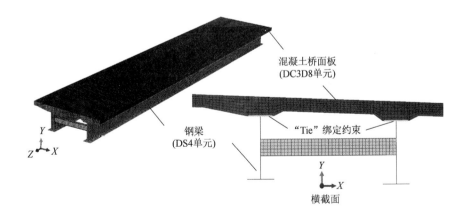

图 3-24 有限元模型

材料热工参数　　　　　　　　　　　　　表3-5

热工参数	密度 ρ (kg/m³)	导热系数 λ [W/(m·℃)]	比热容 c [kJ/(kg·℃)]	太阳辐射吸收率 α	辐射率 ε
混凝土	2399.66	3.0	880	0.55	0.85
钢	7850.00	55.0	475	0.60	0.80

2）混凝土水化热

测试组合梁的桥面板混凝土使用的水泥型号为 P·O52.5 普通硅酸盐水泥（波特兰水泥），相应的最终累计水化热 Q_∞ 为 350kJ/kg。图 3-25 为水化热和水化热速率的发展曲线，最大水化热速率可以达到 $5.91 \times 10^3 \mathrm{kJ/(m^3 \cdot h)}$。

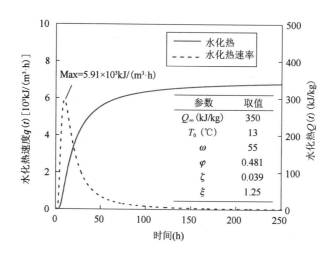

图 3-25　水化热和水化热速率的发展曲线

3）初始温度和边界条件

计算间隔取 0.5h，混凝土桥面板入模温度取平均温度 13℃，钢梁上翼缘、腹板和下翼缘分别取平均温度 12℃、10℃和 9℃，横梁与腹板温度相同，取 10℃。

不同于混凝土箱梁、承台、墩柱等大体积混凝土，组合梁桥面板的水化热温升往往在 10~20℃，在有限元模拟中，需要真实考虑太阳辐射对水化热期间混凝土温度场的影响。由于测试组合梁位于一槽形地带，钢梁受到地形与桥面板遮挡，因此，计算中仅考虑桥面板顶部受太阳辐射的影响，按实测太阳辐射强度计算。对于普通混凝土表面，太阳辐射吸收率取 0.55；对于石棉布表面，太阳辐射吸收率取 0.3。

在测试的前 48h，组合梁被石棉布覆盖养护，因此，不考虑风速对对流换热系数的影响。木模板的导热系数为 0.837kJ/(m·h·℃)，厚度为 1.5cm。根据朱伯芳等给出的早龄期混凝土养护期间，外表面设置养护层或模板时的等效对流换热系数 h_e 计算公式

[式(3-48)],可求得混凝土与外表面的等效对流换热系数为 13.871kJ/(m²·h·℃)。在 48h 后,拆除模板和石棉布,对流系数的计算公式则考虑了风速的影响,按表 2-7 中计算公式 6 计算,风速采用实测值。

$$h_e = \frac{1}{1/h_0 + \sum(t_i/\lambda_i)} \quad (3-48)$$

式中:t_i——保温层厚度;

λ_i——保温层导热系数;

h_0——最外侧保温层与空气的对流换热系数。

4) 模拟结果

图 3-26 给出了组合梁典型测点温度时程变化的实测值和有限元计算值。从图 3-26 可以看出,腹板 S7 的实测结果受火炉的影响,温度明显高于有限元模拟结果,其他测点的有限元计算结果与实测结果变化规律一致,且到达峰值的时间基本相同,峰值温度偏差不超过 1℃,温度总体偏差均不超过 3℃。

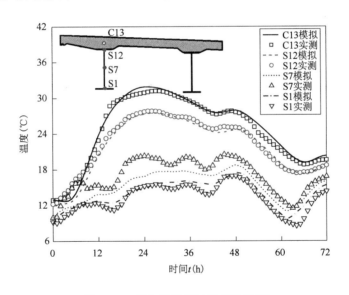

图 3-26 组合梁温度时程变化验证

有限元计算云图和实测云图整体吻合较好(图 3-27),能反映出实测温度场的基本特征,即混凝土桥面板受水化热影响升温,随后将温度逐渐传递至钢梁,导致钢梁温度由底部到顶部逐渐升高。通过温度场云图的对比,也可验证"3.1.3 本研究团队的温度测试"给出的基于温度实测点阵数据绘制组合梁温度场云图方法的准确性和可行性。

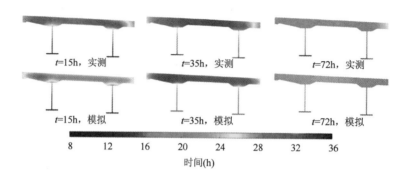

图 3-27　组合梁温度场云图验证

3.3.5　日照温度场模拟算例

1）有限元模型

采用有限元程序 ABAQUS 对表 3-4 中青海黄南藏族自治州组合梁节段模型的 2 个测试断面进行长期二维温度场数值模拟，建立 2 个有限元模型，如图 3-28 所示。模型中，组合梁的桥面板、钢梁和沥青铺装均采用四节点线性传热四边形单元（DC2D4）模拟。为保证桥面板和钢梁高度方向的节点位置与试验测点匹配，桥面板和钢梁网格尺寸均设置约为 3.0cm。在热传导模型中，桥面板与沥青铺装、桥面板与钢梁的界面均采用"绑定（Tie）"进行模拟，以保证界面处的热流和温度连续。

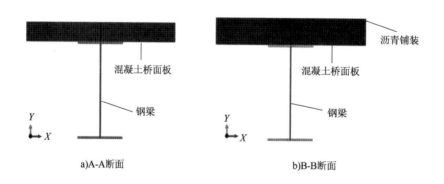

图 3-28　组合梁节段有限元模型

节段模型各材料的热工参数见表 3-6，其中，混凝土的密度、导热系数和比热容均根据桥面板混凝土的实际配合比加权平均求得，钢材的热工参数按调研参数的平均值选取。组合梁模型钢梁涂装为白色，涂装厚度较薄，故吸收率取值偏大，为 0.5；沥青铺装为黑色，吸收率取值 0.88。

材料热工参数 表3-6

材料	密度(kg/m³)	比热容[J/(kg·℃)]	导热系数[W/(m·℃)]	表面吸收率	辐射率
钢	7850	460	55.0	0.50	0.80
桥面板混凝土	2300	900	3.0	0.40	0.85
沥青铺装	2100	875	1.6	0.88	0.88

2）气象参数

瞬态传热分析采用试验现场实测的逐时太阳辐射、环境温度和风速。对于因停电、系统维护和维修造成的桥位处移动气象站数据的缺失，使用附近气象部门提供的数据和理论模型进行补充，来保证气象数据的完整性和连续性。补充后的逐时气象数据见图3-29。

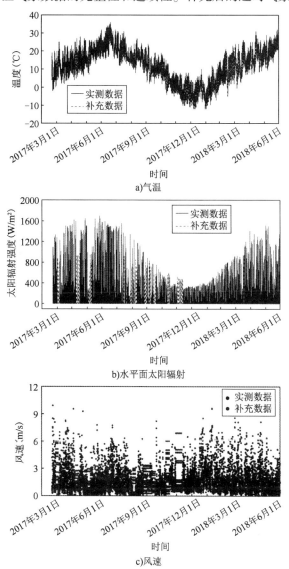

a) 气温

b) 水平面太阳辐射

c) 风速

图3-29 模拟采用的逐时气象数据

具体补充方法如下:①对于缺失的环境气温,基于距离试验场地10.5km的尖扎县气象局监测得到的日最高气温和最低气温记录,按照"2.2.2 气温和风速"中提出的逐时气温模型进行计算来补充;②对于水平面太阳辐射强度,使用"2.2.1 太阳辐射"中介绍的Hottel晴空模型的计算结果进行补充;③缺失的风速按相似天气条件下的日平均风速进行补充,由于风速对温度场的影响较小且风速日变化无明显规律,则假定缺乏实测数据的时段日风速无变化。

3)初始温度和边界条件

有限元模型的计算起始时间和初始温度见表3-7。由于仪器损坏,2017年4月5日前的实测温度数据连续性较差,因此,选择2017年4月5日0:00为计算起始时间;在模型顶部沥青混凝土于2017年8月25日铺装完成,因此,模型的B-B断面热传导分析以2017年8月26日0:00开始计算。所有模型的计算间隔均取1h,计算值2018年6月30日结束。

模型计算起始时间与初始温度　　　　　　　表3-7

组合梁模型	断面	起始时间	初始温度(℃)		
			桥面板	钢梁	沥青铺装
工字型组合梁	A-A断面	2017年4月5日0:00	14.86	12.63	—
	B-B断面	2017年8月26日0:00	23.56	16.26	23.56

假定起始时间组合梁各部件温度均匀分布,桥面板和钢梁取测点实测温度的平均值作为初始温度,由于缺乏现场实测温度,假定沥青铺装初始温度与桥面板相等,初始温度取值见表3-7。

4)模拟结果

节段模型在2017年8月1日不同时间的阴影效果如图3-30所示,分别为由计算机辅助设计软件Rhinoceros 3D使用光线追踪算法渲染得到的阴影分布和由"3.3.3 日照阴影的考虑"中给出的日照阴影识别方法计算得到的温度分布,图中,红色和蓝色分别表示高温和低温。对比腹板和下翼缘顶部的阴影分布可知,有限元计算结果和三维渲染得到的阴影分布十分吻合,验证了本书提出的长期日照阴影识别算法的可靠性。

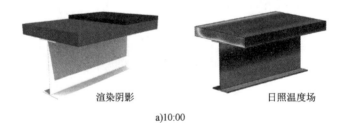

渲染阴影　　　　　　　日照温度场

a)10:00

图 3-30

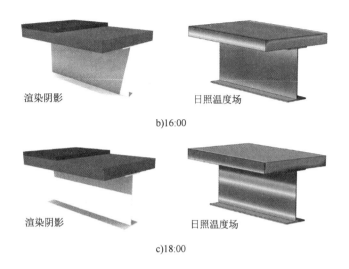

b) 16:00

c) 18:00

图 3-30 节段模型 JDI 阴影识别验证(2017 年 8 月 1 日)

以模型的 A-A 断面为例,主要温度测点的实测值和有限元计算值的实测变化如图 3-31 所示。从图 3-31 可以看出,温度的有限元计算值和试验值时程变化趋势一致,日极值和年极值出现的时间均十分接近。由四季各天的温度对比可知,冬季的偏差相对大于其他季节,主要由于冬季太阳辐射测试精度较低造成。测点 IAS5 位于钢腹板底部,其有限元计算值与实测值偏差较小,进一步说明了数值模拟方法成功实现了日照阴影的连续识别。由于实测气象数据部分缺失,在气象数据补充的时段,温度的计算结果存在一定偏差,最大不超过 4℃,这个偏差是在无准确边界条件的基础上得到的,在工程上可接受的范围内。

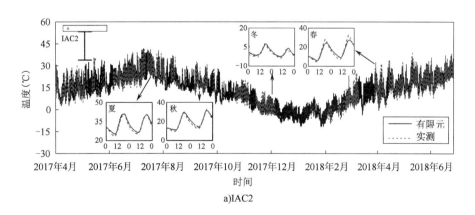

a) IAC2

图 3-31

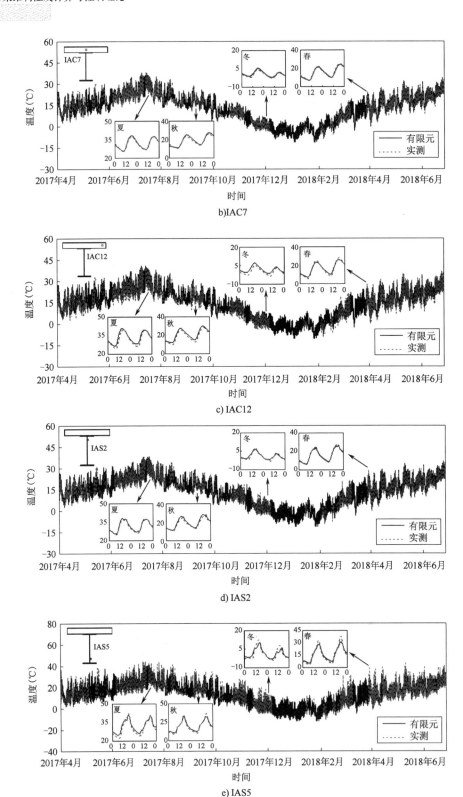

图 3-31 节段模型 JDI 的 A-A 断面温度时程变化验证

CHAPTER FOUR 第4章

桥梁温度场与温度作用

4.1 温度分布与温度作用

4.1.1 桥梁温度场分布特性

早期,工程界常把大气温度变化作为结构物的温差,近似地进行温度应力计算,其结果不免产生偏差。实际上,任何结构都有一定的厚度,结构物越厚,外界气温变化通过表面向结构内部传递的时间越长,当外界气温波动时,结构内部温度也将在一段"时间差"后发生波动,这种温度变化的滞后性也导致结构物温度呈现出空间的不均匀分布特征。

1)时程分布特性

日照作用下,桥梁结构内部温度场随着外界环境(如日照、气温和风等)而变化,受太阳辐射和气温周期性规律的影响,桥梁结构温度场在年和日2个时间尺度上表现出明显的周期性分布特性,如图4-1所示。现有研究表明:以年为周期的测点温度时程变化接近正弦曲线,受日气温和太阳辐射周期变化的影响,测点温度真实值在曲线的上下波动;以日为周期的温度时程曲线亦可采用正弦曲线进行拟合,而拟合效果并不理想,傅立叶函数则更能准确反映桥梁结构温度的日变化规律,受风速、遮挡等因素的影响,测点温度的真实值同样在拟合曲线的上下波动。

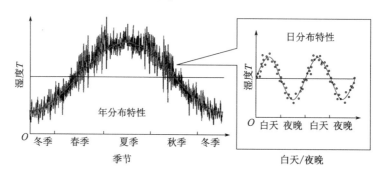

图 4-1 桥梁结构温度场时程分布特性

太阳辐射、气温等均作用于桥梁结构表面,进一步由外向内进行热量传递,越靠近结构表面的部位温度变化得越快,内部温度的变化则滞后于外部一定时间,即不同深度测点的温度时程曲线存在一定的相位差,如图4-2所示。决定内部热量传递的方式主要依靠桥梁结构材料的导热系数,混凝土材料的导热系数约为钢材的1/50,因此,混凝土桥梁内部温度变化较钢桥更为滞后。

2) 空间分布特性

由于测点温度变化存在滞后性,在同一时刻,桥梁结构空间温度呈现不均匀分布。桥梁结构沿纵向多为细长构件,有学者已通过实测表明沿桥梁纵向温度分布可假定均匀,故不均匀的温度分布主要反映在桥梁截面横、竖2个方向,以及局部板厚方向。

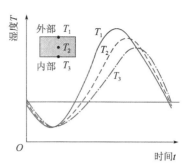

图 4-2 不同深度测点典型温度时程曲线

桥梁结构温度分布受日照和气温的影响显著。以混凝土箱梁为例,当顶板或腹板受到日照作用时,由于热量传递的滞后性,在沿主梁竖向和横向的温度不均匀分布将十分明显。对于钢-混凝土组合梁,两种材料的导热性能差异巨大,在钢-混交界的局部位置,其温度分布的不均匀程度更为显著。同时,地面将太阳辐射反射到主梁底面,在主梁底部一段范围内也会存在温差。对于混凝土主梁,各部位的内表面长期不接受太阳照射,板厚方向会形成外高内低的温度分布,一般可近似采用线性或指数函数拟合,而钢梁由于板件较薄,且导热性能良好,一般不考虑板厚方向的温差。大量实测数据表明:桥梁截面温度分布不均匀程度最高一般发生在太阳辐射最强的13:00—15:00,其中,钢桥较混凝土桥更接近日照最强的时刻,而日出之前的1h之内桥梁截面温度分布最为均匀。图4-3和图4-4分别给出了白天日照和夜晚降温时混凝土箱梁和钢-混组合梁的典型温度分布(图中 T 为结构温度)。

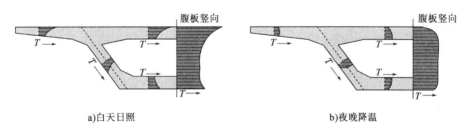

图 4-3 混凝土箱梁典型温度分布

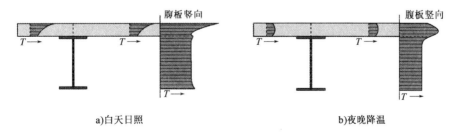

图 4-4 钢-混凝土组合梁典型温度分布

4.1.2 温度作用分类

1)基于温度作用形成的气象因素进行分类

由于桥梁结构温度场呈现出强烈的非线性特征,采用实际的温度场进行设计计算十分不便,需要提出相应的温度作用模式以简化桥梁温度效应的计算。在运营阶段,设计与工程人员往往更关注太阳辐射、气温和风速等环境因素作用下桥梁温度作用对桥梁结构的影响。就环境因素而产生的温度作用,一般可分为日照温度作用、骤然降温作用和年温变化作用 3 种类型,其成因和特点见表 4-1。

温度作用的成因及其特点   表 4-1

温度作用类型	主要因素	时间性	作用范围	分布状态	对结构的影响	复杂性
日照温度作用	太阳辐射	短时急变	局部	不均匀	局部应力大	最复杂
骤然降温作用	强冷空气	短时变化	整体	较均匀	应力较大	较复杂
年温变化作用	缓慢变温	长期缓慢	整体	均匀	整体位移	简单

表 4-1 中,日照温度作用的主要影响因素是太阳辐射强度、气温变化及风速,从设计控制的角度考虑可简化为前两个因素,作用时间短而急变,主要使桥梁顶面快速升温,造成正温度梯度,作用特点具有明显的局部性。骤然降温作用主要由寒潮(强冷空气)引起,一般只需要考虑气温变化和风速两个因素,可以偏安全地忽略太阳辐射的影响,我国气象部门规定,使气温一天内下降 10℃ 以上且最低降至 5℃ 以下的冷空气过程称为寒潮。寒潮造成桥梁构件外部逐渐降温,内部温度变化则相对缓慢,引起桥梁结构的负温度梯度作用。年温变化作用引起桥梁结构温度变化为长期的缓慢作用,主要影响桥梁结构的整体均匀温度,因而较日照温度作用和骤然降温作用更为简单。

在现行的国内外规范体系中,对简单梁式桥温度作用的规定大多基于上述的分类,其中,日照温度作用对应于竖向正温度梯度,骤然降温作用对应于竖向负温度梯度,而年温变化一般对应于桥梁的均匀温度作用。

均匀温度作用定义为桥梁的有效温度减去桥梁形成结构体系时的温度。结构升温、降温时的均匀温度作用 ΔT_{exp} 和 ΔT_{con} 可分别按式(4-1)和式(4-2)计算:

$$\Delta T_{\mathrm{exp}} = T_{e,\max} - T_0 \tag{4-1}$$

$$\Delta T_{\mathrm{con}} = T_0 - T_{e,\min} \tag{4-2}$$

式中:$T_{e,\max}$——结构最高有效温度;

$T_{e,\min}$——结构最低有效温度;

T_0——体系约束时的温度,对于悬臂施工的桥梁,即为合龙温度。

桥梁的伸缩变形取决于桥梁的均匀温度而不是气温值。桥梁设计时,往往需要确定桥梁设计基准期可能发生的极端最高有效温度和最低有效温度,以此控制伸缩缝、支座甚至桥墩的设计与选型。

对于温度梯度作用,各国规范均采用简化的曲线形式表达,主要分为正温度梯度模式(升温模式)和负温度梯度模式(降温模式)。早期学者在研究温度作用时,假定温度沿主梁竖向是线性分布,随着后期研究的进展,逐步认识到桥梁结构内部温度的分布存在明显的非线性特性,现有研究主要通过多次抛物线、指数曲线和多折线3种曲线形式来描述桥梁顶部温度的竖向分布。温度梯度作用会对桥梁结构产生显著的温度自应力和次应力,是必须考虑的作用形式。

2)基于温度作用产生的温度效应进行分类

欧洲规范 Eurocode 1 指出,具有任意温度变化的部件,截面的温度分布变化可以分解为有效温度 T_e、竖向等效线性温差 T_v、横向等效线性温差 T_h 和残余温度分布 $T_r(y,z)$ 4 个部分。根据这种理念,以钢-混组合梁为例,将任意温度场进行温度评价指标的分解,并给出以上 4 个部分的具体计算方法,组合梁截面及坐标系如图 4-5 所示。计算假定如下:

(1)组合梁沿纵桥向截面相等;

(2)组合梁中存在 y 和 z 平面的温度非线性分布 $T(y,z)$,以组合梁组合截面形心为原点建立二维坐标系 xOy;

(3)桥面板与钢梁交界面无相对滑移,钢-混凝土组合梁整体变形服从平截面假定。

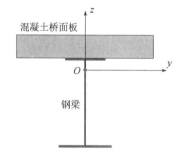

图 4-5　钢-混组合梁截面及坐标系示意图

由于组合梁组合截面变形满足平截面假定,则温度作用下的实际纵向应变沿梁高度和宽度方向的应变均按线性分布,但实际的温度分布 $T(y,z)$ 及温度引起的应变分布为非线性,温度作用产生的纤维变形受到平截面变形的约束,则形成了约束应变 $\varepsilon_r(y,z)$,可表示为:

$$\varepsilon_r(y,z) = \varepsilon(y,z) - \varepsilon_T(y,z) = \varepsilon_m + \frac{z}{\rho_z} + \frac{y}{\rho_y} - \alpha(y,z)T(y,z) \tag{4-3}$$

式中:$\varepsilon(y,z)$——满足平截面假定的实际应变;

$\varepsilon_T(y,z)$——温度分布引起的应变;

ε_m——截面的名义应变;

ρ_z——绕 z 轴弯曲的曲率半径;

ρ_y——绕 y 轴弯曲的曲率半径;

$\alpha(y,z)$——线膨胀系数。

根据约束应变 $\varepsilon_r(y,z)$ 和弹性模量函数 $E(y,z)$ 可进一步得到温度自应力 $\sigma_r(y,z)$ 为:

$$\sigma_r(y,z) = E(y,z)\varepsilon_r(y,z) \tag{4-4}$$

温度自应力是自相平衡的应力分布,不在结构上产生外力作用,因此,自应力积分得到的轴力 N、绕 z 轴的弯矩 M_z 和绕 y 轴的弯矩 M_y 均等于0,因此:

$$N = \int_A \sigma_r(y,z)\,dA = 0 \tag{4-5}$$

式中:A——截面面积。

$$M_z = \int_A \sigma_r(y,z)y\,dA = 0 \tag{4-6}$$

$$M_y = \int_A \sigma_r(y,z)z\,dA = 0 \tag{4-7}$$

将式(4-4)带入式(4-3)整理后,再带入式(4-5)~式(4-7)中可得:

$$\int_A E(y,z)\left[\varepsilon_m + \frac{z}{\rho_z} + \frac{y}{\rho_y} - \alpha(y,z)T(y,z)\right]dA = 0 \tag{4-8}$$

$$\int_A E(y,z)\left[\varepsilon_m + \frac{z}{\rho_z} + \frac{y}{\rho_y} - \alpha(y,z)T(y,z)\right]y\,dA = 0 \tag{4-9}$$

$$\int_A E(y,z)\left[\varepsilon_m + \frac{z}{\rho_z} + \frac{y}{\rho_y} - \alpha(y,z)T(y,z)\right]z\,dA = 0 \tag{4-10}$$

由于选取计算坐标系的原点为组合梁组合截面的形心,因此,根据对称性有:

$$\int_A E(y,z)y\,dA = 0 \tag{4-11}$$

$$\int_A E(y,z)z\,dA = 0 \tag{4-12}$$

$$\int_A E(y,z)yz\,dA = 0 \tag{4-13}$$

将式(4-11)~式(4-13)带入拆分后的式(4-5)~式(4-7)中,通过联立方程即可求得名义应变 ε_m、曲率 $1/\rho_z$ 和 $1/\rho_y$ 分别为:

$$\varepsilon_m = \frac{\int_A \alpha(y,z)E(y,z)T(y,z)\,dA}{\int_A E(y,z)\,dA} \tag{4-14}$$

$$\frac{1}{\rho_z} = \frac{\int_A \alpha(y,z)E(y,z)T(y,z)z\mathrm{d}A}{\int_A E(y,z)z^2\mathrm{d}A} \tag{4-15}$$

$$\frac{1}{\rho_y} = \frac{\int_A \alpha(y,z)E(y,z)T(y,z)y\mathrm{d}A}{\int_A E(y,z)y^2\mathrm{d}A} \tag{4-16}$$

通过以上 ε_m、$1/\rho_z$、$1/\rho_y$ 及温度自应力 $\sigma_\mathrm{r}(y,z)$ 的计算公式，可以求得任意温度分布模式下钢梁和混凝土完全连接的组合梁的温度应力和变形。

对于钢和混凝土这 2 种材料，线膨胀系数分别为 $\alpha_c = 1.0 \times 10^{-5}/℃$ 和 $\alpha_s = 1.2 \times 10^{-5}/℃$，近似相等，取两者的均值 $\bar{\alpha}$。在此假定下，即可按式(4-17)～式(4-20)计算得到有效温度 T_e、竖向线性温差 T_v、横向线性温差 T_h 和残余温度分布 $T_r(y,z)$，分解图示见图 4-6。

$$T_e = \frac{\varepsilon_\mathrm{m}}{\bar{\alpha}} \approx \frac{\int_{A_c} E_c T(y,z)\mathrm{d}A + \int_{A_s} E_s T(y,z)\mathrm{d}A}{\int_{A_c} E_c \mathrm{d}A + \int_{A_s} E_s \mathrm{d}A} = \frac{\sum_{i=1}^n E_i T_i A_i}{\sum_{i=1}^n E_i A_i} \tag{4-17}$$

$$T_v = \frac{H}{\bar{\alpha}\rho_z} \approx H\frac{\int_{A_c} E_c T(y,z)z\mathrm{d}A + \int_{A_s} E_s T(x,y)z\mathrm{d}A}{\int_{A_c} E_c z^2\mathrm{d}A + \int_{A_s} E_s z^2\mathrm{d}A} = H\frac{\sum_{i=1}^n E_i T_i A_i z_i}{\sum_{i=1}^n E_i A_i z_i^2} \tag{4-18}$$

$$T_h = \frac{B}{\bar{\alpha}\rho_y} \approx B\frac{\int_{A_c} E_c T(y,z)y\mathrm{d}A + \int_{A_s} E_s T(x,y)y\mathrm{d}A}{\int_{A_c} E_c y^2\mathrm{d}A + \int_{A_s} E_s y^2\mathrm{d}A} = B\frac{\sum_{i=1}^n E_i T_i A_i y_i}{\sum_{i=1}^n E_i A_i y_i^2} \tag{4-19}$$

$$T_r(y,z) = T(y,z) - T_e - \frac{T_v}{H}z - \frac{T_h}{B}y \tag{4-20}$$

式中：H、B——组合梁的梁高和梁宽；

E_c、E_s——混凝土和钢的弹性模量；

A_c、A_s——混凝土桥面板和钢梁的面积。

式(4-18)～式(4-20)的最右侧给出了积分的离散形式，以便于通过实测数据和有限元数据进行上述温度作用的计算。

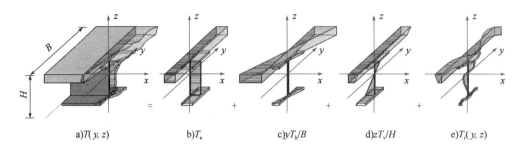

图 4-6 二维温度场分解示意图

需要指出的是,式中的 T_v/H 和 T_h/B 分别为理论意义上构件竖向和横向的温度梯度,即温度沿距离的变化速率,单位为℃/m;而 T_e、T_v 和 T_h 的分母部分实际分别为组合截面的轴向刚度、绕 y 轴的竖向抗弯刚度和绕 z 轴的横向抗弯刚度。

现有国内外规范体系均基于环境因素将温度作用分为均匀温度(有效温度的变化)和温度梯度 2 类。这种分类方式便于理解温度作用形成的过程,但不利于从机理上去认识温度作用下桥梁结构的响应。年温变化引起的均匀温度作用会在静定结构中引起桥梁轴向胀缩变形,在超静定结构中还会进一步引起轴向次应力。对于日照或降温引起的竖向温度梯度作用,其在静定结构中不仅产生小部分轴向胀缩变形、弯曲变形,还包括自平衡的温度自应力,在超静定结构中则进一步产生轴向次应力和弯曲次应力,也包括温度自应力。显然,温度梯度模式产生的效应包含了次生和自生温度效应,同时与均匀温度产生轴向效应会重复计入。

采用基于效应得到的温度作用评价指标,有效温度变化只产生轴向变形,竖向线性温差和横向线性温差分别引起竖向弯曲变形和横向弯曲变形,当结构受到约束而成为超静定体系时,对于以上 3 者则分别引起轴力、竖向弯矩和横向弯矩。残余温度分布则只引起截面自相平衡的应力,与结构体系的约束条件和是否静定无关,不产生结构变形和内力。可按式(4-21)计算:

$$\sigma_r(y,z) = -E(y,z)\alpha(y,z)\Delta T_r(y,z) \tag{4-21}$$

可见,这 4 部分的温度分布形式相互独立的,更利于从温度效应产生的机理上去理解各温度作用的形式。基于气象因素和基于产生效应的温度作用与效应对比见图 4-7。在建立桥梁结构的温度作用模式时,需要通过以上桥梁温度场评价指标来判断温度作用模式的合理性,当提出的温度作用模式能很好地包络住温度场产生的长期效应时,即可认为提出的温度作用模式合理。

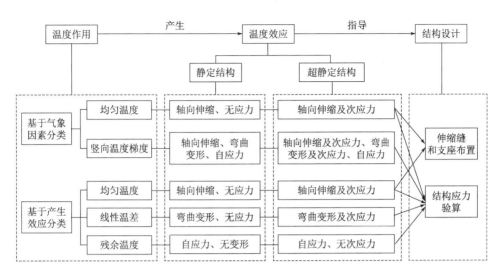

图 4-7 温度作用对应的温度效应

4.1.3 温度作用的影响因素

深刻认识桥梁温度作用的主要影响因素及其效应,是进行桥梁日照温度问题研究的重要基础。早期,Zuk 对多座公路桥梁的温度场进行了分析,认为桥梁温度直接受到气温、风速、湿度、太阳辐射强度和材料类型等因素的影响。随着对温度作用影响因素的认识逐渐加深,总结现有的研究成果,可以将影响桥梁温度场的因素归结为桥梁结构因素、气候环境因素和地理环境因素三类,如图 4-8 所示。

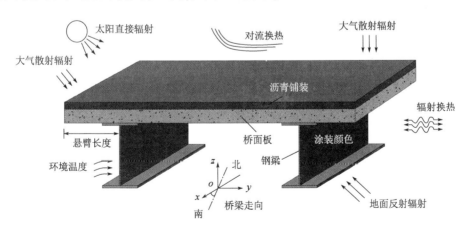

图 4-8 影响桥梁结构温度场的主要因素

(1)桥梁结构因素包括:桥梁走向、桥梁部件材料(钢、混凝土)、表面涂装、截面形式(如开口截面、闭口截面),及各部件尺寸(腹板高度、板件厚度、悬臂板长度及铺装层厚度等);

(2)气候环境因素包括:太阳辐射、大气温度、风速等;

(3)地理环境因素包括:桥位的经度和纬度、海拔、地表状况(地面反射率)和地形条件(陡峭地形是否对桥梁产生遮挡)等。

国内外研究结论主要包括以下几方面:

(1)南北走向的桥梁横向温差显著大于东西走向的桥梁;混凝土材料导热性能差,一般截面温度场较钢梁更不均匀;白色涂装吸收太阳辐射的能力显著低于深色涂装,可以降低温度分布的不均匀程度;开口截面因风速作用明显,故温度分布较闭口截面更为均匀;桥梁部件尺寸越大则温度分布越不均匀,由于钢结构导热性能好,采用的板厚较小,局部的温度分布一般不予考虑,悬臂板在腹板面积上对太阳辐射形成遮挡,会增加桥梁整体竖向温差,但对腹板局部温度的不均匀程度有所缓解。

(2)太阳辐射的增强和大气温差的增大使桥梁温度分布趋于不均匀,会增大截面温差和温度效应,不利于桥梁结构受力,其中,太阳辐射的影响最为显著;气温的整体升高和风速的增大会使截面温度趋于均匀,但过高的气温会引起较大的温度变形。

(3)地理环境与气候条件会相互影响,桥位纬度越低、海拔越高,太阳辐射就越强,桥梁温度分布越不均匀;地面反射率较高,如水面或积雪的反射率可以达到 0.6~0.8,会增加主梁底面的太阳辐射量,增大底部温度分布的不均匀程度,而普通地面的反射率为 0.2,影响相对较小;桥位处复杂的地形条件(如高山、峡谷)会对桥梁的局部产生遮挡,对桥梁温度分布的影响比较复杂,需要针对特定情况进行分析。

以青海黄南藏族自治州斜拉桥海黄大桥的钢-混组合梁主梁(图 4-9)为例,分析气候、地理和结构等因素对有效温度、横向和竖向线性温差,以及截面最大残余拉、压应力等温度作用指标的影响规律。气候环境因素包括季节、日太阳辐射总量 Q、日最大温差 $2A$、日平均气温 B、风速 V;地理位置因素主要分析桥梁走向与正南方向的夹角 θ;组合梁结构尺寸主要包括桥面板厚度 H_c、钢梁高度 H_s、悬臂挑板长度 L_s 和沥青铺装厚度 H_p,各参数示意见图 4-10。

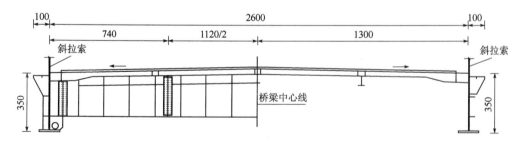

图 4-9 海黄大桥组合梁横断面(尺寸单位:cm)

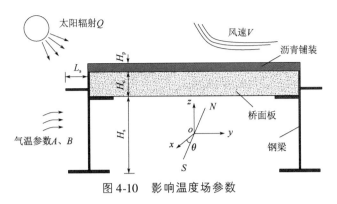

图 4-10 影响温度场参数

1）季节影响

季节是对太阳辐射、气温和风速等气象因素影响的综合。从图 4-11 可以看到：有效温度是夏季最高、冬季最低；横向线性温差则是冬季最大、夏季最小，这是由于冬季太阳高度角较小，组合梁从侧面接受的太阳辐射较强；竖向线性温差、最大残余压应力和拉应力均在夏季最大，最大拉应力发生在钢-混界面靠近钢梁顶部的位置，最大压应力发生在钢梁形心靠下的位置。以下参数分析选取夏季气象参数展开，改变各参数分析各温度作用指标的同时，保持海黄大桥其他参数不变。

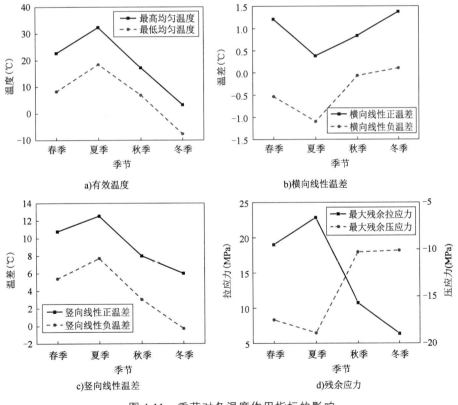

图 4-11 季节对各温度作用指标的影响

2)气象参数影响

桥梁结构各温度作用指标直接受到太阳辐射、气温和风速等气象参数的影响。在已知最高温 T_{max} 和最低温 T_{min} 时,一日气温 T_a 的变化可以根据最高、最低气温近似拟合[式(4-22)]。选取日太阳辐射总量 Q、气温日最大温差 $2A$ 和日平均气温 B,以及日平均风速 V 作为气象因素代表参数开展组合梁温度作用参数分析。每个参数按 ±30% 的幅度变化,共分为 3 个水平。为了便于不同变量影响水平的对比,各气象参数和温度作用指标均采用变化率进行无量纲化。

$$T_a(t) = A \cdot \sin\left[(t-t_0)\frac{\pi}{12}\right] + B \tag{4-22}$$

式中:$T_a(t)$——日气温变化函数;

A、B——经验参数,$A = \frac{1}{2}(T_{a,max} - T_{a,min})$,$B = \frac{1}{2}(T_{a,max} + T_{a,min})$;

$T_{a,max}$、$T_{a,min}$——一日最高气温和最低气温;

t——时间;

t_0——最高气温和最低气温出现的时间。当 $t_0 = 9$ 时,15 时为最高气温,3 时为最低气温。

从图 4-12 可以看到:各气象参数对有效温度的影响接近线性,日平均气温的影响最大,日平均气温每提高 30%,有效温度可以提高 15%~25%,其次为日太阳辐射总量,每提高 20%,有效温度可以提高 10% 左右。横向线性温差和竖向线性温差均受太阳辐射和日平均风速的影响最大,其随着太阳辐射的增强而增大,随着风速的增大而减小,日太阳辐射总量提高 30%,横向和竖向线性温差分别可以提高约 40% 和 20%,日平均风速提高 30%,横向和竖向线性温差分别可以降低约 10%~30% 和 15%~25%。组合梁最大残余应力与线性温差的规律相同,太阳辐射总量每增加 30%,最大残余应力可增加 25% 左右,风速每增加 30%,最大残余应力则减小约 10%~20%。

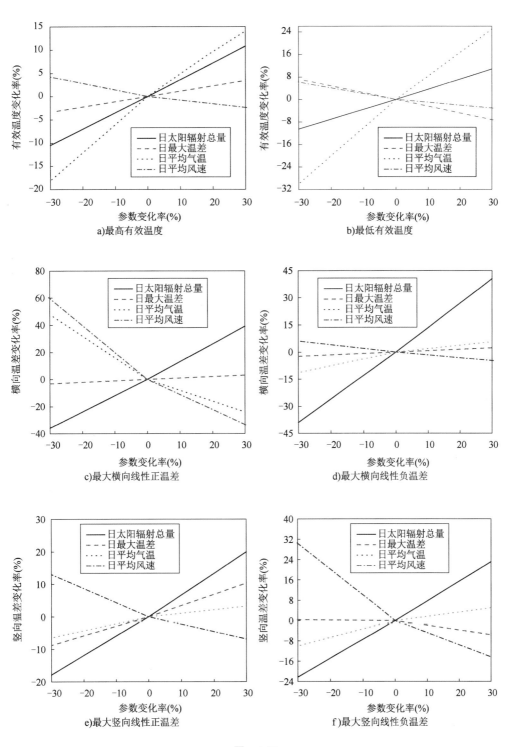

图 4-12

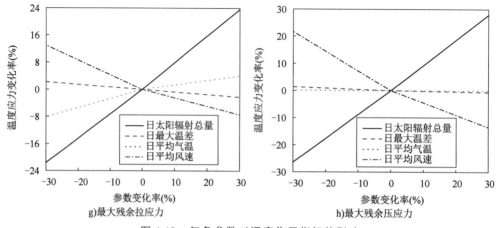

图 4-12 气象参数对温度作用指标的影响

3) 桥梁走向影响

桥梁走向 θ 定义为组合梁截面法向与正南方向的夹角,其决定了太阳运行过程中组合梁各表面太阳入射角的大小,进而影响了组合梁的温度分布与温度作用。在分析桥梁走向对组合梁各温度作用指标的影响时,同样在原有参数的基础上变化 ±30% 进行对比。从图 4-13 可以看到:桥梁走向变化 ±30% 对有效温度、竖向线性温差和残余应力的影响均不超过 2%,几乎可以忽略。桥梁走向主要对组合梁的横向线性产生较大的影响,随着桥梁由南北走向逐渐变为东西走向(桥梁走向 θ 变大),横向温差逐渐减小,当桥梁走向 θ 增大 30% 时,组合梁的最大横向温差约减小 15%~35%。

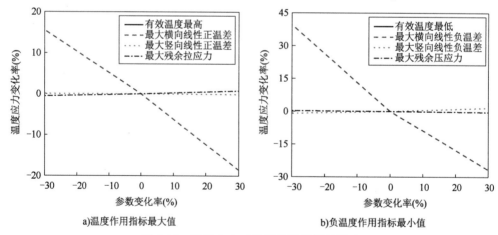

图 4-13 桥梁走向对温度作用指标的影响

4) 结构尺寸影响

选取组合梁桥面板厚度 H_c、钢梁高度 H_s、悬臂板长度 L_s 和桥面铺装厚度 H_p 等参数,分析各部件尺寸对组合梁温度作用指标的影响。如图 4-14 所示,结构尺寸对有效温度的影响不大,其中桥面板厚度的影响最大,其改变 30%,有效温度仅变化不超过 6%。横向温差受钢梁高度的影响最大,随着钢梁高度的增大,受太阳辐射面积随之增大,从而增加了组合梁的横向温差,钢梁高度变化30%,横向线性温差变化约为20%~30%。悬臂板的长度对横向线性温差的影响也相对较大,太阳照射下,较大的悬臂板长度会对腹板形成遮挡,进而减小了横向线性温差,其变化30%会引起横向线性温差变化10%~15%。结构尺寸对组合梁竖向正温差的影响相对复杂,其中,钢梁高度的影响最为显著。随着钢梁高度的增大,线性温差基本上呈线性降低,变化幅度在10%~25%之间。随着桥面板厚度和铺装厚度的增大,竖向线性正温差逐渐增大,但影响相对较小,而竖向线性负温差则逐渐减小,影响相对较大,超过15%。由于残余应力分布复杂,随着结构尺寸的变化,残余应力最大的位置也在变化,最大残余拉应力受钢梁高度变化较大,最大约为15%,随着钢梁高度的增大而线性变小,而受其他结构尺寸影响较小;最大残余压应力发生的位置相对固定,故受到结构尺寸的影响较小,最大不超过4%,基本可以忽略不计。

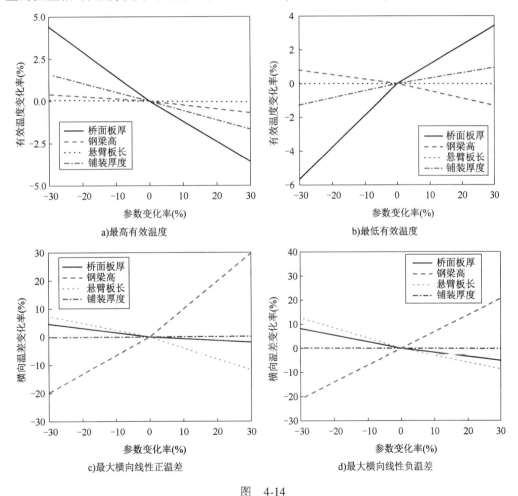

图 4-14

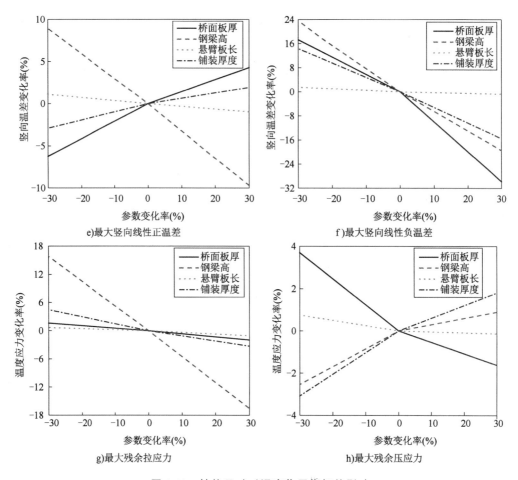

图 4-14 结构尺寸对温度作用指标的影响

5）敏感性分析

为了便于直观比较各类因素对组合梁截面温度分布的影响程度，本书将温度作用指标变化率与参数变化率的比值定义为敏感因子 η，η_{ij} 则表示参数 j 对温度作用 i 的平均敏感程度，可按式（4-23）计算：

$$\eta_{ij} = \frac{\sum_{k=1}^{n}(T_{ik}-T_{i0})/T_{i0}}{\sum_{k=1}^{n}(F_{jk}-F_{j0})/F_{j0}} \tag{4-23}$$

式中：F_{jk}、T_{ik}——分别为参数 j 的第 k 次取值和相应的温度作用 i 的计算结果；

F_{j0}、T_{i0}——分别为选取的参数 j 的基准参数和相应的温度作用 i 的计算结果。

敏感因子为正值表明参数与温度作用正相关，反之则相反。由于各参数对各温度作用在最大值和最小值的时候影响程度不一样，图 4-15 分别给出了各温度作用指标最大值和最小值时敏感因子的计算结果。

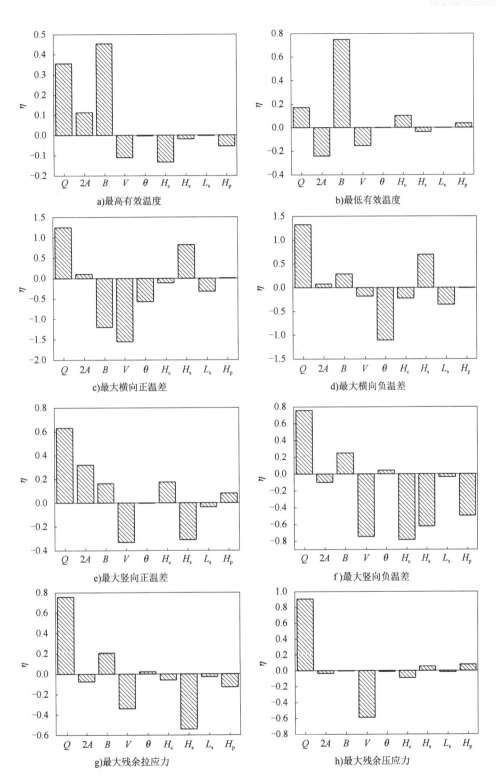

图 4-15 各参数对温度作用指标的敏感因子

由图4-15可以看出:气象参数对组合梁有效温度的影响远大桥梁走向和结构尺寸的影响,其中,日平均气温的影响最为显著。太阳辐射是引起组合梁温差和不均匀温度分布的最主要的原因,其对横向、竖向线性温差以及温度残余应力的影响均非常大,且均存在正相关性,通过改变结构表面吸收率可以有效降低温度效应。风速促进组合梁各表面对流换热,使组合梁温度分布更均匀,并逐渐趋近于气温,故风速与截面的温差和残余应力均存在明显的负相关特性,通过提高风速来降低桥梁的温度应力是行之有效的思路。同时可以看到,在桥梁的结构形式中,钢梁的高度对组合梁截面温差和残余应力的影响最为显著,桥面板厚度则对最大竖向负温差的影响最大。

4.2 国内外桥梁规范关于温度作用的规定

本书对现行《公路桥涵设计通用规范》(JTG D60)、AASHTO LRFD Bridge Design Specifications、Eurocode、BS5400、Australia Standard、Canadian Highway Bridge Design Code、日本规范道路桥示方书Ⅱ编等规范中对温度作用所作的规定进行总结和对比论述。由于各规范对同一温度作用的表述各异,为便于理解和对比分析,根据各规范表述的合理性对不同名词作出如下统一定义:

(1)空气温度(简称气温):有的规范又称遮阴温度,指的是在野外空气流通、不受太阳直射的条件下测得的空气温度,一般在距离地面1.5m的百叶箱中测得。

(2)有效温度:年温变化影响下某一时刻结构或构件的平均温度,可按截面温度结构或构件截面温度的加权平均值计算。

(3)计算温度:桥梁结构或构件受到约束时的有效温度,约束形式可以是弹性支座、柔性墩以及其他临时约束。由于结构受约束的时机通常与施工过程相关,对于连续梁或连续刚构等桥梁,计算温度一般指合龙温度。

(4)均匀温度作用(简称均匀温度):定义为结构最高有效温度或最低有效温度与计算温度的差值。

(5)部件温差作用(简称部件温差):桥梁各部件由于材料、体积、空间姿态差异产生的有效温度的差值。

(6)温度梯度作用(简称温度梯度):截面内某一方向的温差分布,描述竖向分布时为竖向温度梯度,描述横向分布时为横向温度梯度;根据分布的形式又可以分为线性温度梯度和非线性温度梯度,一般分为正温度梯度和负温度梯度,有些规范中也称为升温模式和降温模式。

国际上,各国规范的规定是存在相互借鉴的。以竖向正温度梯度作用为例,Priestley 最早基于一维热传导分析提出了适用于混凝土箱梁的顶部5次抛物线的温度梯度模式,随后被新西兰和澳大利亚桥梁规范采用,并变异形成了组合梁相应的温度梯度模式,而美国 AASHTO 规范则是借鉴并简化了澳大利亚桥梁规范的形式。《公路桥涵设计通用规范》(JTG D60—2015)的相关规定则源于美国 AASHTO 规范太阳辐射2区的温度梯度取值,并根据我国环境特点进行了相应调整。Eurocode 1 的温度梯度模式则来源于英国 BS5400。

4.2.1 我国:《公路桥涵设计通用规范》(JTG D60—2015)

1)均匀温度作用

桥梁结构考虑温度作用时,应根据当地具体情况、结构物使用的材料和施工条件等因素计算温度作用引起的结构效应。

计算桥梁结构因均匀温度作用引起的外加变形或约束变形时,应从受到约束时的结构温度开始,考虑最高和最低有效温度的作用效应。当缺乏实际调查资料时,公路混凝土结构和钢结构的最高和最低有效温度标准值可按表4-2取用。表中严寒、寒冷、温热3类地区分布见 JTG D60—2015 附录 A。

公路桥梁结构的有效温度标准值(单位:℃) 表4-2

气候分区	钢桥面板钢桥		混凝土桥面板钢桥		混凝土、石桥	
	最高	最低	最高	最低	最高	最低
严寒地区	46	-43	39	-32	34	-23
寒冷地区	46	-21	39	-15	34	-10
温热地区	46	-9(-3)	39	-6(-1)	34	-3(0)

注:表中括号内数值用于昆明、南宁、广州、福州地区。

2)温度梯度作用

计算桥梁结构由于竖向温度梯度引起的效应时,可采用图4-16所示的竖向温度梯度曲线。桥面板表面的最高温度 T_1 见表4-3。对于混凝土桥梁,当梁高 H 小于 400mm 时, A 可按梁高 H 减去 100mm 进行取值;当梁高 H 大于 400mm 时, A 可取 300mm。对于带混凝土桥面板的钢结构桥梁, A 取 300mm,且仅在混凝土桥面板厚度 t 范围内考虑温

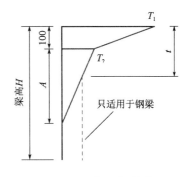

图4-16 竖向梯度温度(单位:mm)

度梯度。

竖向日照正温差计算的温度基数(单位:℃)　　　　表4-3

结构类型	T_1	T_2
水泥混凝土铺装	25	6.7
50mm 沥青混凝土铺装层	20	6.7
100mm 沥青混凝土铺装层	14	5.5

混凝土上部结构和带混凝土桥面板的钢结构的竖向日照反温差为正温差乘以 -0.5。

此外,JTG D60—2015 中还规定了计算圬工拱桥考虑徐变影响引起的温差作用效应时,计算的温差效应乘以折减系数0.7。采用沥青混凝土铺装的混凝土桥面板桥梁必要时应考虑施工阶段沥青摊铺引起的温度影响。对无悬臂的宽幅箱梁(图 4-17),宜考虑横向温度梯度引起的效应。横向温度梯度作用一般根据桥梁的地理位置、环境条件等因素经调查研究确定。无实测数据时,对于混凝土箱梁桥,T_1 可取4℃,T_2 可取 -2.75℃;对于钢箱梁桥,T_1 可取3℃,T_2 可取 -1.5℃。

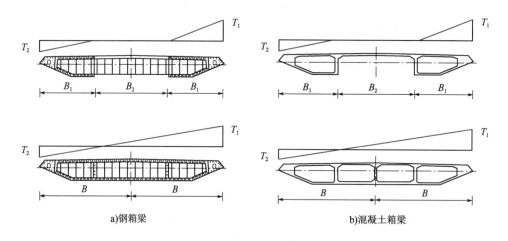

图 4-17 无悬臂宽幅箱梁的横向温度梯度

4.2.2 英国：British Standard 5400

英国规范 British Standard 5400-2-Specification for Loads 中对桥梁温度作用进行了详尽的介绍。

1)均匀温度作用

BS5400 以列表的形式给出了气温和有效温度的关系,同时给出英国最低气温和最

高气温等值线地图来确定不同地区桥梁的有效温度取值。考虑到重现期以及海拔高度的影响,地图中的气温取值应进行如下修正:

(1)对于人行桥和机动车桥梁的温度伸缩缝,按 50 年的回归期取气温值;施工过程温度同样按照 50 年的回归期进行取值。最低气温按地图气温增加 2℃,最高气温按地图气温减少 2℃。

(2)对于高于海平面地区,应按每增加 100m 最低气温降低 0.5℃、最高气温降低 1℃进行修正。

在确定气温取值后,BS5400 给出了钢箱梁桥(类型 1)、钢桁梁和钢板梁桥(类型 2)、钢-混组合梁桥(类型 3)及混凝土桥(类型 4)4 种类型主梁有效温度与最高、最低气温的对应关系,见表 4-4。

最低有效桥梁温度(单位:℃)　　　　　表 4-4

最低气温	最低有效温度			最高气温	最高有效温度		
	上部结构类型				上部结构类型		
	类型 1 和类型 2	类型 3	类型 4		类型 1 和类型 2	类型 3	类型 4
−24	−28	−19	−14	24	40	31	27
−23	−27	−18	−13	25	41	32	28
−22	−26	−18	−13	26	41	33	29
−21	−25	−17	−12	27	42	34	29
−20	−23	−17	−12	28	42	34	30
−19	−22	−16	−11	29	43	35	31
−18	−21	−15	−11	30	44	36	32
−17	−20	−15	−10	31	44	36	32
−16	−19	−14	−10	32	44	37	33
−15	−18	−13	−9	33	45	37	33
−14	−17	−12	−9	34	45	38	34
−13	−16	−11	−8	35	46	39	35
−12	−15	−10	−7	36	46	39	36
−11	−14	−10	−6	37	46	40	36
−10	−12	−9	−6	38	47	40	37
−9	−11	−8	−5				

续上表

最低气温	最低有效温度			最高气温	最高有效温度		
	上部结构类型				上部结构类型		
	类型 1 和类型 2	类型 3	类型 4		类型 1 和类型 2	类型 3	类型 4
−8	−10	−7	−4				
−7	−9	−6	−3				
−6	−8	−5	−3				
−5	−7	−4	−2				

2)温度梯度作用

对于温度梯度作用,BS5400 按 4 类桥型分别给出了升温和降温的温度梯度模式和温差取值(表 4-5),其中类型 1 和类型 2 的温度梯度模式相同。

竖向温度梯度模式　　表 4-5

<table>
<tr><th>类别</th><th colspan="2">温差(℃)</th></tr>
<tr><td>1.钢箱梁上的钢桥面板
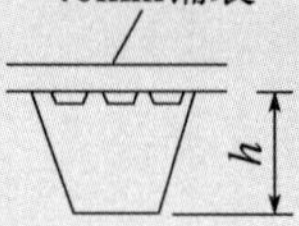40mm铺装
h</td><td rowspan="2">正温差
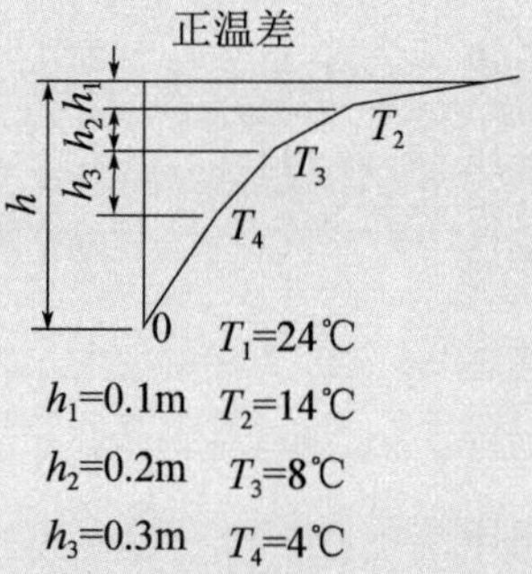h
h1
h2
h3
T1
T2
T3
T4
0
T1=24℃
h1=0.1m T2=14℃
h2=0.2m T3=8℃
h3=0.3m T4=4℃</td><td rowspan="2">负温差
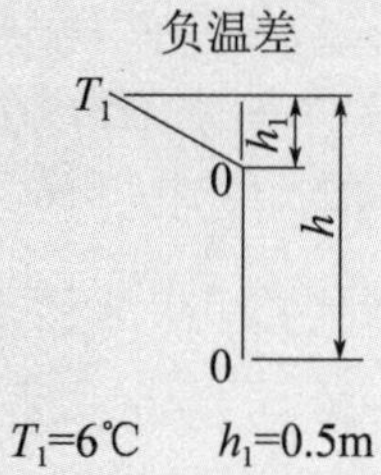T1
h1
0
h
0
T1=6℃ h1=0.5m</td></tr>
<tr><td>2. 钢桁架或板梁上的钢桥面板</td></tr>
<tr><td>3.钢箱梁、桁架梁或板梁上的混凝土桥面板
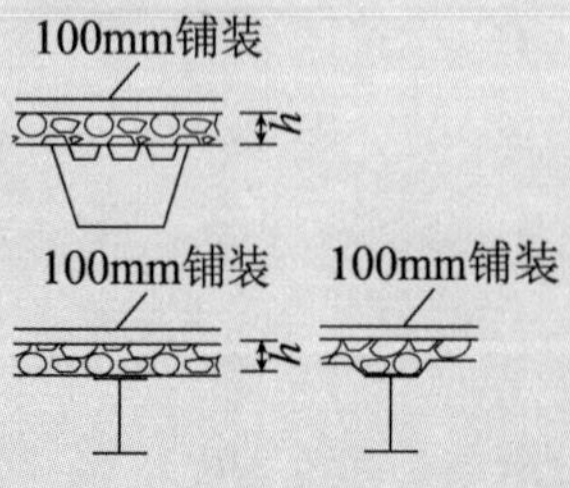100mm铺装
h
100mm铺装
h
100mm铺装</td><td>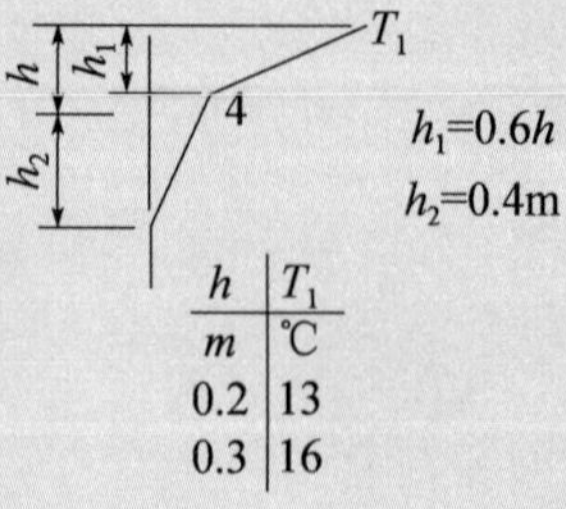h
h1
h2
T1
4
h1=0.6h
h2=0.4m
h T1
m ℃
0.2 13
0.3 16</td><td>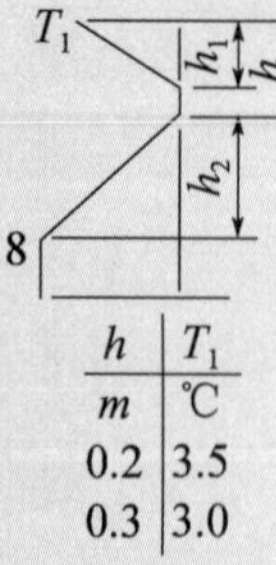T1
h1
h
h2
8
h T1
m ℃
0.2 3.5
0.3 3.0</td></tr>
</table>

续上表

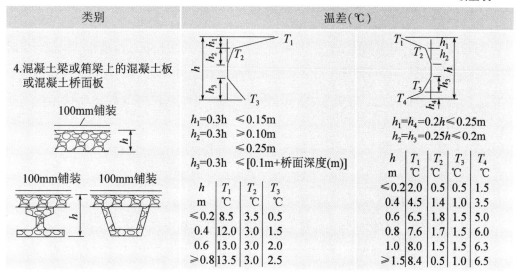

3) 温度作用组合

在考虑均匀温度与温度梯度作用效应组合时,BS5400 规定:当桥梁类型 1 和类型 2 的有效桥梁温度高于 25℃ 以及桥梁类型 3 和类型 4 的有效桥梁温度高于 15℃ 时,应考虑最大正温度梯度与均匀桥梁温度作用同时存在的情况。另一方面,当桥梁类型 1 和类型 2 的有效桥梁温度低于 8℃、桥梁类型 3 的有效桥梁温度低至 4℃ 以及桥梁类型 4 的有效桥梁温度低至 2℃ 时,应考虑最大负温度梯度与均匀温度作用同时存在的情况。

4.2.3 欧洲:Eurocode

欧洲规范 Eurocode 1:Actions on structures-Part 1-5:General actions 采纳了英国 BS5400 中大多数条文,并进一步细化完善。其将桥梁分为了钢桥、组合梁桥和混凝土桥 3 类,在此基础上,分别对均匀温度、线性温度梯度和非线性温度梯度等温度作用进行规范。

1) 均匀温度作用

Eurocode 以简洁的公式形式分别给出了钢桥、组合梁桥和混凝土桥 3 种类型桥梁有效温度和气温的线性取值公式,见图 4-18。图中 $T_{e,max}$ 和 $T_{e,min}$ 分别为桥梁最高和最低有效

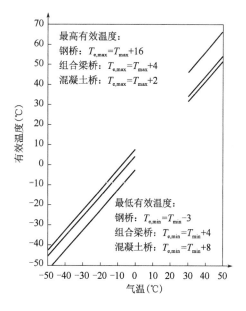

图 4-18 桥梁有效温度计算方法

温度,T_{max} 和 T_{min} 分别为最高和最低气温。同时,在附录中给出了不同重现期和海拔对桥位气温的修正方法。

均匀温度作用(升温幅度 $\Delta T_{N,exp}$ 和降温幅度 $\Delta T_{N,con}$)可根据有效温度和结构被约束时的初始温度 T_0 按式(4-24)计算。对于支座和伸缩装置选型和设计时,均匀温度作用应取 $(\Delta T_{N,exp} + 20)$ ℃ 和 $(\Delta T_{N,con} + 20)$ ℃,当采用桥位实测温度时,均匀温度作用可取 $(\Delta T_{N,exp} + 10)$ ℃ 和 $(\Delta T_{N,con} + 10)$ ℃。

$$\begin{cases} \Delta T_{N,exp} = T_{e,max} - T_0 \\ \Delta T_{N,con} = T_0 - T_{e,min} \end{cases} \tag{4-24}$$

2) 温度梯度作用

欧洲规范提供了简化的竖向线性温度梯度和非线性温度梯度 2 类模式。

(1) 竖向线性温度梯度

将竖向温差进行线性简化考虑时,规定由于太阳辐射和其他效应引起的结构顶面受热时为正温度梯度;由于降温或其他效应引起的结构顶面散热时为负温度梯度,并按钢桥、钢-混组合梁桥、混凝土桥 3 类桥型给出了相应的温差取值,见表 4-6。同时,给出了考虑铺装面层厚度的修正取值,见表 4-7。

竖向线形温差(单位:℃)   表 4-6

主梁类型		升温温差	降温温差
类型 1	钢梁	18	13
类型 2	组合梁	15	18
类型 3	混凝土箱梁	10	5
	混凝土 T 梁	15	8
	混凝土板梁	15	8

考虑铺装厚度的温差修正(单位:℃)   表 4-7

铺装类型	钢桥		组合梁桥		混凝土桥	
	正温差	负温差	正温差	负温差	正温差	负温差
无铺装	0.7	0.9	0.9	1.0	0.8	1.1
防水层	1.6	0.6	1.1	0.9	1.5	1.0
50mm 铺装	1.0	1.0	1.0	1.0	1.0	1.0
100mm 铺装	0.7	1.2	1.0	1.0	0.7	1.0
150mm 铺装	0.7	1.2	1.0	1.0	0.5	1.0
750mm 道砟	0.6	1.4	0.8	1.2	0.6	1.0

注:表中取值为采用深色铺装时的上限值。

(2)竖向非线性温差

考虑竖向非线性温度进行更精确的温度效应分析时,同样给出了钢桥、钢-混组合梁桥、混凝土桥3类桥型相应的升温和降温的温度梯度模式和温差取值,见图4-19。相比于BS5400,对钢箱梁和钢桁梁、钢板梁的温度作用模式进行了细分,同时,给出了组合梁的简化温度梯度模式[图4-19b)]。

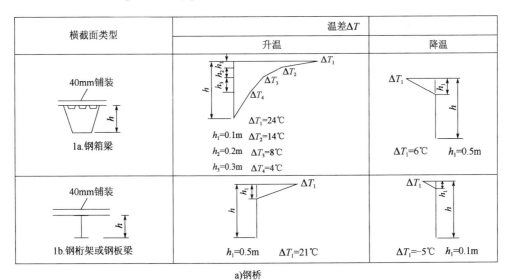

图 4-19

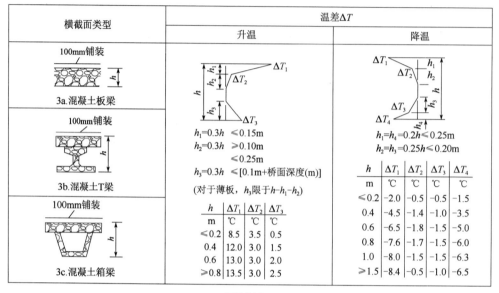

c)混凝土桥

图 4-19 竖向非线性温差

对于横向温度梯度,欧洲规范规定一侧受日照的桥梁应考虑横向线性温差的作用,取值为 5℃,且与桥梁宽度无关。此外,考虑到混凝土材料导热的滞后性,欧洲规范还针对大尺寸的混凝土箱梁桥规定了沿板厚方向内外表面温差可取 15℃。

3) 温度作用组合

在某些情况下(如整体桥或框架桥),温度效应 ΔT_N 和 ΔT_M 应组合为一个单独的作用,组合规则为:

$$\Delta T_{M,heat}(\text{或} \Delta T_{M,cool}) + \omega_N \Delta T_{N,exp}(\text{或} \Delta T_{N,con}) \tag{4-25}$$

$$\omega_M \Delta T_{M,heat}(\text{或} \Delta T_{M,cool}) + \Delta T_{N,exp}(\text{或} \Delta T_{N,con}) \tag{4-26}$$

式中:$\Delta T_{N,exp}$——最高有效温度与合龙温度差值($T_{e,max} \geq T_0$);

$\Delta T_{N,con}$——最低有效温度与合龙温度差值($T_0 \geq T_{e,min}$);

$\Delta T_{M,heat}$——正温度梯度;

$\Delta T_{M,cool}$——负温度梯度;

ω_N——均匀温度折减系数;

ω_M——温度梯度折减系数。

若考虑温度梯度为最不利影响,以温度梯度作为主导作用,均匀温度作为伴随作用时,均匀温度折减系数 ω_N 可取 0.35。反之,若考虑均匀温度为最不利影响,以均匀温度作为主导作用,温度梯度作为伴随作用时,温度梯度折减系数 ω_M 可取 0.75,二者取其最不利效应。

4.2.4 美国：AASHTO LRFD Bridge Design Specifications

1）均匀温度作用

美国 AASHTO 规范给出了两种有效温度的取值方式。第一种方式是按照每年的冰冻天数(平均气温低于 0℃)分为两类气候类型,冰冻天数少于 14d 为温热气候,否则定义为寒冷气候。在此基础上,给出了两种类型气候下不同材料桥梁的有效温度变化范围(表 4-8);第二种方式是有效温度的等温线地区取值,分别给出了混凝土桥和混凝土桥面钢梁桥最高及最低有效温度的分布地图,可直接用于桥梁设计得更精细化温度取值。

两种气候类型的有效温度变化范围　　　　表 4-8

气候类型	钢桥或铝桥	混凝土桥	木桥
温热气候	−18℃ ~ +50℃	−12℃ ~ +27℃	−12℃ ~ +24℃
寒冷气候	−35℃ ~ +50℃	−18℃ ~ +27℃	−18℃ ~ +24℃

2）温度梯度作用

美国 AASHTO 规范规定了桥梁上部结构的温度梯度采用顶部双折线和底部线形段的分布形式,并将美国全国分为 4 个区域,以考虑不同地区气候环境的差异。温度梯度模式见图 4-20。图中 t 为混凝土桥面板的厚度。根据桥面板类型,各区域 T_1、T_2 按表 4-9 取值,T_3 由现场调查确定,但不得超过 3℃,否则应取 0℃。

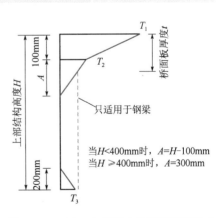

图 4-20　AASHTO 规范中的温度梯度模式

$$A = \begin{cases} 300\text{mm} & (H \geqslant 400\text{mm 的混凝土上部结构}) \\ H - 100(\text{mm}) & (H < 400\text{mm 的混凝土上部结构}) \\ 300\text{mm} & (钢梁) \end{cases} \quad (4\text{-}27)$$

负温度数值根据桥面铺装的类型在表 4-9 的基础上乘以相应系数得到:混凝土铺装乘以 −0.30,沥青铺装乘以 −0.20。

AASHTO规范温度梯度参数表（单位：℃） 表4-9

气候区域号	混凝土铺装		50mm沥青铺装		100mm沥青铺装	
	T_1	T_2	T_1	T_2	T_1	T_2
1	30	7.8	24	7.8	17	5
2	25	6.7	20	6.7	14	5.5
3	23	6	18	6	13	6
4	21	5	16	5	12	6

4.2.5 澳大利亚：AS5100.2

1）均匀温度作用

澳大利亚桥梁规范根据纬度、内陆、沿海及海拔等因素确定极端气温后间接确定桥梁极端均匀温度取值，并以列表（表4-10）的形式给出了遮阴处气温和有效温度的关系。对于混凝土桥梁，可直接根据遮阴处气温按表4-11进行取值，对于钢-混组合梁桥，可考虑最低有效温度降低5℃，最高有效温度升高10℃取值；对于钢桥，考虑最低有效温度降低10℃，最高有效温度升高20℃进行取值。

遮阴气温取值 表4-10

位置	海拔高度(m)	遮阴气温(℃)					
		北纬22.5°S区域		南纬22.5°S区域		塔斯马尼亚岛	
		最大	最小	最大	最小	最大	最小
内陆	≤1000	46	0	45	−5	37	−5
	>1000	36	−5	36	−10	32	−10
沿海	≤1000	44	4	44	−1	35	−1
	>1000	34	−1	34	−6	30	−6

气温与桥梁有效温度的关系（单位：℃） 表4-11

最低有效温度	
气温	平均桥梁温度
−8	2
−2	4
−4	8
10	12

续上表

最高有效温度	
50	54
46	50
42	46
38	43
34	40
30	37

2）温度梯度作用

竖向温度梯度分为正温度梯度和负温度梯度。正温度梯度由太阳辐射导致顶板升温引起，负温度梯度由顶板对外辐射导致顶板降温引起。表4-12给出了混凝土板梁、混凝土箱梁、钢-混组合梁3类主梁的温度梯度作用模式，表4-13给出了不同气候环境地区内的温差 T 建议值。温度梯度是在桥面无铺装或者小于50mm沥青混凝土铺装情况下得到。在铺装层厚度较大的情况（如铁路桥梁道砟厚度大于100mm），温差建议值为铺装顶部最大值，对于桥面板顶部，温度梯度温差值应进行折减。

此外，对于厚度大于300mm的箱型截面桥梁，应考虑板厚方向上温度梯度的影响；对于宽幅桥梁，还应考虑上部结构的横向温度梯度的影响，且竖向温度梯度和横向温度梯度的影响应单独考虑。

温度梯度模式　　　　　　　　表4-12

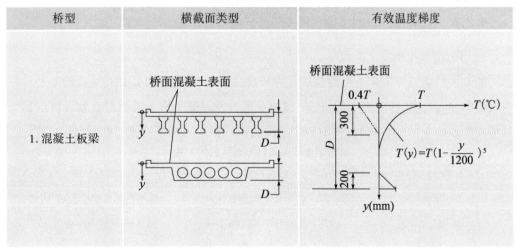

续上表

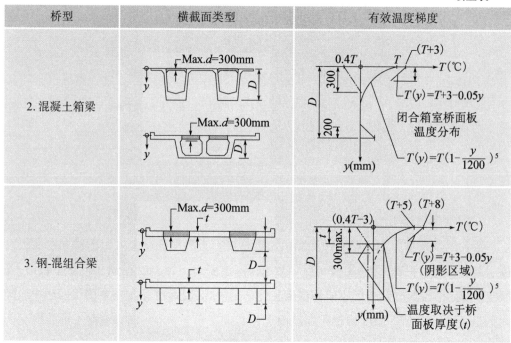

不同区域的 T 取值 表4-13

区域编号	T	区域范围
1	20℃	大分水岭的内陆区域或距海岸200km以上区域
2	18℃	距海岸200km以内区域
3	14℃	沿海亚热带季风气候区域

4.2.6 加拿大：CAN CSA-S6-00

1）均匀温度作用

加拿大桥梁规范定义了温度范围应为最高和最低有效温度之间的差值,给出了日平均气温的分布地图,并明确了钢桥、钢-混组合梁桥及混凝土桥3类桥型有效温度取值与日平均气温的关系(表4-14),同时规定温度范围应根据梁高不同进行修正(图4-21)。

有效温度取值与日平均气温的关系 表4-14

上部结构类型	最低有效温度	最高有效温度
钢桥	高于最高日平均温度25℃	低于最低日平均温度15℃
钢-混组合梁桥	高于最高日平均温度20℃	低于最低日平均温度5℃
混凝土桥	高于最高日平均温度10℃	低于最低日平均温度5℃

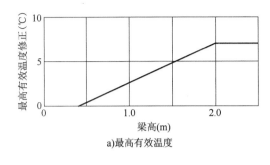
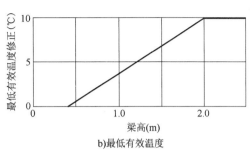

图 4-21　有效温度修正曲线

2）温度梯度作用

对于温度梯度作用，加拿大规范规定上部结构的顶部表面温度比底部表面温度高为正，并给出了 3 类结构形式的温差建议值。对于冬季，应同时考虑正、负温差；对于夏季，只考虑正温差（图 4-22）。

4.2.7　日本：道路桥示方书Ⅱ编

图 4-22　上部结构温差分布

日本规范中定义了设计所使用的基准温度和温度变化范围，并应考虑构筑物的种类、桥位处的环境条件及构件的材质、尺寸来确定。

基准温度取值考虑了不同地区气候环境的差异，分为常规地区和寒冷地区（北海道、东北地区等），分别取计算合龙温度为 20℃ 和 10℃。

对于钢结构桥梁，整体的均匀温度变化范围在常规地区为 −10 ~ +50℃，寒冷地区为 −30 ~ +50℃，部件之间或部件各部分的相对温度差为 15℃。对于采用混凝土桥面的钢桥，考虑混凝土桥面板和钢梁之间的温差的影响时，将其温差设为 10℃。对于混凝土桥梁，考虑整个混凝土结构的温度变化时的温度升降，一般从基准温度考虑各地区的平均气温来确定。一般情况下，温度的升降分别为 15℃。当断面尺寸为 700mm 以上时，可按 10℃ 考虑。

在计算支座的移动量和伸缩装置伸缩量时，温度变化的范围可采用表 4-15 的规定。

温度变化的范围 表4-15

桥梁类型	温度变化范围	
	常规地区	寒冷地区
钢筋混凝土桥、预应力混凝土桥	-5 ~ +35℃	-15 ~ +35℃
钢桥(上承式)	-10 ~ +40℃	-20 ~ +40℃
钢桥(下承式)	-10 ~ +50℃	-20 ~ +40℃

4.3 运营阶段桥梁温度分布与作用模式

4.3.1 温度梯度作用研究综述

桥梁顶面受太阳辐射影响较大,温度梯度变化较快,而底面太阳辐射影响小,温度梯度变化缓慢。早期学者在研究温度作用时,假定温度沿主梁竖向呈线性分布,随着后期研究的进展,逐步认识到桥梁结构内部温度的分布存在明显的非线性特性,现有研究主要通过多次抛物线、指数曲线和多折线3种曲线形式来描述桥梁顶部温度的竖向分布,其表达式、参数取值范围、适用主梁形式见表4-16。

桥梁顶部梯度温度曲线形式 表4-16

曲线形式	表达式	参数取值范围	适用主梁形式	符号说明
多次抛物线	$T(y) = T_0 \cdot [ay^n + by^{n-1} + cy^{n-2}\cdots]$	$n = 2 \sim 5$	混凝土梁、钢梁、钢-混组合梁	$T(y)$——竖向梯度温度分布曲线; y——计算点距表面的距离; T_0、$T_1\cdots$——顶部温差值; h_1、h_2——梯度温度曲线拐点位置; a、b、c、k_0、k_1、$k_2\cdots$——拟合系数
指数曲线	$T(y) = T_0 \cdot e^{-ay}$	$a = 4 \sim 6$	混凝土梁	
多折线	$T(y) = \begin{cases} k_0 y + T_0 & (y \leq h_1) \\ k_1 y + T_1 & (h_1 < y \leq h_2) \\ \cdots & \cdots \end{cases}$	—	混凝土梁、钢梁、钢-混组合梁	

20世纪70年代,Priestley基于实测数据和一维有限元分析,提出了适用于混凝土箱梁的顶部5次抛物线温度梯度曲线,即:在箱梁腹板处上部1200mm的范围内可采用5次抛物线拟合,在梁底部200mm范围内呈线性分布。Priestley提出的顶部5次抛物线的温度分布模式随后被新西兰规范所采用,也得到了后续一些学者试验验证。Li等通过对

加拿大联邦大桥实测数据的分析提出,对于常规高度的混凝土箱梁,5 次抛物线模式具有较好的拟合效果,对于截面较高的混凝土箱梁,顶部 1200mm 范围内的温度分布采用 3 次抛物线表达更为合理。除混凝土桥梁外,Mistructe 等采用 5 次抛物线的形式来描述开口和闭口截面钢梁的竖向温度梯度模式,Chen 和刘江等分别采用 4 次和 5 次抛物线来表示钢-混凝土组合梁顶部的梯度温度分布模式。

将桥梁结构假设为一块一维半无限厚板,在周期性气温变化作用下,厚度方向的温度分布表达式为:

$$T(y) = A \cdot e^{-y\sqrt{\omega/2a}} \cdot \sin(wt - y\sqrt{\omega/2a})/(2a) \tag{4-28}$$

式中:A——表面温度波动的半波幅;

ω——$2\pi/24$;

y——计算点距表面的距离;

t——时间。

由于式(4-28)形式复杂,且计算不便,因此逐渐采用其外包络曲线 $T(y) = T_0 \cdot e^{-ay}$ 来表述桥梁顶部温度分布,虽然实际不存在这种温度分布的状态,但温度分布线形相似,且偏于安全,其中,T_0 为梁高方向温差,参数 a 随结构形式、部件方向和计算时刻等因素而异。指数曲线形式的提出有一定的理论基础,我国学者多采用指数曲线形式来描述混凝土桥梁顶部温度分布,《铁路桥涵混凝土结构设计规范》(TB 10092—2017)在混凝土箱梁高度和宽度的温度梯度模式均采用这种指数曲线。刘兴法根据大量实测资料统计分析得到高度方向参数 a 取值为 5.0,部分学者研究认为参数 a 取值一般为 4~6。其中,混凝土箱梁梗腋高度 y_g 和参数 a 取值存在线性关系,桥面铺装为 0、50 和 100mm 厚时,a 可通过 $-3.20y_g + 5.66$、$-2.39y_g + 4.88$ 和 $-2.15y_g + 4.30$ 进行计算,如图 4-23 所示。李宏江等对虎门大桥辅航道桥变截面混凝土箱梁 5 个断面进行了温度实测,指出参数 a 随梁高按二次函数变化,参数 a 最大值可取 6.43,最小值可取 4.23。张玉平等在分析广州东沙大桥无铺装钢箱梁的顶部温度梯度时采用了指数曲线,但公式形式有所变异。

多折线因形式简单,便于设计计算,在

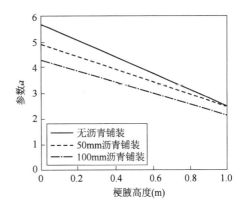

图 4-23 梗腋高度 y_g 和参数 a 的关系

规范中广泛采用,如美国 AASHTO 规范、欧洲规范、英国 BS5400、澳大利亚道路局桥梁规范和我国《公路桥涵设计通用规范》(JTG D60—2015)等。其中,欧洲标准采用了 BS5400 的规定,对混凝土梁、钢梁和组合梁采用 3 种不同的多折线温度梯度模式。AASHTO 规范的温度梯度模式则来源于澳大利亚规范,而《公路桥涵设计通用规范》(JTG D60—2015)规定的温度梯度模式则根据美国 AASHTO 规范中太阳辐射 2 区的规定进行了适当修改,均为顶部双折线的形式,AASHTO 规范还考虑了底部 200mm 范围内不大于 3℃的线性温差。聂玉东通过对黑龙江 3 座混凝土箱梁温度场的实测分析和有限元模拟,给出了近似于 AASHTO 规范的三折线模型,认为该温度模式适用于寒冷地区的混凝土箱梁。Lee 采用相似的方法给出了混凝土预制 I 形梁的三折线梯度温度分布模式,对宽度方向的温度分布也采用折线形式表述。Miao 对青马大桥钢箱梁温度实测发现,可采用双折线形式进行梯度温度的描述。

从上述的分析可以看到,人们在研究桥梁结构竖向温度梯度曲线形式时,多采用实测或有限元数值模拟的方法,由于桥梁的气候环境、结构形式等不同,分析得到的温度梯度曲线形式也千差万别,总体归纳为表 4-16 中的三类。其中,抛物线形和折线形在混凝土梁、钢梁和组合梁中均有采用,而指数曲线主要用于混凝土梁中。同时,可以注意到,在考虑日照作用形成的正温度梯度时,人们普遍认为桥梁底部段存在一定温差,一般采用线性表示,但我国的设计规范中并无此规定;对于宽度较窄的预制 I 形梁或无悬臂宽幅箱梁,应该考虑横向温度梯度分布,我国规范对于无悬臂的宽幅箱梁的横向梯度温度曲线给出了规定。

现有设计规范中给出的桥梁温度分布曲线模式均为偏于安全的一维简化模式,而实际不同桥梁的温度场不会完全一致,因此,将常见桥梁按结构形式和材料进行分类并给出相应的温度分布曲线会进一步提高温度作用选取的准确性。

4.3.2 日照作用下混凝土箱梁的温度梯度模式

1)试验测试

测试对象为位于广东省东莞市的一座三跨预应力混凝土连续箱梁桥,跨径组合为 58m + 105m + 58m(图 4-24)。主梁宽 16.5m,采用单箱双室截面,桥面铺装采用 100mm 沥青混凝土。桥梁位于东经 114.05°、北纬 22.97°,纵向为南北走向,桥位处海拔为 0.011km,位于空旷地带,四周无遮蔽物遮挡,日照充足。该桥于 2016 年 12 月 3 日合龙,于 2016 年 12 月 27 日完成桥面沥青铺装。

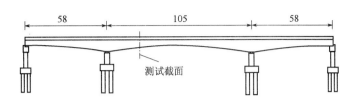

图 4-24 测试桥梁跨径布置(尺寸单位:m)

选取中跨 $1/4L$ 处截面作为测试断面,截面中心线处梁高为 3.79m,顶底板厚度分别为 0.28m 和 0.48m,腹板厚 0.65m。温度测试元件为 JMT-36C 电阻式温度传感器,在顶、底板及腹板共布置 19 个温度测点,同时在左、右箱室内和箱梁外共布置 3 个气温测点,测点布置和编号如图 4-25 所示。试验通过 JMZX-32A 无线采集系统进行温度数据采集,采集间隔为 30min。本次测试对象为带沥青铺装的混凝土箱梁,采用沥青铺装完成后 2017 年全年的实测数据开展混凝土箱梁竖向温度梯度的研究。

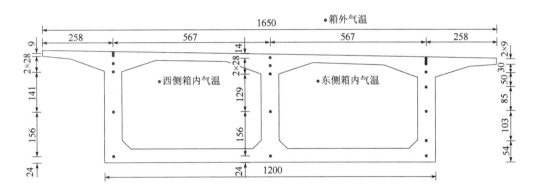

图 4-25 温度测点布置(尺寸单位:cm)

2)实测温度竖向分布

在四季中各选晴朗一天中的最大温差时刻进行竖向温度梯度对比,如图 4-26 所示。春、夏、秋、冬四季代表天分别为 4 月 15 日、7 月 22 日、10 月 22 日和 1 月 20 日。可以看到,春、夏、秋、冬四季实测温度梯度中均存在较大的顶部温差,分别为 6.4℃、9.8℃、7.2℃ 和 6.1℃,夏季因太阳辐射最强而顶部温差明显最大,春、秋居中,冬季则因太阳辐射较弱温差最小。同时,四季实测温度梯度还存在较小的底部温差,不超过 1℃,且四季相差不大。

3)温度梯度模式对比

相关规范对竖向温度梯度曲线形式做了规定,我国《铁路桥涵混凝土结构设计规范》(TB 10092—2017)采用指数曲线形式,我国《公路桥涵设计通用规范》(JTG D60—2015)和英国 BS5400 中均给出了"顶部双折线"的形式,新西兰规范则采用"顶部五次抛

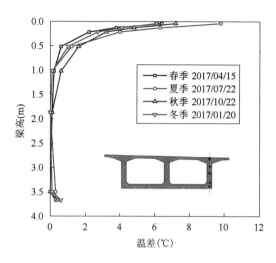

图 4-26 混凝土箱梁四季实测温度梯度对比

物线"和"底部线性段"的形式。

由图 4-26 可知,一年之中最大的竖向温度梯度发生在太阳辐射最强的夏季,为探究混凝土箱梁竖向温度梯度曲线形式,选取太阳辐射最强的 7 月、8 月共 62 天的日最大温差对应时刻的实测温度梯度分别与上述 4 个规范的曲线形式进行拟合分析,拟合精度可以通过确定系数(R^2)来评价,R^2 越接近 1,则拟合精度越高。每个规范温度梯度曲线形式的拟合结果可得到 62 个 R^2,将它们分为小于 0.92、介于 0.92 和 0.96 之间以及大于 0.96 三组,对各个规范温度梯度形式的 R^2 在每组中出现的频率进行计算,结果如表 4-17 所示。在各个规范的曲线形式中,新西兰规范的"顶部五次抛物线"和"底部线性段"的形式拟合得到的 R^2 均大于 0.96,拟合效果最好,与实测温度梯度最为接近,以 7 月 25 日、7 月 28 日和 8 月 7 日三天为代表给出了右侧腹板实测温度梯度的拟合曲线,如图 4-27 所示。其次为我国《铁路桥涵混凝土结构设计规范》(TB 10092—2017)的指数形式,R^2 大于 0.96 的频率为 96.8%,而我国《公路桥涵设计通用规范》(JTG D60—2015)和英国 BS5400 的拟合效果最差,R^2 大于 0.96 的频率分别为 85.5% 和 83.8%。故选用新西兰规范的温度梯度曲线来表示混凝土箱梁的竖向温度梯度,其具体形式如图 4-28 所示。该模式中,顶部最大温差为 T_1,温差在顶部 1200mm 范围内按 5 次抛物线由顶面向下逐渐减小至 0,底部最大温差为 T_2,在底部 200mm 范围内温差由底面向上线性变化至 0。

不同规范竖向温度梯度曲线拟合的 R^2 频率分布 表 4-17

规范	频率(%)		
	≤0.92	0.92 < R^2 ≤ 0.96	0.96 < R^2 ≤ 1.0
《铁路桥涵混凝土结构设计规范》(TB 10092—2017)	0.0	3.2	96.8
《公路桥涵设计通用规范》(JTG D60—2015)	9.7	4.8	85.5
英国 BS5400	9.7	6.5	83.8
新西兰规范	0.0	0.0	100.0

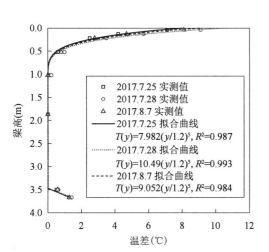
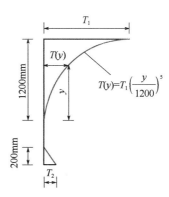

图 4-27 新西兰规范的竖向温度梯度曲线拟合　　图 4-28 新西兰规范的竖向温度梯度曲线形式

如图 4-29 所示，运用到新西兰规范的温度梯度模式对 8 座混凝土箱梁（梁高从 1.4m 到 5.75m 不等）的实测最不利竖向温度梯度数据进行拟合，证明了其对不同地区和不同形式的混凝土箱梁均有较好的适用性。

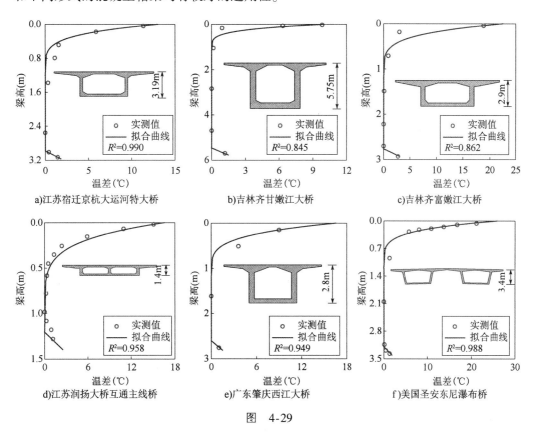

a) 江苏宿迁京杭大运河特大桥　　b) 吉林齐甘嫩江大桥　　c) 吉林齐富嫩江大桥

d) 江苏润扬大桥互通主线桥　　e) 广东肇庆西江大桥　　f) 美国圣安东尼瀑布桥

图 4-29

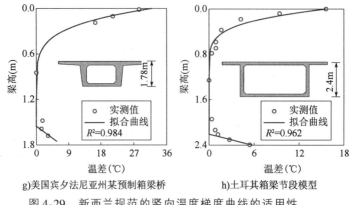

g) 美国宾夕法尼亚州某预制箱梁桥　　h) 土耳其箱梁节段模型

图 4-29　新西兰规范的竖向温度梯度曲线的适用性

为适应桥梁的不同跨径,混凝土箱梁尺寸会有所变化,包括梁高、顶板厚度、底板厚度和腹板厚度等。现有箱梁结构尺寸对温度梯度的影响相关研究结论如下:(1)梁高对顶部和底部温度梯度的影响不大,对温差的影响约为 1~2℃,但会使中部等温段的高度发生变化;(2)顶板、底板的厚度对竖向温度梯度的影响基本可以忽略;(3)腹板厚度对竖向温度梯度有一定的影响,厚度增加 20cm,温差增大幅度不超过 1.5℃。综上所述,箱梁梁高及板件尺寸在工程范围内对竖向温度梯度的影响十分有限。

4.3.3　寒潮作用下混凝土箱梁的温度梯度模式

1) 试验测试

在新疆阿勒泰北部高纬度地区制作混凝土箱梁模型,模型长 200cm,高 220cm,置于空旷的室外,温度传感器布设于 1/2 纵长截面,在东、西侧腹板中轴线上各布设 25 个温度热电偶,箱梁横断面尺寸和温度测点布置如图 4-30 所示。模型制作完成后,对梁体两端进行了隔热封堵,以模拟实桥箱室内风速基本为零的情景。此外,在试验区建立了气象站,以获得实测气象数据。

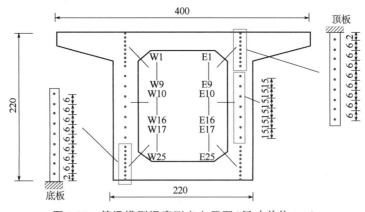

图 4-30　箱梁模型温度测点布置图(尺寸单位:cm)

2)气象条件

根据气温的变化特点,可近似认为气温的每个降温周期时段为前一天达到日最高气温时刻至当日最低气温时刻,则气温降温幅值 ΔT_a 的计算公式为:

$$\Delta T_a = T_{(i-1)\max} - T_{i\min} \quad (4-29)$$

式中:$T_{(i-1)\max}$——第 $i-1$ 天气温的极大值;

$T_{i\min}$——第 i 天气温的极小值。

基于 2017 年 1 月 1 日至 2018 年 1 月 30 日的大气温度数据,运用式(4-29)计算新疆北部高纬度地区的气温降温幅度,并对一年多的数据进行极值统计分析,拟合得到降温幅度的极值分布函数为:

$$H = \exp\left[-\left(1 - 0.249\frac{x - 7.961}{4.916}\right)^{1/0.249}\right] \quad (4-30)$$

年气温降温幅度频率直方图及其概率密度函数如图 4-31 所示。根据拟合得到的极值分布函数,基于极值统计分析理论,得到该地 50 年一遇的气温降温幅度为 26.42℃。

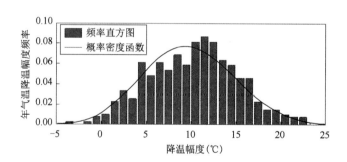

图 4-31 气温降温幅度频率直方图及拟合概率密度函数

冬季 1 月为气温最低月,选取 1 月 11 日至 1 月 17 日一周时间为研究对象,其间试验地的气象条件见图 4-32。观察可得,一周内气温平均值为 -16.04℃,气温在 13 日前后、15 日前后和 16 日前后出现了 3 次大幅度降温(表 4-18)。气温降温 Ⅱ 阶段的降温幅值最大,达到 18.39℃,计算得到该降温幅度的重现期为 49.76d。同时,太阳辐射强度也在气温降温 Ⅱ 阶段的 1 月 14 日 13:48 取得最大值 356.97W/m²。该地冬季风大,风速于 1 月 11 日 14:32 达到最大风速 16.92m/s,为 7 级劲风。

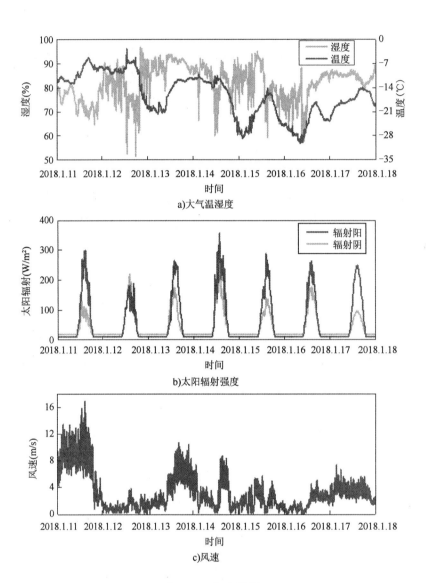

图 4-32 气象数据

气温骤降阶段 表 4-18

降温阶段	起始时刻	终止时刻	降温时长 （h）	气温极大值 （℃）	气温极小值 （℃）	降温幅度 （℃）	重现期 （d）
阶段Ⅰ	1/12 17:46	1/13 5:41	11.92	-5.24	-21.75	16.51	30.15
阶段Ⅱ	1/14 12:43	1/15 2:01	13.30	-10.42	-28.81	18.39	49.76
阶段Ⅲ	1/15 16:47	1/16 8:36	15.82	-15.61	-30.23	14.62	20.60

3）混凝土箱梁截面温度分布

基于混凝土箱梁测点温度值，绘制各降温阶段的混凝土箱梁竖向温度分布曲线，见

图 4-33~图 4-35。根据不同时刻分布曲线的变化特点，将降温过程划分为过渡段和降温段两个阶段，划分阶段的时刻定义为特征时刻，过渡段为顶板降温而腹板部分区间升温阶段，降温段则是曲线每个部分均降温的阶段。观察可得，各降温阶段东侧腹板和西侧腹板的特征时刻相差 1h，箱梁东侧率先进入降温段。过渡段约 2~4h，该时段腹板部分的温度变化幅度较小，顶板和底板部分的温度变化则十分显著，说明气温骤降作用对混凝土箱梁温度变化的影响深度较小。

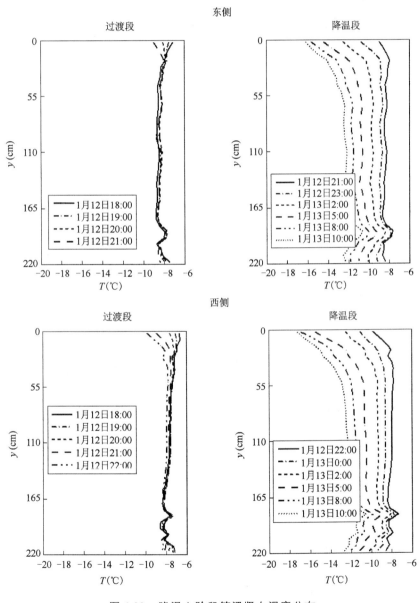

图 4-33　降温 I 阶段箱梁竖向温度分布

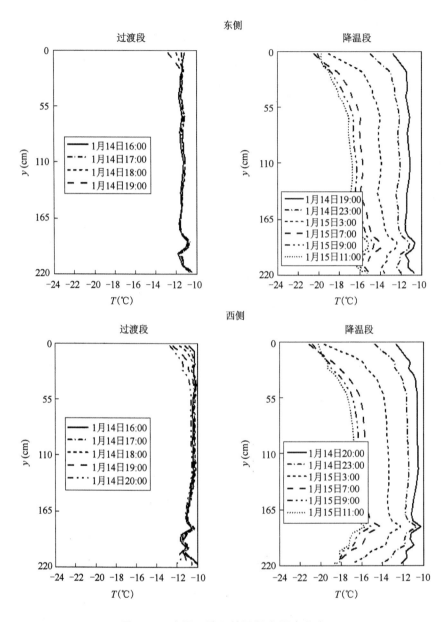

图 4-34 降温 Ⅱ 阶段箱梁竖向温度分布

4）竖向负温度梯度模式

根据竖向温度分布曲线的特点,忽略底板梗腋位置处的局部温度突变,主要考虑顶板温差梯度,定义竖向实测温差的计算公式为:

$$\Delta T_{\text{test}} = T_{\text{top}} - T_{\text{f,max}} \tag{4-31}$$

式中:ΔT_{test}——竖向实测温差;

T_{top}——顶板上表面实测温度;

$T_{f,max}$——腹板区域测点温度的最大值。

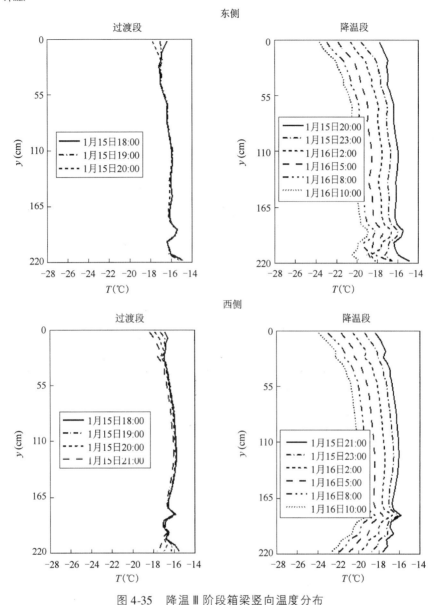

图 4-35　降温Ⅲ阶段箱梁竖向温度分布

计算各阶段的实测竖向温差即可得到实测温差的时变规律,见图 4-36~图 4-38。

观察发现,混凝土箱梁东侧和西侧竖向负温差随平均温度降低基本呈现出持续增大的趋势,约在平均温度达到极小值前 1h 左右取得最不利负温差。由于环境气温在箱梁降温Ⅱ阶段中后期出现大幅回升,导致顶板上表面温度迅速升温,而腹板温度在热传导作用下仍然持续降低,导致出现竖向负温差变小的现象。箱梁竖向最大实测负温差于 1 月 15 日凌晨 4:00 在西侧取得,达到 6.38℃(图 4-39)。根据温差分布曲线在顶板、底板

和腹板的分布特点,发现竖向负温差分布曲线高度服从组合指数函数:

$$\Delta T = T_1 \cdot e^{-0.05y} + T_2 \cdot e^{-0.1(H-y)} \tag{4-32}$$

式中:ΔT——混凝土箱梁竖向温度梯度模式;

T_1——顶板与腹板温差;

T_2——底板与腹板温差;

H——箱梁高度;

y——该位置距顶板上表面距离。

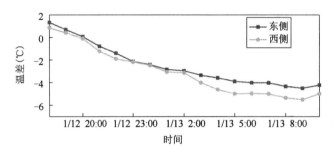

图 4-36　降温 I 阶段箱梁竖向实测温差

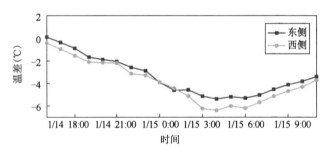

图 4-37　降温 II 阶段箱梁竖向实测温差

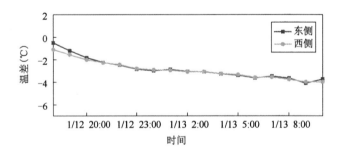

图 4-38　降温 III 阶段箱梁竖向实测温差

本书拟合得到的顶板-腹板最不利负温差值为 -7.5℃,同时底板-腹板最不利温差值为 -5℃。

根据气象数据统计分析发现,本书得到最不利负温差的气温降温阶段的降温幅值仅为18.39℃,与50年重现期的降温幅值相差8.03℃。为了得到更加保守的负温差分布,假设气温每降低1℃,顶板-腹板温差增大1℃,底板-腹板温差按比例增大0.67℃,则50年重现期的负温度梯度模式如图4-40所示。可见,保守方式预测得到的50年重现期的负温差梯度超过了规范规定的任何一种负温度梯度模式,其顶板-腹板温差较取值最大的美国AASHTO规范还要大0.53℃,比《公路桥涵设计通用规范》(JTG D60—2015)更是大3.03℃。底板-腹板温差更是高达-10.33℃,远大于任何一个规范规定的温差值,较英国桥梁规范大3.83℃,这个差值比美国规范中底板的负温差还要大0.83℃,因此,新疆北部地区的温度梯度模式仍需要进一步研究,以确保实际工程的安全性。

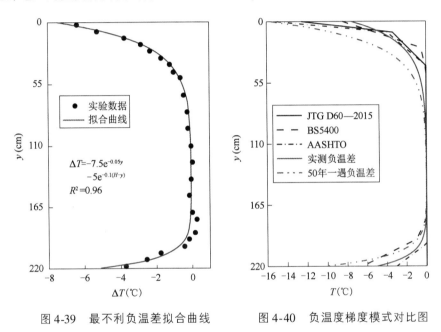

图4-39 最不利负温差拟合曲线　　图4-40 负温度梯度模式对比图

4.3.4　日照作用下组合梁桥的温度梯度模式

1) 试验测试

试验场地位于青海黄南藏族自治州尖扎县境内,紧邻黄河,具体位置为东经102.23°E和北纬35.3°N,海拔为2150m,在我国气候分区图中属于寒冷地区和严寒地区的交界处。试验场地周边东侧和北侧均有高山,会在早上对太阳辐射形成遮挡,在冬季的遮挡尤为明显。由于试验场地的经度与东经120°存在偏差,因此,该处的时间较北京时间早1.2h。

试验设计了2片钢-混凝土组合梁节段模型,分别为开口截面的工字形钢-混凝土组合梁(编号为:JDI)和闭口截面的箱形钢-混凝土组合梁(编号为:JDB),每个模型均设置2种断面形式,如图4-41和图4-42所示。2个模型长度均为3m,梁高均为1.5m,桥面板厚度均为0.25m,钢梁高度均为1.25m,混凝土桥面板和钢梁均采用纵向均匀布置的ϕ13mm圆柱头栓钉连接。钢梁涂装均为白色,混凝土表面保持自身材料的颜色,不做特殊处理。2个模型均按南北方向放置,腹板两侧则分别朝向东、西方向。

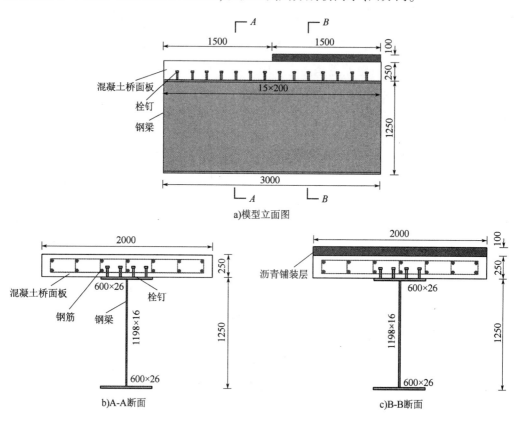

图 4-41 工字形钢-混凝土组合梁节段模型(模型 JDI)(尺寸单位:mm)

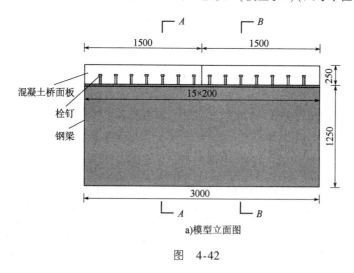

图 4-42

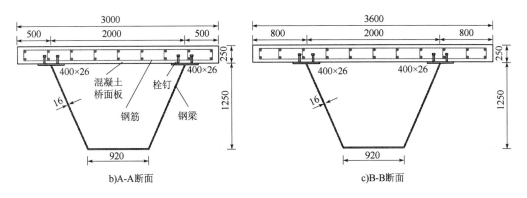

图 4-42 箱形钢-混凝土组合梁节段模型(模型 JDB)(尺寸单位:mm)

对于模型 JDI,钢梁采用工字形断面形式,上、下翼缘板尺寸均为 600mm × 26mm,腹板尺寸为 1198mm × 16mm;桥面板宽度为 2m。模型 JDI 以跨中 1.5m 位置为分界设置 2 种断面形式,2 种断面的钢梁形式完全一致,A-A 断面上无沥青铺装,B-B 断面上设置 10cm 沥青铺装层。

对于模型 JDB,钢梁采用槽形断面形式,与混凝土桥面板共同组成闭口箱形截面。钢梁上翼缘采用两块 400mm × 26mm 钢板,腹板倾角为 66°,厚度为 16mm;底板宽 920mm,厚度为 16mm。模型 JDB 以跨中 1.5m 位置为分界设置 2 种断面形式,2 种断面的钢梁形式一致,A-A 断面桥面板宽度为 3m,相应的桥面板伸出钢梁的悬臂长度为 0.5m,B-B 断面的桥面板宽度为 3.6m,相应的桥面板悬臂长度为 0.8m。

模型采用 Q345 钢材;混凝土为 C50 微膨胀混凝土,7d 和 28d 抗压强度分别为 50.8MPa 和 55.6MPa,所用水泥型号为 P.O.52.5 普通硅酸盐水泥(波特兰水泥),水泥用量为 455kg/m³,水灰比为 0.35,配合比具体见表 4-19。根据混凝土各材料自身的热工参数,以配合比进行加权平均计算,可以得到混凝土的比热容和导热系数分别为 0.898kJ/(kg·℃)和 10.584kJ/(m·h·℃)。

C50 混凝土配合比和热工参数　　　　　　　表 4-19

项目	单位	水	水泥	砂	石	膨胀剂
单位用量	kg/m³	160	455	653	1067	40
百分比	%	6.74	19.16	27.49	44.93	1.68
比热容	kJ/(kg·℃)	4.187	0.456	0.699	0.749	—
导热系数	kJ/(m·h·℃)	2.16	4.446	11.129	14.528	—

对比模型 JDI 和模型 JDB 的实测温度数据可以用来分析截面形式对组合梁温度分布的影响,对比模型 JDI 的 A-A 断面和 B-B 断面可以用来分析有无沥青铺装对温度场的影响,对比模型 JDB 的 A-A 断面和 B-B 断面可以用来分析悬臂长度对组合梁温度场的影响。

2 个组合梁节段模型均设置 2 个温度测试断面,分别对各模型 A-A 断面和 B-B 断面进行温度测试,具体位置在节段模型长度的三分点位置,如图 4-43 所示。

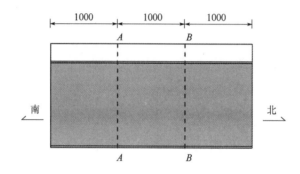

图 4-43 测试断面位置(尺寸单位:mm)

模型 JDI 和 JDB 测试断面的测点布置分别如图 4-44 和图 4-45 所示。测点名称的编号规则为:模型(I 为模型 JDI,B 为模型 JDB) + 断面(A 为 A-A 断面,B 为 B-B 断面) + 材料(C 为混凝土桥面板,S 为钢梁) + 数字编号(1,2,3,…),例如测点 IAC1 即为模型 JDI 的 A-A 断面混凝土桥面板的第 1 个温度测点,BBS2 为模型 JDB 的 B-B 断面钢梁的第 2 个温度测点。

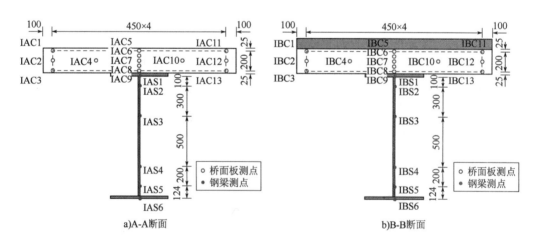

图 4-44 模型 JDI 测点布置(尺寸单位:mm)

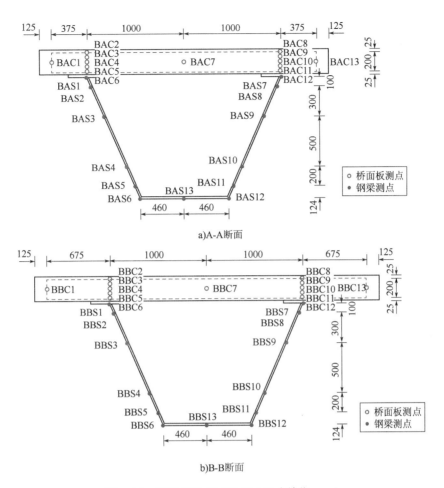

图 4-45 模型 JDB 测点布置(尺寸单位:mm)

模型 JDI 的 2 个断面共布置温度传感器 2×19 个,且 2 个断面测点布置位置完全一致,每个断面混凝土桥面布置测点 13 个,工字形钢梁布置测点 6 个。模型 JDB 共布置温度传感器 2×26 个,2 个断面测点布置方式基本一致,每个断面混凝土桥面板布置测点 13 个,槽形钢梁布置测点 13 个。日照作用下,桥面板顶部、钢梁与桥面板接触的材料突变处,以及钢梁靠近地面的热学边界处均存在较大热流,形成的温度分布的非线性程度也更强,因此,这些部位的测点布置较密,钢梁腹板中部位置温度分布较为均匀,则测点布置相对较疏。除此之外,在试验场地同时布置了一个小型移动气象站,同步采集大气温湿度、风速和水平面太阳总辐射强度等气象参数。

在所有移动气象站和温度传感器均连接至测试系统后,开始进行组合梁温度数据和气象数据的长期采集。本次采集于 2017 年 3 月 1 日开始,至 2018 年 6 月 30 日结束,数据采集频率设置为 5min/次。由于测试过程中偶尔出现断电、传感器损坏和系统维护等情况,2017 年 5 月、7 月、9 月和 12 月中部分时段的数据出现空缺。

2) 温度分布规律

(1) 日变化规律

以 JDI 模型为例,分析冬季、夏季典型一天中逐时的竖向温度分布,如图 4-46 和图 4-47 所示。根据日变化规律,可以将一天竖向温度的变化分为 5 个阶段:

阶段 I 为夜晚降温阶段。分布时段为日出前,由于钢的导热率远大于混凝土,随气温变化的同步性更高,滞后性小于桥面板。因此,此时的竖向温度分布呈现出桥面板温度高于钢梁的规律,桥面板内部则温度高于顶面和底面,钢梁温度整体分布较为均匀。

阶段 II 为升温过渡阶段。该阶段主要发生在日出开始后的 2~3h。此时段内,桥面板顶部和钢梁腹板开始接受太阳辐射,温度逐渐升高,组合梁的竖向温度分布形式开始逐渐改变。

阶段 III 为日照升温阶段。该阶段主要发生在日出后至日落前的绝大部分时间。此时段内,桥面板顶部升温明显,钢梁温度随着气温也在上升,在冬季,钢梁腹板可以直接受太阳照射,导致温度升至高于桥面板顶部。

阶段 IV 为降温过渡阶段。发生在日落后的 2~3h 内。此时段内,随着气温逐渐降低,桥面板顶部和钢梁均逐渐降温,钢梁降温速率更快,组合梁的竖向温度分布形式逐渐由升温段过渡至降温形式。

阶段 V 为降温阶段。在阶段 IV 后,组合梁竖向温度分布变化稳定,与阶段 I 形式基本一致,随着气温逐渐降低,组合梁各点温度均逐步下降,随后变化至下一个日周期,与阶段 I 相连。

需要指出的是,夏季日照长,冬季日照短,因此,夏季的阶段 III 时间更长,而冬季的阶段 I 和阶段 V 时间更长。

(2) 沥青铺装的影响

沥青铺装设置于桥面板顶部,显然会对组合梁的竖向温度分布产生影响。图 4-48 给出了 JDI 模型 4 季降温段内沥青铺装对温度竖向分布的影响,图 4-49 则给出了升温时段沥青铺装的影响。可以看到,在降温阶段,沥青铺装可以起到对桥面板的"保温作用",在春、夏、秋、冬 4 季,可分别使桥面板顶部温度高于无铺装 5.81℃、4.77℃、3.52℃ 和 4.25℃;在升温阶段,沥青铺装则主要起到对桥面板的"隔热作用",在春、夏、秋、冬 4 季,可分别使桥面板顶部温度低于无铺装 5.37℃、5.70℃、2.56℃ 和 1.15℃。无论是升温阶段还是降温阶段,沥青铺装对钢梁温度的影响基本可以忽略不计。

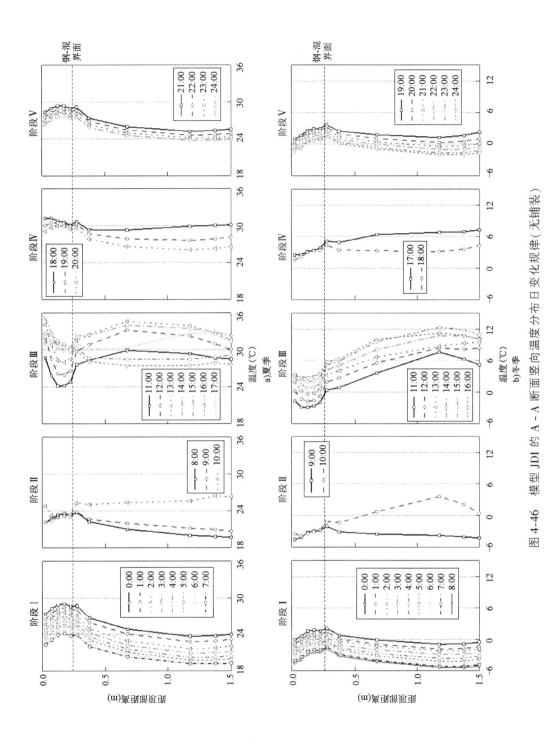

图 4-46 模型 JDI 的 A—A 断面竖向温度分布日变化规律（无铺装）

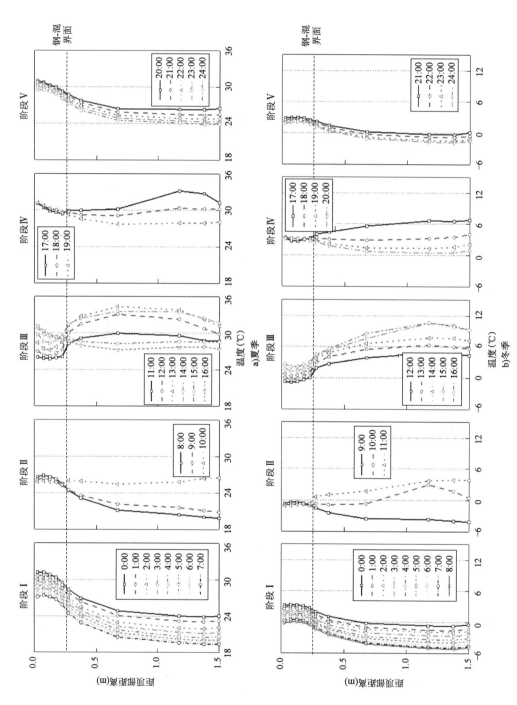

图 4-47 模型 JDI 的 B-B 断面竖向温度分布日变化规律（10cm 沥青铺装）

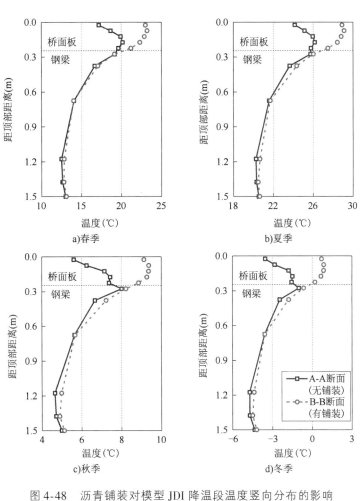

图 4-48 沥青铺装对模型 JDI 降温段温度竖向分布的影响

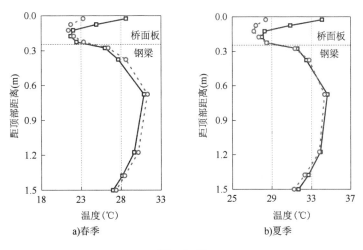

图 4-49

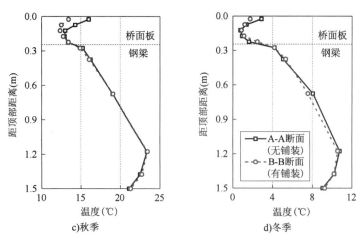

c)秋季　　　　　　　　d)冬季

图4-49　沥青铺装对模型JDI升温段温度竖向分布的影响

(3) 悬臂宽度的影响

桥面板的悬臂宽度主要影响太阳辐射在钢梁腹板上的照射高度和钢梁的温度,因此,只影响日照升温时段内的组合梁竖向温度分布,并不影响夜间降温时段内的温度分布。图4-50和图4-51分别给出了升温时段悬臂宽度对模型JDB东侧(12:00)和西侧(17:00)竖向温度分布的影响。可以看到,悬臂宽度对模型JDB两侧竖向温度分布的影响规律基本一致,对桥面板内的温度分布无影响。悬臂板更宽时,太阳辐射几乎照射不到钢梁腹板,因此温度更低,且腹板上的温度分布更为均匀。对于窄悬臂的组合梁,尤其在秋冬季节,腹板底部可以直接受到阳光照射,因此温度会远高于宽悬臂组合梁,且温度分布更不均匀,腹板中下部温度明显高于腹板顶部。

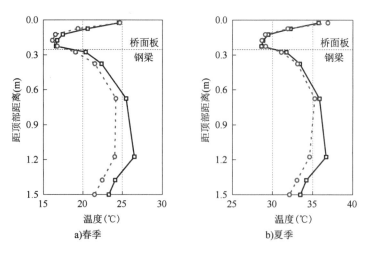

a)春季　　　　　　　　b)夏季

图　4-50

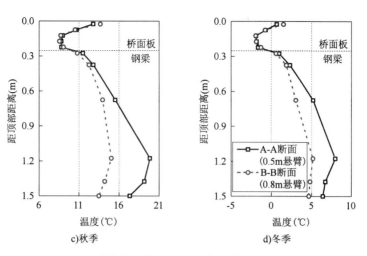

图 4-50 悬臂宽度对模型 JDB 东侧温度竖向分布的影响

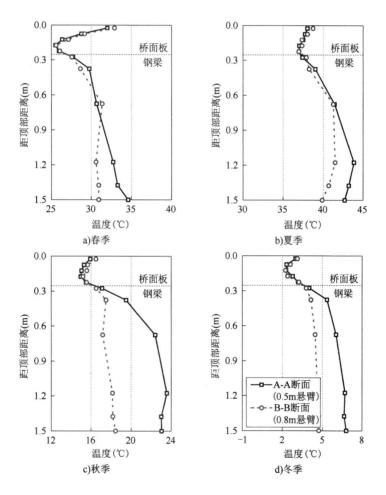

图 4-51 悬臂宽度对模型 JDB 西侧温度竖向分布的影响

3) 温度分布形式

试验测试的组合梁节段模型较实桥尺寸偏小,且腹板在上午和下午均受太阳辐射,与实桥日照边界条件不同。为确定组合梁桥温度梯度模式,建立了 3 主梁组合梁桥二维热传导有限元模型(图 4-52),选取更为接近实桥的断面尺寸,梁高 1.8m,桥面板厚 0.3m,钢梁高 1.5m,不考虑沥青铺装,即 $h_p = 0$m,具体尺寸见表 4-20。分别对东西走向和南北走向的组合梁桥进行计算,根据日照边界条件的不同,可将计算的组合梁分为中梁、东梁、西梁、南梁和北梁 5 种。

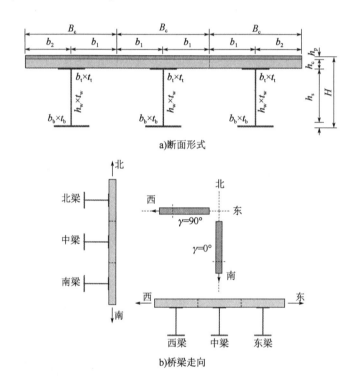

图 4-52 计算组合梁桥

计算组合梁桥断面尺寸   表 4-20

参数	取值(mm)	参数	取值(mm)
组合梁高度 H	1800	翼缘悬臂长度 b_2	1500
沥青混凝土铺装厚度 h_p	0	钢梁间距 $2b_1$	2×1500
混凝土桥面板厚度 h_c	300	钢梁上翼缘尺寸 $b_t \times t_t$	500×20
钢梁高度 h_s	1500	钢梁下翼缘尺寸 $b_b \times t_b$	600×30
单梁桥面板宽度 B_c	3000	钢梁腹板尺寸 $h_w \times t_w$	1450×20

通过 Python 编制脚本文件进行 ABAQUS 热传导分析后处理,按"4.1.2　温度作用分类"中的方法计算各片主梁温度评价指标:竖向线性温差 T_v、桥面板顶部和钢梁底部残余温度 T_r。从图 4-53 可以看出,各主梁竖向线性正温差无明显的年分布规律,负温差总体在秋季、冬季大于春季、夏季。对于竖向线性正温差,各主梁日峰值出现的时机一致,均在以下 2 种情形达到最大:①桥面板顶部受到强日照而钢梁不受日照时,一般出现在 12:00—15:00 期间,此时桥面板温度高于钢梁;②夜晚降温时,钢梁降温速率快于桥面板,此时桥面板温度同样高于钢梁。由图 4-53 可知,5 片主梁的最大竖向线性正温差均发生在 5 月 10 日凌晨 2:00,达到 8.97℃。对于最大线性负温差,东、西、南梁出现的原因基本一致,均因钢梁中下部受到太阳直射快速升温,远高于桥面板,因此形成了明显的负温差。由于三者腹板的朝向不同,最大负温差出现的时间分别为 12 月 1 日 13:00、16:00 和 14:00,数值分别为 -6.07℃、-5.76℃ 和 -10.48℃。中梁和北梁最大负温差均发生在 5 月 10 日 14:00,当日天气多云,气温高但太阳辐射弱,桥面板在无日照情况下升温速率远低于钢梁,因而温度也逐渐低于钢梁,形成竖向的负温差,分别为 -4.32℃ 和 -5.19℃,明显小于边梁受日照引起的负温差。

图 4-53b) 和 c) 分别为各主梁桥面板顶部和钢梁底部残余温度的计算结果。可以看到,各主梁桥面板顶部残余温度的计算结果一致,总体上,正残余温度明显高于负温度,最大值分别为 9.38℃ 和 -3.08℃,说明自平衡的残余温度在桥面板顶面产生的压应力要大于拉应力。各主梁钢梁底部的残余温度差异较大,南梁的正残余温度和负残余温度在各梁中均为最大,分别发生在 9 月 12 日和 12 月 29 日,可达 3.67℃ 和 -2.27℃。

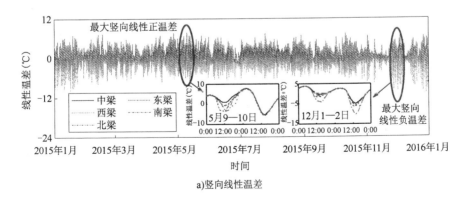

a)竖向线性温差

图　4-53

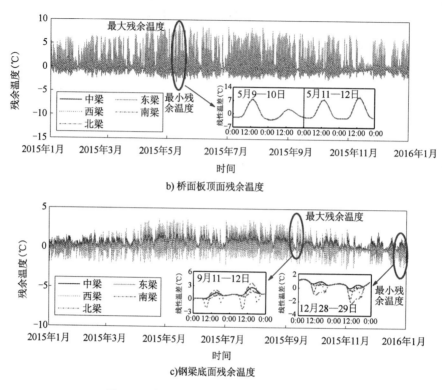

b) 桥面板顶面残余温度

c) 钢梁底面残余温度

图 4-53 组合梁温度评价指标计算结果对比

通过以上对比可知,所有梁中,中梁和南梁的温度评价指标最为不利,选取其竖向线性温差、桥面板顶部和钢梁底部残余温度最不利的时刻,绘制组合梁竖向温度分布。选取每个节点的 E_iA_i 作为权重来平均等高度的横向所有节点的温度,这样计算得到的一维竖向温度分布所产生的轴向和竖向弯曲效应能够与二维温度场产生的效应等效。采用该方法,可得到中梁和南梁产生最不利温度效应时对应的温度分布,如图 4-54 所示。

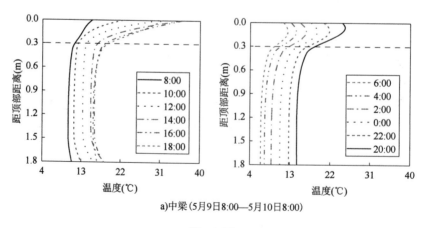

a) 中梁(5月9日8:00—5月10日8:00)

图 4-54

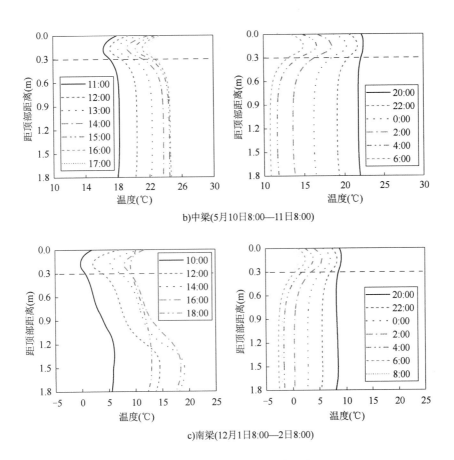

b) 中梁(5月10日8:00—11日8:00)

c) 南梁(12月1日8:00—2日8:00)

图 4-54 组合梁的竖向温度分布

总结图 4-54 中的竖向温度分布曲线,可得到 4 种温度分布的基本类型,其适用的主梁、出现的天气、出现的时间、产生的原因、对应的温度评价指标、产生的次效应和自效应均在表 4-21 中列出。

组合梁的 4 种典型竖向温度分布形式与特点　　　　表 4-21

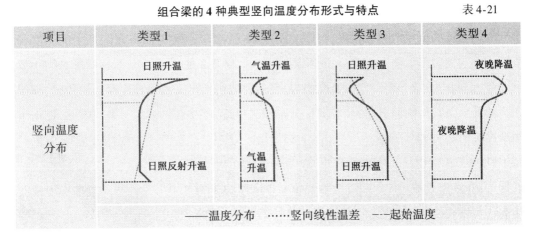

续上表

项目	类型1	类型2	类型3	类型4
适用主梁	所有梁:中梁、东梁、西梁、南梁、北梁	腹板无日照梁:中梁、北梁	腹板有日照梁:东梁、西梁、南梁	所有梁:中梁、东梁、西梁、南梁、北梁
出现天气特点	晴天,强日照	多云,高温,无直接太阳辐射	秋冬晴天,强日照	日气温变化剧烈
出现时间	13:00—15:00	日气温最高时	13:00—14:00	1:00—4:00
产生成因	桥面板顶部受日照升温;钢梁底部受日照反射升温	白天气温上升,钢梁升温快于桥面板	桥面板顶部日照升温,钢梁中下部日照升温	夜晚气温下降,钢梁降温快于桥面板
对应的温度评价指标	线性正温差;桥面板顶部正残余温度;钢梁底部正残余温度	线性负温差;桥面板顶部正残余温度;钢梁底部负残余温度	线性负温差;桥面板顶部正残余温度;钢梁底部负残余温度	线性正温差;桥面板顶部负残余温度;钢梁底部正残余温度
温度次效应	静定梁上挠;超静定梁正弯矩	静定梁下挠;超静定梁负弯矩	静定梁下挠;超静定梁负弯矩	静定梁上挠;超静定梁正弯矩
温度自效应	桥面板顶部压应力;钢梁底部压应力	桥面板顶部压应力;钢梁底部拉应力	桥面板顶部压应力;钢梁底部拉应力	桥面板顶部拉应力;钢梁底部压应力

4)竖向温度梯度模式

针对上述4类竖向温度分布的特点,提出组合梁的温度梯度模式。根据习惯,将白天产生的温度梯度模式称为温度梯度升温模式(简称升温模式),将夜晚产生的温度梯度模式称为温度梯度降温模式(简称降温模式)。类型2适用于钢梁无日照影响的中梁和北梁,钢梁中下部升温由气温升高引起,类型3适用于可受太阳直接照射的边梁,钢梁中下部升温由日照辐射引起,两者温度分布形式相近,可将其总结为一类。因此,提出了组合梁桥的3种温度梯度模式,如图4-55所示。其中,升温模式1对应于温度分布类型1,为顶部3次曲线+底部折线形式;升温模式2对应于温度分布类型2和3,为3折线形式;降温模式则对应于温度分布类型4,同样为3折线形式。3种竖向温度梯度模式的表达式见式(4-33)~式(4-35)。

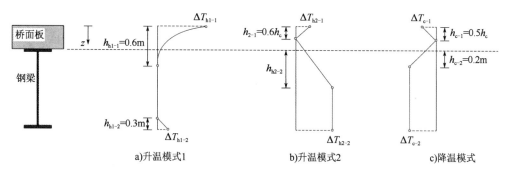

图 4-55 竖向温度梯度模式

升温模式1： $T(z) = \begin{cases} \Delta T_{h1\text{-}1}\left(1 - \dfrac{z}{0.6}\right)^n & (0 \leq z \leq 0.6) \\ 0 & (0.6 < z \leq h - 0.3) \\ \Delta T_{h1\text{-}2}\left(1 - \dfrac{h - z}{0.3}\right) & (h - 0.3 < z \leq h) \end{cases}$ (4-33)

升温模式2： $T(z) = \begin{cases} \Delta T_{h2\text{-}1}\left(1 - \dfrac{z}{0.6h_c}\right) & (0 \leq z \leq 0.6h_c) \\ \Delta T_{h2\text{-}2}\left(1 - \dfrac{h_c + h_{h2\text{-}2} - z}{0.4h_c + h_{h2\text{-}2}}\right) & (0.6h_c < z \leq h_c + h_{h2\text{-}2}) \\ \Delta T_{h2\text{-}2} & (h_c + h_{h2\text{-}2} < z \leq h) \end{cases}$ (4-34)

降温模式： $T(z) = \begin{cases} \Delta T_{c\text{-}1}\left(1 - \dfrac{z}{0.5h_c}\right) & (0 \leq z \leq 0.5h_c) \\ \Delta T_{c\text{-}2}\left(1 - \dfrac{h_c + 0.2 - z}{h_c + 0.2 - 0.5h_c}\right) & (0.5h_c < z \leq h_c + 0.2) \\ \Delta T_{c\text{-}2} & (h_c + 0.2 < z \leq h) \end{cases}$ (4-35)

图 4-55 和式(4-33)~式(4-35)中，$\Delta T_{h1\text{-}1}$ 和 $\Delta T_{h1\text{-}2}$、$\Delta T_{h2\text{-}1}$ 和 $\Delta T_{h2\text{-}2}$、$\Delta T_{c\text{-}1}$ 和 $\Delta T_{c\text{-}2}$ 分别为三个温度梯度模式中的温差基数，与组合梁的截面形式和不同地区的气象参数有关；$h_{h1\text{-}1}$ 和 $h_{h1\text{-}2}$、$h_{h2\text{-}1}$ 和 $h_{h2\text{-}2}$、$h_{c\text{-}1}$ 和 $h_{c\text{-}2}$ 分别为确定各温度梯度模式的形状参数，通过对不同沥青铺装厚度和桥面板厚度温度梯度模式的计算发现：$h_{h1\text{-}1}$ 和 $h_{h1\text{-}2}$ 可取值为 0.6m 和 0.3m，$h_{h2\text{-}1}$ 可取值为 $0.6h_c$，$h_{c\text{-}1}$ 和 $h_{c\text{-}2}$ 可取值为 $0.5h_c$ 和 0.2m；对于升温模式 2 中的钢梁温度渐变段高度 $h_{h2\text{-}2}$，中梁取值为 0.4m，边梁取值则与桥面板悬臂宽度和腹板高度等参数有关。n 为升温模式 1 顶部温差分布的指数，取值为 3 较为合理。

选取不同铺装厚度 $h_p = 0m$、$0.1m$ 和桥面板厚度 $h_c = 0.2m$、$0.3m$、$0.4m$，绘制竖向温度分布，验证温度梯度模式的合理性。从图 4-56 可以看到，3 次曲线 + 底部折线形式可以准确描述升温模式 1 的曲线形式，3 折线形式也可以准确描述升温模式 2 和降温模式的曲线形式。各模式中形状参数取值合理，可以反映出局部温差越大、传热范围越大的特点，也可以很好适应不同铺装和桥面板厚度的组合。因此，本书提出的 3 种简化温度梯度模式能够反映不同条件下组合梁温度的竖向分布形式，具有较高的适用性。

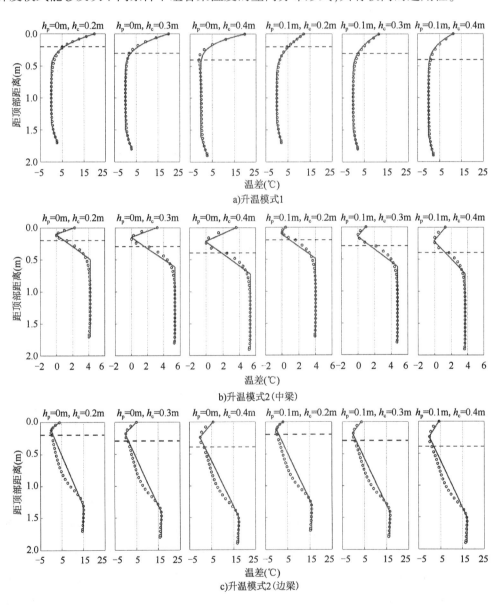

图 4-56

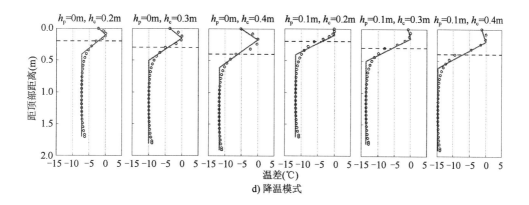

d) 降温模式

图 4-56 温度梯度模式验证

5) 参数分析

(1) 钢梁形状影响

对比钢梁形状对各温度梯度模式的影响,如图 4-57 所示。除边梁升温模式 2 以外,各竖向温度梯度模式的影响可以忽略。对于边梁的升温模式 2,由于钢箱组合梁仅有一侧腹板受太阳辐射,因此,其腹板处温度在取两腹板平均值后要小于钢板组合梁约 2~3℃,影响也不显著。

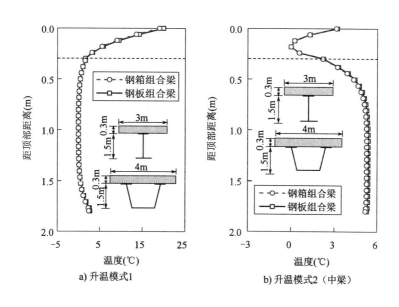

图 4-57

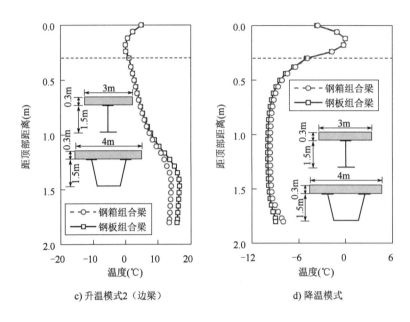

图 4-57 钢梁形状对温度梯度的影响

(2) 结构参数分析

选取组合梁各温差出现极值时的日期和气象参数对桥面板宽度 B_c、桥面板厚度 h_c、钢梁高度 h_s、铺装厚度 h_p 和钢梁表面吸收率 α 5 个结构参数的影响进行分析。按实际工程的参数范围,设计表 4-22 所示的 5 参数 5 水平正交试验,通过方差分析来确定各结构参数对温度梯度影响的显著性,在显著性水平 0.05 下,F 的临界值 $F_{0.05}(4,4)=6.39$,当某个参数的 F 值大于 6.39 时,即可认为该参数对该温差基数的影响是显著的,即表 4-23 中加下划线的 F 值。可以看到,影响组合梁顶部温差 ΔT_{h1-1}、ΔT_{h2-1}、ΔT_{c-1} 和 ΔT_{c-2} 的显著参数均为桥面板厚度 h_c 和沥青铺装厚度 h_p,影响钢梁温差 ΔT_{h1-2} 和 ΔT_{h2-2}(边梁)的显著参数为 α,对于主要由气温变化引起的中梁顶部温差 ΔT_{h2-2},以上 5 个结构参数的影响均不显著。

正交试验参数表　　　　　　　　　　　　　表 4-22

水平	铺装厚度 h_p(m)	桥面板宽度 B_c(m)	桥面板厚度 h_c(m)	钢梁高度 h_s(m)	钢梁涂装表面吸收率 α
1	0	1.5	0.15	0.6	0.20
2	0.04	2.0	0.25	1.2	0.35
3	0.08	2.5	0.35	1.8	0.50
4	0.12	3.0	0.45	2.4	0.65
5	0.16	3.5	0.55	3.0	0.80

方差分析结果——F 值 表4-23

影响参数	升温模式1		升温模式2				降温模式	
			中梁		边梁			
	ΔT_{h1-1}	ΔT_{h1-2}	ΔT_{h2-1}	ΔT_{h2-2}	ΔT_{h2-1}	ΔT_{h2-2}	ΔT_{c-1}	ΔT_{c-2}
h_p	**8.22**	0.25	**15.36**	2.9	**18.55**	3.9	**36.23**	**10.66**
B_c	1.25	0.46	1.55	1.12	1.79	1.12	1.56	1.11
h_c	**46.78**	1.14	**63.13**	5.23	**69.32**	4.33	**32.11**	**75.11**
h_s	1.02	2.53	0.45	1.23	0.86	1.23	0.58	1.23
α	0.23	**78.56**	0.66	0.56	0.74	**88.23**	0.23	0.55

选取对各模式中温差基数影响显著的参数进行参数分析,取 $h_p = 0m$、0.05m、0.10m、0.15m,$h_c = 0.2m$、0.3m、0.4m、0.5m,$\alpha = 0.29$、0.46、0.63、0.80,参数分析结果见图4-58~图4-60。可以看到,对于升温模式1(图4-58),ΔT_{h1-1} 随 h_p 的增大而减小,相比于 h_p,h_c 的影响几乎可以忽略,ΔT_{h1-2} 则随着 α 的增大线性增大。在升温模式2中(图4-59),对中梁,ΔT_{h2-1} 随 h_p 的增大而减小,随 h_c 的增大而增大;对于边梁,ΔT_{h2-1} 则随 h_p 的增大先增大后减小,随 h_c 的增大而增大,ΔT_{h2-2} 随着 α 的增大线性增大。对于降温模式(图4-60),顶部温差 ΔT_{c-1} 随着 h_c 的增大而增大,随着 h_p 的增大而减小;ΔT_{c-2} 则随着 h_c 的增大而增大,随着 h_p 的增大同样增大。总体的规律为:桥面板越厚,导热滞后越明显,组合梁的顶部温差越大;沥青铺装在白天起到隔热作用,在夜晚则起到保温作用,铺装越厚,则组合梁的顶部温差越小;钢板面吸收率会增加对太阳辐射的吸收量,吸收率越大,则钢梁的温差越大。

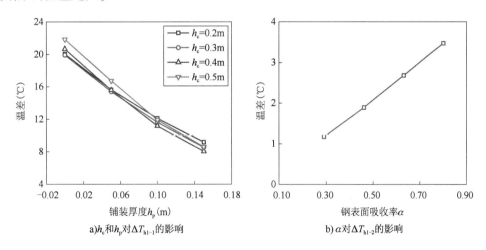

a) h_c 和 h_p 对 ΔT_{h1-1} 的影响　　b) α 对 ΔT_{h1-2} 的影响

图4-58 升温模式1的温差参数分析

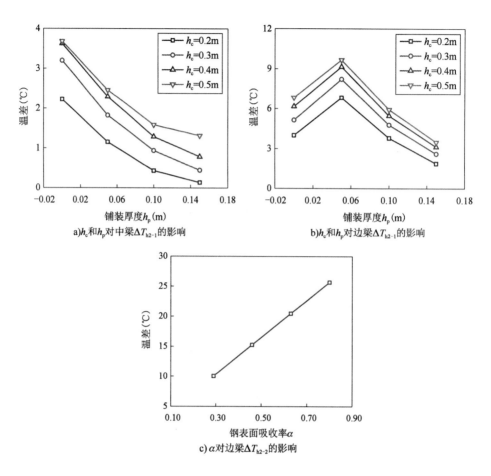

图 4-59 升温模式 2 的温差参数分析

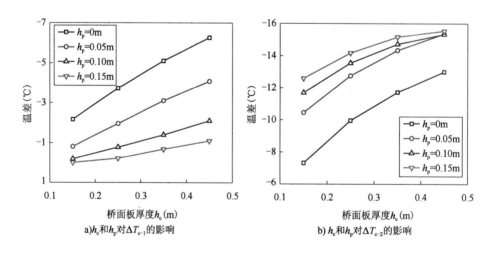

图 4-60 降温模式的温差参数分析

（3）悬高比 β 对边梁 $h_{h2\text{-}2}$ 取值的修正

在边梁的升温模式 2 中，温度渐变段高度 $h_{h2\text{-}2}$ 与钢梁高度 h_s 和桥面板悬臂长度 l_c 有直接关系。选取 $h_s = 0.75\text{m}、1.50\text{m}、2.25\text{m}、3.00\text{m}$，$l_c = 1.00\text{m}、1.25\text{m}、1.50\text{m}、1.75\text{m}$，得到共 16 组参数组合，通过有限元计算得到组合梁边梁的升温模式 2，如图 4-61 所示。可以看到，h_s 和 l_c 对升温模式 2 中桥面板温度分布无影响，对钢梁温度渐变段和钢梁底部温度分布影响较大。

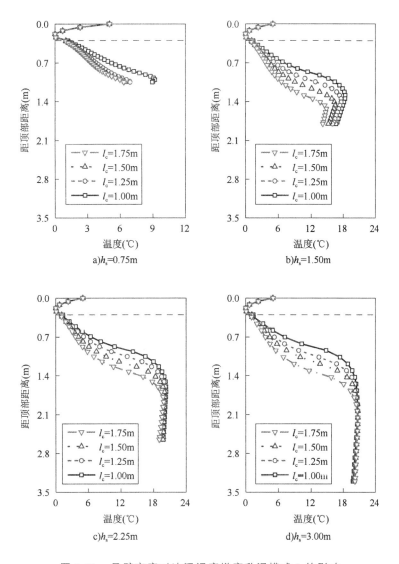

图 4-61 悬臂宽度对边梁温度梯度升温模式 2 的影响

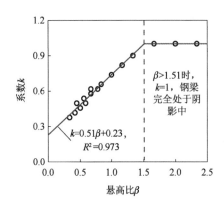

图 4-62 悬高比 β 对 k 的影响

定义无量纲参数悬高比 β 为 l_c 与 h_s 的比值，即 $\beta = l_c/h_s$，同时定义 k 为 h_{h2-2} 与 h_s 的比值，即 $k = h_{h2-2}/h_s$，绘制 β 与 k 的散点图并进行规律分析。本次参数分析 β 的取值范围为 $1/3 \sim 7/3$。由图 4-62 可知，当 $\beta < 1.51$ 时，β 与 k 值存在明显的线性关系，此时钢梁腹板的一部分能接收到太阳辐射，升温模式 2 中钢梁存在温度渐变段和等温段；当 $\beta > 1.51$ 时，$k = 1$，此时钢梁腹板完全处于阴影中，边梁的升温模式 2 不再适用。

根据以上分析，可以采用如下方法计算边梁升温模式 2 中钢梁温度渐变段 h_{h2-2} 的高度：

$$h_{h2-2} = k h_s \tag{4-36}$$

$$k = \begin{cases} 0.51\beta + 0.23 & (0 < \beta < 1.51) \\ 1 & (\beta \geq 1.51) \end{cases} \tag{4-37}$$

4.3.5 混凝土桥墩/桥塔

1）计算分析

海黄大桥主塔采用钢筋混凝土 H 形桥塔（图 4-63），两主塔总高度分别为 186.2m 和 193.6m。上塔柱为箱形等截面，高度为 68.45m，截面尺寸为 800cm × 500cm；中塔柱高度为 79m，下塔柱高度为 38.75m、46.15m，均为变截面，分别由 800cm × 500cm、800cm × 600cm 变至 800cm × 600cm 和 1100cm × 800cm。主桥位置为东经 102°E、北纬 35.3°N，桥梁轴线方位角为 34.0°（与正南方向夹角）。桥塔断面与局部坐标系见图 4-64。

图 4-65 为海黄大桥桥塔上塔柱、中塔柱和下塔柱断面在表面温度最高温时刻（发生在 15:00 左右）和最低时刻（发生在凌晨 4:00 左右）所对应的温度分布情况。可以看到，上、中、下塔柱的温度分布规律类似，白天桥塔表面受太阳辐射作用，外表面温度高，内表面温度低，在该时刻，受到太阳直接辐射的面的温度显著高于其他表面；夜晚桥塔各表面失去太阳辐射作用，且温度高于环境温度，因此逐渐向外放热，表面温度逐渐下降，在凌晨 4:00—5:00 左右，桥塔截面温度最为均匀。

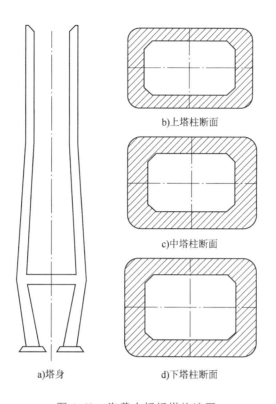

图 4-63　海黄大桥桥塔构造图

2）桥塔表面温差

从图 4-66 可以看出：春季与秋季气象条件类似，计算结果接近，而夏季与冬季差异较大；随着时间的变化，不同季节桥塔各表面温度变化规律相同，夜晚各表面温度较低，日出前 1h 达到一日最低值，日出之后，东北面首先接受太阳辐射，但由于太阳入射角比较小，接受太阳辐射时间较短，所以温度升高不大，只有昼长较长的夏季才有明显的升温；其次，东南面温度逐渐升高，在 12:00 左右达到最高，由于塔柱 y 向与南北向夹

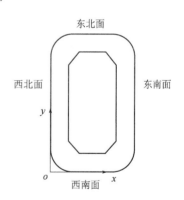

图 4-64　桥塔断面局部坐标系

角仅为 34°，故桥塔西南面受到太阳辐射的时间更长，温度在 16:00 左右达到最高，夏季最高可达到 29.86℃，冬季也可达到 10.58℃；西北面在日落前可以接收到较多太阳辐射，夏季时昼长最大，因此温度升高速率最快，冬季昼长最短，温度升高速率最慢；桥塔内部由于大气的不流动与混凝土较差的导热性，使内部气温变化十分缓慢。

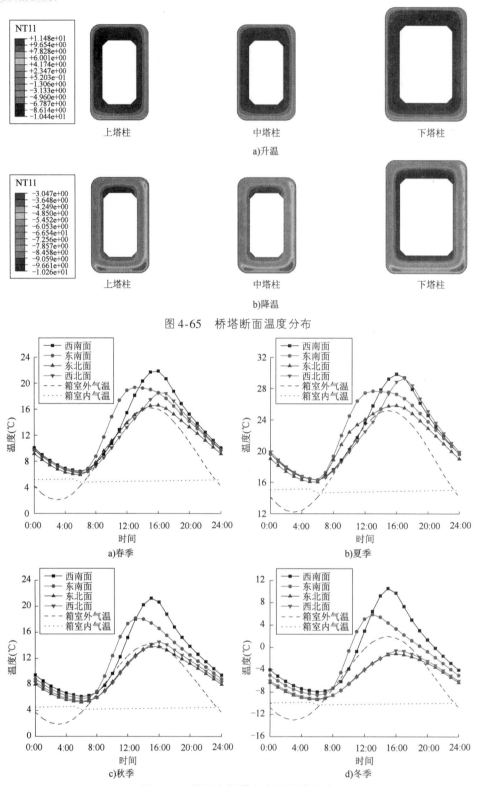

图 4-65 桥塔断面温度分布

图 4-66 混凝土桥塔各表面温度变化

图4-67给出了桥塔四季纵桥向(y向)和横桥向(x向)桥主塔表面的温差,可以看出:主塔x、y向温差均在冬季最大,春秋次之,夏季最小,这一点不同于一般混凝土箱梁;夏季光线在梁顶水平面形成的入射角最大,而在桥塔竖直面则最小,冬季则相反,因而夏季箱梁顶面接受的太阳辐射最强,所以夏季顶底板温差最大,而桥塔表面最大太阳辐射发生在冬季;桥塔y向与南北夹角仅为34°,冬季仅东南面和西南面可以充分接受太阳辐射,因此,最大桥塔表面温差发生在冬季,x向和y向分别达到9.15℃和11.88℃,远超《公路斜拉桥设计规范》(JTG/T 3365-01—2020)中±5℃的规定,夏季x、y向最大温差仅为5.15℃和4.03℃;桥塔在春、夏季北面有较强的太阳辐射,因此出现了一定的反向温差,最大仅为-2.6℃。表4-24给出了其他季节最大桥塔表面温差。

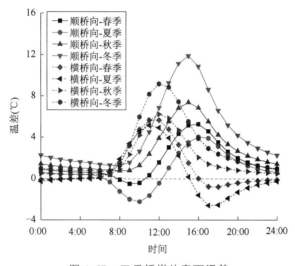

图4-67 四季桥塔外表面温差

四季主塔表面最大温差(单位:℃)   表4-24

方向	春季	夏季	秋季	冬季
纵桥向	5.28	4.03	7.38	11.88
横桥向	5.66	5.15	6.23	9.15

3)塔壁局部温差

桥塔等箱形筒状结构日照作用下沿壁厚方向的温差分布接近指数形式:

$$T(x) = T_0 e^{-\beta x} \tag{4-38}$$

式中:$T(x)$——计算点处的温度值;

x——计算点至外表面距离;

T_0——壁厚温差,反映了塔壁内外的最大温差;

β——温度衰减系数,反映了温差指数分布的陡峭程度。

图 4-68 给出了桥塔在四季各壁板内外温差最大时的表面温度,通过最小二乘法进行拟合,求得 T_0 和 β 值,便可得到温差分布的指数形式。图 4-69 给出了春季各壁板的拟合结果,表 4-25 给出了四季各壁板温差最大时温差分布拟合的参数 T_0、β 和确定系数 R^2,可以看出:确定系数最小为 0.9713,拟合精度较高。

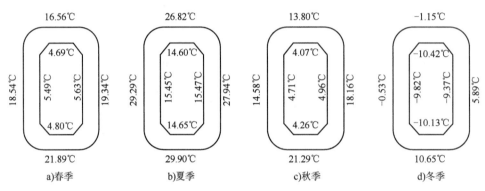

图 4-68　四季桥塔各壁板内外表面最大温差

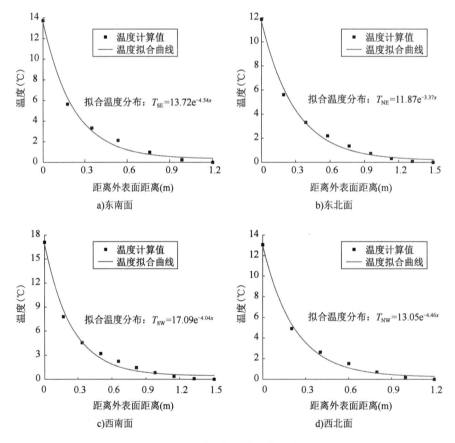

图 4-69　塔壁内外温度分布

四季各塔壁温度分布拟合参数　　　表 4-25

季节	参数取值	东南面	东北面	西南面	西北面
春季	T_0	13.72	11.87	17.09	13.05
	β	4.54	3.37	4.04	4.46
	R^2	0.9881	0.9922	0.9886	0.9931
夏季	T_0	12.47	12.22	15.25	13.85
	β	3.27	3.06	4.02	4.50
	R^2	0.9713	0.9944	0.9872	0.9947
秋季	T_0	13.20	9.73	17.03	9.88
	β	4.94	3.68	4.44	4.21
	R^2	0.9869	0.9869	0.9842	0.9941
冬季	T_0	15.25	9.27	20.79	9.30
	β	5.01	3.45	4.56	4.19
	R^2	0.9941	0.9897	0.9839	0.9930

由于桥塔东北面和西北面仅在夏季时可以接收到较多的太阳辐射,因此其最大壁板温差发生在夏季;而东南面和西南面最大壁板温差发生在冬季。由于夏季气温较冬季高,壁板受到太阳辐射时的温升速率较冬季慢,因此,表 4-25 中的 β 基本呈现出冬季大于夏季的现象,即冬季桥塔各壁板的温度分布较夏季更不均匀,非线性程度更大。

4.3.6　组合梁斜拉桥的温度作用

1) 工程背景

海黄大桥位于青海省黄南藏族自治州,双塔双索面钢-混凝土组合梁半漂浮体系斜拉桥,跨径布置为 104m + 116m + 560m + 116m + 104m,总体布置如图 4-70 所示。桥面全宽 28m。主梁采用双边"上"形钢主梁与混凝土桥面板结合的整体式断面,主梁标准断面如图 4-71 所示。"上"形钢梁梁高 3.5m。混凝土桥面板厚分 280mm 与 800mm 两种,与钢梁的连接采用剪力钉连接,桥面铺装采用 90mm 沥青混凝土。斜拉索扇形布置,采用热挤聚乙烯成品钢索,低松弛镀锌高强钢丝,直径 7mm,$f_{pk} = 1770$MPa。

2) 组合梁温度场

图 4-72 给出了组合梁夏季和冬季最高温时的温度场分布,280mm 板和 800mm 板最值温度相差很小,温度分布均是顶板高,在"上"形钢梁与混凝土接触处温度低。夏季混凝土温度高于钢梁,顶板温度最高,冬季混凝土与钢梁温度相近,会出现钢梁温度高于混

凝土温度的情况。混凝土体量大,在夏季吸收的热量多于释放,温度升高;钢梁厚度薄,与空气接触比表面积大,无太阳辐射时,钢梁与气温相接近。冬季,太阳辐射较弱、气温较低,钢梁吸收太阳辐射会明显大于混凝土,在太阳直射时,钢梁温度高于混凝土温度。

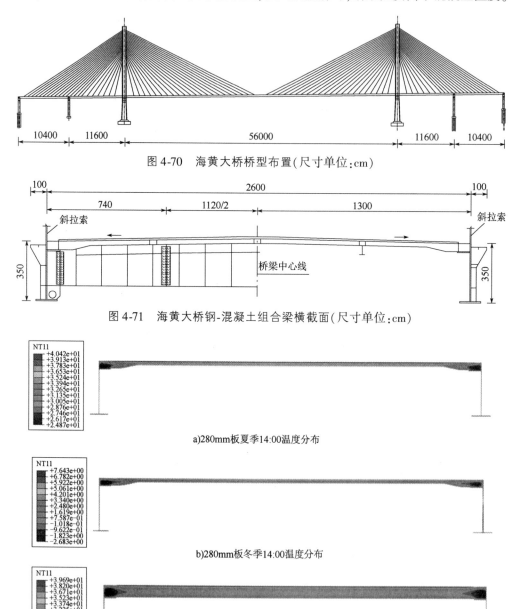

图 4-70 海黄大桥桥型布置(尺寸单位:cm)

图 4-71 海黄大桥钢-混凝土组合梁横截面(尺寸单位:cm)

a)280mm板夏季14:00温度分布

b)280mm板冬季14:00温度分布

c)800mm板夏季14:00温度分布

图 4-72

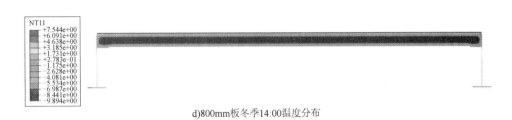

d) 800mm板冬季14:00温度分布

图 4-72 黄海大桥组合梁截面温度分布

图 4-73 是 280mm 和 800mm 两种组合梁混凝土板和钢梁在四个季节的平均温度随时间变化曲线。温度变化规律四季相同,最值出现的时间略有差异,温度值夏季高,冬季低,且冬季温度以负温为主。厚板温度低,变化平缓,温度变化幅值小;薄板温度变化迅速,温度变化幅值冬季最小,其他三季基本相当。钢梁与混凝土板平均温度变化趋势相同,但两者存在明显温度差,且该温度差随时间变化。

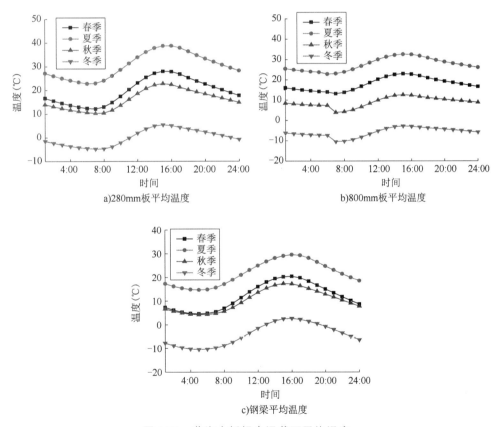

a) 280mm 板平均温度　　b) 800mm 板平均温度

c) 钢梁平均温度

图 4-73 黄海大桥组合梁截面平均温度

图 4-74 和图 4-75 是组合梁竖向和横向线性温度梯度随时间变化曲线。组合梁温度梯度竖向大,横向小,竖向温度梯度变化四个季节相似,出现先减小后增大,在 12 点

左右温度梯度出现极小。夏季数值最大,280mm 组合梁仅冬季出现负温差,800mm 组合梁四个季节均有负温差出现。在连续多个晴天的太阳辐射条件下,由于混凝土散热慢,吸收热量大于释放热量,温度明显高于散热好的钢梁,而在太阳直接辐射情况下,钢梁升温快于混凝土,导致了竖向温度梯度下呈现出图 4-74 和图 4-75 所示的变化规律。

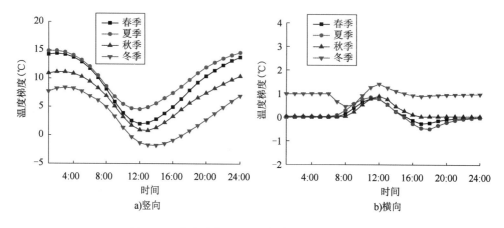

图 4-74　黄海大桥 280mm 组合梁截面温度梯度

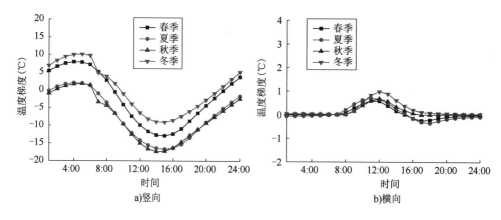

图 4-75　黄海大桥 800mm 组合梁截面温度梯度

3) 斜拉索温度场

图 4-76 是海黄大桥 LPES-121、LPES-211、LPES-313 三种斜拉索夏季与冬季的 15 时的温度分布图,各斜拉索外侧均套有 HDPE 护套,外径尺寸分别为 104mm、136mm 和 163mm。HDPE 温度分布不均匀,顶面受太阳辐射,温度高。由于钢丝热传导系数大,拉索钢丝断面尺寸较小等原因,HDPE 内的钢丝温度分布较为均匀。夏季与冬季温度差值大,分布基本相似,截面积越大,拉索整体温度越低。

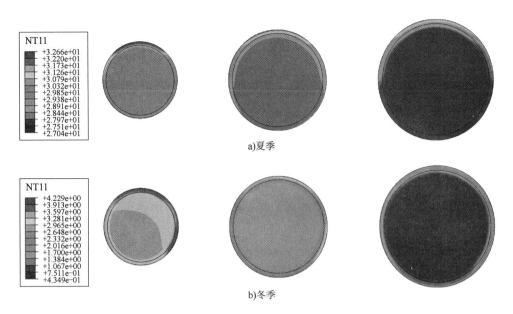

图 4-76 黄海大桥斜拉索截面温度分布

图 4-77 给出了拉索平均温度随时间变化曲线。拉索在 5 点左右温度最低,15 点时达到最大值。温度夏季高,冬季低,冬季负温为主;温度日变化幅值较大,四季分别为 17.35℃、16.94℃、14.38℃、15.06℃。不同截面尺寸的拉索,平均温度值相差很小,LPES-121 与 LPES-211 最大温差发生在春季,相差仅为 1.69℃。

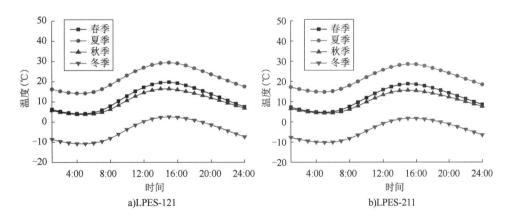

图 4-77 黄海大桥拉索截面平均温度

4) 桥塔温度场

图 4-65 给出了桥塔上、下塔柱四季的温度变化规律。受太阳辐射作用,外表面温度高,内表面温度低。桥塔上下塔柱的平均温度日变化幅值很小(图 4-78),在太阳辐射条件下略有升高,主要原因是桥塔采用混凝土材料,且塔壁厚度大,塔柱内空气不流通,温度较稳定。

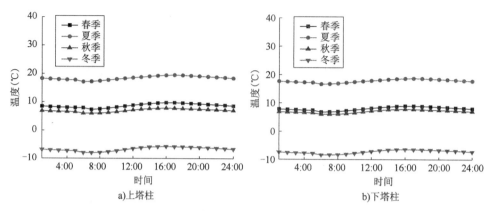

图 4-78 黄海大桥桥塔截面平均温度

5) 组合梁斜拉桥的部件温差

图 4-79 给出了夏季和冬季气温以及斜拉桥各部件的平均温度的时程变化。可以看出,随气温的变化,钢梁、桥面板和斜拉索温度变化明显,而桥塔变化较小。在各部件之间存在明显温差,且随时间发生变化。夏季最大温差发生在 16:00 左右,冬季最大温差发生在 4:00 左右。钢梁与斜拉索温度差相对较小,最大温差在夏季与冬季分别为 1.90℃ 和 1.80℃。桥面板与斜拉索的温差显著,夏季达到 10.80℃,冬季为 7.30℃;桥塔与斜拉索温差较大,夏季达到 10.2℃,冬季为 8.3℃。

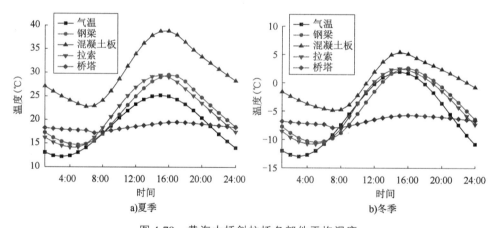

图 4-79 黄海大桥斜拉桥各部件平均温度

图 4-80 给出了夏季各部件平均温度及主梁温差的最大值以及冬季各部件平均温度及主梁温差的最小值,表 4-26 进一步给出了夏季和冬季组合梁斜拉桥各部件平均温度的最值及相应的发生时间。可以看出,各部件最值出现时间稍有差别,这与各部件的材料特性有直接关系,钢材的最值出现明显要早于混凝土材料,且组合梁夏季温差最大,桥塔冬季温度差最大。

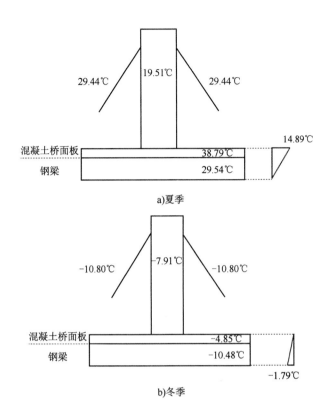

图 4-80 黄海大桥斜拉桥各部件平均温度及主梁温差最值

黄海大桥斜拉桥各部件平均温度最值 表 4-26

构件	季节	平均温度值(℃)		出现时刻	
		T_{max}	T_{min}	T_{max}	T_{min}
钢梁	夏	29.54	14.70	16:00	5:00
	冬	2.64	-10.48	16:00	5:00
混凝土桥面板	夏	38.79	22.78	16:00	6:00
	冬	5.44	-4.85	15:00	7:00
拉索	夏	29.44	14.14	15:00	4:00
	冬	2.56	-10.80	15:00	5:00
桥塔	夏	19.51	17.22	17:00	7:00
	冬	-5.70	-7.91	16:00	7:00

4.4 水化热阶段桥梁温度分布与作用模式

除运营阶段日照影响产生的温度作用模式外,桥梁混凝土结构水化阶段的温度变化也会导致结构产生早期温度裂缝,对桥梁的早期性能以及使用寿命产生不利影响,而在各国规范中对水化热阶段桥梁温度作用模式的规定相对缺失。

4.4.1 混凝土箱梁水化阶段的温度分布模式

1)混凝土箱梁水化热温度测试试验

结合国道219线新疆哈巴河县齐德哈仁大桥混凝土箱梁,制作了用于温度场测量的混凝土箱梁模型(图4-81)。箱梁模型长2.00m,高2.20m,顶板宽度4.00m,底板宽度2.20m,顶、底板厚度为0.28m,腹板厚0.40m。温度测量截面位于模型中部,共埋设479个温度传感器。箱梁截面内的传感器布置模式如图4-82所示。架设小型气象站,用以测定环境温度、湿度、风速、风向以及太阳辐射等气象数据。

a)箱梁模型　　　　　　b)温度测点　　　　　　c)气象站

图4-81　箱梁温度场实测

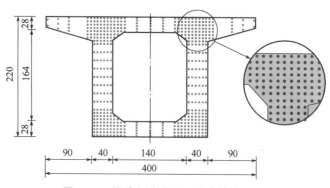

图4-82　温度测点布置(尺寸单位:cm)

2)温度分布云图

采用"3.1.3 本研究团队的温度测试",基于点阵测试的实测温度场计算方法,绘制水化热过程中混凝土箱梁截面随时间变化的温度场云图(图4-83)。箱梁截面的水化热温升变化在混凝土浇筑72h内较为明显。箱梁起始温度场基本均匀,平均温度为26.8℃。浇筑完成7h后,混凝土内的水泥水化热能积累效应逐渐显现,箱梁腹板内的温度变化剧烈,而箱梁顶板由于与外界热交换的作用,温升相对缓慢,并且沿顶板厚度方向的温度梯度较大。在浇筑完成12h后,箱梁截面的平均温度达到最大值53.3℃,此时腹板中心温度出现整个截面的温度峰值,为64.8℃。在浇筑后17h时,箱梁腹板和底板的温度有所降低,而箱梁顶板水化热温升仍维持在较高水平。在浇筑完成72h内,箱梁的水泥水化放热过程基本完成,箱梁截面的平均温度降低到27.4℃,此后箱梁截面的温度场开始受外界环境影响而呈现非对称分布。在结构水化热期间,箱梁内部温升基本呈对称分布,仅在浇筑72h后才出现不对称的温度分布趋势,可认为太阳辐射作用导致的结构不均匀受热效应72h后开始主导结构的温度分布。

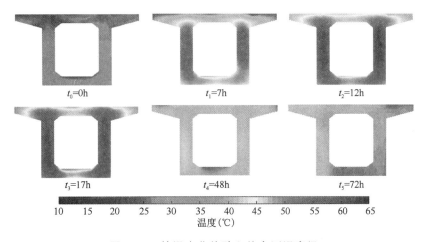

图4-83 箱梁水化热阶段的实测温度场

3)时程分布模式

通过不同时刻的实测温度场云图,可以得到箱梁截面任意位置处温度随时间变化分布规律。可以发现,箱梁截面的平均温度时程曲线满足指数分布模式,该水泥水化热温度变化规律与混凝土板水化热模型基本吻合。图4-84中,P1～P3分别为顶板沿其水平轴线上的测点;P4和P5则位于两侧腹板中心位置;P6～P8分别为底板水平轴线上的测点。各点的温度变化规律基本一致,在混凝土浇筑11～13h范围内达到峰值;在72h后温度趋于稳定,随后受环境影响呈现周期性波动。由于箱梁温度场的不均匀性,各测点的温度大小存在差异。两侧腹板的温度升高幅度最为明显,腹板上的P4和P5温度极值分别为64.0℃和62.9℃。底板和顶板的两侧受到腹板温升的影响较大,底板测点P6和P8的最大温度为56.4℃和57.3℃,而顶板测点P1和P3的最大温度为54.8℃和53.0℃。顶板和底板的中心温度相对较低,底板测点P7的峰值温度为50.7℃,顶板测点P2的峰值温度为48.1℃。可见,顶板和底板沿水平方向的水化热温度呈现两端大、中心低的分布趋势。

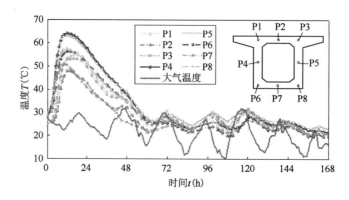

图4-84 典型位置的水化热温度时程曲线

由上述测点温度变化可知,箱梁截面不同位置在水化热作用下的温度变化存在较大差异。根据其温度变化规律,可将箱梁划分为顶板、底板和腹板3部分。以混凝土入模振捣平仓时刻的温度作为基准,混凝土各区域的水化热发展程度用平均水化热温升$\overline{T}_r$表示,其表达式为:

$$\overline{T}_r = \sum_{i=1}^{n} \left[\sum_{j=1}^{3} \frac{1}{3} (T_{ij} - P_{ij}) \right] \Delta S_i \Big/ \sum_{i=1}^{n} \Delta S_i \tag{4-39}$$

式中:T_{ij}、P_{ij}——分别为箱梁截面上第i个三角网格j节点上的实测温度和入模温度;

ΔS_i——第i个三角网格的面积;

n——测量区域所包含的三角网格个数。

受配合比、水泥以及材料用量等参数影响,不同强度混凝土的水化热总热量存在差异,产生热量大小可用最终绝热温升θ_0来衡量,其表达式为:

$$\theta_0 = \frac{Q_0 W}{c\rho} \tag{4-40}$$

式中:Q_0——混凝土的最终水化热理论值;

W——混凝土中的水泥用量;

c——混凝土比热容;

ρ——混凝土密度。

为便于比较,将水化热温升无量纲化:

$$\gamma = \frac{T_r}{\theta_0} \tag{4-41}$$

式中：γ——定义为箱梁水化热温升系数，该系数是衡量混凝土水化热程度的相对参数。

若式(4-41)取用箱梁某区域的平均水化热温升$\overline{T}_r$，则可得到该区域的平均温升系数$\overline{\gamma}$。

4）沿板厚方向的温升分布

根据不同区域的水化热差异，可将箱梁顶板、底板和腹板等效为矩形板，分别考虑其水化热温度分布规律，如图4-85所示，以矩形板中心为原点建立局部坐标系，其中x为顶、底板宽度方向或腹板高度方向，y为各板厚度方向。若假设L为板宽(高)，D为板厚，引入无量纲化参数，有相对坐标$\overline{x}=2x/L,\overline{y}=2y/D$。为简化模型，箱梁各板厚度方向上的温度分布可看作一维热传导问题，对板内具有相同$\overline{y}$值的水化热温度进行平均，得到沿板厚方向的平均温度分布。

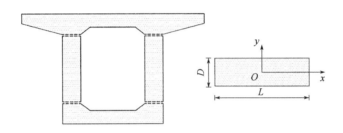

图4-85　箱梁截面区域划分示意图

在箱梁水化热过程中，不同时刻各板沿厚度方向的平均水化热温度分布如图4-86所示。可以发现，温度分布曲线呈现中心高、两端低的单峰趋势。顶板的温度曲线波峰为48.1℃，出现在混凝土浇筑后13h左右。箱梁底板对外界的热交换相对较弱，放热系数低，其水化热温升在混凝土浇筑11h后出现峰值，中心最大平均温度为53.7℃。此外，顶板、底板的温度曲线呈非对称分布，其峰值点均靠近下侧。这是由于顶板上部无模板覆盖，导致板顶散热较快；而底板与之相反，其板底与外界的热交换较慢。与顶板和底板不同，箱梁腹板沿厚度方向的水化热温度曲线较为对称。箱梁两侧腹板在水化热期间的温度变化分布基本相同，外界环境因素导致两侧腹板的温度差异可忽略不计。腹板的平均温度峰值远高于顶板和底板，在混凝土浇筑完成12h后达到64.0℃，位于腹板中心x轴上。值得注意的是，该温度值接近P4和P5测点的实测温度，说明沿腹板高的温度分布较为均匀。

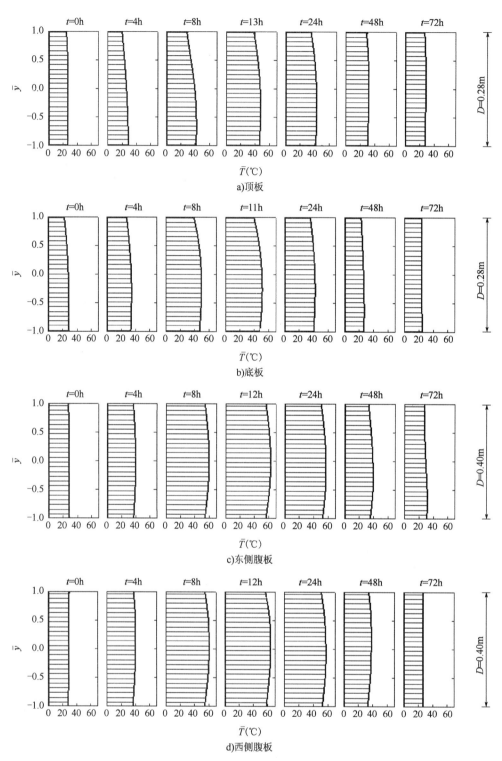

图 4-86 箱梁各板厚度方向的温度分布

为便于拟合各板的温度分布,给出水化热温升系数 γ 在各板厚度上的分布曲线(图4-87)。根据实测数据,发现各板沿板厚方向的温升系数分布曲线服从高斯函数:

$$\gamma(\bar{y}) = \frac{T_{max} - P}{\theta_0} \cdot \exp\left[-\frac{(\bar{y} - \bar{y}_{max})^2}{4}\right] \tag{4-42}$$

式中:T_{max}——沿板厚的温度分布极值;

P——参数;

$\bar{y}_{max}$——极值温度的相对坐标。

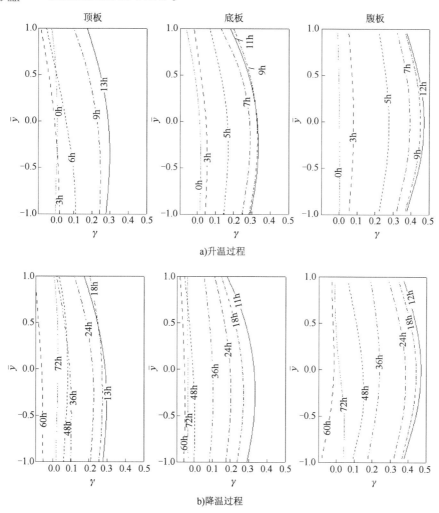

图 4-87 箱梁各板厚度方向的水化热温升系数

根据实测发现,腹板的水化热温度沿板中心对称分布,即 $\bar{y}_{max} = 0$;顶板和底板受外界散热不对称影响,其温度峰值位置偏离原点,温度峰值的相对坐标可通过沿板厚埋设多个测点拟合确定。箱梁顶板的温度峰值相对位置 $\bar{y}_{max} = -0.33$;腹板的温度峰值相对位置 $\bar{y}_{max} = -0.27$。箱梁各板的温度分布函数拟合情况见图4-88。

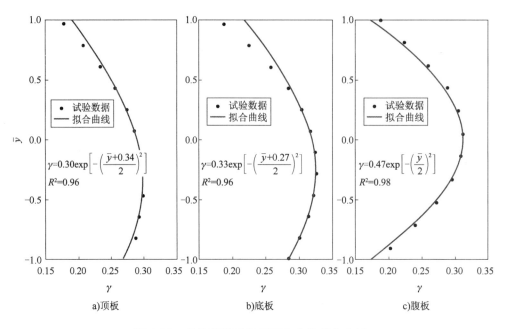

图 4-88 水化热温升沿板厚方向的拟合曲线

5) 板宽 (高) 方向的温升分布

在不同时刻,沿顶、底板宽度或腹板高度的水化热温升系数 γ 分布曲线如图 4-89 所示。可以发现,箱梁腹板的水化热温度沿高度分布均匀,可认为近似服从平板的一维热传导理论模型,即水化热温度沿 x 方向为常量。受腹板的影响,箱梁顶板和底板宽度方向在梗腋位置出现温度峰值,因此沿宽度方向的温度分布呈双峰模式,并且水化热温升曲线相对 y 轴对称分布。随着水化热发展,沿 x 方向的温升曲线凸起逐渐明显。其中,顶板宽度方向的最大平均温度为 57.0℃,水化热峰值出现在混凝土浇筑后 18h 左右;底板宽度方向的最大平均温度为 55.4℃,水化热峰值出现在混凝土浇筑后 12h 左右。顶板在宽度方向的水化热温升存在滞后,这是由于顶板梗腋位置的水化热持续时间较长。

根据顶板和底板的双峰温度分布特征,可使用组合型高斯函数进行板宽方向的水化热温升系数曲线拟合:

$$\gamma(\bar{x}) = \frac{T_{\max} - P}{\theta_0} \cdot \left\{ \exp\left[-\frac{(\bar{x} + \bar{x}_{\max})^2}{\bar{x}_{\max}^2} \right] + \exp\left[-\frac{(\bar{x} - \bar{x}_{\max})^2}{\bar{x}_{\max}^2} \right] \right\} \qquad (4-43)$$

式中: $T_{\max}$ ——沿板宽方向的温度极值;

$\bar{x}_{\max}$ ——极值温度的相对坐标。

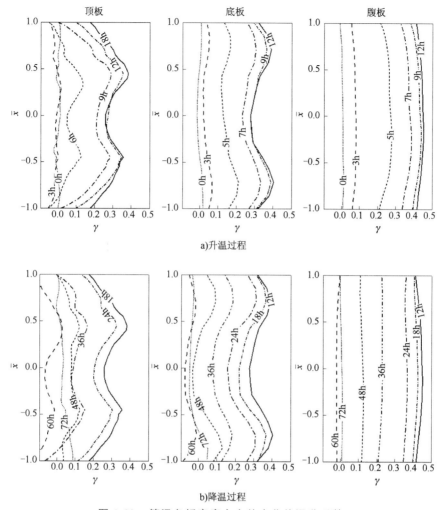

图 4-89 箱梁各板宽度方向的水化热温升系数

根据实测发现,$\bar{x}_{max}$可取腹板梗腋处的等效形心到板中心的相对距离。箱梁顶板的温度峰值相对距离$\bar{x}_{max}=0.53$;底板的温度峰值相对距离$\bar{x}_{max}=0.73$。箱梁顶板和底板沿板宽方向水化热温升系数分布拟合情况见图4-90。

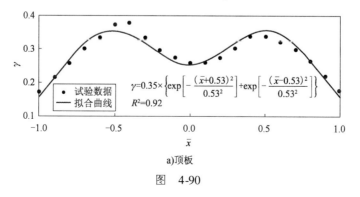

a)顶板

图 4-90

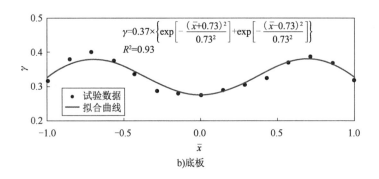

b) 底板

图 4-90 水化热温升沿板宽方向的拟合曲线

4.4.2 组合梁桥水化阶段的温度分布模式

1）测试与计算

测试组合梁桥名为发觉沟桥，位于陕西省安康市，桥位处经、纬度分别为东经 108.51°E、北纬 32.98°N，海拔为 491m。桥梁全长 86m，上部结构为 4 跨 20m 预制钢筋混凝土简支 T 形组合梁，每跨由 6 片工字形钢梁通过栓钉连接桥面板组成，横向联系由在跨中和两侧端部设置的 3 道小横梁组成。混凝土桥面板在每两片钢梁上现浇后形成 π 形组合梁后，整体吊装至设计位置。为研究桥面板浇筑过程中混凝土水化热引起的温度分布，对其中一个 π 形组合梁进行了温度场实桥测试。

测试 π 形组合梁的断面图如图 4-91 所示，梁高和梁宽分别为 1.17m 和 3.7m，混凝土桥面板厚度为 0.19m，在与钢梁连接的承托处加厚为 0.27m。桥面板纵向和横向的配筋率分别为 0.85% 和 2.54%。两片钢梁均采用工字形截面，尺寸完全相同，间距为 2m，高为 0.9m。横梁采用工字形截面，分别设置在组合梁两端和跨中位置，横梁高度为 0.25m。钢主梁与混凝土桥面板间采用 ϕ22mm 圆柱头栓钉连接件，横桥向布置两排，纵桥向均匀布置。桥面板混凝土等级为 C50，7d 和 28d 抗压强度分别为 57.4MPa 和 63.1MPa，所用水泥型号为 P.O.52.5 普通硅酸盐水泥（波特兰水泥），水泥用量为 440kg/m³，水灰比为 0.35，配合比和热工参数见表 4-27。钢梁采用 Q345qD 钢材。采用的减水剂为聚羧酸系高效减水剂，以提高混凝土的和易性，抗裂剂采用 SY-HEA 型微膨胀纤维防裂剂。

测试断面位置与测点布置见图 4-92。测试断面选择在距离跨中 0.5m 处的位置，以避开中横梁对测点布置的影响。测试断面共布置温度传感器 71 个，其中混凝土桥面板布置47个测点,每个钢梁布置12个测点,2片钢梁共布置24个测点。桥位处布置移动气象站,同步采集大气温湿度、养护温度、风速和水平面太阳总辐射强度等气象参数。

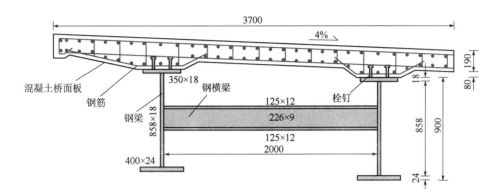

图4-91 测试π形组合梁的断面图(尺寸单位:mm)

C50混凝土配合比和热工参数　　表4-27

项目	单位	水	水泥	砂	石	减水剂	抗裂剂
单位用量	kg/m³	154	440	651	1159	45	9.7
百分比	%	6.30	17.89	26.47	47.12	1.83	0.39
比热容	kJ/(kg·℃)	4.187	0.456	0.699	0.749	—	—
导热系数	kJ/(m·h·℃)	2.160	4.446	11.129	14.528	—	—

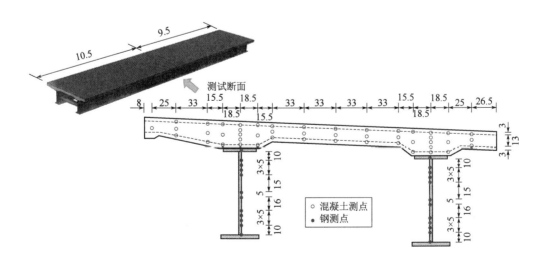

图4-92 测试断面位置和测点布置(尺寸单位:cm)

2）温度分布规律

(1) 气象数据

图 4-93 给出了混凝土浇筑后 72h 内的气温、湿度、太阳辐射和风速等气象数据的实测值。可以看出，测试期间的最低温度为 -1.31℃，最高气温为 14.90℃，气温变化幅度为 16.21℃。与此不同的是，在混凝土浇筑后的 48h 内，由于组合梁被石棉布覆盖，因此养护温度变化平缓，温度变化幅度仅为 6.50℃，养护平均温度为 14.20℃。测试期间空气的最大相对湿度为 70.15%。桥面板浇筑当天及第二天均为阴天，测得的太阳辐射强度很小，第三天和第四天均为晴天，测得的最大太阳辐射强度为 1704kJ/(h·m²)。实测风速在 72h 内无明显变化规律，最大值为 3.3m/s。

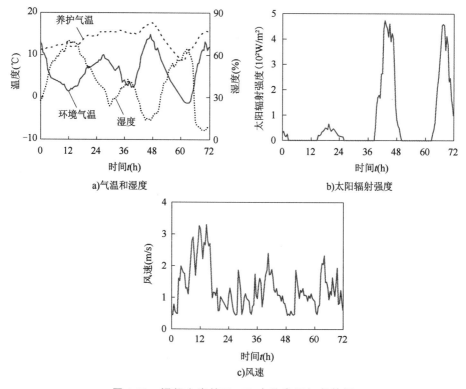

a) 气温和湿度　　b) 太阳辐射强度

c) 风速

图 4-93　混凝土浇筑后 72h 内的实测气象数据

(2) 温度时程变化

图 4-94 给出了组合梁左侧和右侧梁高方向各 4 个测点温度时程变化曲线。可以看到，混凝土升温明显快于钢梁，在混凝土浇筑后 24h 左右，混凝土中心温度达到峰值，左右侧实测温度分别为 31.20℃ 和 31.40℃，在混凝土浇筑 42～44h 后，混凝土降温达到第一个波谷，左右侧实测温度为 27.30℃ 和 27.00℃，随后在太阳辐射的影响下，在混凝土浇筑后 48h 左右，混凝土温度小幅度增加至第二个峰值，左右侧实测温度分别为 27.80℃

和27.10℃,随后水化热的影响逐渐减小,受太阳辐射的影响逐渐增大。钢梁上翼缘与混凝土距离较近,两者温度时程规律一致,但钢梁升温速度较慢,左右侧第一个实测峰值分别为27.80℃和28.20℃。钢梁下翼缘距离混凝土桥面板距离最远,其温度主要受到养护温度的影响,与养护温度变化规律基本一致。可以看到,水化热引起的混凝土和钢梁温度存在明显的温差。

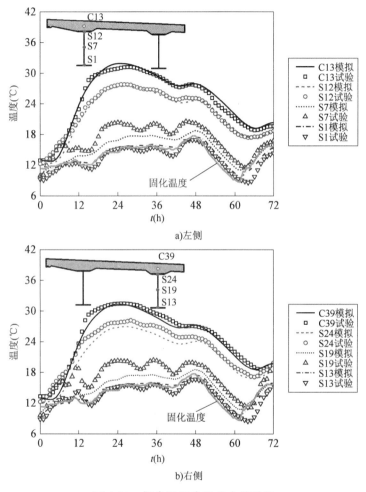

图4-94 组合梁温度时程变化验证

(3)温度空间分布

图4-95为基于温度测点的实时数据绘制的组合梁典型时刻二维温度场云图。在混凝土浇筑的初始时刻($t=0\text{h}$),桥面板温度略微高于钢梁,整个组合梁截面温度分布较为均匀,此时的截面平均温度约为12.60℃,随后随着水化热升温影响,混凝土桥面板温度显著高于钢梁,最后在气温对流降温的作用下,组合梁截面温度逐渐下降,混凝土和钢梁的温差也逐渐减小。

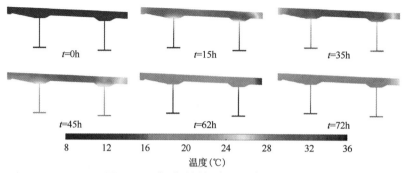

图 4-95 典型时刻组合梁温度场云图

从图 4-96 可以看出,水化热对组合梁左侧和右侧竖向温度分布的影响基本相同,受水化热的影响,混凝土桥面板温度显著高于钢梁,且较钢梁温度更为均匀。组合梁竖向温差左右两侧变化情况基本一致,混凝土浇筑后 5h 内,实测温差变化非常缓慢,约为 5℃,随后温差快速增大,在混凝土浇筑后 16h 时达到最大,左右侧平均为 18.28℃,随后温差逐渐减小,在太阳辐射的影响阶段,温差有小幅上升,后又逐渐减小。混凝土厚度方向温差与组合梁竖向温差变化规律类似,但在整个水化热过程中温差不超过 4℃,远小于组合梁竖向的整体温差。

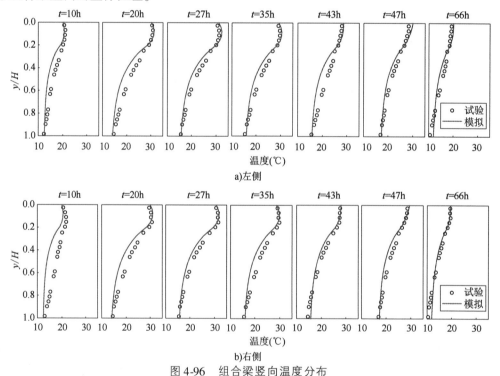

图 4-96 组合梁竖向温度分布

从图 4-97 可以看出,在水化热升温过程中,桥面板中部温度高于与钢梁连接位置,水化热过程中桥面板横向温度分布呈现双峰模式,峰值位于钢梁连接处,横向最低温度分布在桥面板两端。2 片钢梁外侧的桥面板部分受 3 面空气对流,降温最快,而 2 片钢梁中间的桥面板受顶部和底部 2 面对流,降温次之,与钢梁连接处的桥面板仅受顶面一侧对流降温,因此温度最高。在实际测试中,由于桥面板顶部中部堆积了部分杂物,对流散热慢,导致实测桥面板中部温度高于有限元计算值,这一点在温度场云图的对比中也已显现。

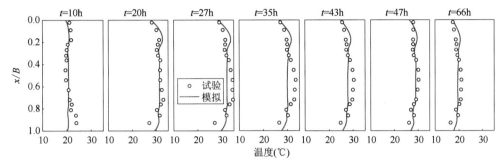

图 4-97　组合梁桥面板横向温度分布验证

图 4-98 中,组合梁竖向温差左右两侧变化情况基本一致,有限元计算结果与实测温差总体规律基本一致,温差峰值偏差不超过 3℃。在混凝土水化热的初期,竖向温差计算值和实测值存在一定偏差,可能的原因主要在于有限元计算采用的水化热模式与真实的水化热发展存在偏差。从图 4-99 可以看出,有限元计算值与实测值总体变化规律一致,但因桥面板堆积的影响,24h 到 48h 间,温差实测值与计算值最大相差约 2℃。

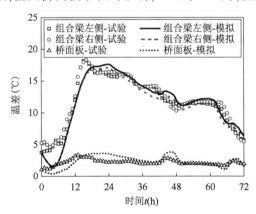 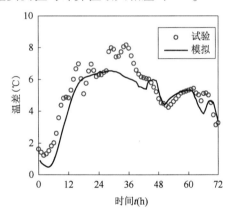

图 4-98　组合梁竖向温差时程变化验证　　图 4-99　组合梁桥面板横向温差时程变化验证

在参数分析中,通过定义无量纲参数温升系数(coefficient of temperature rise,CTR)进行水化热温升结果的讨论。温升系数定义为实际温升($T-T_0$)与最终绝热温升 $T_{r,\infty}$ 的比值:

$$\gamma = \frac{T-T_0}{T_{r,\infty}} \tag{4-44}$$

式中:γ——温升系数,可以反映实际工程养护条件下混凝土的实际温度变化,而不是绝热条件下的温度变化。

在随后参数分析的结果中,主要针对各参数对混凝土桥面板最大温升系数 $\gamma_{c,max}$ 和对应出现的时间 t_0 进行讨论。

3）时程分布模式

现有桥梁设计的规范体系中,在设计阶段计算组合梁水化热温度效应时,混凝土桥面板的实测温度变化是未知的,因此,需要提出一种快速计算桥面板温度变化方法。根据实测和有限元计算的桥面板水化热时程分布特性,混凝土桥面板水化热温升系数随龄期的时程分布模式可以用两条 S 曲线来描述,分别表示曲线的上升段和下降段,如图 4-100 所示。

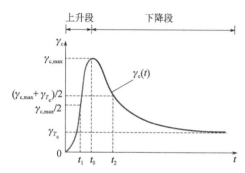

图 4-100　桥面板温升系数的时程分布模式

图 4-100 中温升系数的时程分布模式可以用式(4-45)表示:

$$\gamma_c(t) = \begin{cases} \dfrac{\gamma_{c,max}}{1+\left(\dfrac{t_0-t}{t_0-t_1}\right)^p} & (t \leq t_0,上升段) \\[2ex] \dfrac{\gamma_{c,max}-\gamma_{T_c}}{1+\left(\dfrac{t-t_0}{t_2-t_0}\right)^q}+\gamma_{T_c} & (t > t_0,下降段) \end{cases} \quad (4\text{-}45)$$

式中: $\gamma_c(t)$ ——混凝土桥面板的温升系数;

$\gamma_{c,max}$ ——温升系数的最大值;

γ_{T_c} ——混凝土水化反应结束时的温升系数, $\gamma_{T_c}=(T_c-T_0)/T_{r,\infty}$;

t_0 ——温升系数最大时对应的龄期;

t_1 、t_2 ——分别为上升段温升系数为 $\gamma_{c,max}/2$ 和下降段温升系数为 $(\gamma_{c,max}+\gamma_{T_c})/2$ 时对应的龄期;

p 、q ——待拟合系数。

经过反复试算,确定用于计算上述公式中特征参数 $\gamma_{c,max}$ 和 t_0 的基本公式形式。对有限元参数分析结果进行多元回归分析,得到以 $T_{r,\infty}$ 、T_0 、T_c 、β_t 和 t_c 为自变量用于计算 $\gamma_{c,max}$ 和 t_0 的参数化经验公式:

$$\gamma_{c,max} = (T_0-T_c)(T_{r,\infty}^{0.012}-1.057)+T_c^{0.069}-0.005\beta_t+(-1.212t_c^2+1.471t_c)-1.155$$

(4-46)

$$t_0 = 17.154 e^{0.0002 T_{r,\infty}(T_0 - T_c) - 0.046 T_0 + 0.022 T_c - 0.011\beta_t + (-2.496 t_c^2 + 3.201 t_c)} \quad (4\text{-}47)$$

式中，$T_{r,\infty}$、T_0、T_c 的单位为 ℃，β_t 的单位为 kJ/(m²·h·℃)，t_c 的单位为 m。

在回归得到了 $\gamma_{c,max}$ 和 t_0 的计算公式后，同样采用多元回归方法，以 $\gamma_{c,max}$ 和 t_0 为自变量参数进一步确定 t_1 和 t_2 的计算公式：

$$t_1 = 1.896 - 0.545 \gamma_{c,max}^{0.501} + 0.301 t_0^{1.237} - 0.233 \gamma_{c,max}^{0.501} t_0^{1.237} \quad (4\text{-}48)$$

$$t_2 = 3.715 + 3.745 (\gamma_{c,max} - \gamma_{T_c})^{1.846} + 1.536 t_0^{1.049} + 3.021 (\gamma_{c,max} - \gamma_{T_c})^{1.846} t_0^{1.049} \quad (4\text{-}49)$$

对于参数 p 和 q，计算发现 $T_{r,\infty}$、T_0、T_c、β_t、t_c 五个参数对其影响很小，因此，将回归结果的平均值作为 p 和 q 的值，即 $p = 5.69$，$q = 2.09$。

为验证时程分布模式中各参数拟合公式的准确性，对比了 $\gamma_{c,max}$、t_0、t_1 和 t_2 等参数的拟合公式计算值与有限元计算值，结果见图 4-101。可以看到，对于所有参数，对比的 R^2 均大于 0.97，无论是平均绝对误差（AAE）还是均方根误差（RMSE），偏差值均很小，表明了经验拟合公式的准确性。

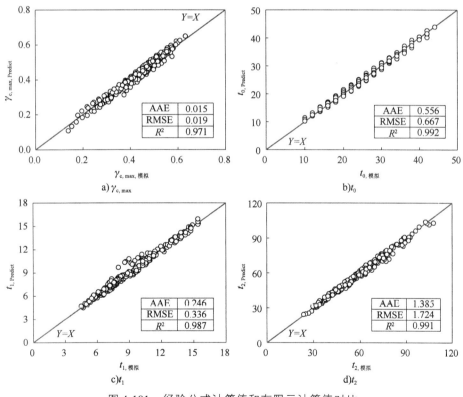

图 4-101　经验公式计算值和有限元计算值对比

仅以参数组合 $T_{r,\infty} = 70℃$、$T_0 = 15℃$、$T_c = 25℃$、$\beta_t = 10$ kJ/(m²·h·℃) 和 $t_c = 0.3$ m 为代表，改变其中任一参数，对所提出的桥面板温升系数时程分布模式的适用性进行验

证。图 4-102 中,散点表示有限元计算结果,实线表示本书提出的时程分布模式。图 4-102 中所有对比的 R^2 值均大于 0.97,表明本书提出的时程分布模式具有较好的可靠性,能够准确描述桥面板水化热阶段温升系数的发展规律。

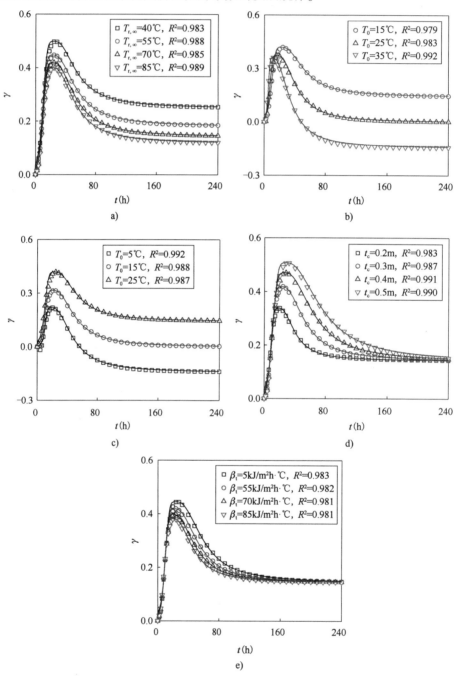

图 4-102　温升系数时程分布模式验证

4）竖向分布模式

根据实测和有限元模型计算结果可知,混凝土桥面板自身的温差很小,产生的温度自应力也可以忽略不计,另外,钢梁下翼缘的温度与环境温度非常接近。因此,为了简化温升系数的竖向分布,可认为温度在混凝土板厚度方向上均匀分布,钢梁下翼缘的温度与养护温度相等。基于以上分析,提出了简化的组合梁温升系数竖向分布模式（图4-103）,温升模式按式(4-50)和式(4-51)计算。

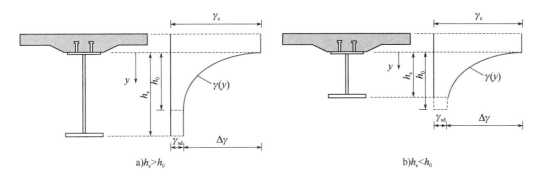

图4-103 组合梁温升系数的竖向分布模式

当 $h_s \geqslant h_0$ 时,

$$\gamma(y) = \begin{cases} \gamma_c & (y \leqslant 0, 桥面板均匀段) \\ \gamma_{sd} + \Delta\gamma \left(1 - \dfrac{y}{h_0}\right)^n & (0 < y \leqslant h_0, 钢梁变化段) \\ \gamma_{sd} & (h_0 < y \leqslant h_s, 钢梁均匀段) \end{cases} \quad (4\text{-}50)$$

当 $h_s < h_0$ 时,

$$\gamma(y) = \begin{cases} \gamma_c, y \leqslant 0 & 桥面板均匀段 \\ \gamma_{sd} + \Delta\gamma \left(1 - \dfrac{y}{h_0}\right)^n, 0 < y \leqslant h_s & 钢梁可变段 \end{cases} \quad (4\text{-}51)$$

式中：γ_c——混凝土桥面板的均匀温升系数；

γ_{sd}——钢梁下翼缘的温升系数,可通过假定与养护温度相等来计算；

$\Delta\gamma$——钢梁上温升系数的差值；

n——指数；

h_0——水化热在钢梁上的影响高度；

h_s——钢梁高度。

根据钢梁高度 h_s 和影响高度 h_0 的关系,温升系数的竖向分布模式可以分为以下两类：

当 $h_0 \geqslant h_s$ 时，温升系数的竖向分布模式由桥面板均匀段、钢梁可变段和钢梁均匀段组成。其中，钢梁可变段可用幂指函数表示[式(4-50)]，高度即为影响高度 h_0。

当 $h_0 < h_s$ 时，钢梁上的均匀段消失，温升系数的竖向分布模式由桥面板均匀段和钢梁可变段组成。其中，钢梁可变段仍采用幂指函数表示[式(4-51)]，此时，钢梁可变段的高度为梁高 h_s。

在提出的竖向分布模式中，影响高度 h_0 可以表示为 $\Delta\gamma$ 的函数，n 可以由 h_0 计算。选取不同的初始温度 $T_0 = 5℃$、$15℃$、$25℃$ 和 $35℃$，通过参数分析，回归 h_0 与 $\Delta\gamma$、n 与 h_0 的关系。由式(4-52)、式(4-53)和图 4-104 可知，h_0 和 $\Delta\gamma$ 之间呈指数关系，h_0 随着 $\Delta\gamma$ 的增大以指数形式逐渐增加，同时，初始温度 T_0 越大，影响高度 h_0 则越小。当 T_0 不等于 $5℃$、$15℃$、$25℃$ 或 $35℃$ 时，可采用线性内插的方式来确定相应的 h_0。指数 n 随着 h_0 的增加而线性增加，与初始温度 T_0 的关系不显著。

$$h_0 = \begin{cases} 1.25(1 - e^{-19.31\Delta\gamma}) & (T_0 = 5℃) \\ 1.05(1 - e^{-11.42\Delta\gamma}) & (T_0 = 15℃) \\ 0.96(1 - e^{-8.66\Delta\gamma}) & (T_0 = 25℃) \\ 0.93(1 - e^{-6.44\Delta\gamma}) & (T_0 = 35℃) \end{cases} \tag{4-52}$$

$$n = 4.25 h_0 - 0.39 \tag{4-53}$$

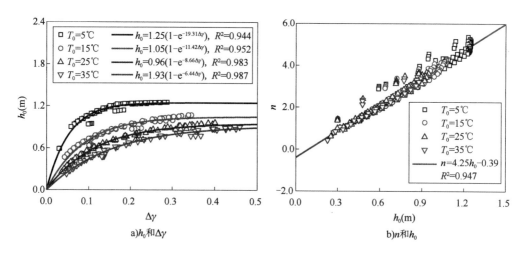

a) h_0 和 $\Delta\gamma$ b) n 和 h_0

图 4-104　参数的相关关系回归分析

为验证提出的温升系数竖向分布模式的适用性和可靠性，选取本书有限元计算结果和韩国学者 Choi 等的试验结果并将其测试温度转换为温升系数进行对比。由图 4-105 可知，无论有限元计算结果(FEM)还是 Choi 等的试验结果(profile)，本书提出的竖向分布模式都与其有很好的一致性，所有的拟合 R^2 均大于 0.95。因此，本书提出的温升系数的竖向分布模式能够很好地反映组合梁在水化热影响下的竖向温度分布特性。

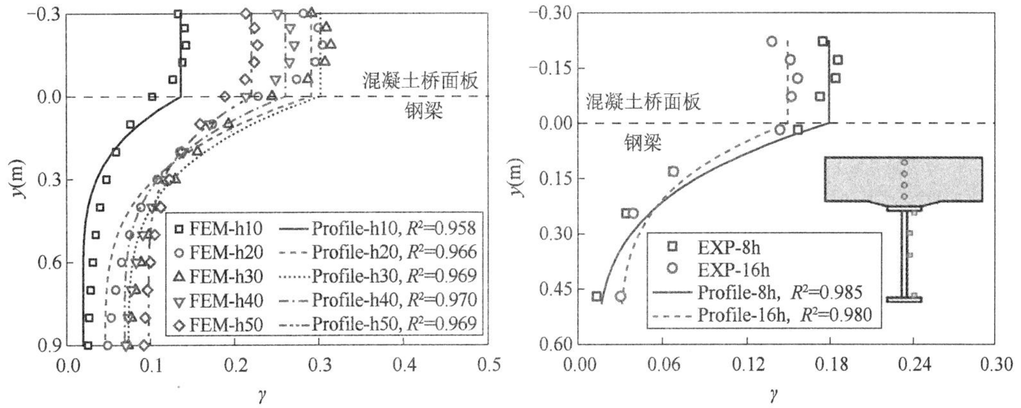

a)本书的三维模型验证　　　　　　　b)Choi等的试验结果验证

图4-105　温升系数竖向分布模式验证

需要指出的是,本书提出的组合梁温升系数竖向分布模式与混凝土的龄期无关。有了这个简化的竖向分布模式,只需知道混凝土桥面板随水化热的温度变化和养护温度,就可快速得到竖向的温度分布。因此,理论上只需在桥面板布置一个温度传感器且监测养护温度的变化即可得到水化热发展全过程中的组合梁温度分布,可以显著减少用于在水化过程中测量组合梁温度的传感器的数量。

第5章

温度作用取值理论与方法

5.1 气象数据在温度作用取值中的应用

5.1.1 温度作用取值特点

建立合理、准确的温度作用模式是进行桥梁结构温度效应分析的前提。温度作用的曲线形式需要反映出桥梁温度分布的基本特征，同时其温度作用取值还应考虑能够包络结构长期产生的温度效应。因此，在第 4 章提出的温度作用模式基础上，本章进一步探讨温度作用的精细化取值方法。

温度作用取值具有以下特征：

①气象相关性。

桥梁温度场受到太阳辐射、气温及风速等气象参数的影响，可依据温度作用形成机理，提出以气象参数为自变量的计算公式，实现温度作用的快速预测。

②概率统计特性。

我国规范体系采用基于可靠度理论的概率极限状态设计法，需要将温度作用视作随机变量，通过概率统计分析得到具有一定重现期的温度作用代表值，但《公路桥涵设计通用规范》（JTG D60—2015）未给出温度作用取值的超越概率或重现期，尚不具备明确的概率意义。

③地域差异性。

我国幅员辽阔、跨纬度较广、地形差异大，造成气候复杂多变且不同地区气候差异性显著。我国 7 月份平均气温最高可达 32.7℃，最低仅为 5.4℃，地域温差可达到 27.3℃；平均年太阳总辐射分布约为 900kWh/m² 到 2300kWh/m²，差异超过 1400kWh/m²。气象参数是影响桥梁温度作用取值的直接因素，其地域差异性大的特点直接决定我国桥梁温度作用不能采用统一的数值。

5.1.2 全国历史气象数据

温度作用取值与气象参数关系密切。利用极值统计方法得到温度作用代表值需要长期、大量的结构温度样本数据，时间跨度往往超过几十年，实测数据时间跨度难以满足要求，因此，需要大量、长期的气象数据作为结构温度长期计算的依据。气象部门针对不同地域的气候参数进行了长期的观测，为桥梁温度分析提供了极大的便利。

1）我国的气象站基本情况

我国共有 825 个国家基准气象站，其中，有 122 个站点可进行太阳辐射观测，这些气象站大多从 1957 年开始，记录了各地平均 60 年的历史气象数据，为桥梁温度作用地域差异性取值研究提供了充足的数据资料。我国基准气象站在1993年进行了一次测试设备和传感器的全面更换,采集的气象数据准确性较设备升级前有大幅提高。"国家气象科学数据中心"(http://data.cma.cn/)提供了全国基准气象站的长期气象数据。本书选取1993年至2015年的共计时长23年的历史气象数据进行桥梁温度作用取值的研究。

为区分站点类型,这里将基准气象站中提供太阳辐射数据的站点称为"辐射气象站",将无太阳辐射数据的站点称为"常规气象站"。常规气象站采集的数据包括日照时数、日最高气温、日最低气温和日平均风速等,辐射气象站除采集以上数据外,还提供水平面日太阳辐射总量、水平面直射辐射总量、水平面散射辐射总量等太阳辐射数据。由于时间跨度较长,有些气象站点经历过位置变动,导致收集到的基准气象站点数量增加至839个,对于辐射气象站,有31个气象站点数据长度较短,经剔除后,最终选择太阳辐射站点数为91个。除台湾地区、香港特别行政区和澳门特别行政区外,其他所有省级行政单位均有基准气象站点覆盖(表5-1)。

气象站数量统计 表5-1

区域	省级行政区	基准气象站	常规气象站	辐射气象站	区域	省级行政区	基准气象站	常规气象站	辐射气象站
华北	北京	3	2	1	华南	广东	37	35	2
华北	天津	3	2	1	华南	广西	26	23	3
华北	河北	21	20	1	华南	海南	8	5	3
华北	山西	28	25	3	华南	香港	0	0	0
华北	内蒙古	48	46	2	华南	澳门	0	0	0
东北	辽宁	33	30	3	西南	重庆	12	11	1
东北	吉林	29	27	2	西南	四川	42	35	7
东北	黑龙江	37	32	5	西南	贵州	34	33	1
华东	上海	1	0	1	西南	云南	34	29	5
华东	江苏	24	21	3	西南	西藏	29	26	3
华东	浙江	23	21	2	西北	陕西	36	33	3
华东	安徽	24	22	2	西北	甘肃	29	25	4
华东	福建	28	26	2	西北	宁夏	12	10	2
华东	江西	26	24	2	西北	青海	35	30	3
华东	山东	23	20	3	西北	新疆	66	55	11
华东	台湾	0	0	0					
华中	河南	20	17	3					
华中	湖北	32	30	2		基准气象站共计839个			
华中	湖南	36	33	3		其中:常规气象站748个,辐射气象站91个			

2)常规气象站的太阳辐射数据补充

辐射气象站提供了进行桥梁温度作用计算所需的太阳辐射、气温和风速等完整气象数据,常规气象站则缺少太阳辐射数据。为满足后续研究需要,须基于 748 个常规气象站点已有气象数据,对水平面日太阳辐射总量 H 数据进行补充。

(1) 日辐射预测经验模型

张青雯等搜集了 9 种具有代表性的经验日辐射模型,其中,包含了 6 种基于日照时数的经验模型和 3 种基于气温的经验模型。本书以我国西北地区 10 个辐射气象站为对象进行各经验模型的适用性对比,发现经过经验系数属地参数化后,基于日照时数的 Bahel 模型计算精度最高。该模型由 V. Bahel 于 1987 年提出,模型可靠性在全球 48 个国家或地区得到验证。因此,本书亦选择 Bahel 模型,根据每个辐射气象站点的历史气象数据进行属地参数化研究,进一步对常规气象站日太阳辐射总量数据进行补充。Bahel 模型的计算公式如下:

$$H = H_0 \left[k_1 + k_2 \left(\frac{N}{N_0}\right) + k_3 \left(\frac{N}{N_0}\right)^2 + k_4 \left(\frac{N}{N_0}\right)^3 \right] \tag{5-1}$$

$$H_0 = \frac{24}{\pi} G_{sc} \left[1 + 0.034\cos\left(\frac{2\pi n}{365}\right)\right](\omega_0 \sin l \sin\delta + \cos l \cos\delta \cos\omega_0) \tag{5-2}$$

$$\delta = 23.45\sin\left(360\frac{284+n}{365}\right) \tag{5-3}$$

$$\omega_0 = \arccos(-\tan l \tan\delta) \tag{5-4}$$

$$N_0 = \frac{24\omega_0}{\pi} \tag{5-5}$$

式中: H——日太阳辐射总量,MJ/m^2;

H_0——地外总辐射量,为一天中大气上界接收到的太阳辐射总量,MJ/m^2;

N——实际日照时数;

N_0——最大理论日照时数;

G_{sc}——太阳常数,MJ/m^2;

l——纬度,rad;

δ——太阳赤纬角,rad;

n——日序数;

ω_0——日出日落时的时角,rad;

k_1、k_2、k_3、k_4——经验系数,可根据当地实测日太阳辐射总量和日照时数回归确定,即经验系数的属地参数化分析。

采用 Bahel 模型对搜集到的 91 个辐射站 23 年的历史气象数据(日太阳辐射总量和实际日照时数)进行回归分析,可以得到 91 个辐射站 k_1、k_2、k_3、k_4 经验系数取值。选取我国建筑气候区划图中各区域具有代表性的 5 个城市:严寒地区的乌鲁木齐、寒冷地区的西安、夏热冬冷地区的上海、温和地区的昆明,以及夏热冬暖地区的广州。对比5个城市气象站点 H 的预测值与实测值,验证 Bahel 模型的适用性。从图5-1可以看到,模型预测值和实测值围绕在 $Y=X$ 附近分布,确定系数 R^2 均超过0.87,均方根误差 RMSE 最大仅为 3.23MJ/m^2,表明 Bahel 模型在各气候区均具有较好的适用性。

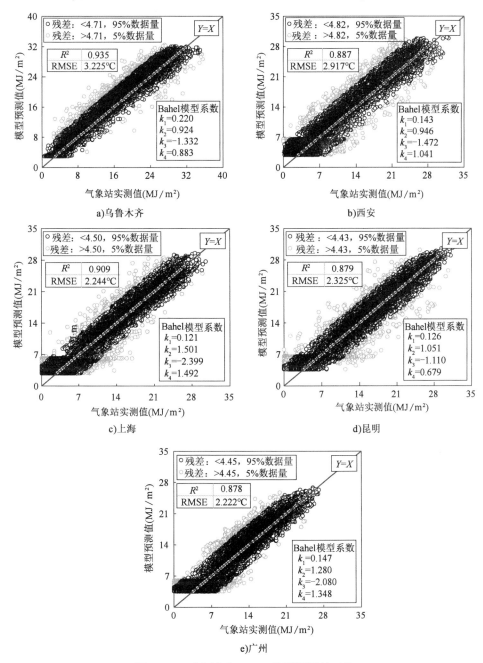

图5-1 H 实测值与 Bahel 模型预测值对比

进一步给出91个辐射站Bahel模型拟合的R^2和RMSE,如图5-2所示。其中,49.46%站点的R^2大于0.90。94.51%站点的R^2大于0.80。仅5.49%站点的R^2小于0.80。但最小的R^2仍大于0.75。RMSE的分布与R^2类似,超过90%的站点RMSE都小于3MJ/m^2。以上分析表明经过属地参数化的Bahel模型在我国范围内具有较好的适用性和可靠性,可有效预测全国各地的日太阳辐射总量。

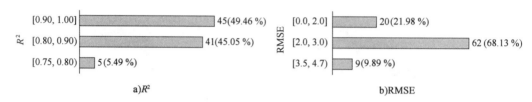

图5-2 全国91个辐射站Bahel模型适用性评价

（2）日太阳辐射总量数据补充

以上得到了全国各辐射气象站点经过属地参数化后的Bahel模型,共计91组经验系数。要采用这91组经验系数补充全国748个常规气象站的日太阳辐射总量,须将距离相近的常规气象站点分配至各辐射气象站点,以对应辐射气象站点的Bahel模型经验系数进行各常规气象站日太阳辐射总量的计算。

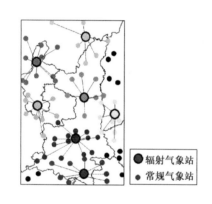

图5-3 辐射气象站与常规气象站的分配（以陕西省及其周边气象站为例）

采用最近距离判断方法,计算各常规气象站距离91个辐射气象站的距离,选择最近辐射气象站的Bahel经验模型计算该常规气象站的日太阳辐射总量,这样每一个辐射气象站将分配到若干个常规气象站（图5-3）,进而可以计算求出全国748个常规气象站1993年至2015年共23年的日太阳辐射总量数据。

5.2 基于气象相关性进行温度作用取值

5.2.1 气象相关性取值理论

1）气象因素参数分析

特定桥梁温度分布直接受到太阳辐射、气温和风速等气象参数的影响。以海黄大桥组合梁主梁竖向温度分布为例,研究太阳辐射、气温、风速等因素对 T_1、T_2、T_1'、T_2' 各温差(图 5-4)取值的影响规律。

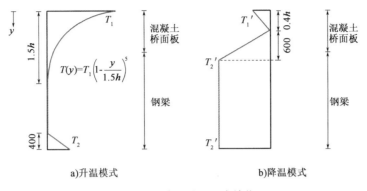

图 5-4　竖向温度分布(尺寸单位:mm)

(1) 太阳辐射的影响

组合梁的 4 个温差均随着太阳辐射强度的增加而线性增加(图 5-5),其中,T_1' 为降温在桥面板上形成的温差,受太阳辐射影响最小,最大变化仅为 0.92℃,而升温模式中顶底温差 T_1、T_2 和降温模式中温差 T_2' 变化幅度均较大,最大变化分别为 6.59℃、5.98℃和 5.02℃。

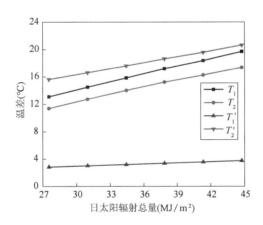

图 5-5　日太阳辐射总量对温差基数的影响

(2) 气温的影响

A 和 B 分别为日最大气温温差和日平均温度,T_1、T_2 基本随 A、B 呈线性增加(图 5-6),T_1'、T_2' 随 A 呈线性增加,而随 B 呈线性减小;由于沥青铺装的存在,日温差和日平均气温对梁顶温差 T_1 和 T_1' 影响较小,日温差的最大影响值分别为 0.99℃和1.71℃,日平均气温的最大影响值分别为 1.51℃、1.94℃;而对钢梁温差 T_2 和 T_2' 影响较大,日温差的最大影响值分别为 4.37℃和 6.99℃,日平均气温的最大影响值分别为11.39℃和 8.54℃。

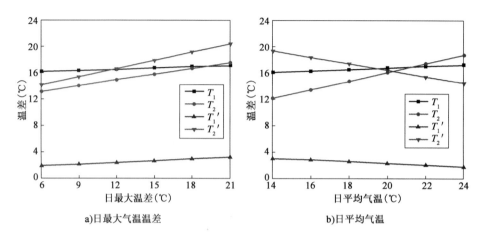

a) 日最大气温温差

b) 日平均气温

图 5-6　气温对温差基数的影响

（3）风速的影响

风速对主梁温度场的影响主要体现在边界对流换热系数上。T_1、T_2 和 T_2' 随着风速的增加而大幅减小（图 5-7），最大变化值达到 9.63℃、11.55℃ 和 5.66℃；夜晚时，风速增大会降低桥面板顶部温度，但由于沥青铺装的存在，T_1' 随着风速的增加变化非常缓慢，当风速超过 3m/s 时，T_1' 的变化趋势可以忽略不计。

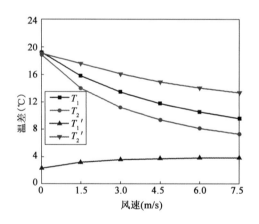

图 5-7　风速对温差基数的影响

2）气象相关性取值方式

不同地域间气象条件的差异性可通过气象站历史气象数据来反映，通过建立温度作用与气象参数间的相关关系则可以在温度作用取值中充分利用长期历史气象数据。值得注意的是，现有桥梁有效温度作用计算公式仅考虑了气温这一气象参数，并未引入太阳辐射的影响。已有研究表明，太阳辐射对混凝土梁有效温度的影响较小，但对钢梁有效温度的影响不可忽视，对于钢-混凝土组合梁，相关的结论并不明确。因此，在建立钢桥和组合梁有效温度作用的计算公式前,还应对太阳辐射的影响程度进行充分的研究。

3)气象相关性公式

气象数据具有周期长、数量多且易于获取等特点,可作为桥梁温度作用取值的重要基础数据。气象相关性公式是进行长期温度作用快速计算的有效方法,在桥梁结构形式确定的情况下,温度作用取值由气象参数直接决定。基于气象参数进行温度作用取值为经验方法,要形成理想的经验公式需综合太阳辐射强度、气温变化、风速、桥位经纬度、方位角、太阳相关角度等参数,而实际工程在设计计算时一般都以特定时刻最不利温差作用作为设计控制作用。因此,在桥型确定的情况下,一般仅考虑太阳辐射、气温和风速等基本气象因素。

(1)有效温度

表5-2汇总了现有文献中关于桥梁有效温度取值的经验公式,表中 $T_{e,\max}$ 和 $T_{e,\min}$ 分别为最高和最低有效温度,$T_{a,N}$ 为当日夜晚最低气温,$T_{a,S}$ 为前日白天最高遮阴处气温,$T_{a,\max}$ 和 $T_{a,\min}$ 分别为最高和最低气温,并给出了相应的主梁形式、测试时间和测试地区。Chang 在韩国首尔对一组合钢箱梁进行了连续31个月的温度测试,发现有效温度 T_e 的最大峰值总是出现在夏季 15:00~17:00 气温最大峰值几小时后,最小峰值总是出现在冬季黎明前后;Lucas 对法国诺曼底大桥的钢箱梁进行了为期34个月的温度场测试,发现钢箱梁均匀温度最大值与日最高气温相关性较好但有一定的温差,该温差主要来自太阳辐射的影响,从而提出了考虑日最高气温和日太阳辐射总量的经验计算公式;Abid 在对混凝土箱梁足尺模型连续测试14个月的基础上,提出了箱梁日均匀温度最值与日气温最值的线性相关公式。Emerson 在英国开展了5座桥梁为期3.5年的温度测试,并基于大量的实测数据建立了计算组合梁日有效温度最值的经验公式,认为组合梁的日最低有效温度与当日夜晚最低气温和前日白天最高遮阴处气温两者的均值有明显的线性关系。Emerson 并未建立组合梁日最高有效温度的直接预测公式,而是通过日最低有效温度加上有效温度日最大变化幅值来确定组合梁的日最高有效温度。英国 BS5400 规范对 Emerson 研究成果进行了调整并简化了 Emerson 的计算公式,给出了遮阴处气温和有效温度对应的列表形式。Imbsen 等基于美国气象环境多样性的特点,对 Emerson 和英国 BS5400 的结论进行外推,同样给出了适用于美国温度范围的常规气温和极端有效温度的对应列表。

有效温度气象相关性预测公式　　　　表 5-2

来源	有效温度类型	主梁类型	气象相关公式	适用地区
Chang	日有效温度最值	钢-混组合梁	$T_e = 1.03 T_a + 0.681$	英国
Lucas	日有效温度最值	钢梁	最高：$T_{e,\max} = T_{a,\max} + 0.0017 I$ 最低：$T_{e,\min} = T_{a,\min}$	法国
Abid	日有效温度最值	混凝土梁	最高：$T_{e,\max} = 1.1 T_{a,\max} + 0.17$ 最低：$T_{e,\min} = 1.06 T_{a,\min} + 6.54$	土耳其
Emerson	日有效温度最值	钢-混组合梁	最高：$T_{e,\max} = T_{e,\min} + 12$ 最低：$T_{e,\min} = 0.565(T_{a,S} + T_{a,N}) - 2.1$	英国
Imbsen	极端有效温度	钢-混组合梁	最高：$T_{e,\max} = -0.0003 T_{a,\max}^3 + 0.0146 T_{a,\max}^2 + 0.7385 T_{a,\max} + 9.7962$ 最低：$T_{e,\min} = -0.0001 T_{a,\min}^3 + 0.0038 T_{a,\min}^2 + 0.9476 T_{a,\min} + 0.3955$	美国
Kuppa	极端有效温度	钢-混组合梁	最高：$T_{e,\max} = 0.254 \sum_{i=1}^{4} T_{a,\max i} + 3.878$ 最低：$T_{e,\min} = 0.274 \sum_{i=1}^{4} T_{a,\min i} + 6.740$	美国
BS5400	极端有效温度	钢-混组合梁	最高：表格形式（数据有台阶，无法拟合） 最低：表格形式（数据有台阶，无法拟合）	英国
Eurocode 1	极端有效温度	钢梁	最高：$T_{e,\max} = T_{a,\max} + 16$ 最低：$T_{e,\min} = T_{a,\min} - 3$	欧洲
Eurocode 1	极端有效温度	钢-混组合梁	最高：$T_{e,\max} = T_{a,\max} + 4$ 最低：$T_{e,\min} = T_{a,\min} + 4$	欧洲
Eurocode 1	极端有效温度	混凝土梁	最高：$T_{e,\max} = T_{a,\max} + 2$ 最低：$T_{e,\min} = T_{a,\min} + 8$	欧洲

续上表

来源	有效温度类型		主梁类型	气象相关公式	适用地区
澳大利亚桥梁规范	极端有效温度	最高	钢-混组合梁	$T_{e,\max} = 0.0004 T_{a,\max}^3 - 0.0420 T_{a,\max}^2 + 2.0875 T_{a,\max} + 10.5130$	澳大利亚
		最低		$T_{e,\min} = -0.0015 T_{a,\min}^3 + 0.0185 T_{a,\min}^2 + 0.6481 T_{a,\min} + 0.2099$	
JTG D60—2015	极端有效温度	最高	钢桥	$T_{e,\max} = 38 + 0.5(T_{a,\max} - 20)$	中国
		最低		$T_{e,\min} = -0.148 + 1.099 T_{a,\min}$	
	极端有效温度	最高	钢-混组合梁	$T_{e,\max} = 28.23 + 0.964(T_{a,\max} - 20)$	
		最低		$T_{e,\min} = -0.120 + 0.826 T_{a,\min}$	
	极端有效温度	最高	混凝土桥、石桥	$T_{e,\max} = 24.14 + 0.714(T_{a,\max} - 20)$	
		最低		$T_{e,\min} = 1.171 + 0.633 T_{a,\min}$	

欧洲规范 Eurocode 1 继承了英国 BS5400 温度作用的大部分条款,在其基础上对有效温度作用取值方式进行了简化,认为不同类型桥梁最高和最低有效温度可取最高或最低遮阴处气温进行修正。澳大利亚桥梁规范以列表的形式给出了遮阴处气温和组合梁有效温度的关系。《公路桥涵设计通用规范》(JTG D60—2015)根据气候区划图选取桥梁的有效温度取值,同时在附录中给出了有效温度和气温的关系式。可以看到,桥梁结构的均匀温度一般与气温参数线性相关,斜率取值接近于 1。均匀温度作用为由年温变化引起的长期温度作用,混凝土桥梁的导热性能差,一般认为截面有效温度升高主要由气温变化引起,经验公式一般仅选择气温参数;纯钢结构桥梁,导热性能好,太阳辐射的作用下有效温度会有较明显的上升,经验公式中还需加入太阳辐射参数;对于组合结构桥梁,则介于以上两者之间,太阳辐射是否考虑可根据实际情况进行选择。

图 5-8 对比了表 5-2 中各有效温度的计算方法,其中 Emerson 方法的横坐标取 $(T_{a,S} + T_{a,N})/2$,Kuppa 方法中横坐标气温分别取 $\sum_{i=1}^{4} T_{a,\max i}/4$ 和 $\sum_{i=1}^{4} T_{a,\min i}/4$,其中,$T_{a,\max i}$ 和 $T_{a,\min i}$ 分别为第 i 天的最高和最低气温。可以看到,各种方法确定的桥梁最高有效温度中仅 Imbsen 方法在极端高温时略低于气温值,其余均高于对应气温,其中澳大利亚桥梁规范的规定最为保守。相比于最高有效温度,各种计算方法得到的最低有效温度曲线更为

接近,除 Emerson 方法和澳大利亚桥梁规范在确定桥梁最低有效温度时低于气温外,其余方法均高于最低气温。

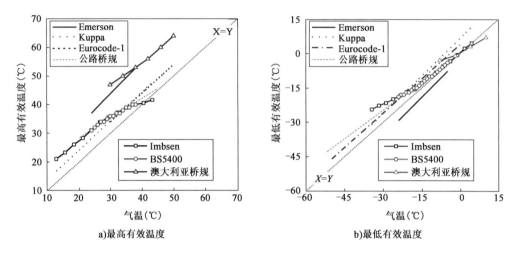

图 5-8 组合梁有效温度的简化计算方法对比

(2) 截面温差作用

表 5-3 列出了现有文献中有关桥梁截面温差取值的经验公式,以及主梁形式、测试时间和测试地区。Potgieter 等采用一维有限差分法,给出了圣安东尼奥地区混凝土箱梁顶部温差的经验公式。Roberts-Wollman 通过 28 个月混凝土箱梁温度实测发现,腹板温度最低值与三日平均气温 $T_{3\text{-avg}}$ 的取值近乎相等,基于此对 Potgieter 的公式进行了修正。Lee 等对美国亚特兰大市一混凝土预制 I 形梁进行了连续 1 年的温度测试,结合二维有限元数值模拟,提出了考虑日太阳辐射总量 I、气温(日最高气温 $T_{a,\max}$、日最低气温 $T_{a,\min}$)和风速 v 的顶部竖向温差经验预测公式,能更准确地预测预制混凝土 I 形梁的截面温差;Lee 等认为横向温差与太阳辐射总量 I 和日温差 TV 均为线性关系,同时在公式中考虑了日序数 N 引起的太阳入射角的影响,计算公式达到了良好的预测效果。Abid 对土耳其一混凝土箱梁足尺模型进行了为期 14 个月的温度测试,同时采集了模型处太阳辐射、气温和风速足时数据,通过逐步回归法给出了箱梁顶部温差、顶底板横向温差的经验预测公式。Lucas 通过实测给出了法国诺曼底大桥钢箱梁竖向线性温差的经验公式,该公式仅考虑了太阳辐射的影响。

以上学者均将太阳辐射和大气温差作为主要参数,提出了适用于特定地区和桥型的桥梁截面温差经验预测公式,各公式的普适性有待进一步检验。同时,以上研究主要针对混凝土桥梁,对于钢桥和组合结构桥梁尚未有学者提出明确的气象相关性预测公式。

截面温差取值经验公式　　　表 5-3

文献来源	温差类型	经验公式	主梁形式	测试时间	地区	符号说明
Potgieter	顶部竖向温差 无沥青铺装	$\Delta T_z = 28.2\left(\dfrac{I\alpha}{29089} - 0.7\right) + 0.342(TV - 11.1) + [23.3 - 4.84v + 0771v^2 - 0.088v^3 + 0.00463v^4]$	混凝土箱梁	—	美国，伊利诺伊州	ΔT_z——顶部温差；$\Delta T_{y,top}$——顶板横向温差；I——日太阳辐射总量；TV——日大气温差；v——风速；α——桥面顶面吸收率；T_{max},T_{min}——分别为日最高、最低气温；$T_{3\text{-avg}}$——3 天日平均气温；n——日序数；I_s,V,N——分别为太阳辐射、风速和日序数的函数
	有 50 mm 沥青铺装	$\Delta T_z = 18.5\left(\dfrac{I\alpha}{29809} - 0.9\right) + 0.163(TV - 11.1) + [27.5 - 4.9v + 0.844v^2 - 0.098v^3 + 0.00515v^4]$				
Roberts-Wollman	顶部竖向温差	$\Delta T_z = 0.9(T_{a,max} - T_{3\text{-avg}}) + 0.56(I - 12)$	混凝土箱梁	1992.07—1994.11	美国，得克萨斯州	
Lee	顶部竖向温差	$\Delta T_z = \dfrac{3}{4}I + \dfrac{1}{15}(T_{max} - 2T_{min}) - (0.37 + 2.93v - 0.25v^2 + 0.008v^3)$	混凝土 I 形梁	2009.04—2010.03	美国，佐治亚州	
	顶板横向温差	$\Delta T_{y,top} = I\left[0.35\cos\left(\dfrac{360n}{365}\right) + 0.55\right] + 0.2TV - (0.93 + 0.63v - 0.04v^2 + 0.001v^3)$				
Abid	顶部竖向温差	$\Delta T_z = 2.57 + 0.181TV + (0.534I - 0.00269I^2) - (1.32v - 0.208v^2)$	混凝土箱梁	2013.05—2014.07	土耳其，加济安泰普省	
	顶板横向温差	$\Delta T_{y,top} = 10.21 + 0.591TV + I_s + V + N$				
Lucas	竖向线性温差	$\Delta T_z = 0.003I$	扁平钢箱梁	1996.02—1998.12	法国，诺曼底	

5.2.2　钢-混凝土组合梁桥温度作用的气象相关性公式

以组合梁为例，介绍气象相关性公式的建立方法。

1）公式形式确定

组合梁桥由钢和混凝土两种材料组成，其中，钢受到日照作用的影响升温迅速，受到气温下降的影响而降温速度明显，因此，建立组合梁桥有效温度气象相关性经验公式时，需要考虑太阳辐射和日气温温差分别对日最高和最低有效温度的影响。通过反复试算，兼顾预测结果的准确性和经验公式的简洁性,确定了组合梁桥日最高有效温度 $T_{e,max}$(单位:℃)可由日最高气温 $T_{a,max}$(单位:℃)和日太阳辐射总量 H(单位:MJ/m²)按式(5-6)的形式进行计算,组合梁桥日最低有效温度 $T_{e,min}$(单位:℃)可由日最低气温 $T_{a,min}$(单位:℃)和日气温温差 TV(单位:℃)按式(5-7)的形式进行计算。

$$T_{e,max} = c_1 T_{a,max} + c_2 H + c_3 \tag{5-6}$$

$$T_{e,min} = c_1 T_{a,min} + c_2 TV + c_3 \tag{5-7}$$

式中:c_1、c_2、c_3——待定系数。

已有学者在建立桥梁截面温差的气象相关性公式时,通常考虑太阳辐射、日气温温差和风速的影响,但通常采用三者连和的形式作为气象相关性公式的基本形式。这种形式即假定了太阳辐射、气温和风速之间相互独立作用,与温度场受环境因素影响的本身规律不一致。因此,本书在建立组合梁桥各温度梯度模式中温差的日极值气象相关性公式时,除了考虑上述的三个主要影响因素外,还采用气温和太阳辐射因素连和,然后再整体与风速因素连乘的形式,这样可以更有效地考虑风速变化对气温和太阳辐射引起桥梁温度变化的缓解作用,经验公式的具体形式见式(5-8)。

$$T_{h,max}(\text{或 }\Delta T) = (c_1 H + c_2 TV)(c_3 v^3 + c_4 v^2 + c_5 v + 1) \tag{5-8}$$

式中:ΔT——温度梯度升温模式1、升温模式2和降温模式中的各温差(℃);

v——日平均风速(m/s);

H——日太阳辐射总量(MJ/m²);

TV——日气温温差(℃);

$c_1 \sim c_5$——待定系数。

2)待定系数拟合

确定了组合梁桥各温度作用日极值气象相关性公式的基本形式后,基于组合梁各温度作用23年的日极值数据和对应的日太阳辐射总量、日最高/最低气温、日气温温差和日平均风速等气象参数数据,采用 Matlab 程序对式(5-6)~式(5-8)的待定系数进行拟合,即可得到温度作用气象相关性公式。为验证公式在不同地区的适用性,根据我国建筑气候区划图,选取严寒地区的乌鲁木齐(站点编号:51463)、寒冷地区的西安(泾河)(站点编号:57131)、夏热冬冷地区的上海(站点编号:58362)、温和地区的昆明(站点编号:56778),以及夏热冬暖地区的广州(站点编号:59287)5个城市辐射气象站点为代表,采用第4章图4-55中给出的组合梁温度梯度模式,5个站点各温度作用气象相关性公式中待定参数的拟合结果见表5-4~表5-7。

有效温度气象相关性公式待定系数　　　　　　　　　　　　　　　表 5-4

气候区划	典型城市	$T_{e,max}$			$T_{e,min}$		
		c_1	c_2	c_3	c_1	c_2	c_3
气象相关性公式形式		$T_{e,max} = c_1 T_{a,max} + c_2 H + c_3$			$T_{e,min} = c_1 T_{a,min} + c_2 TV + c_3$		
严寒地区	乌鲁木齐	0.896	0.172	1.714	0.938	0.158	−0.471
寒冷地区	西安(泾河)	0.406	0.434	11.826	0.953	0.164	0.794
夏热冬冷地区	上海	0.903	0.163	2.465	0.920	0.148	1.519
温和地区	昆明	0.845	0.176	3.227	1.008	0.235	0.092
夏热冬暖地区	广州	0.916	0.155	2.487	0.938	0.158	−0.471

温度梯度升温模式 1 气象相关性公式待定系数　　　　　　　　　　　表 5-5

温差	气候区划	典型城市	c_1	c_2	c_3	c_4	c_5
	气象相关性公式形式		ΔT_{h1-1} (或 ΔT_{h1-2}) $= (c_1 H + c_2 TV)(c_3 v^3 + c_4 v^2 + c_5 v + 1)$				
ΔT_{h1-1}	严寒地区	乌鲁木齐	0.758	0.030	−0.00150	0.028	−0.202
	寒冷地区	西安(泾河)	0.636	0.033	−0.00079	0.016	−0.123
	夏热冬冷地区	上海	0.651	−0.020	−0.00003	0.005	−0.093
	温和地区	昆明	0.674	0.024	−0.00109	0.019	−0.147
	夏热冬暖地区	广州	0.651	0.028	−0.00115	0.018	−0.135
ΔT_{h1-2}	严寒地区	乌鲁木齐	0.0098	0.0024	0.00001	0.0034	−0.076
	寒冷地区	西安(泾河)	0.011	0.000	0.00066	−0.004	0.032
	夏热冬冷地区	上海	0.012	0.005	−0.00042	0.011	−0.116
	温和地区	昆明	0.013	0.006	−0.00052	0.013	−0.130
	夏热冬暖地区	广州	0.012	0.006	−0.00111	0.018	−0.139

温度梯度升温模式 2 气象相关性公式待定系数　　　　　　　　　　　表 5-6

温差	气候区划	典型城市	c_1	c_2	c_3	c_4	c_5
	气象相关性公式形式		ΔT_{h2-1} (或 ΔT_{h2-2}) $= (c_1 H + c_2 TV)(c_3 v^3 + c_4 v^2 + c_5 v + 1)$				
ΔT_{h2-1}	严寒地区	乌鲁木齐	0.3341	0.1397	0.001823	0.0165	−0.0277
	寒冷地区	西安(泾河)	0.4257	0.0638	−0.002133	0.0135	−0.0231
	夏热冬冷地区	上海	0.3235	0.1612	0.001298	−0.0147	0.0109
	温和地区	昆明	0.3771	0.1393	−0.001441	0.0127	−0.0698
	夏热冬暖地区	广州	0.3598	0.1382	0.000474	−0.0049	−0.0267

续上表

温差	气候区划	典型城市	c_1	c_2	c_3	c_4	c_5
$\Delta T_{h2\text{-}2}$-中梁	严寒地区	乌鲁木齐	-0.0535	0.1853	0.001413	-0.0390	0.3597
	寒冷地区	西安(泾河)	0.0321	0.0900	-0.003808	0.0240	0.1056
	夏热冬冷地区	上海	-0.0655	0.2460	0.001083	-0.0239	0.1898
	温和地区	昆明	-0.0647	0.2126	0.005801	-0.0584	0.3329
	夏热冬暖地区	广州	-0.0729	0.2327	0.002461	-0.0431	0.2824
$\Delta T_{h2\text{-}2}$-边梁	严寒地区	乌鲁木齐	1.5497	0.6409	-0.004753	0.0530	-0.2371
	寒冷地区	西安(泾河)	0.9407	0.2472	-0.004706	0.0365	-0.1184
	夏热冬冷地区	上海	0.4442	0.6949	-0.001853	0.0254	-0.1641
	温和地区	昆明	0.0695	0.4707	-0.007281	0.0624	-0.2082
	夏热冬暖地区	广州	-0.0150	0.4051	0.000584	-0.0052	-0.0228

温度梯度降温模式气象相关性公式待定系数　　表 5-7

温差	气候区划	典型城市	c_1	c_2	c_3	c_4	c_5
气象相关性公式形式			\multicolumn{5}{c}{$\Delta T_{c\text{-}1}$(或 $\Delta T_{c\text{-}2}$) = $(c_1 H + c_2 TV)(c_3 v^3 + c_4 v^2 + c_5 v + 1)$}
$\Delta T_{c\text{-}1}$	严寒地区	乌鲁木齐	0.0124	0.0808	0.002123	-0.0453	0.3620
	寒冷地区	西安(泾河)	0.0305	0.0899	-0.001445	0.0108	0.0315
	夏热冬冷地区	上海	0.0073	0.0880	0.002535	-0.0443	0.3192
	温和地区	昆明	0.0089	0.1039	0.002296	-0.0318	0.1901
	夏热冬暖地区	广州	0.0072	0.1029	0.002397	-0.0393	0.2448
$\Delta T_{c\text{-}2}$	严寒地区	乌鲁木齐	0.0677	0.4264	0.000137	-0.0002	-0.0321
	寒冷地区	西安(泾河)	0.1190	0.3489	-0.001177	0.0167	-0.0918
	夏热冬冷地区	上海	0.0362	0.4345	0.000452	-0.0043	-0.0205
	温和地区	昆明	0.0415	0.4966	0.000084	0.0052	-0.0882
	夏热冬暖地区	广州	0.0323	0.4814	0.000648	-0.0049	-0.0400

3)温度作用气象相关性公式验证

图 5-9 对比了西安(泾河)站点各温度作用公式计算值和有限元计算值,可知各温度作用的公式和有限元计算值均在 $Y = X$ 附近分布,各确定系数 R^2 均大于 0.9,均方根误差小于 1.060℃,说明拟合得到组合梁桥温度作用气象相关性公式计算结果可靠。

限于篇幅,乌鲁木齐、上海、昆明和广州各站点温度作用公式和有限元计算值对比散点图不再给出。表 5-8 计算了全国 91 个辐射气象站点各温度作用气象相关性公式可靠

性评价指标 R^2 和 RMSE,足以表明,本书建立的气象相关性计算公式和拟合得到的待定系数计算组合梁桥各温度作用具有普遍的有效性和可靠性。

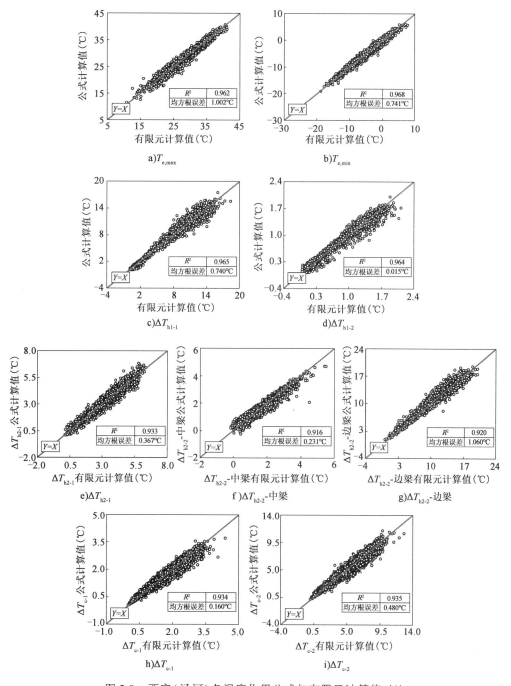

图 5-9 西安(泾河)各温度作用公式与有限元计算值对比

全国 91 个辐射气象站点各温度作用气象相关性公式可靠性评价指标　　表 5-8

温度作用	R^2 区间(%)			RMSE 区间	
	[0.8,0.85)	[0.85,0.95)	[0.95,1]	范围	评价
$T_{e,max}$	0.00	8.79	91.21	[0.487,2.223]	小于1.71℃的占96.7%
$T_{e,min}$	0.00	23.08	76.92	[0.478,2.216]	小于1.69℃的占96.7%
$\Delta T_{h1\text{-}1}$	0.00	12.09	87.91	[0.269,1.970]	小于1.46℃的占95.6%
$\Delta T_{h1\text{-}2}$	0.00	18.68	81.32	[0.028,0.463]	小于0.06℃的占98.9%
$\Delta T_{h2\text{-}1}$	0.00	4.40	95.60	[0.069,0.752]	小于0.55℃的占98.9%
$\Delta T_{h2\text{-}2}$-中梁	14.29	52.75	32.97	[0.100,1.051]	小于0.77℃的占97.8%
$\Delta T_{h2\text{-}2}$-边梁	15.38	81.32	3.30	[0.118,3.301]	小于2.35℃的占95.6%
$\Delta T_{c\text{-}1}$	5.49	87.91	6.59	[0.107,0.490]	小于0.38℃的占98.9%
$\Delta T_{c\text{-}2}$	2.20	92.31	5.49	[0.303,1.777]	小于1.34℃的占98.9%

5.3 基于极值分析理论进行温度作用取值

5.3.1 可靠度与极值分析理论

在极值统计研究的问题中,首先是建立一个极值的数学模型,如果已知观测数据所服从的分布(称为底分布),就可以得到最大值和最小值的精确模型,但在大多数情况下,观测数据服从的分布是未知的,只能得到极值的渐近分布,而非精确分布。极值统计理论就是为观测到的基于某个样本量的极值建立一个概率模型,而样本必须具备以下基本条件:

(1)观测对象是随机变量;

(2)随机变量的底分布应保持不变,或者如果有任何变化,应该可以经数据变换减少这种变化带来的影响;

(3)观测到的极值(不是观测数据本身)是独立的,否则需对模型进行相应的修正。

常用的极值分析方法包括区组计算方法和超阈值计算方法,分别对应的极值模型为广义极值分布(generalized extreme value distribution,GEV 分布)和广义帕累托分布(generalized Pareto distribution,GP 分布)。

1) 区组模型——广义极值分布(GEV 分布)

Fisher-Tippett 极值类型定理:设 $X_1,X_2,X_3,\cdots,X_n$ 是独立同分布的随机变量序列,如果存在常数列 $a_n>0$ 和 b_n 使得:

$$\lim_{n\to\infty}\Pr\left(\frac{M_n-b_n}{a_n}\leqslant x\right)=H(x)\quad(x\in R) \tag{5-9}$$

成立,其中 M_n 为随机变量的最大值,$H(x)$ 是非退化的分布函数,那么 $H(x)$ 必属于下列 3 种极值分布之一:

极值Ⅰ型分布(Gumbel 分布):

$$H_1(x)=\exp(-\mathrm{e}^{-x}),-\infty<x<+\infty \tag{5-10}$$

极值Ⅱ型分布(Fréchet 分布):

$$H_2(x;\alpha)=\begin{cases}0,x\leqslant 0,&\alpha>0\\ \exp(-x^{-\alpha}),&x>0\end{cases} \tag{5-11}$$

极值Ⅲ型分布(Weibull 分布):

$$H_3(x;\alpha)=\begin{cases}\exp[-(-x)^{-\alpha}],&x\leqslant 0\\ 1,&x>0,\alpha>0\end{cases} \tag{5-12}$$

引进位置参数 μ、尺度参数 σ 和形状参数 k,则上述 3 种类型的极值分布可采用统一广义极值分布表示:

$$H_{\mathrm{GEV}}(x;\mu,\sigma,k)=\exp\left[-\left(1+k\frac{x-\mu}{\sigma}\right)^{-1/k}\right],1+k(x-\mu)/\sigma>0 \tag{5-13}$$

式中,$H_{\mathrm{GEV}}(x;\mu,\sigma,k)$ 为广义极值分布的累积分布函数(cumulative distribution function,CDF)。当 $k=0$ 时,$H_{\mathrm{GEV}}(x;\mu,\sigma,k)$ 表示极值Ⅰ型分布;当 $k>0$ 时,取 $\alpha=1/k$,$H_{\mathrm{GEV}}(x;\mu,\sigma,k)$ 对应于极值Ⅱ型分布;当 $k<0$ 时,取 $\alpha=-1/k$,$H_{\mathrm{GEV}}(x;\mu,\sigma,k)$ 对应于极值Ⅲ型分布。根据式(5-13),GEV 分布的概率密度函数(Probability Density Function,PDF)为:

$$h_{\mathrm{GEV}}(x;\mu,\sigma,k)=\frac{1}{\sigma}H_{\mathrm{GEV}}(x;\mu,\sigma,k)$$

$$\left(1+k\frac{x-\mu}{\sigma}\right)^{-(1+1/k)},1+k(x-\mu)/\sigma>0 \tag{5-14}$$

GEV 分布为典型的单峰分布,3 种极值类型的概率密度函数和累积分布函数见图 5-10。

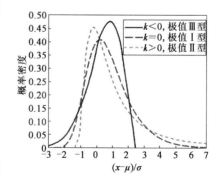

图 5-10 GEV 分布概率密度函数示意图

2) 超阈值模型——广义帕累托分布(GP 分布)

假定 X_1、X_2、$X_3 \cdots X_n$ 是独立同分布的随机变量序列,其最大值为 $x_{\max}$,则存在某个阈值 $u < x_{\max}$,使得所有超出阈值 u 的样本近似服从广义帕累托分布(GP 分布),其累计分布函数为:

$$H_{GP}(x;u,\sigma,k) = 1 - \left(1 + k\frac{x-u}{\sigma}\right)^{-1/k} \quad [x \geqslant u \text{ 且 } 1 + k(x-u)/\sigma > 0] \quad (5\text{-}15)$$

式中:$H_{GP}(x;u,\sigma,k)$——广义帕累托分布的累积分布函数;

u——阈值,同样也为 GP 分布的位置参数;

σ 和 k——分别为尺度参数和形状参数。

对应于 GEV 分布,GP 分布同样存在 3 种类型,当 $k=0$、$k>0$ 和 $k<0$ 时,$H_{GP}(x;u,\sigma,k)$ 分别对应于帕累托I型、II型和III型分布。根据式(5-15),GP 分布的概率密度函数为:

$$h_{GP}(x;u,\sigma,k) = \frac{1}{\sigma}\left(1 + k\frac{x-u}{\sigma}\right)^{-1/k-1}$$

$$[x \geqslant u \text{ 且 } 1 + k(x-u)/\sigma > 0] \quad (5\text{-}16)$$

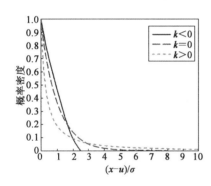

图 5-11 GP 分布概率密度函数示意图

GP 分布是一种右偏态分布。图 5-11 给出了 3 种类型帕累托分布的概率密度函数和累积分布函数的基本形状。

3) 重现期与分位数

从统计的角度上讲,桥梁在寿命周期内温度作用可能达到最大值会超过桥梁温度作用的实测最大值,这种统计意义上一般采用重现期来表述,相应的极值称为一定重现期内的温度作用代表值。

对于温度作用 T,概率密度函数 $h(T)$ 已知时,桥梁温度作用代表值 T_r 可按式(5-17)计算:

$$p = \Pr(T > T_p) = 1 - H(T_p) = \int_{T_p}^{+\infty} h(T)\mathrm{d}T \quad (5\text{-}17)$$

式中:p——超越概率,即温度作用超过温度作用代表值的概率,可根据温度作用重现期计算。假定温度作用 T 的重现期为 N 年,根据定义:

$$p = \frac{1}{Nn_y} \quad (5\text{-}18)$$

式中:n_y 为温度作用在 1 年中可取的样本数据的数量。根据式(5-17),则:

$$H(T_p) = 1 - p \quad (5\text{-}19)$$

对于区组模型的 GEV 分布,可将累积分布函数 $H_{GEV}(T;\mu,\sigma,k)$ 带入式(5-17),则可得到重现期为 N 年的温度作用代表值为:

$$T_p = \begin{cases} \mu - \sigma \ln[-\ln(1-p)] & (极值 I 型分布) \\ \mu - \dfrac{\sigma}{k}\{1-[-\ln(1-p)]^{-k}\} & (极值 II 和 III 型分布) \end{cases} \quad (5\text{-}20)$$

超阈值模型的 GP 分布为条件分布,计算代表值时先要计算条件概率。如果选定的阈值足够大,超出量可以假定满足泊松分布,则可求得 N 年重现期的温度作用代表值为:

$$T_p = \begin{cases} u - \sigma \ln p & (帕累托 I 型分布) \\ u - \dfrac{\sigma}{k}(1-p^{-k}) & (帕累托 II 和 III 型分布) \end{cases} \quad (5\text{-}21)$$

4) 两种极值模型的对比

用区组模型进行极值分析的一般步骤为:假设待分析的观测值序列为 $x_1,x_2,\cdots,x_n$,将其平均分成长度为 m 的 k 组,从每组中取出一个最大值形成新的序列 $z_1,z_2,\cdots,z_k$,只要 m 足够大,即使 $x_1,x_2,\cdots,x_n$ 是一个随时间相关的序列,$z_1,z_2,\cdots,z_k$ 数据之间的相关性可以忽略,即可以近似看成是来自 GEV 分布的一个独立同分布观测,通过分布拟合得到 GEV 分布的位置参数 μ、尺度参数 σ 和形状参数 k,进一步根据式(5-20)即可得到观测值在重现期 N 年的代表值。如果 $x_1,x_2,\cdots,x_n$ 表示每天的观测值,区组长度一般取一年,即 $m=365$,$z_1,z_2,\cdots,z_k$ 则为年最大值。通常基于 k 个年最大值建立的区组模型一般是可以接受的,但这种建模方式对观测数据的利用率不高,可能存在一组数据比另外一组数据包含更多的极值信息。

基于超阈值模型进行极值分析提供了另一种理论方法。与区组模型不同,超阈值模型研究的对象是一系列观测值的超出值,即给定一个阈值,所有大于阈值的观测值近似服从 GP 分布,其对样本数据独立同分布的要求较区组模型更低,一般可以取日极值数据。表 5-9 简单对比了区组模型和超阈值模型的特点,由于超阈值模型具有保留更多观测值极值信息的优势,在极值分析中更多采用。

区组模型和超阈值模型对比 表 5-9

项目	区组模型	超阈值模型
概率分布函数	广义极值分布(GEV 分布)	广义帕累托分布(GP 分布)
极值模型示意图		

续上表

项目	区组模型	超阈值模型
分析重点	划分合理的区间(一般区间为1a)	选取合适的阈值(保证超出值的数据量)
用于极值分析的数据	区间极值	超出值
总样本数据利用率	数据利用率低	数据利用率高

5)样本数据处理方法

(1)样本去相关性分析

桥梁结构温度作用是随时间连续变化的相关序列,属于随机过程范畴,而非随机变量。温度作用存在明显日周期和年周期,在日周期内的各时刻和年周期内的各天均存在显著的相关性。极值分析方法是针对相互对立的随机变量计算,若要采用极值分析方法进行温度作用代表值计算,需要对温度作用的时间相关序列进行去相关性分析。

极值分析得到的是极值,故可以先求得日极值,以去除日周期内数据的相关性。对于年周期内的相关性,Barsotti 和 Lucas 等认为桥梁温度作用应该分解为由季节变化引起的确定性部分和由桥位气候、环境等因素引起的随机性部分,确定性部分可以通过傅立叶函数表示,随机性部分则基本满足独立同分布的要求,可以直接用于极值模型的建立。

(2)区组模型最优区组长度确定

由于温度作用的实测日最值数据在短时间内具有一定的相关性,为非平稳的时间序列,难以视为随机变量进行统计分析,需要在不同区间内取值并通过判断序列的自相关系数来确定时间序列是否可视为平稳序列,自相关系数可按式(5-22)计算:

$$R(TL) = \sum_{i=1}^{n-TL} \frac{(x_i - \mu)(x_{i+TL} - \mu)}{\sum_{i=1}^{n}(x_i - \mu)} \tag{5-22}$$

式中:n——区组个数;

x_i——时间序列在 $t(i)$ 时的取值;

x_{i+TL}——时间序列在 $t(i+TL)$ 时的取值;

TL——时间间隔;

μ——时间序列的平均值。通常自相关系数足够小时,可视时间序列为平稳序列,即可采用随机变量的统计方法进行分析。

(3)超阈值模型最优阈值确定

对于最优阈值的选取,目前已经建立了平均剩余寿命图法和峰度法等多种方法。平均剩余寿命图法概念明确,操作简单,在广义帕累托分布参数估计中广泛应用。因此,本书采用平均剩余寿命图法进行最优阈值的选取。定义平均超出量函数(Mean Excess Function,MEF)为超过阈值 u 的所有样本的平均值,即有:

$$e(u) = \frac{1}{N_u}\sum_{i=1}^{N_u}(x_i - u) \tag{5-23}$$

式中: $e(u)$ ——平均超出量函数;

N_u ——超出阈值的样本个数。

根据式(5-23),对于任意给定的阈值 u,均可计算出一个 $e(u)$ 值。选择不同的阈值 u 得到多个 $e(u)$ 值,绘制 $[u,e(u)]$ 散点图即为平均剩余寿命图。当随机样本序列 X 超阈值样本严格服从广义帕累托分布,平均超出量函数 $e(u)$ 与阈值 u 为线性关系。如果平均超出量函数超过某一阈值 u_0 后,平均剩余寿命图接近一条直线,表明超出量已经服从广义帕累托分布,此阈值 u_0 即为该随机变量对应于广义帕累托分布的最优阈值。

5.3.2 温度作用代表值计算方法

以"4.3.4 日照作用下组合梁桥的温度梯度模式"中的工字形钢-混组合梁节段模型 JDI 的 A-A 断面为例,研究试验实测温度数据、有限元长期数值模拟温度数据和可靠的气象相关性公式计算得到的温度数据的不同温度样本数据来源对组合梁最高和最低有效温度代表值计算结果的可靠性和适用性。温度作用样本数据的来源和代表值计算框架如图 5-12 所示。

1)3 种温度作用样本数据

用于桥梁温度作用极值分析的测试数据包括基于实桥或节段模型测试得到的温度实测数据和气象站采集得到的气象数据。基于这两种实测数据类型,用于进行温度作用代表值计算的桥梁温度样本数据来源可分为 3 种类型:a.基于实测温度数据;b.基于数值模拟;c.基于气象相关性公式。其中,类型 a 的温度作用直接由实桥或节段模型测试得到,数据来源最为直接,由于温度实测费时费力,因此样本数据量相对较少;类型 b 基于长期的气象数据开展温度场数值模拟,可以得到更长时间周期的温度作用样本,但是计算量相对较大,且数值模拟的准确性需要得到充分验证;类型 c 在建立了温度作用和气象参数的相关性计算公式的基础上,带入长期气象测试数据,即可得到相应的温度作用样本,但前提是建立的温度作用气象相关性公式计算准确。类型 b 和 c 均基于气象数据得到温度作用,因此,可以充分利用我国气象站点的丰富历史气象数据。表 5-10 汇总了 3 种温度作用样本来源的特点。

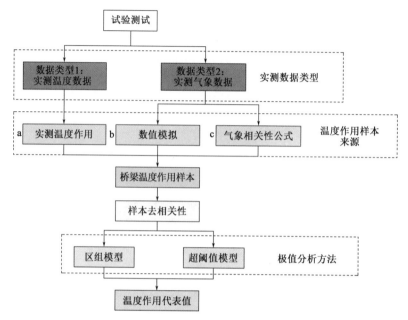

图 5-12 温度作用样本数据来源和代表值计算框架

3 种温度作用样本数据类型的特点 表 5-10

样本数据类型	数据基础	计算量	样本量	是否利用历史气象数据	获取数据的重点
类型 a:基于试验测试	温度数据	小	小	否	测点密度和准确性
类型 b:基于数值模拟	气象数据	大	大	是	数值模拟准确性
类型 c:基于气象相关性公式	气象数据	中	大	是	气象相关性公式准确性

(1) 一年实测数据

图 5-13 为计算对象超过 1 年的实测日最高有效温度 $T_{e,\max}$ 和日最低有效温度 $T_{e,\min}$，由组合梁运营阶段长期温度测试得到的温度数据计算得到。由于数据是由露天环境下的试验测试得到，恶劣天气多，维护难度大，难免存在因仪器停电和传感器损坏引起的数据缺失现象，以 2017 年 7 月至 2018 年 7 月为一个年周期，实测有效温度样本数据仅覆盖了 259d，缺失数据时长达到 29%，且其中冬季缺失数据时长达到 2 个月，显然会对最低有效温度代表值的计算带来严重影响。

由于实测仅有一年的温度样本数据，数据有明显的年周期性，且数据间相关性较强，难以直接用于极值分析。以下通过数据分离的方法将最高和最低有效温度作用分别分解为确定性部分和随机性部分，其中，确定性部分可以用三角函数进行表示(图 5-14)。数据分解后，最高有效温度的确定性部分最大值为 31.88℃，最低有效温度的最小值为 −2.77℃，两者的随机部分都不再具有明显的周期性和相关性，因此，后续以实测温度作用样本数据进行极值分析时,采用随机性部分进行分析,则温度作用的代表值等于确定性部分的极值与随机性部分的代表值之和。

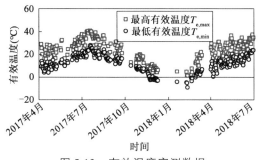

图 5-13 有效温度实测数据

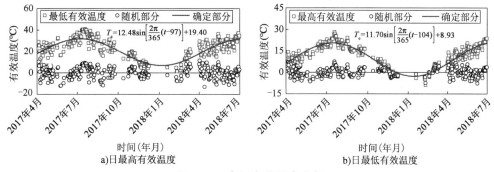

a) 日最高有效温度 　　　　　　　b) 日最低有效温度

图 5-14 实测有效温度分解

(2) 23 年数值模拟数据

组合梁温度场长期数值模拟需要太阳辐射、气温和风速等长期历史气象数据,可在"国家气象科学数据中心"(http://data.cma.cn/)获取。距离试验测试地点最近且有太阳辐射数据的气象站点为西宁气象站(站点编号:52866),距测试地点距离约 70km,选取该站点 1993—2015 年共计 23 年的日太阳辐射总量、日最高/最低气温和日平均风速等历史气象数据,采用温度场模拟方法进行组合梁 A-A 断面温度场长期计算,进一步得到 23 年日最高和日最低有效温度样本数据(图 5-15),样本数据覆盖时长为 8400d。

(3) 23 年气象相关性公式数据

气象相关性公式是进行桥梁温度作用简化计算的可行方法,也可以作为获取温度作用样本数据的途径之一。考虑太阳辐射(日太阳辐射总量 H)的影响,建立钢-混组合梁桥日最高有效温度 $T_{e,\max}$ 的气象相关性公式;对于日最低有效温度 $T_{e,\min}$,则考虑日最低气温 $T_{e,\max}$(单位:℃)和日温差 TV(单位:℃)作为自变量。通过对第 2 章中组合梁运营阶段长期温度测试中的实测气象数据和实测有效温度进行多元回归分析,可以得到计算日最高和日最低有效温度的气象相关性公式:

$$\begin{cases} T_{e,\max} = 0.972 T_{a,\max} + 0.291 H + 0.473 \\ T_{e,\min} = 1.051 T_{a,\min} + 0.173 TV + 0.122 \end{cases} \quad (5\text{-}24)$$

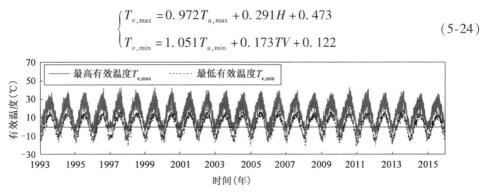

图 5-15 有效温度 23 年数值模拟数据

将西宁地区 23 年的历史气象数据代入气象相关性公式(5-24)中,即可得到组合梁 23 年最高和最低有效温度气象相关性公式计算结果(图 5-16),样本数据覆盖时长与长期有限元数值模拟一致,同样为 8400d。

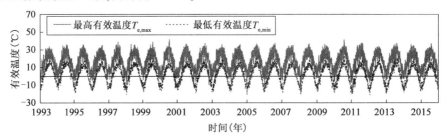

图 5-16 有效温度 23 年气象相关性公式计算数据

2) 3 种样本数据极值分析模型

采用区组模型和超阈值模型对上述 3 种温度作用样本数据来源进行极值分析,计算得到组合梁有效温度作用代表值进行对比。

采用区组模型 GEV 分布进行极值分析时,对区间极值的独立同分布要求较高。由于实测温度数据仅有 1 年,数据量较少,采用区组模型进行极值分析时,通过对日极值进行自相关系数分析,确定了 1 年实测有效温度数据的随机部分的最优区组长度为 3d,此时的自相关系数为 0.12,且不再有明显变化趋势,即可认为每隔 3d 的数据最大值相互独立同分布,样本数据量为 126 个,可用于 GEV 分布拟合。对于 23 年数值模拟和 23 年气象相关性公式得到的有效温度数据,数据量较大,则直接取区组长度为 1 年,即对有效温度的年极值进行 GEV 分布拟合,样本数据量为 127 个。

采用超阈值模型 GP 分布进行极值分析时,对样本数据独立同分布的要求相对较低,因此,均可以日极值进行分析,这样,样本数据的个数会明显增加。通过平均超出量函数计算发现,对于 1 年实测最高和最低有效温度数据的随机性部分,最优阈值分别取为 4.50℃和 2.25℃,此时对应的样本数据量为 48 和 72。对于 23 年数值模拟和 23 年气象相关性公式得到的有效温度数据,数据量较大,通过试算发现,选择23年日极值数据的前4%的数据(样本数据量为335)进行GP分布拟合,所得GP模型的参数与通过平均超出量函数确定的最优阈值分析得到的参数基本一致,计算得到的温度作用代表值也接近。因此,对于23年日极值温度数据,可通过将所有数据由大至小排列并指定第4%顺序的数据作为阈值,从而进行GP分布拟合。

通过GEV模型和GP模型的分布拟合分析,得到1年实测数据、23年数值模拟和23年气象相关性公式得到的最高和最低有效温度的GEV分布和GP分布统计的参数估计值(表5-11)。其中,GP分布的阈值u为参数估计前已确定的参数。在显著性水平$\alpha=0.1$下,所有分布均通过了皮尔逊(Pearson)χ^2检验。表中,GEV分布和GP分布的形状参数k值均小于0,表明有效温度的数据特征满足GEV Ⅲ型分布[韦布尔(Weibull)分布]和GP Ⅲ型分布。

不同数据来源的极值分析模型参数计算 表5-11

温度作用数据来源	有效温度	区组模型-GEV分布			超阈值模型-GP分布		
		k	σ	μ	k	σ	u
1年实测数据	$T_{e,max}$	-0.362	4.293	1.478	-0.403	3.275	4.500
	$-T_{e,min}$	-0.375	2.906	0.494	-0.215	1.750	2.250
23年数值模拟数据	$T_{e,max}$	-0.129	1.843	38.289	-0.217	2.583	34.469
	$-T_{e,min}$	-0.142	1.716	17.246	-0.148	1.996	13.929
23年气象相关数据	$T_{e,max}$	-0.057	1.546	36.093	-0.140	2.247	32.639
	$-T_{e,min}$	-0.404	1.946	18.054	-0.207	2.136	14.589

图5-17~图5-20分别对比了最高和最低有效温度概率密度直方图和拟合得到的GEV分布和GP分布的概率密度函数,其中,最低有效温度乘以-1后按极值分析方法进行计算,横坐标单位取-℃。由图5-17~图5-20可知,数据的概率密度直方图和拟合得到的概率密度函数吻合度均较高,说明GEV分布和GP分布均具有足够的精度来反映温度作用数据的统计特征。对于具有23年温度作用数据的情况下,相比于GEV分布,GP分布采用的样本数据量明显更多,因此,拟合分布与数据概率密度直方图的吻合度较GEV分布更高。但当仅有1年实测温度作用数据时,随机部分的数据特征与GEV分布的符合程度更高。

3)有效温度代表值计算

取温度作用的重现期为50年,通过建立的GEV分布和GP分布模型进行有效温度代表值的计算,计算结果见表5-12。其中,基于1年实测数据计算得到的有效温度代表值取其随机性部分的代表值和测试周期内的最大值(或最小值)之和,采用23年数据的有效温度代表值则直接为极值分析50年重现期对应的分位数。

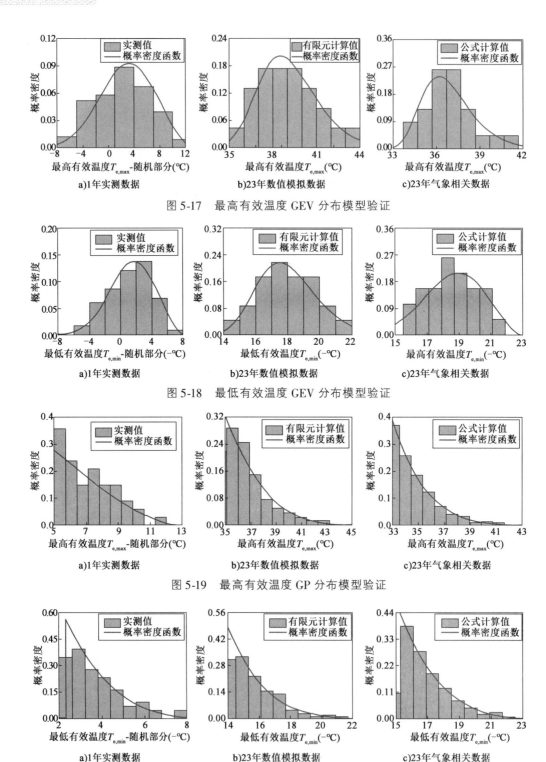

图 5-17 最高有效温度 GEV 分布模型验证

图 5-18 最低有效温度 GEV 分布模型验证

图 5-19 最高有效温度 GP 分布模型验证

图 5-20 最低有效温度 GP 分布模型验证

不同数据来源计算得到的有效温度代表值(单位:℃)　　　　表 5-12

温度作用数据来源	有效温度	区组模型-GEV 分布		超阈值模型-GP 分布		原始数据极值(℃)
		20 年重现期	50 年重现期	20 年重现期	50 年重现期	
1 年实测数据	$T_{e,max}$	44.50	44.70	44.28	44.35	40.99
	$T_{e,min}$	-10.60	-10.72	-11.94	-12.16	-8.91
23 年数值模拟数据	$T_{e,max}$	41.85	42.95	41.91	42.54	42.04
	$T_{e,min}$	-21.42	-22.40	-21.59	-22.33	-21.58
23 年气象相关数据	$T_{e,max}$	40.33	41.51	41.43	42.31	41.62
	$T_{e,min}$	-21.43	-21.88	-21.72	-22.27	-21.63

通过对比不同样本数据类型计算得到的温度作用代表值,可知:

①无论哪种样本数据来源,区组模型计算得到的有效温度代表值与超阈值模型偏差均不超过 2℃,对于具有 23 年样本数据的情况下,偏差则普遍不超过 1℃。由于超阈值模型可以更充分地利用样本数据的极值,因此,计算得到的最高(最低)有效温度代表值高于(低于)区组模型。

②1 年实测数据的有效温度代表值通过随机性部分和确定性部分叠加计算得到,随机性部分极值和确定性部分极值并未同时出现,因此,这种简单的叠加会使计算得到的代表值偏大,最高(最低)有效温度超出实测极值 3~4℃;其次,1 年实测有效温度的实测数据缺失了冬季大部分数据,导致计算得到的最低有效温度代表值仅为 -11℃ 左右,远小于 23 年数据的计算结果。

③对于 23 年数值模拟数据和气象相关数据,20 年重现期的代表值与数据极值接近,50 年重现期的代表值略大于数据极值,说明了采用 GEV 分布和 GP 分布极值模型计算温度作用代表值的有效性。

④长期数值模拟数据和气象相关数据时长均为 23 年,采用这两种数据计算得到的最高有效温度代表值偏差约为 1.5℃,最低有效温度代表值偏差则不超过 0.5℃,说明这两种数据来源均可以准确地计算温度作用代表值。

4) 不同样本数据来源的适用性的讨论

试验测试得到的桥梁温度数据最直接有效,没有中间计算处理过程带来的误差。但是试验测试时长相比于桥梁设计使用年限仍较短,样本量较少,得到的温度作用数据可能难以反映整个桥梁设计基准期内的真实分布,也难以严格满足极值分析对数据独立同分布的要求。同时测试期间不可避免地存在仪器故障、数据失真甚至缺失等情况,降低了温度作用代表值计算的准确性。基于试验测试数据计算的桥梁温度作用代表值可为其他方法的结果提供一定程度的验证作用,当缺少气象数据时则是唯一可以采用的计算方法。

长期数值模拟可以充分利用已有几十年的历史气象数据,得到更接近于设计基准期的温度数据样本,计算得到的温度作用代表值也更为可信。为尽可能地充分利用历史气象数据,使得数值模拟的运算量非常大,在计算数值模拟分析的时候,应兼顾有限元模型的准确性和计算效率。此外,提供历史气象数据的气象站点通常与桥位存在一定距离,可能会造成计算结果出现的一定偏差。

气象相关性公式结合历史气象数据可较长期数值模拟更直接便捷地得到充足的温度作用数据,极大地减少了运算量,当公式足够准确时,计算得到的温度作用代表值与长期数值模拟十分接近。气象相关性公式得到温度数据同样存在历史气象数据站点与桥位不一致的偏差。对于有效温度,作用形式简单,影响因素明确,可以建立精度非常高的气象相关性公式,而对于温度梯度等影响因素较复杂的温度作用,气象相关性公式需要建立得足够准确才可以进一步进行温度作用代表值的计算。当缺少实测温度作用和气象数据时,气象相关性公式可根据长期数值模拟的计算结果建立。

5.3.3 温度作用代表值计算案例

1)混凝土箱梁温差代表值计算

对于"4.3.2 日照作用下混凝土梁的温度梯度模式"中的测试对象——广东省东莞市的一座三跨预应力混凝土连续箱梁桥,其温度梯度模式见图 4-28,为计算 T_1 与 T_2 的温差代表值(设计基准期内最不利取值),计算 2017 年 1 月 1 日至 12 月 31 日全年 T_1 与 T_2 的日最大值,其分布如图 5-21 所示,图中日最大 T_1 与 T_2 均为 365 个数据。可以看出:日最大 T_1 在夏季明显大于冬季,且变化幅度较大,最大值可达 17.1℃;与 T_1 相比,日最大 T_2 较小且变化较稳定,最大值仅为 3.1℃。

采用广义极值分布分别对日最大 T_1 和 T_2 进行参数估计,可求得 T_1 与 T_2 分别服从参数为 $W(6.86,4.49,-0.42)$ 和 $W(6.86,4.49,-0.40)$ 的 Weibull 分布,其累积分布函数 $H(T_1)$ 和 $H(T_2)$ 分别见式(5-25)和式(5-26),实测 T_1 和 T_2 频率直方图与拟合

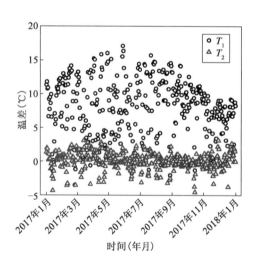

图 5-21 测试周期内 T_1 与 T_2 分布图

的概率密度函数见图 5-22,可以看出,Weibull 分布能够很好地描述日最大 T_1 和 T_2 的分布模式。

$$H(T_1) = \exp\left[-\left(1 - 0.42\frac{T_1 - 6.86}{4.49}\right)^{2.36}\right] \quad (5\text{-}25)$$

$$H(T_2) = \exp\left[-\left(1 - 0.40\frac{T_2 + 0.32}{1.46}\right)^{2.45}\right] \quad (5\text{-}26)$$

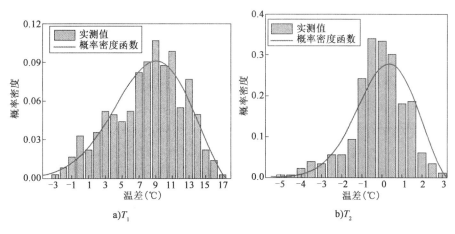

图 5-22 概率密度直方图与概率密度函数

《公路工程结构可靠性设计统一标准》(JTG 2120—2020) 未给出温度作用代表值的重现期,本书参考欧洲结构设计标准,取温度作用代表值的重现期为 50 年,可求得混凝土箱梁 T_1 和 T_2 的代表值分别为 17.4℃ 和 3.2℃。

2) 钢-混组合梁温度作用代表值计算

采用西安(泾河)气象站(站点编号:57131)1993—2015 年共 23 年的日太阳辐射总量、日最高/最低气温和日平均风速等历史气象数据,对第 4 章中钢-混凝土组合梁模型进行二维温度场长期计算,提取数据得到组合梁有效温度和温度梯度等长期温度作用数据样本,每个温度作用样本数据量为 8400 个。前 4% 数据采用基于 GP 分布的超阈值模型进行极值分析。参考欧洲规范 Eurocode 1 的规定,取温度作用重现期为 50 年。

(1) 有效温度

采用超阈值模型进行有效温度极值分析。确定最高和最低有效温度 $T_{e,\max}$ 和 $T_{e,\min}$ 的阈值分别为 36.026℃ 和 3.683℃,通过分布拟合分析,得到 $T_{e,\max}$ 和 $T_{e,\min}$ GP 分布的参数估计值(表 5-13)。显著性水平 $\alpha = 0.1$ 下,$T_{e,\max}$ 和 $T_{e,\min}$ 的拟合分布均通过了 Pearson χ^2 检验,图 5-23 和图 5-24 分别给出了 $T_{e,\max}$ 和 $T_{e,\min}$ 的概率密度函数和 Q-Q 分

位数图,概率密度函数与数据对应较好,模型与数据分位数分布在一条直线上,进一步说明了 GP 模型建立的有效性。基于 50 年重现期和 GP 分布模型,可以算得西安组合梁桥具有 50 年重现期的 $T_{e,\max}$ 和 $T_{e,\min}$ 极值分别为 42.78℃ 和 -12.39℃,计算极值结果均较 23 年数值模拟的数据极值 42.68℃ 和 -12.07℃ 更为不利,表明计算结果合理可信。

有效温度的 GP 模型参数与代表值　　　　表 5-13

有效温度	GP 分布模型参数				数据极值(℃)	代表值(℃)
	类型	k	σ	u		
$T_{e,\max}$	Ⅲ型分布	-0.274	2.215	36.026	42.68	42.78
$T_{e,\min}$	Ⅲ型分布	-0.145	2.051	3.683	-12.07	-12.39

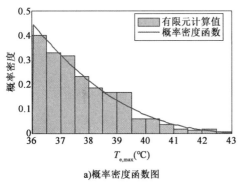
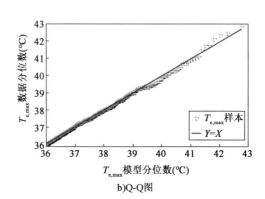

a)概率密度函数图　　　　　　　　　b)Q-Q图

图 5-23　$T_{e,\max}$ 的 GP 分布模型验证

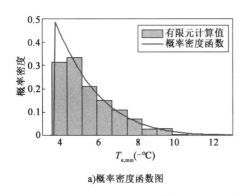
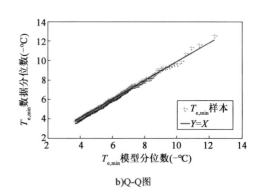

a)概率密度函数图　　　　　　　　　b)Q-Q图

图 5-24　$T_{e,\min}$ 的 GP 分布模型验证

(2)温度梯度

采用相同的方法,可以求得升温模式 1、升温模式 2 和降温模式中各温差的阈值、GP 分布参数估计值和温度作用代表值(表 5-14)。其中,温度作用代表值计算结果略大于数据极值,表明计算结果的合理性。

不同模式的 GP 分布模型参数与代表值　　　　表 5-14

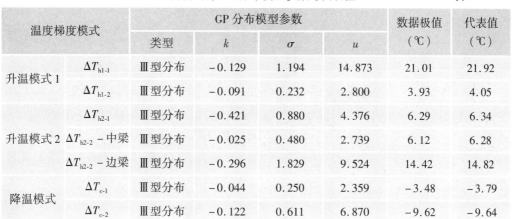

温度梯度模式		GP 分布模型参数				数据极值 (℃)	代表值 (℃)
		类型	k	σ	u		
升温模式 1	$\Delta T_{h1\text{-}1}$	Ⅲ型分布	-0.129	1.194	14.873	21.01	21.92
	$\Delta T_{h1\text{-}2}$	Ⅲ型分布	-0.091	0.232	2.800	3.93	4.05
升温模式 2	$\Delta T_{h2\text{-}1}$	Ⅲ型分布	-0.421	0.880	4.376	6.29	6.34
	$\Delta T_{h2\text{-}2}$-中梁	Ⅲ型分布	-0.025	0.480	2.739	6.12	6.28
	$\Delta T_{h2\text{-}2}$-边梁	Ⅲ型分布	-0.296	1.829	9.524	14.42	14.82
降温模式	$\Delta T_{c\text{-}1}$	Ⅲ型分布	-0.044	0.250	2.359	-3.48	-3.79
	$\Delta T_{c\text{-}2}$	Ⅲ型分布	-0.122	0.611	6.870	-9.62	-9.64

5.4 考虑地域差异性进行温度作用取值

5.4.1 地域差异性取值方法

桥梁温度作用受气候因素影响存在显著的地域差异性,理论上,任何一个桥位地点的温度作用取值均不相同。对于设计人员,理想的方式即为可以得到全国任意一点桥位处的温度作用取值,因此,需要计算得到全国各经纬度坐标下的温度作用代表值,即进行温度作用的地域差异性取值研究。目前,已有的温度作用地域差异性取值方式分为以下3 种:

第 1 种,温度作用区划取值。这种取值方法根据气候特点将地图分为几个区域,各区域的温度作用取一个定值,方便简单,但存在区域划分太大,各区域内的温度作用取值差异无法体现的问题。代表性的应用包括《公路桥涵设计通用规范》(JTG D60—2015)中有效温度的取值、美国 AASHTO 规范中有效温度取值的方法 A 以及 AASHTO 规范中关于温度梯度作用的取值。

第 2 种,温度作用与气象参数相关关系和气象参数等值线地图取值。这种取值方法首先提供了影响桥梁温度作用的气象参数的等值图,然后给出了通过气象参数计算桥梁温度作用的方法(分为列表法和公式法 2 种),从而进行温度作用的取值。该方法通过气象参数的地域差异进行取值,是温度作用取值的一种间接方法,代表性的应用包括欧洲规范 Eurocode 1、英国 BS5400 和澳大利亚桥梁规范中有效温度的取值。

第 3 种,温度作用等值线地图取值。这种取值方法提供了用于进行桥梁温度作用取值的等值线地图,是温度作用取值最为直接的方法,取值方式简便,取值结果准确。代表性的应用有美国 AASHTO 规范中有效温度取值的方法 B。

5.4.2 温度作用分区地图案例——混凝土箱梁桥

图 5-25 给出了温度作用分区取值的流程。首先通过长期结构实测温度提出温度梯度模式,包括温度梯度的曲线形式和典型温差的统计取值,并对模式的合理性进行对比验证。随后基于实测数据验证的数值模型进行多地区温度场数值模拟,通过回归分析提出典型温差计算值与地理、气象等参数的相关性公式,并分析温差计算值与极值统计得到的温差代表值之间的相关性。最后根据不同地区的温差代表值得到温度梯度模式的分区地图。

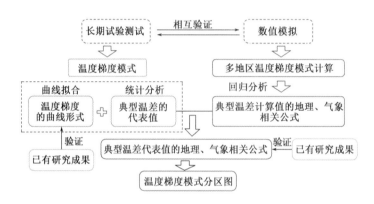

图 5-25 温度作用分区取值流程图

基于"4.3.2 日照作用下混凝土箱梁的温度梯度模式"中混凝土箱梁的温度梯度模式以及"5.3.3 温度作用代表值案例"中混凝土箱梁温差代表值进一步开展温度作用分区研究。混凝土箱梁温度作用的地域性差异在于不同地区地理因素与气象因素的差异,其中,地理因素包括海拔和纬度,气象因素包括太阳辐射、气温和风速,参数相对较多,因此,首先对影响参数尽速进行简化。太阳辐射可以通过海拔和纬度进行理论计算。混凝土箱梁的最大温差发生在一年中太阳辐射强度最大的时刻,而年最高气温发生的时间与之接近,已有研究表明日温差是影响混凝土箱梁温差的重要因素,故年最高气温对应的日温差可单独作为一个重要参数。风速的影响较小,此处忽略不计。综上,可以将对混凝土箱梁温差有显著影响的地理与气象参数缩减为海拔 H、纬度 l 和年最高气温对应的日温差 TV(以下简称日温差 TV)3 个参数。

选取全国 34 座城市作为研究对象,从国家气象信息中心获取 2017 年 $T_{a,max}$ 及对应日的 $T_{a,min}$,进而可以得到各城市的日温差 TV,并通过式近似得到不同地区的 T_b 经验值。

通过有限元计算可得到不同地区混凝土箱梁温差 T_1、T_2 的有限元计算值,各地区的地理、气象参数和温差计算值见表 5-15。西北地区的西宁市顶部温差 T_1 和底部温差 T_2 最大,分别为 19.47℃ 和 5.29℃,华南地区的广州市 T_1 和 T_2 最小,分别为 11.14℃ 和 0.82℃。34 座城市间 T_1 的最大差值达到 8.33℃,T_2 的最大差值达到 4.47℃。对于本书分析的混凝土箱梁,《公路桥涵设计通用规范》(JTG D60—2015) 的顶部温差取值为 14℃,34 座城市中,T_1 计算值超过规范取值的城市数量达到 10 个,主要分布在我国的西北和西南地区,最大超出规范值 5.47℃。可见,不同地区之间混凝土箱梁温差确实存在显著差异,《公路桥涵设计通用规范》(JTG D60—2015) 混凝土箱梁顶部温差取值难以适用于全国各个地区。

我国部分城市地理和气温参数取值与温差计算值　　表 5-15

区域	省级行政区	城市	地理参数		气温参数(℃)				温差计算值(℃)	
			纬度 l (°)	海拔 H (km)	$T_{a,max}$	$T_{a,min}$	T_b	TV	T_1	T_2
华北	北京	北京	39.9	0.031	38	25	29.99	13	13.13	2.74
	天津	天津	39.3	0.003	37	25	29.93	12	11.85	1.49
	河北	石家庄	38.0	0.081	37	27	31.69	10	13.44	3.05
	山西	太原	37.9	0.788	35	13	19.25	22	16.02	4.07
	内蒙古	呼和浩特	40.8	1.072	33	20	25.29	13	15.74	3.00
东北	辽宁	沈阳	41.8	0.051	38	27	31.75	11	13.61	3.45
	吉林	长春	43.8	0.219	36	25	29.87	11	12.71	2.05
	黑龙江	哈尔滨	45.8	0.118	33	24	28.81	9	12.58	2.18
华东	上海	上海	31.2	0.016	37	27	31.69	10	11.90	1.49
	江苏	南京	32.1	0.013	37	28	32.57	9	11.91	1.52
	浙江	杭州	30.3	0.019	38	28	32.63	10	12.44	2.05
	安徽	合肥	31.8	0.038	38	26	30.87	12	12.48	2.05
	福建	福州	26.1	0.010	37	25	29.93	12	12.68	2.42
	江西	南昌	28.7	0.016	37	28	32.57	9	11.64	1.25
	山东	济南	36.7	0.148	38	27	31.75	11	12.08	1.29
	台湾	台北	25.0	0.011	36	25	29.87	11	11.34	1.13
华中	河南	郑州	34.7	0.110	39	28	32.69	11	13.29	2.80
	湖北	武汉	30.6	0.015	38	27	31.75	11	11.91	1.53
	湖南	长沙	28.2	0.063	38	30	34.39	8	11.81	1.24

续上表

区域	省级行政区	城市	地理参数		气温参数(℃)			温差计算值(℃)	
			纬度 l (°)	海拔 H (km)	$T_{a,max}$	$T_{a,min}$	T_b	TV	T_1	T_2
华南	广东	广州	23.1	0.018	36	26	30.75	10	11.14	0.82
	广西	南宁	22.8	0.079	36	26	30.75	10	12.34	1.98
	海南	海口	20.0	0.015	37	28	32.57	9	11.62	1.43
	香港	香港	22.4	0.321	34	27	31.51	7	12.30	1.30
	澳门	澳门	22.2	0.040	34	27	31.51	7	11.47	1.15
西南	重庆	重庆	29.4	0.238	40	29	33.63	11	12.85	1.40
	四川	成都	30.6	0.485	35	25	29.81	10	13.67	2.17
	贵州	贵阳	26.6	1.277	31	20	25.17	11	15.58	2.66
	云南	昆明	24.9	1.930	27	13	18.77	14	16.96	3.01
	西藏	拉萨	29.7	3.660	29	15	20.65	14	18.94	4.17
西北	陕西	西安	34.3	0.385	41	25	30.17	16	14.08	2.82
	甘肃	兰州	36.1	1.525	35	20	25.41	15	16.90	3.30
	宁夏	银川	38.5	1.111	36	23	28.11	13	16.58	3.77
	青海	西宁	36.6	2.263	30	13	18.95	17	19.47	5.29
	新疆	乌鲁木齐	43.8	0.836	37	23	28.17	14	14.48	2.38

以纬度 l、海拔 H 和日温差 TV 为参数,对 34 座城市的混凝土箱梁温差计算值 T_1 和 T_2 进行多参数回归分析,可得式(5-27)和式(5-28),对 T_1 和 T_2 有较好的预测效果,能够较好地反映出所选参数与混凝土箱梁温差计算值之间的关系,如图 5-26 所示。

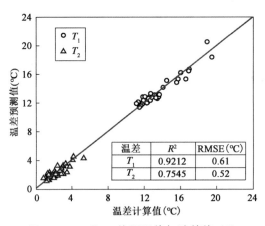

图 5-26 T_1 和 T_2 的预测值与计算值对比

$$T_1 = 2.095H + 0.039l + 0.177TV + 9.209 \tag{5-27}$$

$$T_2 = 0.63H + 0.036l + 0.128TV - 0.617 \tag{5-28}$$

以上给出了混凝土箱梁温差计算值的回归公式,还需进一步得到设计基准期内温差代表值 $T_{1,\mathrm{ref}}$ 和 $T_{2,\mathrm{ref}}$ 的经验预测公式,在此假定温差代表值 $T_{1,\mathrm{ref}}$ 和 $T_{2,\mathrm{ref}}$ 与纬度 l、海拔 H 和日温差 TV 的相对变化关系满足式(5-27)和式(5-28),则:

$$\Delta T_{1,\mathrm{ref}} = 2.095\Delta H + 0.039\Delta l + 0.177\Delta TV \tag{5-29}$$

$$\Delta T_{2,\mathrm{ref}} = 0.63\Delta H + 0.036\Delta l + 0.128\Delta TV \tag{5-30}$$

式中:$\Delta T_{1,\mathrm{ref}}$ 和 $\Delta T_{2,\mathrm{ref}}$——分别为温差代表值 $T_{1,\mathrm{ref}}$ 和 $T_{2,\mathrm{ref}}$ 的变化量;

Δl、ΔH 和 ΔTV——分别为纬度、海拔和日温差的变化量。

本书分析的东莞市混凝土箱梁顶底部温差代表值为 17.3℃ 和 3.1℃,桥位纬度、海拔和日温差分别为 22.97°、0.011km 和 8.1℃,将 $\Delta T_{1,\mathrm{ref}} = T_{1,\mathrm{ref}} - 17.3$、$\Delta T_{2,\mathrm{ref}} = T_{2,\mathrm{ref}} - 3.1$、$\Delta l = l - 22.97$、$\Delta H = H - 0.011$ 和 $\Delta TV = TV - 8.1$ 代入式(5-29)和式(5-30),变换后可得到温差代表值 $T_{1,\mathrm{ref}}$ 和 $T_{2,\mathrm{ref}}$ 的经验计算公式为:

$$T_{1,\mathrm{ref}} = 2.095H + 0.039l + 0.177TV + 14.947 \tag{5-31}$$

$$T_{2,\mathrm{ref}} = 0.63H + 0.036l + 0.128TV + 1.229 \tag{5-32}$$

表5-16列出了搜集到的4个基于长期实测数据研究混凝土箱梁顶部温差50年重现期代表值 $T_{1,\mathrm{ref}}$ 的案例,给出了桥梁的基本信息、参数及 $T_{1,\mathrm{ref}}$ 的取值,并与经验公式(5-29)的计算结果进行对比。可以看出,公式计算结果与调研结果的温差代表值非常接近,最大偏差仅为 -1.12℃,一定程度上对本书提出的 $T_{1,\mathrm{ref}}$ 经验公式进行了验证。底部温差 $T_{2,\mathrm{ref}}$ 因缺少案例,公式未得到验证。

混凝土箱梁温差代表值 $T_{1,\mathrm{ref}}$ 预测结果与已有研究对比 表5-16

桥名	桥位	结构形式	桥面铺装	纬度 l(°)	海拔 H (km)	日温差 TV (℃)	温差代表值 $T_{1,\mathrm{ref}}$(℃)		偏差 (℃)
							调研值	本书	
京杭大运河特大桥	江苏省宿迁市		100mm沥青铺装	33.60	0.023	8.0	17.30	17.72	0.42

续上表

桥名	桥位	结构形式	桥面铺装	纬度 $l(°)$	海拔 H (km)	日温差 TV (℃)	温差代表值 $T_{1,ref}$(℃) 调研值	温差代表值 $T_{1,ref}$(℃) 本书	偏差 (℃)
淳安城中湖大桥	浙江省杭州市		100mm 沥青铺装	29.59	0.120	10.0	17.18	18.12	0.94
肇庆西江大桥	广东省肇庆市		未知厚度沥青铺装	23.04	0.030	10.0	18.80	17.68	-1.12
某连续刚构桥	陕西省铜川市		未知	34.98	0.734	14.0	20.43	20.33	-0.10

结合我国各省份行政区划,通过 $T_{1,ref}$ 和 $T_{2,ref}$ 的经验公式对全国361座城市的混凝土箱梁温差代表值进行计算,参考 AASHTO 规范温度梯度作用分区的特点,将我国混凝土箱梁温度梯度中温差取值初步划分为4个区域:Ⅰ区主要分布在我国南部和东部沿海地区,海拔较低,$T_{1,ref}$ 和 $T_{2,ref}$ 可分别取值为18℃和4℃;Ⅱ区主要分布在我国中部、东北、东南以及西南和西北的盆地地区,$T_{1,ref}$ 和 $T_{2,ref}$ 取值分别为20℃和5℃;Ⅲ区主要分布在我国西北、北部和西南地区,$T_{1,ref}$ 和 $T_{2,ref}$ 取值分别为23℃和6℃;Ⅳ区主要分布在我国青藏高原地区,$T_{1,ref}$ 和 $T_{2,ref}$ 取值分别为29℃和7℃。分区地区详见参考文献[131]。本书给出的 $T_{1,ref}$ 和 $T_{2,ref}$ 的经验公式和温度梯度作用分区图仅适用于100mm沥青铺装的混凝土箱梁。

5.4.3 温度作用等值线地图案例——钢-混组合梁桥

1) 温度作用等温地图的绘制方法

桥梁温度作用等值线地图绘制研究需要基于全国所有气象站点的历史气象数据。根据所掌握气象数据的完整度和准确性,可将我国不同区域分为3种类型,分别为具有完整且准确历史气象数据的辐射气象站点(91个)、具有准确气温和风速数据及经验太阳辐射数据的常规气象站点(748个),以及无直接历史气象数据的空白区域。根据以上

3个区域的划分,提出了桥梁温度作用代表值(50年重现期)等温地图"逐层绘制法"(图5-27)。具体步骤如下:

第1步,第1层(辐射气象站)温度作用计算。辐射气象站点具有日总太阳辐射、气温和风速等23年的完整且准确的历史气象数据,以此可以直接进行二维温度场长期数值模拟,提取计算结果,采用基于GP分布的超阈值法计算具有50年重现期的温度作用代表值。

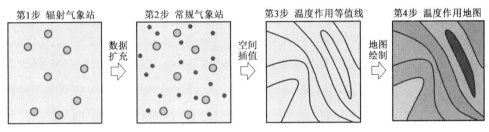

图5-27 温度作用等值线地图"逐层绘制法"示意

第2步,第2层(常规气象站)温度作用计算。常规气象站点有气温、风速等23年准确的历史气象数据,以及通过Bahel模拟计算得到的经验日总太阳辐射数据。由于常规气象站点的数量较多,采用长期数值模拟方法进行温度作用代表值计算过于耗时,因此,采用建立温度作用气象相关性公式结合GP超阈值模型的方式进行温度作用代表值的计算,这样,可有效提升计算效率。第2层绘制的关键前提是建立的温度作用气象相关性公式足够准确。

第3步,第3层(空白区域)温度作用差值。图中的空白区域无任何气象数据,仅有经纬度和海拔等地理参数,因此,需通过第1和2层温度作用的计算结果采用ArcGIS 10.2软件平台中的ArcMap程序进行空间插值计算,以得到空白区域的温度作用代表值。

第4步,基于上述计算,可以得到我国任意地点的温度作用代表值,以此为基础,采用ArcMap程序的空间插值功能,进行温度作用等温地图的绘制。

显然,第1层辐射气象站的温度作用代表值由直接方法计算得到,结果准确性更高。第2层常规气象站则需要采用经验公式的方法确定太阳辐射和温度作用取值,准确性次之,取决于经验公式的准确性。第3层地图的空白区域的温度作用则仅采用了地理参数进行空间插值得到,准确性取决于前两层结果的准确性和空间插值方法的有效性。3层区域的基本信息见表5-17。通过以上"逐层绘制法"的基本思路,理论上,建立的用于温度作用取值的等值线地图,用于解决工程问题是有较好的适用性。

"逐层绘制法"中 3 层区域的基本信息　　　　　表 5-17

层号	区域类型	范围	气象参数	地理参数	温度作用代表值	精度
第1层	辐射气象站	少	太阳辐射、气温、风速	经纬度、海拔	GP 分布直接计算	高
第2层	常规气象站	中	气温、风速	经纬度、海拔	气象相关公式+GP 分布计算	中
第3层	地图空白区域	多	无	经纬度、海拔	空间插值计算	取决于前两层的精度

2) 91 个辐射气象站温度作用代表值计算

采用组合梁二维温度场长期数值模拟方法,通过 Python 语言编写 ABAQUS 脚本文件进行前处理批量建模运算,基于 Fortran 语言编写 ABAQUS 子程序 DFLUX 自动考虑日照阴影的长期变化,对全国 91 个辐射气象站点的组合梁桥 1993—2015 年共计 23 年的温度场进行长期计算。采用 Python 语言编写 ABAQUS 后处理脚本文件,提取组合梁桥最高有效温度 $T_{e,max}$ 和最低有效温度 $T_{e,min}$,温度梯度升温模式 1 中的 ΔT_{h1-1} 和 ΔT_{h1-2},升温模式 2 中的 ΔT_{h2-1}、ΔT_{h2-2}-中梁和 ΔT_{h2-2}-边梁,以及降温模式中的 ΔT_{c-1} 和 ΔT_{c-2} 等温度作用 23 年的日极值数据,采用基于 GP 分布的超阈值模型进行温度作用极值分析,计算得到全国 91 个辐射气象站组合梁各温度作用具有 50 年重现期的温度作用代表值,计算结果见表 5-18。在地图上标出这些辐射气象站点的温度作用代表值,是温度作用等值线地图绘制的第 1 步。

全国 91 个辐射气象站点组合梁桥温度作用代表值(50 年回归周期)　　　　　表 5-18

区域	省级行政区	气象站	站点信息			50 年重现期代表值(℃)							
			纬度	经度	海拔	有效温度		升温模式 1		升温模式 2		降温模式	
			(°)	(°)	(m)	$T_{e,max}$	$T_{e,min}$	ΔT_{h1-1}	ΔT_{h1-2}	ΔT_{h2-1}	ΔT_{h2-2}-中梁	ΔT_{h2-2}-边梁	ΔT_{c-1}	ΔT_{c-2}
华北	北京	北京	116.28	39.48	31.3	43.48	−14.68	16.15	4.30	5.81	7.07	17.48	−3.29	−9.15
	天津	天津	105.23	28.47	368.8	42.72	−16.18	21.20	5.09	6.48	7.26	11.32	−3.69	−9.17
	山西	大同	113.25	40.05	1052.6	40.53	−24.92	17.65	4.97	6.88	8.76	22.05	−5.77	−11.41
	山西	太原	112.35	37.37	776.3	40.28	−20.40	21.11	5.56	7.32	8.43	20.24	−4.56	−10.18
	山西	侯马	111.22	35.39	433.8	42.08	−15.62	15.87	4.47	6.90	7.83	17.72	−4.12	−9.86
	河北	乐亭	118.53	39.26	8.5	41.43	−16.87	17.71	4.44	6.05	6.85	17.39	−3.66	−9.18
	内蒙古	东胜	109.59	39.50	1461.9	38.72	−23.84	24.96	5.27	6.43	7.40	20.64	−5.30	−12.96
	内蒙古	额济纳旗	101.04	41.57	940.5	45.41	−29.11	22.38	4.81	6.72	6.55	24.17	−6.21	−10.91

续上表

区域	省级行政区	气象站	站点信息			50年重现期代表值(℃)						
			纬度	经度	海拔	有效温度		升温模式1		升温模式2		降温模式	
			(°)	(°)	(m)	$T_{e,max}$	$T_{e,min}$	ΔT_{h1-1}	ΔT_{h1-2}	ΔT_{h2-1}	ΔT_{h2-2}-中梁	ΔT_{h2-2}-边梁	ΔT_{c-1}	ΔT_{c-2}
东北	吉林	长春	125.13	43.54	236.8	38.15	−31.62	17.54	4.51	5.30	8.23	19.39	−4.35	−10.58
	吉林	延吉	129.30	42.52	257.3	40.95	−26.04	20.32	5.29	6.25	9.19	21.49	−4.56	−11.29
	辽宁	朝阳	120.26	41.33	174.3	42.96	−23.13	18.02	4.90	6.10	8.97	22.04	−4.16	−10.96
	辽宁	沈阳	123.31	41.44	49.0	39.11	−28.90	16.96	4.50	6.37	8.65	18.36	−4.26	−10.95
	辽宁	大连	121.38	38.55	91.5	38.63	−17.33	20.89	4.47	5.32	6.83	13.13	−4.17	−8.00
	黑龙江	漠河	122.31	52.58	438.5	35.86	−41.53	22.99	5.87	5.59	9.50	21.66	−5.50	−11.08
	黑龙江	爱辉	127.27	50.15	166.4	40.56	−36.78	17.87	4.92	5.38	8.67	21.26	−4.52	−11.59
	黑龙江	富裕	124.29	47.48	162.7	39.92	−34.61	17.65	4.61	5.36	8.02	20.24	−4.73	−10.79
	黑龙江	佳木斯	130.18	46.47	82.0	39.52	−33.82	18.01	4.82	5.04	9.48	20.61	−3.88	−11.35
	黑龙江	哈尔滨	126.34	45.56	118.3	38.85	−34.27	22.64	5.69	5.84	9.38	19.18	−4.66	−10.19
华东	上海	宝山	121.27	31.24	5.5	42.97	−4.98	15.77	3.98	6.77	5.92	14.33	−4.25	−9.52
	江苏	淮安	118.56	33.38	12.5	42.22	−8.32	18.54	4.75	6.91	7.89	16.98	−4.45	−10.43
	江苏	南京	118.54	31.56	35.2	42.85	−6.09	17.01	4.67	7.00	7.17	15.35	−4.74	−9.62
	江苏	吕泗	121.36	32.04	3.6	42.30	−5.78	17.78	4.30	7.22	6.18	14.74	−4.08	−8.42
	浙江	杭州	120.10	30.14	41.7	47.82	−4.27	24.40	5.51	7.80	6.86	14.23	−3.85	−9.49
	浙江	洪家	121.25	28.37	4.6	42.98	−3.61	17.20	4.29	7.82	6.02	13.76	−3.66	−8.81
	安徽	合肥	117.18	31.47	27.0	43.48	−8.50	17.00	4.41	6.91	7.30	15.27	−5.23	−9.50
	安徽	屯溪	118.17	29.43	142.7	43.33	−4.88	16.72	4.80	8.34	8.05	15.39	−3.75	−9.82
	福建	建瓯	118.19	27.03	154.9	44.67	−2.07	17.01	6.56	8.66	6.42	13.88	−3.51	−10.91
	福建	福州	119.17	26.05	84.0	43.40	0.23	15.12	4.22	8.66	6.11	9.89	3.36	−9.37
	江西	赣州	115.00	25.52	137.5	44.49	−1.56	18.30	4.81	8.28	8.34	9.58	−4.17	−10.06
	江西	南昌	115.55	28.36	46.9	43.83	−2.62	20.65	4.82	7.28	6.81	12.06	−4.26	−10.18
	山东	福山	121.14	37.29	53.9	40.86	−12.66	16.90	4.32	6.14	7.12	15.48	−4.16	−9.64
	山东	济南	117.00	36.36	170.3	43.12	−12.15	16.29	4.29	6.27	7.64	13.96	−4.94	−10.08
	山东	莒县	118.50	35.34	107.4	40.98	−13.95	16.02	5.18	6.58	7.14	16.70	−4.21	−10.09

续上表

区域	省级行政区	气象站	站点信息			50年重现期代表值(℃)							
			纬度	经度	海拔	有效温度		升温模式1		升温模式2		降温模式	
			(°)	(°)	(m)	$T_{e,max}$	$T_{e,min}$	ΔT_{h1-1}	ΔT_{h1-2}	ΔT_{h2-1}	ΔT_{h2-2}-中梁	ΔT_{h2-2}-边梁	ΔT_{c-1}	ΔT_{c-2}
华中	河南	郑州	113.39	34.43	110.4	43.30	-10.31	16.21	4.48	7.21	8.01	17.51	-4.32	-10.18
	河南	南阳	112.29	33.06	180.6	43.71	-7.55	20.40	4.86	7.15	7.08	16.37	-3.52	-8.62
	河南	固始	115.37	32.10	42.9	43.57	-9.93	19.90	4.86	10.23	7.64	19.22	-4.41	-9.66
	湖北	宜昌	111.22	30.44	256.5	44.37	-3.03	18.47	4.50	6.61	6.55	13.96	-3.32	-9.87
	湖北	武汉	114.03	30.36	23.6	44.04	-5.15	17.61	4.47	7.16	6.50	14.84	-4.42	-10.69
	湖南	吉首	109.41	28.14	254.6	43.35	-2.76	18.70	4.95	7.37	7.42	12.15	-3.51	-10.16
	湖南	长沙	112.47	28.06	119.0	44.42	-3.17	17.02	4.35	7.62	8.87	12.83	-4.75	-9.58
	湖南	常宁	112.24	26.25	116.6	44.57	-2.93	22.81	5.64	10.42	8.54	11.01	-4.75	-10.14
华南	广东	广州	113.29	23.13	70.7	42.70	0.42	15.81	4.21	8.11	5.96	7.60	-3.47	-8.62
	广东	汕头	116.41	23.23	2.3	41.67	2.06	16.04	4.19	7.96	4.31	6.94	-3.37	-8.09
	广西	桂林	110.18	25.19	164.4	43.18	-1.39	21.09	4.97	8.46	6.85	9.45	-5.29	-9.53
	广西	南宁	108.13	22.38	121.6	42.12	0.49	17.61	4.58	8.43	5.33	7.89	-3.49	-10.18
	广西	北海	109.08	21.27	12.8	40.60	0.71	21.03	4.54	8.33	6.18	6.35	-4.30	-7.90
	海南	海口	110.15	20.00	63.5	41.88	3.95	19.10	4.32	9.06	5.68	4.87	-3.99	-9.83
	海南	三亚	109.35	18.13	419.4	40.03	5.23	18.08	4.03	8.61	3.70	4.91	-2.57	-7.63
	海南	西沙	112.20	16.50	4.7	40.62	14.69	28.14	5.47	11.24	3.09	3.71	-2.70	-7.44
西南	重庆	沙坪坝	106.28	29.35	259.1	45.31	-0.05	16.22	4.19	5.49	7.39	8.75	-3.83	-9.82
	四川	甘孜	100.00	31.37	3393.5	31.99	-19.54	20.51	5.40	9.40	9.05	22.10	-5.50	-11.76
	四川	红原	102.33	32.48	3491.6	28.40	-29.60	24.05	6.10	10.59	11.15	24.32	-4.50	-14.43
	四川	温江	103.52	30.45	547.7	39.69	-1.79	17.20	4.59	6.89	4.91	13.42	-2.90	-9.46
	四川	绵阳	104.44	31.27	522.7	42.50	-1.82	17.00	4.40	6.68	5.02	12.99	-3.21	-9.32
	四川	峨眉山	103.20	29.31	3069.9	26.28	-15.76	19.90	4.58	8.87	7.96	16.01	-3.94	-9.95
	四川	攀枝花	101.43	26.34	1224.8	42.69	2.29	20.03	5.20	9.00	6.90	12.18	-4.27	-11.12
	四川	纳溪	105.23	28.47	368.8	45.31	-0.68	16.22	4.19	6.05	7.39	10.20	-3.50	-9.82
	贵州	贵阳	106.44	26.35	1223.8	38.27	-5.80	22.36	5.06	9.31	8.88	10.74	-5.18	-11.95
	云南	丽江	100.13	26.51	2380.9	33.26	-3.14	19.32	5.09	9.05	6.73	11.99	-3.54	-10.35

续上表

区域	省级行政区	气象站	站点信息			50年重现期代表值(℃)							
			纬度	经度	海拔	有效温度		升温模式1		升温模式2		降温模式	
			(°)	(°)	(m)	$T_{e,max}$	$T_{e,min}$	ΔT_{h1-1}	ΔT_{h1-2}	ΔT_{h2-1}	ΔT_{h2-2}-中梁	ΔT_{h2-2}-边梁	ΔT_{c-1}	ΔT_{c-2}
西南	云南	腾冲	98.30	24.59	1695.9	34.17	0.59	16.77	4.67	9.16	4.91	10.65	-2.99	-9.78
	云南	昆明	102.39	25.00	1888.1	34.09	-1.47	19.31	4.83	11.41	6.32	9.93	-3.54	-9.79
	云南	景洪	100.47	22.00	582.0	40.45	4.78	18.22	4.86	9.14	6.09	8.90	-3.06	-11.63
	云南	蒙自	103.19	23.26	1313.6	37.31	-0.53	21.01	5.36	11.05	7.58	10.10	-3.35	-10.13
	西藏	昌都	97.10	31.09	3315.0	36.90	-11.92	27.23	5.42	9.52	6.25	22.26	-3.93	-13.57
	西藏	那曲	92.04	31.29	4507.0	27.22	-26.66	25.99	5.18	10.05	9.33	22.91	-4.63	-13.19
	西藏	葛尔	80.05	32.30	4278.6	33.00	-35.25	28.06	6.91	10.65	7.99	26.54	-4.22	-14.19
西北	陕西	延安	109.27	36.35	1180.5	41.60	-18.56	21.86	4.61	7.35	7.83	20.05	-4.24	-12.20
	陕西	安康	109.02	32.43	290.8	43.65	-3.62	22.54	5.04	6.72	7.06	14.36	-3.79	-10.41
	陕西	西安(泾河)	108.58	34.26	410.0	42.78	-12.39	21.92	4.05	6.34	6.28	14.82	-3.79	-9.64
	甘肃	敦煌	94.41	40.09	1139.0	42.53	-22.74	22.99	5.39	7.48	7.28	23.19	-5.18	-12.92
	甘肃	酒泉	98.29	39.46	1477.2	40.32	-26.26	22.20	4.98	7.35	7.28	23.58	-4.95	-11.86
	甘肃	民勤	103.05	38.38	1367.5	42.82	-27.73	22.51	4.83	7.72	6.90	22.74	-5.76	-11.55
	甘肃	榆中	104.09	35.52	1874.4	37.34	-22.68	18.94	4.96	7.92	6.60	19.60	-3.99	-11.02
	青海	刚察	100.08	37.20	3301.5	30.88	-26.95	19.26	5.05	8.25	6.72	24.78	-4.06	-10.11
	青海	格尔木	94.55	36.25	2807.6	37.49	-18.69	25.77	4.86	7.65	7.97	21.23	-4.88	-12.19
	青海	西宁	101.45	36.44	2295.2	39.32	-20.19	22.72	4.76	8.08	6.17	24.44	-4.58	-12.41
	青海	玉树	96.58	33.00	3716.9	33.10	-22.15	25.67	6.15	8.70	7.33	22.61	-3.96	-13.53
	青海	玛沁	100.14	34.29	3719.0	28.25	-26.22	25.34	5.28	9.57	9.09	27.77	-4.53	-13.55
	宁夏	银川	106.12	38.28	1110.9	40.67	-22.33	18.71	4.31	7.06	7.71	19.81	-4.89	-10.62
	宁夏	固原	106.16	36.00	1753.0	36.20	-23.29	19.86	4.52	7.91	6.83	20.95	5.13	-10.73
	新疆	阿勒泰	88.05	47.44	735.3	41.42	-38.47	20.92	4.74	6.48	7.38	27.48	-4.94	-13.22
	新疆	塔城	83.00	46.44	534.9	43.23	-29.03	27.83	4.53	6.53	7.47	24.97	-4.81	-12.67
	新疆	伊宁	81.20	43.57	662.5	41.59	-24.57	21.54	4.51	6.19	7.59	25.64	-5.02	-11.50
	新疆	乌鲁木齐	87.39	43.47	935.0	44.91	-27.41	26.94	4.71	6.01	9.01	23.98	-5.65	-12.69
	新疆	焉耆	86.34	42.05	1055.3	41.46	-21.39	23.52	4.58	5.70	6.76	19.97	-5.09	-11.90

续上表

区域	省级行政区	气象站	站点信息			50年重现期代表值(℃)							
			纬度	经度	海拔	有效温度		升温模式1		升温模式2		降温模式	
			(°)	(°)	(m)	$T_{e,max}$	$T_{e,min}$	ΔT_{h1-1}	ΔT_{h1-2}	ΔT_{h2-1}	ΔT_{h2-2}-中梁	ΔT_{h2-2}-边梁	ΔT_{c-1}	ΔT_{c-2}
西北	新疆	吐鲁番	89.14	42.57	39.3	50.95	-16.22	25.25	4.71	4.84	5.19	16.72	-4.23	-12.92
	新疆	阿克苏	80.23	41.07	1107.1	43.49	-19.66	21.77	4.44	5.86	5.68	19.73	-4.41	-12.18
	新疆	喀什	75.45	39.29	1385.6	42.55	-20.65	20.89	5.58	7.40	8.24	22.41	-4.19	-12.29
	新疆	若羌	88.10	39.02	887.7	45.31	-19.60	22.86	4.60	7.13	8.23	21.01	-6.45	-12.78
	新疆	和田	79.56	37.08	1375.0	44.62	-20.13	20.32	4.55	6.77	7.13	20.50	-5.30	-12.21
	新疆	哈密	93.31	42.49	737.2	46.11	-24.81	28.31	5.91	7.03	6.15	21.83	-4.87	-13.40

3)748个常规气象站温度作用代表值计算

(1)温度作用代表值验证

在"5.2.2 钢-混凝土组合梁桥温度作用的气象相关性公式"中已建立了准确的气象相关性公式,在此基础上,带入全国91个辐射气象站气象参数得到组合梁桥各温度作用样本数据,进一步进行极值分析得到温度作用代表值(相关性公式代表值),与基于有限元长期模拟数据计算的温度作用代表值(有限元代表值)进行对比,如图5-28所示。可知各温度作用的气象相关性公式和有限元的代表值均在 $Y = X$ 附近分布,除 $T_{h,max}$ 和 ΔT_{h1-2} 外,各确定系数 R^2 均大于0.8,$T_{h,max}$ 和 ΔT_{h1-2} 虽然 R^2 偏小,但其RMSE也仅为0.545℃和0.361℃,所有的RMSE最大仅为1.397℃,说明采用气象相关性公式的温度作用样本数据计算得到的代表值结果可靠,可用于常规气象站温度作用代表值的计算。

(2)常规气象站温度作用代表值计算

以上得到了全国91个辐射气象站各温度作用日极值的气象相关性计算公式和对应的待定系数,还需进一步采用这些经验公式和系数计算全国748个常规气象站各温度作用的日极值。根据距离,将748个常规气象站分配至各自最近的辐射气象站点,进而可以采用根据气象相关性公式求得全国748个常规气象站1993—2015年共23年组合梁桥各温度作用日极值,即可采用基于GP分布的超阈值模型进行组合梁桥具有50年重现期的各温度作用代表值计算。在地图上标出辐射气象站和常规气象站的温度作用代表值,是温度作用等值线地图绘制的第2步。

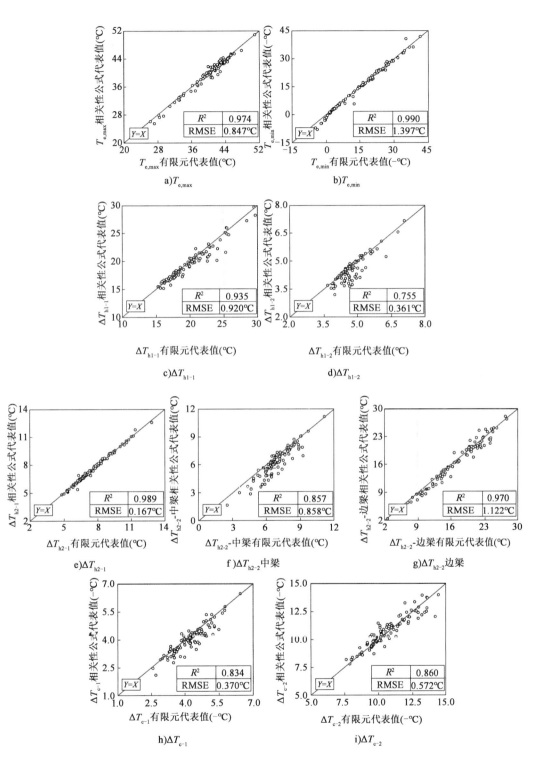

图 5-28 全国 91 个辐射站点温度作用代表值对比

4)组合梁桥温度作用代表值等值线地图

在辐射气象站和常规气象站共 839 组组合梁桥温度作用代表值基础上,采用 ArcGIS 10.2 软件平台中的 ArcMap 程序进行空间插值计算,进行温度作用等值线地图的绘制。

ArcGIS 提供了反距离加权插值、克里金插值、规则样条插值、张力样条插值和自然邻域插值等多种不同的插值方法。其中,张力样条插值采用样条曲线函数对空间点进行插值,易操作,计算量不大,且保证了插值后数据点数值不变,在生成平滑曲面的同时亦可有效控制边界处极端数值的出现。因此,本书选择张力样条插值方法进行组合梁桥温度作用代表值全国等温线地图的绘制。

需要说明的是,本书并未搜集到台湾地区各县市有效的历史气象数据,在所有辐射气象站中,福州站距台湾地区距离最近,气候特点与台北市也最为接近,故取台北市各温度作用代表值与福州站相等,进一步进行温度作用等值线地图的绘制。地图绘制结果详见参考文献[132]和[133]。

(1) 有效温度

全国 $T_{e,max}$ 经空间插值后的取值范围为 20.56~51.99℃,其中,最高 $T_{e,max}$ 出现在新疆吐鲁番和塔克拉玛干沙漠地区,这也是我国常年气温最高的地区,甚至超过南部低纬度城市。青藏高原地区的 $T_{e,max}$ 明显较更低,约为 20~30℃,最低 $T_{e,max}$ 也出现在该地区。除青藏高原和新疆外的其他地区 $T_{e,max}$ 的差异并不显著。对于 $T_{e,min}$,全国的取值范围为 -42.94~+15.81℃,$T_{e,min}$ 的低温主要出现在我国东北和新疆北部高纬度地区以及青藏高原高海拔地区,$T_{e,min}$ 的相对高温则主要分布在我国东部和南部沿海地区。$T_{e,max}$ 和 $T_{e,min}$ 的取值范围及分布地区见表 5-19。

有效温度的变化范围 $T_{e,range} = T_{e,max} - T_{e,min}$,其决定了桥梁纵向胀缩变形的范围,对桥梁支座、伸缩缝的设计选型,甚至下部结构桥墩的设计计算均有重要意义。插值后全国 $T_{e,range}$ 的取值范围为 26.16~87.57℃,基本呈现出由南向北(由低纬度向高纬度)递增的分布形态。其中,取值最大的区域为新疆和东北北部高纬度地区,超过 78℃,取值最小的区域主要分布在南部沿海和云南南部地区,不超过 37℃。

《公路桥涵设计通用规范》(JTG D60—2015) 中有效温度作用按照规范提供的全国气候区划图进行取值,将全国分为严寒地区、寒冷地区和温热地区,对于组合梁桥,对应的有效温度取值见表 5-20,这些取值是根据气候区划图的 1 月和 7 月气温数据确定的,而非基于桥梁有效温度极值分析得到。

有效温度取值范围及分布地区　　　　　　　表 5-19

$T_{e,\max}$取值范围(℃)	分布地区	$T_{e,\min}$取值范围(℃)	分布地区
48~52	新疆中部及北部	-43~-35	黑龙江、内蒙古、西藏西部、青海南部
44~48	北京和天津周边、重庆、湖北北部、浙江、江西北部、陕西和湖北交界处	-35~-28	吉林、辽宁北部、新疆北部
40~44	黑龙江、吉林、辽宁、内蒙古、山西、山东、河南、安徽、湖南、福建、广东、广西、四川东部、新疆南部及东部	-28~-20	新疆南部、青海北部、西藏东部、甘肃、陕西北部、山西北部、四川北部
36~40	青海北部、甘肃北部、贵州、云南南部、江苏	-20~-12	河北、山东、山西、陕西中部、宁夏
32~36	西藏西部、云南北部	-12~-5	江苏、安徽、河南、陕西南部、四川南部、湖北
28~32	西藏中部及东部、四川西部	-5~+3	湖南、江西、浙江、福建、贵州、云南北部
24~28	西藏南部、四川北部	3~11	广东北部、广西、云南南部
20~24	西藏北部、青海南部	11~16	广东南部、海南、台湾

《公路桥涵设计通用规范》(JTG D60—2015)中组合梁桥有效温度取值(单位:℃)

表 5-20

有效温度	严寒地区	寒冷地区	温热地区
$T_{e,\max}$	39	39	39
$T_{e,\min}$	-32	-15	-6(-1)
$T_{e,\mathrm{range}}$	71	54	45(40)

对比《公路桥涵设计通用规范》(JTG D60—2015)中的全国气候区划图和本书得到的 $T_{e,\max}$ 和 $T_{e,\min}$ 全国等值线地图发现,规范的全国气候区划图在一定程度上可以反映出 $T_{e,\max}$ 和 $T_{e,\min}$ 的总体分布规律,尤其与 $T_{e,\min}$ 等值线地图分布相似。但表 5-20 取值明显低估了我国新疆和东北地区组合梁桥的 $T_{e,\max}$ 和 $T_{e,\min}$,高估了青藏高原地区的 $T_{e,\max}$ 和华中、华东和华南地区的 $T_{e,\min}$。特别对于新疆吐鲁番地区,规范中 $T_{e,\max}$ 的取值仅为 39℃,而本书计算的结果达到 51.7℃,远高于规范值;对于海南省,本书计算得到的取值约为 3~

11℃,远高于规范的取值 -6℃。规范中有效温度变化范围 $T_{e,range}$ 最大的地区为气候区划图中的严寒地区,达到71℃,而本书得到的等值线地图中,东北、内蒙古和新疆等北部地区及青藏高原核心地区的 $T_{e,range}$ 均超过71℃,这些面积约为全国面积的1/7,显然会严重低估桥梁的有效温度作用,极大可能造成运营过程中支座和伸缩缝等关键部位的损坏;规范中温热地区的 $T_{e,range}$ 取值最小,为45℃,而本书得到的等值线地图中同样有约占全国1/7面积的地区(云贵高原和华南地区) $T_{e,range}$ 取值低于45℃,会高估桥梁有效温度作用产生的效应,造成设计的浪费。以上这些规范有效温度取值的偏差,主要原因在于有效温度的取值未基于概率统计(极值分析)对桥梁本身的温度进行计算,其次在于气候区划数量过少、区域面积过大造成的同一区域内有效温度作用取值分辨率严重不足。

(2)温度梯度升温模式1

根据组合梁桥升温模式1中 ΔT_{h1-1} 和 ΔT_{h1-2} 的全国等值线地图,ΔT_{h1-1} 的取值范围为11.69~29.57℃,ΔT_{h1-2} 的取值范围为1.28~7.27℃,地域差异分别达到17.88℃和5.99℃。温差 ΔT_{h1-1} 和 ΔT_{h1-2} 均由太阳辐射引起,因此,相应的等值线地图分布形式也基本一致。海拔对太阳辐射强度的影响远高于纬度,故等值线图中 ΔT_{h1-1} 和 ΔT_{h1-2} 在青藏高原日照充足的地区取值最大,在华中、华东和华南等低海拔地区取值相对较小。

JTG D60—2015 中提供的组合梁桥竖向温度梯度模式与升温模式1相似,也能反映出组合梁桥在顶部日照下竖向温差的基本分布形式,但缺失梁体底部的温差。对于桥面板厚度不超过0.4m 的无铺装组合梁,规范顶部温差取值小于25℃,可以覆盖等值线地图中除了青藏高原外的绝大部分地区,但对于青藏高原地区桥梁温度效应的计算偏于不利。

(3)温度梯度升温模式2

根据组合梁升温模式2中 ΔT_{h2-1} 以及中梁和边梁 ΔT_{h2-2} 取值的全国等值线地图,三者的全国取值范围分别为4.16~11.09℃、1.38~10.89℃和3.03~30.92℃,地域差异分别达到6.93℃、9.51℃和27.89℃。其中,中梁的 ΔT_{h2-2} 主要由日气温温差引起,所以在西部和东北等温差较大的地区取值较大。边梁的 ΔT_{h2-2} 由日照组合梁钢腹板引起,因此,新疆和东北北部,以及青藏高原等太阳高度角较小的地区取值普遍较大,超过22℃,而在太阳高度角更大的低纬度地区,太阳直接辐射很难直接照射在组合梁边梁的腹板,故边梁 ΔT_{h2-2} 的取值不超过8℃,与中梁 ΔT_{h2-2} 的取值接近。

(4)温度梯度降温模式

根据组合梁桥降温模式温差 ΔT_{c-1} 和 ΔT_{c-2} 取值的全国等值线地图,ΔT_{c-1} 和 ΔT_{c-2} 的取值范围分别为 -7.99~-2.13℃和 -16.36~-5.34℃,地域差异达到5.86℃和

11.02℃。降温模式中的温差均由强辐射后的夜间降温引起,因此,在西部太阳辐射较强、日气温温差较大的地区取值较大,在东南日气温温差小的地区取值明显更小。

JTG D60—2015 中提供的负温度梯度模式为顶部降温模式,经过实测和数值模拟表明并不适用于组合梁桥,而欧洲规范 Eurocode 1 提供了与降温模式相似的温度梯度模式,对于 0.3m 厚桥面板无铺装组合梁,顶、底部温差取值分别为 −5℃ 和 −8℃,在本书提供的等值线地图中均处于中等水平,这与我国和欧洲地区的气候地域差异有直接关系。

第6章

CHAPTER SIX

桥梁温度效应实用计算方法

6.1 温度效应的基本问题

6.1.1 约束与温度应力

温度会引起结构发生变形,当变形受到约束时,便会引起结构的温度应力,因此,"约束"是温度应力计算非常重要且不可忽略的基本概念。当结构发生变形或运动时,不同结构之间、不同构件之间、构件内部纤维之间,都存在相互影响和牵制,即"约束"。约束大致可以分为"外约束"和"内约束"两大类。

1) 外约束

一个结构或构件的变形受到了另一个结构或构件的阻碍,一般将这种物体与物体之间的相互牵制作用称作外约束,如桥梁中主梁受到了墩台的约束,桥塔受到了基础的约束。按约束程度的大小,外约束又可分为无约束(自由体)、弹性约束和全约束(嵌固体)3 种。

无约束的自由体变形不受其他物体或构件的约束,呈完全自由变形。如图 6-1 中地基上自由变形的块体,自由变形为 ΔL,两端各变形 $\Delta L/2$,以及桥梁中的简支梁结构,自由变形为 ΔL,固定端不产生变形,活动端变形为 ΔL。自由体的变形不会受到约束,因此不产生外部约束应力。

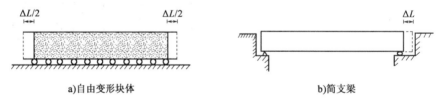

a) 自由变形块体   b) 简支梁

图 6-1 自由体约束

弹性约束指物体或构件的变形不是完全自由的,而是受到其他弹性物体或构件的约束。由于被约束结构或约束结构都是弹性可变形的,所以被约束体会发生部分变形,即不完全自由变形。斜拉桥中拉索对主梁和桥塔的约束、刚构桥中高墩对主梁的约束都是桥梁体系中典型的弹性约束。在连续刚构桥中,主梁变形受到了高墩的约束,变形使桥墩产生了弹性侧移,桥墩对主梁给予了弹性约束,使主梁的膨胀变形相应地减少,从而只产生了部分的变形(图 6-2),显然,弹性约束将引起约束应力。

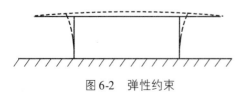

图 6-2 弹性约束

全约束是指物体或构件的变形受到其他物体或构件的完全约束,致使变形体完全不能变形,该物体即称为嵌固体。如全约束的固端梁,没有变形的余地。在实际桥梁工程中,大体积承台等下部结构的收缩变形受到桩基的约束,几乎完全不能变形,接近于全约束。显然,全约束状态下构件的约束应力是最大的。

在外约束条件下,结构的自由变形可分为两部分:一是实际变形,二是被约束的变形。

$$\Delta = \delta_1 + \delta_2 \tag{6-1}$$

式中:Δ——无约束条件下的自由变形;

δ_1——实际变形;

δ_2——约束变形。

为了反映结构物所承受的约束程度,可定义结构的约束系数和自由度系数,其中,δ_1/Δ 为自由度系数 η_1,δ_2/Δ 为约束系数 η_2,满足 $\eta_1 + \eta_2 = 1$。全自由条件下,自由度系数为1,约束系数为0。弹性约束条件下,这两个系数均介于0与1之间,并呈互补。全约束条件下,自由度系数为0,约束系数为1。

2)内约束(自约束)

一个物体或一个构件本身各纤维或各质点之间的相互约束作用称为内约束或自约束。沿一个构件截面各点可能有不同的温度变形,从而引起连续介质各点间产生内约束应力,例如,图6-3中梁体承受非均匀变温、桥塔塔壁的非均匀变温以及各种大体积混凝土的非均匀温差。相对于没有外约束的自由体构件,只有非线性不均匀温度变形可引起自构件的约束应力。

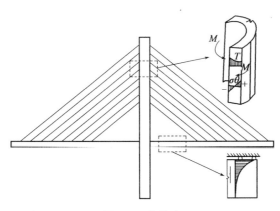

图6-3 自约束

需要明确的是,外约束和内约束是相对的,在不同条件下采取的假定不同。对于混凝土箱梁,计算温度产生的横向应力时,若以各板件为分析对象,则板厚方向温度非线性分布产生的是由内约束引起的温度自应力,框架效应引起的温度应力则是由各板件相互外约束产生的,但是对于整个混凝土箱梁断面,该两部分的应力可都理解为由内约束引起的。

3)温度应力

如图 6-4 所示,悬臂梁承受均匀的温度变化 T(升温为正,降温为负),梁将产生自由伸长 ΔL,梁内不产生应力。梁端自由变形值为:

$$\Delta L = \alpha TL, \varepsilon = \frac{\Delta L}{L} = \alpha T \tag{6-2}$$

式中:α——线膨胀系数(杆件每升高 1℃ 的相对变形)(1/℃);

T——温度变化值(℃);

ε——相对自由变形。

图 6-4 悬臂梁的自由变形

如果悬臂梁的右端呈嵌固状,则梁的温度变形受到阻碍,完全不能位移,梁内便产生约束应力,其应力数值由以下两个过程叠加而得。如图 6-5 所示,假定梁呈自由变形,梁端变形 $\Delta L = \alpha TL$。施加一外力 P,将自由变形梁压缩回到原位,产生的应力即为变形约束应力。根据外力 P 的作用,位移 $\Delta L = PL/EA$,$P = EA\Delta L/L$,则将自由变位 ΔL 压回原位的压应力即约束应力为:

$$\sigma = -\frac{P}{A} = -\frac{\Delta LEA}{LA} = -\frac{\alpha TLEA}{LA} = -E\alpha T \tag{6-3}$$

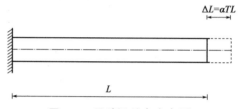

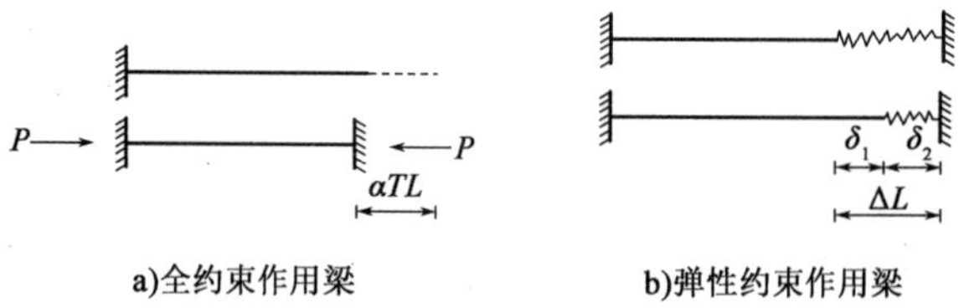

a)全约束作用梁　　　　　b)弹性约束作用梁

图 6-5 约束梁

这就是自由变形全部被压回到原位时的最大约束应力,其值与温度变化值、线膨胀系数及弹性模量成比例,而与长度无关。当悬臂梁的右端呈弹簧约束梁(弹性约束梁)的变形时,梁在温度变化 T 下产生变形,此时弹簧受到水平推力,产生变位 δ_1,梁同时也受到弹簧的反作用,产生一压缩变位 δ_2。

梁的自由变位即弹簧自由长度 $\Delta L = \alpha TL$ 受到了弹性约束,只获得了部分变位 δ_1,而其余部分 $\Delta L - \delta_1 = \delta_2$ 是被弹簧压缩的变位,该变位是约束变位,其相对值为 $\delta_2/L = \varepsilon_2$,同时产生相应的约束应力 $\sigma = E\varepsilon_2$。

自由变位直观上为梁端实际变位与约束变位之和,即 $\Delta L = \delta_1 + \delta_2$,但是,由于变位有正负号,科学的表达应该是梁端的实际变位等于约束变位与自由变位之代数和。若用相对变形表达,则梁端实际变位为:

$$\varepsilon_1 = \varepsilon_2 + \alpha T = \frac{\sigma}{E} + \alpha T \tag{6-4}$$

式(6-4)中,σ 和 T 都带有正负号,如拉力 σ 为正,升温变化 T 为正,反之均为负号。式(6-4)是温度变形(温变、收缩、沉降等)状态下基本应力-应变关系,与普通荷载状态下应力-应变关系的不同之处在于多出一个自由变位项,刘兴法[37]在《混凝土结构的温度应力分析》一书中提到"温度效应与一般荷载效应不同,其应力和应变关系不再符合简单的胡克定律关系",就是这个原因。

4)无应力温度场

一般情况下,当结构或构件承受不均匀温度作用,无外约束,但可能产生内约束,结构或构件内部便会产生内约束应力。在一些特殊条件下,结构可以既无外约束应力又无内约束应力。

(1)结构是自由体、静定结构,无外约束;

(2)结构内部无热源;

(3)结构温度场是稳定的,并沿截面呈线性分布。

总体来说,即无外约束、无内热源、温度呈线性分布的结构不产生温度应力(外约束应力和内约束应力)。王铁梦在《工程结构裂缝控制》一书中,通过将结构无应力时的变形 αT 和无限小块体各边只产生相对线变位而无角变位的条件带入弹性理论变形协调方程中,可以求解得到无应力温度场 $T(x,y,z)$ 的唯一解为:

$$T(x,y,z) = A + Bx + Cy + Dz \tag{6-5}$$

式中:A、B、C、D——待定系数。

即得到一个三维空间的线性方程,是空间中的某一平面。

对于平面问题,取 $z=0$,即可得到无应力温度场为:

$$T(x,y) = A + Bx + Cy \tag{6-6}$$

以此类推,一维问题的无应力温度场为:

$$T(x) = A + Bx \tag{6-7}$$

这便证明了,在无外约束时,当结构温度分布的几何自变量是一次(线性)函数时,便为无应力温度场。

6.1.2 温度应力与变形的关系

如果结构是一个由无数多个微小立方体连接组成的连续整体、均质、弹性的结构物，当结构物受到不均匀温度变化作用时，各微小立方体由于体积微小，可视为一个点，该点呈均匀受热(冷)。如果结构物没有内外约束，则小立方体可膨胀(收缩)为另一相似的微小立方体，不引起应力，只有变形。但实际上，既可能有外约束，也可能有内约束，由于温度分布不均匀，一般产生弹性约束，则各微小立方体的实际变形便会由约束应变和自由温度相对变形(自由温度应变)两部分组成。假定某点的温度初始值为0℃，承受温度变化为T，线膨胀系数为α，则任何一点(微小立方体)的自由温度相对变形(自由温度应变)为αT。

1)三维空间问题(三向约束问题)

(1)弹性约束条件下：

$$\begin{cases} \varepsilon_x = \dfrac{1}{E}[\sigma_x - \mu(\sigma_y + \sigma_z)] + \alpha T \\ \varepsilon_y = \dfrac{1}{E}[\sigma_y - \mu(\sigma_x + \sigma_z)] + \alpha T \\ \varepsilon_z = \dfrac{1}{E}[\sigma_z - \mu(\sigma_x + \sigma_y)] + \alpha T \end{cases} \quad (6\text{-}8)$$

由于小立方体自身的温度是均匀的，所以只有约束剪应变，没有自由剪应变：

$$\begin{cases} \varepsilon_{xy} = \dfrac{1}{2G}\tau_{xy} = \dfrac{1}{2}\gamma_{xy} \\ \varepsilon_{yz} = \dfrac{1}{2G}\tau_{yz} = \dfrac{1}{2}\gamma_{yz} \\ \varepsilon_{zx} = \dfrac{1}{2G}\tau_{zx} = \dfrac{1}{2}\gamma_{zx} \end{cases} \quad (6\text{-}9)$$

式中：τ——剪应力；

G——剪切模量；

γ——角变位。

(2)全自由条件下：

全自由条件下，无约束应力，此时变形最大：

$$\begin{cases} \sigma_x = \sigma_y = \sigma_z = 0 \\ \tau_{xy} = \tau_{yz} = \tau_{zx} = 0 \\ \varepsilon_x = \varepsilon_y = \varepsilon_z = \alpha T \\ \varepsilon_{xy} = \dfrac{1}{2}\gamma_{xy} = \varepsilon_{yz} = \dfrac{1}{2}\gamma_{yz} = \varepsilon_{zx} = \dfrac{1}{2}\gamma_{zx} = 0 \end{cases} \quad (6\text{-}10)$$

(3) 全约束条件下：

全约束条件下，无变形，此时约束应力最大。在式（6-10）中，令 $\varepsilon_x = \varepsilon_y = \varepsilon_z = 0$，可得：

$$\sigma_{\max} = \sigma_x = \sigma_y = \sigma_z = -\frac{E\alpha T}{1-2\mu} \tag{6-11}$$

可见，最大应力与结构物的几何尺寸无关。

由于各点原位不动，承受均匀压缩或拉伸，没有剪应变和剪应力：

$$\begin{cases} \varepsilon_{xy} = \frac{1}{2}\gamma_{xy} = \varepsilon_{yz} = \frac{1}{2}\gamma_{yz} = \varepsilon_{zx} = \frac{1}{2}\gamma_{zx} = 0 \\ \tau_{xy} = \tau_{yz} = \tau_{zx} = 0 \end{cases} \tag{6-12}$$

可见，全约束条件下的结构物最大温度应力与长度无关，与伸缩缝的间距无关。即任意长度不留伸缩缝其应力达到的最大值是一常数。

2) 二维平面问题（双向约束问题）

(1) 弹性约束条件下：

$$\begin{cases} \varepsilon_x = \frac{1}{E}(\sigma_x - \mu\sigma_y) + \alpha T \\ \varepsilon_y = \frac{1}{E}(\sigma_y - \mu\sigma_x) + \alpha T \\ \varepsilon_{xy} = \frac{1}{2G}\tau_{xy} = \frac{1}{2}\gamma_{xy} \end{cases} \tag{6-13}$$

(2) 全自由条件下：

全自由条件下，无约束应力，此时变形最大：

$$\sigma_x = \sigma_y = \sigma_{\max} = \alpha T \tag{6-14}$$

(3) 全约束条件下：

全约束条件下，无变形，此时约束应力最大：

$$\begin{cases} \sigma_{\max} = \sigma_x = \sigma_y = -\frac{E\alpha T}{1-\mu} \\ \tau_{xy} = 0 \\ \varepsilon_x = \varepsilon_y = 0 \\ \varepsilon_{xy} = \frac{1}{2}\gamma_{xy} = 0 \end{cases} \tag{6-15}$$

同样，这种状态下，结构物的最大应力与长度无关。

3) 一维杆系问题(单向约束问题)

(1) 弹性约束条件下：

$$\varepsilon = \frac{\sigma}{E} + aT \tag{6-16}$$

(2) 全自由条件下：

全自由条件下，无约束应力，此时变形最大：

$$\begin{cases} \sigma = 0 \\ \varepsilon = \alpha T \end{cases} \tag{6-17}$$

(3) 全约束条件下：

全约束条件下，无变形，此时约束应力最大：

$$\begin{cases} \sigma_{\max} = -E\alpha T \\ \varepsilon = 0 \end{cases} \tag{6-18}$$

由上述可知，结构物最大应力与长度无关，且很容易计算。在工程设计时，可以采用上述方法对温度应力作简单估算，但实际的桥梁结构或构件均为弹性约束，这种算法会在一定程度上高估温度应力。

6.1.3 温度应力分析的等效荷载法

温度应力本质是变形引起内力状态问题，与荷载变化引起的内力状态有许多不同之处，但在内力分析方法中，有相似的地方，利用这些相似之处可以将变形引起的应力等效为荷载变化引起的应力进行分析，这种方法即为变形应力计算的等效荷载法(equivalent lood method)，不仅用于结构分析，也可用于结构试验。温度应力属于变形应力范畴，亦可采用等效荷载法进行分析。

1) 一般情况

把任意形状的结构分解为无数离散的立方微体，去掉它们之间的一切连接。微体很小，可假定这一点上的温度、收缩都是均匀的。这些完全自由的微体承受温度变化 T 作用后，自由地膨胀(或收缩)成为一相似立方微体，如果初始温度为 $0^\circ\mathrm{C}$，则其各边的自由相对变形为 αT，即 $\varepsilon_x = \varepsilon_y = \varepsilon_z = \alpha T$。由于呈均匀膨胀，没有转角，即 $\gamma_{xy} = \gamma_{yz} = \gamma_{zx} = 0$。

其次，把已膨胀的立方体复原，在立方体的六个方形表面施加外力(外荷载)，如果外力大小为：

$$\sigma_x = \sigma_y = \sigma_z = -\frac{E\alpha T}{1-2\mu} \tag{6-19}$$

也就是上述的全约束状态应力，则立方体将被约束得完全不动，也就是得到了复原。这样施加的外力，相当于结构的质点处的体积力和外表面的表面力。

根据一般静力平衡方程包括体积力的典型表达式：

$$\frac{\partial \tau_{xy}}{\partial y} + \frac{\partial \tau_{yz}}{\partial z} + \frac{\partial \tau_{zx}}{\partial x} = 0 \tag{6-20}$$

因为全约束使微体均匀变形（压缩或膨胀），则 $\tau_{xy} = \tau_{yz} = \tau_{zx} = 0$，即：

$$\frac{\partial \tau_{xy}}{\partial y} + \frac{\partial \tau_{yz}}{\partial z} + \frac{\partial \tau_{zx}}{\partial x} = 0 \tag{6-21}$$

相当于结构每点都作用如下的体积力：

$$\begin{cases} X = -\dfrac{\partial \sigma_x}{\partial x} = -\dfrac{\partial}{\partial x}\left(-\dfrac{E\alpha T}{1-2\mu}\right) = \dfrac{E\alpha}{1-2\mu}\dfrac{\partial T}{\partial x} \\[2mm] Y = -\dfrac{\partial \sigma_y}{\partial y} = -\dfrac{\partial}{\partial y}\left(-\dfrac{E\alpha T}{1-2\mu}\right) = \dfrac{E\alpha}{1-2\mu}\dfrac{\partial T}{\partial y} \\[2mm] Z = -\dfrac{\partial \sigma_z}{\partial z} = -\dfrac{\partial}{\partial z}\left(-\dfrac{E\alpha T}{1-2\mu}\right) = \dfrac{E\alpha}{1-2\mu}\dfrac{\partial T}{\partial z} \end{cases} \tag{6-22}$$

注意，这里的体积力不是真正的体积力，而是为了迫使各点（即各立方体）恢复原位所施加的外力，即等效的"体积力"，依靠该力使结构的各质点都完全约束和嵌固。

以上完成了两个步骤：一是给结构以温差变形；二是从体内到表面给以全约束作用，使之完全嵌固原位不动，各点的应力为：

$$\sigma'_x = \sigma'_y = \sigma'_z = -\frac{E\alpha T}{1-2\mu} \tag{6-23}$$

但是，结构只有温差和原边界条件，并无后来施加的约束，所以下一步就是释放约束。在结构的各质点施以相反方向的体积力：

$$\begin{cases} X = -\dfrac{E\alpha}{1-2\mu}\dfrac{\partial T}{\partial x} \\[2mm] Y = -\dfrac{E\alpha}{1-2\mu}\dfrac{\partial T}{\partial y} \\[2mm] Z = -\dfrac{E\alpha}{1-2\mu}\dfrac{\partial T}{\partial z} \end{cases} \tag{6-24}$$

在结构表面上各质点施加表面应力：

$$\frac{E\alpha T}{1-2\mu} \tag{6-25}$$

由于这两种作用，在结构内部产生应力 σ''_x、σ''_y、σ''_z。

把释放约束产生的应力与前两步骤产生的应力叠加便得到最终的应力状态：

$$\begin{cases} \sigma_x = \sigma'_x + \sigma''_x = -\dfrac{E\alpha T}{1-2\mu} + \sigma''_x \\ \sigma_y = \sigma'_y + \sigma''_y = -\dfrac{E\alpha T}{1-2\mu} + \sigma''_y \\ \sigma_z = \sigma'_z + \sigma''_z = -\dfrac{E\alpha T}{1-2\mu} + \sigma''_z \end{cases} \quad (6\text{-}26)$$

其中,σ'是已知的,而σ''是释放约束引起的应力,即施加一组与约束相反的荷载引起的应力,其解法与温度无关,所以可把温度问题转化为荷载问题,这就是变形应力计算的等效荷载法。由于在分析中需要将结构的变形完全约束,因此,有些文献中也将等效荷载法称为应变阻止法。

2) 简支梁非线性温差的应力计算

简支梁无外约束,非线性温差作用下只能引起自约束应力,其计算方法可用等效荷载法,国际上也称为补偿法(compensation method),基本步骤如图 6-6 所示:简支梁承受非线性温差[图 6-6a)],首先将梁的两端实施全约束,计算产生的应力[图 6-6b)];接着在梁的两端施加一轴力,轴力等于全约束应力的平均值,但方向相反[图 6-6c)];同时将梁的两端施加一力矩,力矩等于全约束应力相对中和轴的力矩,方向相反[图 6-6d)],最后将上述 4 部分叠加求得自约束应力。

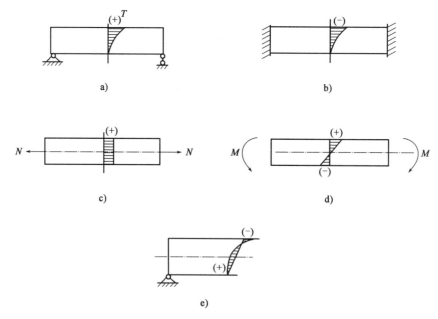

图 6-6　梁式结构等效荷载法(补偿法)的基本步骤

简支梁高为 $2h$,截面为矩形,承受非线性温差作用,温度只沿梁高变化(y 向):

$$T = T(y) \tag{6-27}$$

温度沿梁的厚度方向(z向)及梁的水平截面(x向)是均等的,所以该梁可视为一维应力问题:

$$\begin{cases} \sigma_z = \sigma_y = 0 \\ \sigma_x = \sigma_x(y) \end{cases} \tag{6-28}$$

补偿法是利用等效荷载的概念,先将结构全约束,再逐步释放约束后,将各应力叠加,得到自约束应力。梁的计算中仍然采用弹性和平截面假定,显然在全约束的节点处不均匀的应力可分解为轴力引起的均匀应力、弯矩引起拉压应力以及非线性自约束应力。

释放节点约束使结构达到简支梁原状,首先释放轴力,给梁两端一轴力,大小等于全约束应力的平均值,只是方向相反,这一部分呈线性分布的应力被释放了;其次再给两端施加一力矩,大小等于全约束应力对中和轴的力矩,方向相反,又一部分呈线性分布的异号应力被释放了。最后以全约束应力减掉轴力引起的应力(线性),再减掉弯矩引起的异号应力(线性),即把上述3项叠加,剩余的便是非线性温差引起的自约束应力(非线性)。这种全约束应力是变形引起,释放约束又以轴力和力矩施加于结构,最后叠加或补偿求得最终由于非线性温差在简支梁中的自约束应力。

根据等效荷载法,首先将梁的各点固定,为达到此目的,只需在梁的两端施加 $\sigma'_x = -E\alpha T(y)$ 即可,因为温度沿 x 方向(水平方向)是不变的,所以等效体积力 X 沿 x 方向不变,梁端有了表面力 σ'_x,则梁内各质点即可被完全约束:

$$X = -E\alpha \cdot \frac{\partial T}{\partial x} = -E\alpha \cdot \frac{\partial T(y)}{\partial x} = 0 \tag{6-29}$$

梁的各截面上都引起约束应力 $\sigma'_x = -E\alpha T(y)$。

其次,再释放约束。由于梁端约束应力分布是随温度变化的任意图形,故可分解成轴力与力矩的叠加:

梁的轴力:

$$N = \int_{-h}^{h} aET(y)\,\mathrm{d}y \tag{6-30}$$

弯矩:

$$M = \int_{-h}^{h} aET(y)y\,\mathrm{d}y \tag{6-31}$$

计算中取单位宽度,A 为截面面积,$A = 1 \times 2h = 2h$。

梁端轴力与力矩在梁中引起相应的应力:

$$\sigma''_x = \frac{N}{A} = \frac{N}{2h},\quad \sigma'''_x = \frac{M y}{J} = \frac{3y}{2h^3}M \tag{6-32}$$

最终的简支梁自约束温度应力[图 6-6e)的阴影部分]为：

$$\begin{cases} \sigma_x = \sigma'_x + \sigma''_x + \sigma'''_x \\ \sigma_x(y) = -E\alpha T(y) + \dfrac{1}{2h}\int_{-h}^{h} E\alpha T(y)\mathrm{d}y + \dfrac{3y}{2h^3}\int_{-h}^{h} E\alpha T(y)y\mathrm{d}y \end{cases} \qquad (6\text{-}33)$$

已知梁的温度分布 $T(y)$，代入式(6-33)中便可求出弹性自约束温度应力，第一项是全约束应力；第二、第三项是释放约束的应力。

《公路钢筋混凝土及预应力混凝土桥涵设计规范》(JTG 3362—2018)附录 D 中提供的温差作用效应计算公式，本质上即为以上等效荷载法变化所得。

6.2 混凝土梁桥的温度应力

6.2.1 基于结构力学的温度应力计算方法

1) 纵向温度应力

设日照非线性温度梯度沿任意截面竖向变化曲线为 $T(y)$。取一单位梁段长度进行分析，当各层纵向纤维之间互不约束时，各层纤维的温度自由变形曲线与日照温度梯度曲线形状相似，如图 6-7b)中曲线 1 所示。但实际上，由于各层纵向纤维变形要维持平截面变形假定的直线分布[即图 6-7b)中直线 2]从而形成图中阴影线所示的约束变形。将梁体受到的超静定外部多余约束作用与各纵向纤维的自约束作用同时考虑，则梁体横截面上的总温度应力(以压为正时)可表示为：

$$\sigma_t(y) = E[\alpha T(y) - (\varepsilon_0 + \psi y)] \qquad (6\text{-}34)$$

式中：ε_0——梁底变形；

ψ——梁体截面挠曲变形曲率。

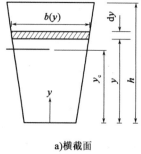
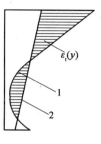

a) 横截面　　　　　b) 温度变形

图 6-7　温度变形简图

横截面上 $\sigma(y)$ 合成的轴力和弯矩分别为:

$$N = \int_h \sigma_t(y) b(y) dy \tag{6-35}$$

$$M = \int_h \sigma_t(y)(y - y_c) b(y) dy \tag{6-36}$$

将式(6-34)代入式(6-35)和式(6-36),可得:

$$N = E_c [\alpha_c \int_h T(y) b(y) dy - \varepsilon_0 A - \psi A y_c] \tag{6-37}$$

$$M = E[\alpha \int_h T(y)(y - y_c) b(y) dy - \psi I] \tag{6-38}$$

注意到连续梁沿梁轴方向并无多余约束,再考虑到温度应力的平衡条件,则有 $N=0$,$M = M_t^s$,其中,M_t^s 为温度产生的次弯矩。将 $N=0$ 和 $M = M_t^s$ 代入式(6-37)和式(6-38)联立求解可得梁底变形及梁体挠曲曲率为:

$$\varepsilon_0 = \frac{N_t^0}{E_c A} - \psi y_c \tag{6-39}$$

$$\psi = \frac{M_t^0}{E_c I} - \frac{M_t^s}{E_c I} \tag{6-40}$$

式中:

$$N_t^0 = E_c \alpha_c \int_h T(y) b(y) dy \tag{6-41}$$

$$M_t^0 = E_c \alpha_c \int_h T(y)(y - y_c) b(y) dy \tag{6-42}$$

其中 N_t^0、M_t^0 分别为温度变化产生的初始轴力及初始弯矩,统称为初内力。

将式(6-39)和式(6-40)代入式(6-34),可得总温度应力一般公式:

$$\sigma_t(y) = E_c \alpha_c T(y) - \frac{N_t^0}{A} - \frac{M_t^0}{I}(y - y_c) + \frac{M_t^s}{I}(y - y_c) \tag{6-43}$$

式(6-43)右端可视为两部分之和,第一部分即前3项正是温度自应力,第二部分即第4项为温度次应力。

对于 $n+1$ 跨连续梁(n 次超静定结构),可取 $n+1$ 跨简支梁为其基本结构,若以 $X_i (i=1,2,\cdots,n)$ 表示多余未知力,则次弯矩可表达为:

$$M_t^s = \sum_{i=1}^n X_i \overline{M_i} \tag{6-44}$$

将式(6-44)代入式(6-40),得:

$$\psi = \frac{M_t^0}{E_c I} - \frac{1}{E_c I} \sum_{i=1}^n X_i \overline{M_i} \tag{6-45}$$

根据虚功原理,连续梁任意切口 k 处(中间支承处)沿多余未知力方向的相对角变位为：

$$\Delta_k = \int_L \overline{M_k} \cdot \psi \mathrm{d}x \tag{6-46}$$

将式(6-45)代入式(6-46)，整理后可得：

$$\Delta_k = \int_L \frac{\overline{M_k} M_t^0}{E_c I} \mathrm{d}x - \sum_{i=1}^n \int_L \frac{\overline{M_k}\, \overline{M_i}}{E_c I} X_i \mathrm{d}x \tag{6-47}$$

式(6-47)可用结构力学中的符号表达为：

$$\Delta_k = \delta_{kt} - \sum_{i=1}^n \delta_{ki} X_i \tag{6-48}$$

式中：$\delta_{kt} = \int_L \dfrac{\overline{M_k} M_t^0}{E_c I} \mathrm{d}x$，$\delta_{ki} = \int_L \dfrac{\overline{M_k}\, \overline{M_i}}{E_c I} \mathrm{d}x$。

根据变形协调条件，应用 $\Delta_k = 0$，即：

$$\sum_{i=1}^n \delta_{ki} X_i = \delta_{kt} \tag{6-49}$$

上式为 n 阶线性代数方程组（$k=1,2,\cdots,n$），联立求解可得多余未知力 X_i（$i=1,2,\cdots,n$），从而由式(6-44)可求得次弯矩。

也可以应用平面杆系结构有限元法求解超静定桥梁结构的温度次内力。此时，应首先根据仅由各纵向纤维自约束变形得到的挠曲曲率 ψ 及梁底变形 ε_0 确定单元节点荷载向量，即：

$$\{F^e\} = \begin{Bmatrix} N_i \\ Q_i \\ M_i \\ N_j \\ Q_j \\ M_j \end{Bmatrix} = \begin{Bmatrix} -E_c A(\varepsilon_0 + \psi y_c) \\ 0 \\ E_c I \psi \\ E_c A(\varepsilon_0 + \psi y_c) \\ 0 \\ -EI\psi \end{Bmatrix} \tag{6-50}$$

形成总荷载向量后，求解结构刚度方程，再由单元刚度方程得到单元内力向量，但还必须与上述单元荷载向量进行反向叠加，即释放单元节点约束后，才得到实际温度次内力。

2）连续梁纵向温度次应力

对于超静定结构如连续梁，由于变形受到外部约束，从而会产生支座反力，就会有二次弯矩存在，进而导致纵向外约束应力，即温度次应力，下面通过一个简单的例子说明纵向温度次应力的求解方法。图 6-8a)虚线表示在温差作用下梁无中间约束的变形，由于实际有中间支座的约束,最终变形如图 6-8 中粗实线所示,按照结构力学图乘法可得到支座反力 P。图 6-8b)为无中间支座温差作用下的弯矩图,其中 $M_0 = \varphi EI$。图 6-8c)为中间支座受单位力作用下的弯矩图。通过图 6-8c),采用位移法或力法可以求得支座反力 P 为:

$$P = \frac{6}{5}\frac{M_0}{L} \tag{6-51}$$

而中间跨的二次弯矩为:

$$M_{\text{sec}} = PL = \frac{6}{5}M_0 \tag{6-52}$$

由二次弯矩产生的温度约束应力为:

$$\sigma_{\text{sec}} = \frac{M_{\text{sec}} y}{I} \tag{6-53}$$

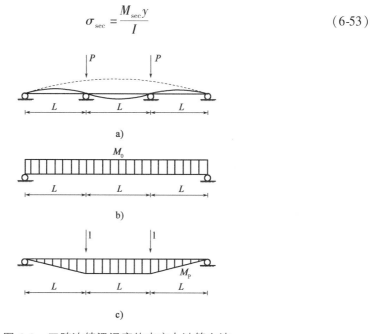

图 6-8 三跨连续梁温度约束应力计算方法

对于 2~5 跨的等跨连续梁,其支座反力及二次弯矩见图 6-9,图中支座反力应乘以 $\varphi EI/L$,二次弯矩乘以 φEI。

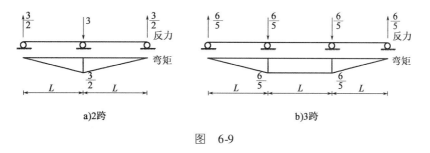

图 6-9

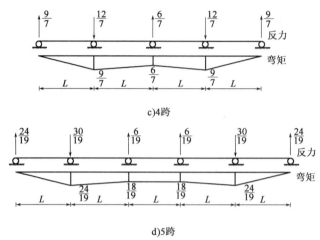

c)4跨

d)5跨

图6-9 等跨连续梁支座反力及二次弯矩

3）横向温度应力

（1）计算模型

取图6-10所示的箱梁作为基本结构，其截面宽度为 a，高度为 b，长度方向壁厚为 δ_1，高度方向壁厚为 δ_2，节段厚度为 h。计算图6-10a)中阴影部分箱壁的温度自约束力时，将箱壁简化为跨径为 a、截面宽度为 h、高度为 δ_1 的两端铰接的简支梁，如图6-10b)所示；计算箱壁挠曲变形受到外加约束引起的次应力时，将外加约束看作是自身框架约束，简化为图6-10c)［由图6-10a)中各壁板形心轴组成］所示结构，运用力学方法求解，图6-10c)中 t_{wi}、t_{ni}($i = 1, 2, 3, 4$) 分别为4个壁板外和内表面温度箱壁厚度方向的温度分布模式(图6-11)，T 为壁板梯度温差值。

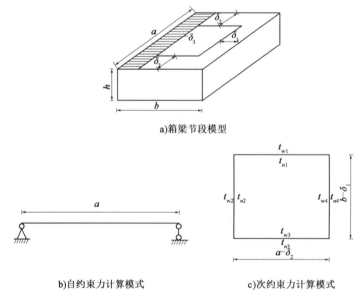

a)箱梁节段模型

b)自约束力计算模式   c)次约束力计算模式

图6-10 箱梁横向温度应力计算模式

图 6-11 箱梁壁厚方向的典型温差模式

求解图 6-10b)所示结构温度自约束力,可采用《公路钢筋混凝土及预应力混凝土桥涵设计规范》(JTG 3362—2018)给出的温度自约束力计算公式;求解图 6-10c)所示结构次约束力,需求解出图 6-10b)所示结构的变形在图 6-10c)所示结构中引起的次弯矩。

(2)温度自约束应力

图 6-10b)所示的结构为静定体系,在图 6-11a)所示的温度模式下不产生温度应力,在图 6-11b)和图 6-11c)所示的梯度温度模式下箱壁的温度自约束力的计算可采用《公路钢筋混凝土及预应力混凝土桥涵设计规范》(JTG 3362—2018)附录 B 中提供的计算简支梁温差作用效应的计算公式。

(3)温度框架约束应力

图 6-11a)温度模式是均匀升温或均匀降温荷载,因此在图 6-10c)模型中不产生次约束力。

图 6-11b)和 c)温度模式是温度梯度荷载,在图 6-10c)模型中产生次约束力。其求解的弹性中心法基本结构如图 6-12 所示。图 6-12 中 $X'O'Y'$ 表示框架结构整体坐标系;XOY 表示刚臂顶端坐标系,c 为弹性面积形心到 X' 轴的距离;Y 为弹性面积形心到顶面切口的距离;Y' 为图 6-10c)所示框架结构宽度,$Y' = b - \delta_1$。由力法方程式(6-54)求解多余的约束力 x_1、x_2 和 x_3。

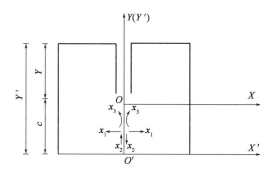

图 6-12 基本结构及未知力

$$\left.\begin{array}{l}\delta_{11}x_1 + \Delta_{1t} = 0 \\ \delta_{22}x_2 + \Delta_{2t} = 0 \\ \delta_{33}x_3 + \Delta_{3t} = 0\end{array}\right\} \quad (6\text{-}54)$$

由于温度变化在基本体系不产生内力。因此,箱壁的弯矩和轴力全部由多余未知力产生,可以表示为:

$$M'_1 = \overline{M_1}x_1 + \overline{M_2}x_2 + \overline{M_3}x_3, M_1 = M_1x_1 + M_2x_2 + M_3x_3 \quad (6\text{-}55)$$

$$N = \overline{N_1}x_1 + \overline{N_2}x_2 \quad (6\text{-}56)$$

$\overline{M_1}$、$\overline{M_2}$、$\overline{M_3}$ 和 $\overline{N_1}$、$\overline{N_2}$——分别为单位多余约束力在基本结构上产生的弯矩和轴力。

当箱壁温差 $\Delta t_1 = \Delta t_2 = \Delta t_3, t_1 = t_2 = t_3$,此时,箱壁仅有弯矩存在,轴力全部为 0,可以表示为:

$$M'_t = \overline{M_3}x_3 \quad (6\text{-}57)$$

线性温差作用下,箱壁挠曲变形受到框架约束产生的温度次约束力 σ' 可表示为:

$$\sigma' = \frac{M'_t}{I}y \quad (6\text{-}58)$$

箱壁内温度总应力为:

$$\sigma_t = -\frac{N_t}{A_0} + \frac{M_t^0 + M'_t}{I_0}y + t_y a_c E_c \quad (6\text{-}59)$$

6.2.2 基于热弹性力学的温度应力计算方法

基于结构力学的温度应力计算方法没有考虑结构的泊松比效应,按单向应力状态求解温度应力,即假定纵向应力和横向应力是相互独立的。但在实际温度作用下,结构内部温度变形在各个方向均受到约束,处于三向应力状态,在混凝土箱梁温度应力求解时,需要考虑纵、横向温度应力分量的相互影响。彭友松基于热弹性力学理论,探讨了混凝土箱梁温度应力的计算方法,具体如下。

1) 温度应力的积分性质

温度自应力问题所具有的特点是,物体内温度应力为一个静力自平衡体系,而且应力平衡微分方程和应力边界条件都是齐次的。根据这一特点,可以推导出温度自应力问题的一个积分性质。

对于三维有限区域 Ω 内的温度应力问题,当不受外力和边界约束作用时,根据高斯公式,由齐次的应力平衡微分方程和齐次的应力边界条件,可推导出各应力分量在域内的积分满足:

$$\left.\begin{aligned}&\iiint_\Omega \left(\sigma_x \frac{\partial F_1}{\partial x} + \tau_{yx}\frac{\partial F_1}{\partial y} + \tau_{zx}\frac{\partial F_1}{\partial z}\right)\mathrm{d}V = 0\\&\iiint_\Omega \left(\tau_{xy}\frac{\partial F_2}{\partial x} + \sigma_y\frac{\partial F_2}{\partial y} + \tau_{zy}\frac{\partial F_2}{\partial z}\right)\mathrm{d}V = 0\\&\iiint_\Omega \left(\tau_{xz}\frac{\partial F_3}{\partial x} + \tau_{yz}\frac{\partial F_3}{\partial y} + \sigma_z\frac{\partial F_3}{\partial z}\right)\mathrm{d}V = 0\end{aligned}\right\} \tag{6-60}$$

式中,$F_1 = F_1(x,y,z)$,$F_2 = F_2(x,y,z)$,$F_3 = F_3(x,y,z)$,均为任意连续可微函数。V 为体积。

对于有限区域 S 内的温度应力平面问题,根据格林公式,由齐次的应力平衡微分方程和齐次的应力边界条件可以推导出类似的温度应力积分性质:

$$\left.\begin{aligned}&\iint_S \left(\frac{\partial h_1}{\partial x}\sigma_x + \frac{\partial h_1}{\partial y}\tau_{yx}\right)\mathrm{d}A = 0\\&\iint_S \left(\frac{\partial h_2}{\partial x}\tau_{xy} + \frac{\partial h_2}{\partial y}\sigma_y\right)\mathrm{d}A = 0\end{aligned}\right\} \tag{6-61}$$

式中,$h_1 = h_1(x,y)$,$h_2 = h_2(x,y)$,均为任意连续可微函数。

对函数 h_1、h_2 取不同的形式,可得不同的平面问题温度应力积分性质表达式。如取 $h_1(x,y) = x$、$h_2(x,y) = y$,则有:

$$\iint_S \sigma_x \mathrm{d}A = 0 \quad (\iint_S \sigma_y \mathrm{d}A = 0) \tag{6-62}$$

令 $h_1(x,y) = x^2/2$,$h_2(x,y) = y^2/2$,得:

$$\iint_S x\sigma_x \mathrm{d}A = 0 \quad (\iint_S y\sigma_y \mathrm{d}A = 0) \tag{6-63}$$

令 $h_1(x,y) = y^2/2$,$h_2(x,y) = x^2/2$,得:

$$\iint_S y\tau_{yx} \mathrm{d}A = 0 \quad (\iint_S x\tau_{xy} \mathrm{d}A = 0) \tag{6-64}$$

令 $h_1(x,y) = h_2(x,y) = xy$,得:

$$\left.\begin{aligned}&\iint_S (y\sigma_x + x\tau_{yx})\mathrm{d}A = 0\\&\iint_S (y\tau_{xy} + x\sigma_y)\mathrm{d}A = 0\end{aligned}\right\} \tag{6-65}$$

将式(6-64)代入式(6-65),得:

$$\iint_S y\sigma_x \mathrm{d}A = 0, \quad \iint_S x\sigma_y \mathrm{d}A = 0 \tag{6-66}$$

2) 三维温度应力计算

首先,在杆的两端施加假想的刚性约束,使两端的纵向位移完全固定,按照热弹性力学理论,容易证明此时的温度应力成为一个平面应变问题。设此平面应变问题的横向应力分量分别为 σ_x、σ_y、τ_{xy},相应的纵向应力分量为 σ_{z1}。那么,σ_{z1} 可表示为:

$$\sigma_{z1} = \nu(\sigma_x + \sigma_y) - E\alpha T \tag{6-67}$$

然后撤去约束,那么,为了满足杆端原本自由的边界条件,则必须在两端截面施加与 σ_{z1} 方向相反、大小相等的分布力 $-\sigma_{z1}$,由此杆端分布力引起的应力与按平面应变状态的应力叠加,便是实际的自约束温度应力。为此,先求出分布力 $-\sigma_{z1}$ 在横截面 S 内的合力和绕 x、y 轴的合力矩:

$$N_{Tz} = \iint_S (-\sigma_{z1}) \mathrm{d}A = \iint_S [E\alpha T - \nu(\sigma_x + \sigma_y)] \mathrm{d}A \tag{6-68}$$

$$M_{Tx} = \iint_S (-\sigma_{z1}) y \mathrm{d}A = \iint_S [E\alpha T - \nu(\sigma_x + \sigma_y)] y \mathrm{d}A \tag{6-69}$$

$$M_{Ty} = \iint_S (-\sigma_{z1}) x \mathrm{d}A = \iint_S [E\alpha T - \nu(\sigma_x + \sigma_y)] x \mathrm{d}A \tag{6-70}$$

利用前面推导的温度应力积分性质表达式(6-63)、式(6-64)和式(6-66),可以将上面式(6-68)~式(6-70)简化为:

$$N_{Tz} = E\alpha \iint_S T \mathrm{d}x \mathrm{d}y \tag{6-71}$$

$$M_{Tx} = E\alpha \iint_S Ty \mathrm{d}x \mathrm{d}y \tag{6-72}$$

$$M_{Ty} = E\alpha \iint_S Tx \mathrm{d}x \mathrm{d}y \tag{6-73}$$

根据圣维南原理,在离杆端足够远处,杆端分布力 $-\sigma_{z1}$ 引起的应力,可由其合力 N_{Tz} 引起的均布应力和合力矩 M_{Tx}、M_{Ty} 所引起的纯弯曲应力叠加而成,即:

$$\sigma_{z2} = \frac{N_{Tz}}{A} + \frac{M_{Tx}}{I_x} y + \frac{M_{Ty}}{I_y} x \tag{6-74}$$

将式(6-67)和两部分应力叠加,即得到总的纵向温度自应力:

$$\sigma_z = \nu(\sigma_x + \sigma_y) - E\alpha T + \frac{N_{Tz}}{A} + \frac{M_{Tx}}{I_x} y + \frac{M_{Ty}}{I_y} x \tag{6-75}$$

这样,利用前面所提出的温度应力积分性质,使温度应力的计算得到简化,将三维温度应力问题简化成求解一个平面应变问题,此平面应变问题的解即为横向温度应力,而纵向温度应力则根据横向温度应力和温度分布按式(6-75)计算。

从以上推导过程,可以得出下面几点结论:

①等截面直杆在沿轴向不变的二维温度分布作用下,静定结构的温度应力问题,即温度自应力问题,除了靠近杆件端部的局部区域外,其横向温度应力可以按平面应变问题求解。

②静定结构的轴向变形和挠曲变形与虚拟内力 N_{Tz},M_{Tx},M_{Ty} 引起的变形是一致的,杆件截面形心处的轴向应变 ε_0 以及杆件在 yz 和 xz 平面内的变形曲率 k_1,k_2 分别为:

$$\varepsilon_0 = \frac{N_{Tz}}{EA} = \frac{\alpha}{A}\iint_S T\mathrm{d}A \tag{6-76}$$

$$k_1 = \frac{M_{Tx}}{EI_x} = \frac{\alpha}{I_x}\iint_S yT\mathrm{d}A \tag{6-77}$$

$$k_2 = \frac{M_{Ty}}{EI_y} = \frac{\alpha}{I_y}\iint_S xT\mathrm{d}A \tag{6-78}$$

可以看出,考虑泊松效应与否对轴向变形和挠曲变形的计算结果没有影响。

③超静定结构轴向变形和挠曲变形受到约束后会产生次内力,总的纵向温度应力为:

$$\sigma_z = \nu(\sigma_x + \sigma_y) - E\alpha T + \frac{N_{Tz}+N'_z}{A} + \frac{M_{Tx}+M'_x}{I_x}y + \frac{M_{Ty}+M'_y}{I_y}x \tag{6-79}$$

式中:N'_z、M'_x、M'_y——外部约束所引起的次内力。

3)横向温度应力的实用计算方法

横向温度应力的求解是一个平面应变问题,这里先按平面应力问题求解,再根据两者解的关系将平面应力问题的解转换成平面应变问题的解。对于薄壁箱梁微段而言,板厚方向的正应力以及剪应力可以忽略不计,各板为单向受力状态,因此又可按杆件结构力学方法求解。如图6-13所示,在各板中设立局部坐标系,按应变阻止法可求得各板件的应力。

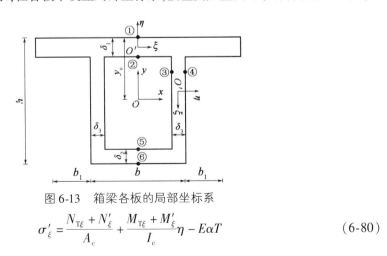

图 6-13 箱梁各板的局部坐标系

$$\sigma'_\xi = \frac{N_{T\xi}+N'_\xi}{A_c} + \frac{M_{T\xi}+M'_\xi}{I_c}\eta - E\alpha T \tag{6-80}$$

虚拟轴力和虚拟弯矩按下式计算：

$$\begin{cases} N_{\mathrm{T}\xi} = E\alpha \int_{-\delta/2}^{\delta/2} T\mathrm{d}\eta \\ N_{\mathrm{T}\xi} = E\alpha \int_{-\delta/2}^{\delta/2} T\eta\mathrm{d}\eta \end{cases} \tag{6-81}$$

框架约束内力按结构力学力法计算，力法方程的自由项为：

$$\Delta_{i\mathrm{T}} = \Sigma \left(\int \frac{N_{\mathrm{T}\xi}\overline{N_i}}{EA_c}\mathrm{d}\xi + \int \frac{M_{\mathrm{T}\xi}\overline{M_i}}{EI_c}\mathrm{d}\xi \right) \quad (i = 1,2,\cdots,n) \tag{6-82}$$

框架约束内力为：

$$\begin{cases} N'_\xi = \sum_{i=1}^n \overline{N}_i X_i \\ M'_\xi = \sum_{i=1}^n \overline{M}_i X_i \end{cases} \tag{6-83}$$

根据热弹性力学理论，将平面应力问题解中的 $E \to E/(1-\mu^2)$，$\mu \to \mu/(1-\mu)$，$\alpha \to (1+\mu)\alpha$，即为平面应变问题的解。因为单位荷载内力与 E、μ、α 均无关，由式(6-81)~式(6-83)可知，虚拟内力和框架约束内力均与 $E\alpha$ 成正比，因此，实际的平面应变状态下的横向温度应力为：

$$\sigma_\xi = \frac{1}{1-\nu}\left[\frac{N_{\mathrm{T}\xi}+N'_\xi}{A_c} + \frac{M_{\mathrm{T}\xi}+M'_\xi}{I_c}\eta \right] - \frac{E\alpha}{1-\nu}T \tag{6-84}$$

6.2.3 混凝土箱梁桥算例分析

1）算例模型

以一矩形截面简支箱梁为例，分别按不考虑泊松效应的结构力学方法、考虑泊松效应的热弹性力学方法解析计算箱梁的温度应力，并采用有限元软件 ABAQUS 建立算例的实体有限元计算模型作为验证。混凝土的弹性模量 $E_c = 3.45 \times 10^4$ MPa，泊松比 $v_c = 0.2$，线膨胀系数 $\alpha_c = 1.0 \times 10^{-5}/℃$，箱梁结构尺寸及施加的温度荷载如图6-14所示。实体有限元采用 ABAQUS 中提供的 C3D20R 单元建模，并采用了合适的网格尺寸。

2）计算结果

箱梁跨中截面各个位置的温度应力计算结果如表6-1和图6-15所示。基于热弹性力学法计算的各个位置的纵、横向温度应力与

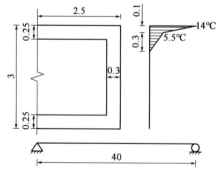

图6-14 箱梁尺寸及温度作用(尺寸单位：m)

实体有限元计算结果接近,基于结构力学法计算的温度应力则存在一定的误差,大多偏小而导致偏不安全的设计计算,最大误差发生在顶板内侧的纵向应力计算结果,偏小0.23MPa。根据算例可以看到不考虑泊松效应会低估混凝土箱梁的温度应力。

箱梁跨中截面应力计算结果(单位:MPa)　　　　表6-1

项目		编号	结构力学法	热弹性力学法	实体有限元法
顶板外侧	纵向应力	1	-3.07	-3.61	-3.63
	横向应力	2	-2.20	-2.75	-2.78
顶板内侧	纵向应力	3	0.64	0.85	0.87
	横向应力	4	0.86	1.08	1.11
腹板外侧	纵向应力	5	0.70	0.58	0.57
	横向应力	6	-0.47	-0.58	-0.60
腹板内侧	纵向应力	7	0.70	0.81	0.82
	横向应力	8	0.47	0.58	0.60
底板外侧	纵向应力	9	-0.37	-0.36	-0.36
	横向应力	10	0.02	0.03	0.04
底板内侧	纵向应力	11	-0.19	-0.21	-0.21
	横向应力	12	-0.07	-0.08	-0.09

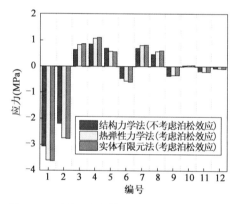

图6-15　箱梁跨中截面应力计算结果对比

6.3　温度梯度作用下混凝土梁桥的温度效应

6.3.1　温度梯度作用模式对温度效应差异的机理分析

1)温度梯度曲线形式

不同国家和行业规范中给出的混凝土梁桥的竖向正温度梯度主要有4类曲线形式:两折线(JTG D60—2015)、三折线(AASHTO)、指数曲线(我国铁路桥梁规范)、5次曲线+

底部直线(新西兰规范,简称 5 次曲线)。为了对比梯度曲线形式对温度效应计算结果的影响,先保证温度基数一致,以顶部温差 14℃ 为基准,其他的温度基数根据按比例计算,计算的温度梯度如图 6-16 所示。从图中可以看到:①两折线和三折线中顶部温差的影响深度为 0.4m,将距离每下降 1cm 温度变化开始小于 0.1℃ 的深度定义为顶部温差的影响深度,按此定义指数曲线和 5 次曲线中顶部温差的影响深度约为 0.8m。②三折线和 5 次曲线中考虑了地面反射太阳辐射引起的截面底部升温段。

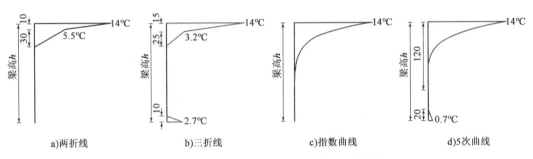

图 6-16 不同曲线形式的竖向温度梯度(尺寸单位:cm)

以 67m+122m+67m 跨径组合的连续箱梁桥为对象,标准截面如图 6-17 所示,在标准截面上施加图 6-16 中的温度梯度作用,计算截面挠曲变形曲率和自约束应力。

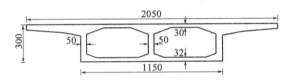

图 6-17 标准箱梁截面(尺寸单位:cm)

不同温度梯度曲线计算的截面弯曲变形如图 6-18 所示。从图中可以看到:两折线与三折线引起的变形相近,指数曲线与 5 次曲线引起的变形相近;因为顶部温差的影响范围更深,指数曲线和 5 次曲线引起的弯曲变形更大,对于箱梁是两折线和三折线引起变形的约 1.5 倍;对于连续梁桥,变形受到约束,指数曲线和 5 次曲线将引起更大的次生弯矩。

不同温度梯度曲线计算的温度自应力如图 6-19 所示。从图中可以看到:①各梯度曲线均在截面顶部和底部一定范围内产生自压应力,在截面中部产生自拉应力。②两折线和三折线引起的截面上缘自压应力是指数曲线和 5 次曲线的约 1.3 倍;两折线和三折线引起的最大自拉应力在距截面上缘 0.4m 处,指数曲线和 5 次曲线引起的最大自拉应力在距截面上缘约 0.23 倍的梁高处,5 次曲线引起的自拉应力比其他曲线大约 0.15~0.40MPa;因为考虑了底部升温段,三折线和 5 次曲线引起的截面下缘自压应力更大,三折线中底部温度基数取值较大,引起的压应力是两折线和指数曲线的约 2~3 倍。

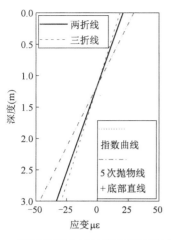 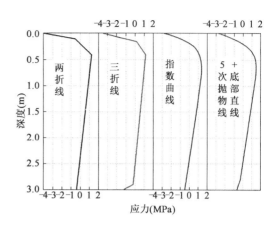

图 6-18 不同梯度曲线计算的截面弯曲变形　　图 6-19 不同梯度曲线计算的自应力

2) 温度基数取值

JTG D60—2015 中两折线形式的温度梯度根据桥面铺装层类型确定温度基数取值,如图 6-20a) 所示,5 次曲线形式的温度梯度根据桥梁所在我国地区确定温度基数取值,如图 6-20b) 所示。以 67m + 122m + 67m 跨径组合的连续箱梁桥为对象,分别计算在这两类温度梯度作用下,温度基数取不同值时的温度效应。

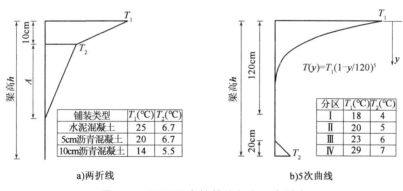

图 6-20 不同温度基数的竖向温度梯度

两折线形式温度梯度计算的温度效应如图 6-21 所示,连续箱梁桥墩顶截面由于梁高较高以及截面下缘自压应力和次拉应力相互抵消,所以应力很小。可以看到,随着温度基数增大,桥梁变形和截面应力均增加,其中水泥混凝土铺装下截面上缘应力约是 10cm 沥青混凝土铺装下的 $1.8 \sim 2.0$ 倍,跨中挠度和截面下缘应力约是 1.5 倍。5 次曲线形式温度梯度计算的温度效应如图 6-22 所示,从分区Ⅳ到分区Ⅰ随着温度基数的增大,桥梁变形和应力均增加。分区Ⅳ的温度效应约为分区Ⅰ的 1.6 倍,该比例与顶部温差 T_1 的比值相近,表明顶部温差起主导作用。

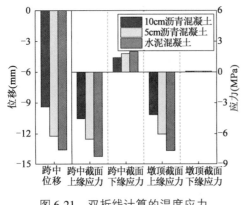

图 6-21 双折线计算的温度应力

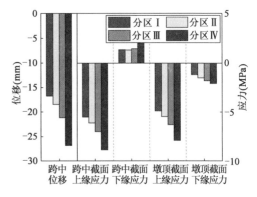

图 6-22 5 次曲线计算的温度应力

不同国家和行业规范中混凝土梁桥的温度梯度模式在梯度曲线形式和温度基数取值两方面存在较大差异。温度梯度曲线中顶部温差的影响深度越大,桥梁的变形和次生弯矩越大,底部升温段使截面下缘产生更大的自压应力。不同的铺装层类型和气候条件下,桥梁温度基数存在差异,进而导致温度效应相差可能达到 1.5~2.0 倍。温度梯度曲线形式和温度基数取值对效应计算结果具有同等程度的影响,后续研究应结合桥梁温度场的实测或数值模拟结果分析各温度梯度模式的适用性。

6.3.2 作用效应比例关系

以简支空心板、简支 T 梁、连续 T 梁、连续小箱梁作为中小跨混凝土梁桥的代表,简支空心板的跨径分别取 10、13、16、20m,简支 T 梁的跨径分别取 20、25、30、35、40m,连续 T 梁和连续小箱梁的跨径组合均取 5×20、5×25、5×30、5×35、4×40m。另外,选取了 3 座连续箱梁桥作为大跨径混凝土梁桥的代表,桥梁概况见表 6-2,其中空心板、T 梁和小箱梁横向分别由 10 片、5 片和 4 片主梁组成,以中梁为计算对象。

大跨径连续箱梁桥概况　　　　表 6-2

跨径组合(m)	截面形式	桥宽(m)	跨中梁高(m)	车道数
45+70+45	单箱单室	12.0	2.0	2
58+105+58	单箱双室	16.5	2.5	3
67+122+67	单箱双室	20.5	3.0	4

结构自重包含了梁体自重以及现浇层、桥面铺装和防护矮墙等二期恒载,主梁混凝土重度取 $26kN/m^3$,现浇层混凝土重度取 $25kN/m^3$,沥青铺装重度取 $24kN/m^3$,一侧护栏自重集度取 9.1kN/m,二期恒载在横向均摊到每片主梁上。汽车荷载取公路 I 级车道荷载,以最不利方式加载,荷载横向分布系数按铰接板法或刚接梁法计算,选取的桥宽均为两车道布置,横向车道布载系数为 1.00,纵向折减系数由桥梁计算跨径按 JTG D60—

2015 表 4.3.1-6 取值。温度作用按两种模式施加:模式Ⅰ为 JTG D60—2015 中的竖向正温度梯度,温度基数 T_1、T_2 按 10cm 沥青混凝土铺装层取值,分别为 14℃ 和 5.5℃,如图 6-23a)所示;模式Ⅱ为 5 次抛物线 + 底部直线的竖向正温度梯度,温度基数 T_1、T_2 按分区Ⅳ取值,分别为 29℃ 和 7℃,如图 6-23b)所示。模式Ⅰ和模式Ⅱ分别为各类温度梯度下计算温度效应的下限和上限。

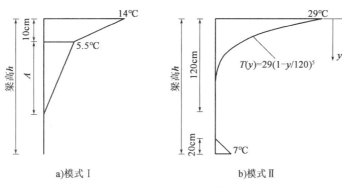

图 6-23 竖向温度梯度

对于混凝土梁桥而言,自重、汽车和温度是 3 种主要的作用形式,引起的效应决定了截面尺寸、钢筋布置等设计内容以及抗裂验算和挠度验算等内容。为论证温度效应在上述设计、验算内容中的意义和重要性,对计算式(6-85)所示的 3 类效应的比例系数进行比较分析。式(6-85)比例系数的正、负号区分了挠度的方向和拉、压应力,比例系数的数值表明了作用效应所占的比重。

$$\begin{cases} \eta_G = \dfrac{S_G}{|S_G| + |S_Q| + |S_T|} \\ \eta_Q = \dfrac{S_Q}{|S_G| + |S_Q| + |S_T|} \\ \eta_T = \dfrac{S_T}{|S_G| + |S_Q| + |S_T|} \end{cases} \quad (6\text{-}85)$$

式中:S_G——自重效应标准值;

S_Q——汽车效应标准值;

S_T——温度效应标准值。

混凝土梁桥健康监测系统记录的效应变化主要源于汽车和温度作用以及可能的结构损伤,为分析温度效应在其中可能占到的比重,本书计算了式(6-86)所示的温度效应比例系数。分析汽车和温度效应的相对比例,明确控制性的可变作用,也可为桥梁设计提供参考。

$$\gamma_T = \dfrac{S_T}{|S_Q| + |S_T|} \quad (6\text{-}86)$$

表 6-3

中小跨简支梁的作用效应比例（单位：%）

效应类型		模式 I								模式 II							
		空心板				T梁				空心板				T梁			
		10m	13m	16m	20m	25m	30m	35m	40m	10m	13m	16m	20m	25m	30m	35m	40m
跨中位移	η_G	−35.87	−44.47	−50.72	−57.42	−59.40	−63.57	−66.98	−70.19	−32.44	−39.29	−44.68	−50.78	−49.46	−53.72	−57.24	−60.50
	η_Q	−43.66	−37.92	−34.28	−30.06	−27.11	−24.35	−21.84	−19.68	−39.48	−33.50	−30.20	−26.59	−22.57	−20.58	−18.67	−16.96
	η_T	20.47	17.60	15.00	12.52	13.49	12.09	11.18	10.13	28.08	27.20	25.12	22.63	27.97	25.71	24.09	22.54
	γ_T	31.92	31.70	30.43	29.40	33.23	33.17	33.86	33.98	41.57	44.81	45.41	45.98	55.34	55.54	56.35	57.06
跨中截面上缘应力	η_G	−35.31	−42.92	−48.26	−53.79	−50.98	−54.94	−58.29	−62.25	−32.89	−40.27	−45.51	−50.91	−46.85	−50.22	−53.02	−56.93
	η_Q	−51.47	−43.62	−38.53	−32.98	−27.06	−24.25	−21.74	−19.82	−47.94	−40.93	−36.33	−31.21	−24.87	−22.16	−19.78	−18.13
	η_T	−13.22	−13.46	−13.21	−13.23	−24.67	−21.96	−20.81	−19.97	−19.82	−18.80	−18.16	−17.88	−30.76	−28.28	−27.62	−27.21
	γ_T	−20.44	−23.58	−25.54	−28.62	−44.79	−46.19	−47.87	−47.49	−19.17	−28.57	−31.48	−36.42	−52.34	−55.48	−57.91	−57.90
跨中截面下缘应力	η_G	37.89	46.61	52.68	59.14	62.30	66.46	69.99	73.17	33.19	41.00	46.79	53.03	53.18	57.04	60.14	62.80
	η_Q	55.31	47.38	42.07	36.27	33.07	29.34	26.15	23.31	48.43	41.68	37.36	32.53	28.23	25.18	22.47	20.01
	η_T	−6.80	−6.01	−5.25	−4.59	−4.63	−4.20	−3.86	−3.52	−18.38	−17.32	−15.85	−14.44	−18.59	−17.78	−17.40	−17.20
	γ_T	−10.95	−11.26	−11.10	−11.24	−12.29	−12.51	−12.88	−13.12	−27.51	−29.36	−29.78	−30.75	−39.70	−41.39	−43.64	−46.23

中小跨连续梁的作用效应比例（单位：%）

表 6-4

| | | 模式 I | | | | | | | | | | 模式 II | | | | | | | | | |
| | | T 梁 | | | | | 小箱梁 | | | | | T 梁 | | | | | 小箱梁 | | | | |
效应类型		5×20m	5×25m	5×30m	5×35m	4×40m	5×20m	5×25m	5×30m	5×35m	4×40m	5×20m	5×25m	5×30m	5×35m	4×40m	5×20m	5×25m	5×30m	5×35m	4×40m
边跨跨中位移	η_G	−59.21	−65.06	−69.35	−73.61	−76.66	−58.00	−63.70	−68.99	−73.27	−76.09	−52.06	−58.40	−62.81	−67.18	−70.60	−52.03	−58.14	−63.60	−68.19	−71.42
	η_Q	−32.37	−27.81	−24.47	−20.62	−18.25	−34.47	−29.96	−25.71	−22.06	−20.01	−28.46	−24.96	−22.16	−18.82	−16.81	−30.92	−27.35	−23.70	−20.54	−18.78
	η_T	8.42	7.13	6.17	5.77	5.09	7.52	6.33	5.30	4.67	3.91	19.48	16.64	15.03	14.00	12.59	17.05	14.51	12.71	11.27	9.80
	γ_T	20.64	20.40	20.14	21.86	21.81	17.91	17.45	17.09	17.47	16.34	40.64	39.99	40.40	42.66	42.81	35.54	34.66	34.90	35.44	34.30
次边跨跨中截面上缘应力	η_G	−34.15	−40.40	−44.86	−49.14	−54.20	−36.63	−42.69	−48.24	−53.16	−57.18	−26.12	−31.35	−34.98	−38.36	−43.01	−29.19	−34.34	−39.18	−43.53	−47.48
	η_Q	−23.62	−21.45	−19.24	−16.37	−14.89	−26.94	−24.29	−21.42	−18.70	−17.30	−18.07	−16.65	−15.00	−12.78	−11.82	−21.46	−19.54	−17.40	−15.31	−14.36
	η_T	−42.23	−38.14	−35.91	−34.50	−30.90	−36.43	−33.02	−30.34	−28.14	−25.52	−55.81	−52.00	−50.02	−48.86	−45.17	−49.36	−46.12	−43.41	−41.16	−38.16
	γ_T	−64.13	−64.00	−65.12	−67.82	−67.48	−57.49	−57.61	−58.61	−60.08	−59.60	−75.54	−75.75	−76.93	−79.27	−79.26	−69.69	−70.25	−71.38	−72.89	−72.65
次边跨跨中截面下缘应力	η_G	50.77	57.50	62.56	67.62	71.91	50.41	57.14	63.15	68.31	72.00	47.78	55.15	60.94	66.90	72.83	47.70	55.06	61.70	67.44	71.96
	η_Q	35.15	30.51	26.88	22.53	19.78	37.07	32.52	28.03	24.06	21.77	33.08	29.26	26.19	22.29	20.03	35.08	31.34	27.39	23.75	21.76
	η_T	14.08	11.99	10.55	9.85	8.31	12.52	10.35	8.82	7.63	6.23	19.14	15.59	12.87	10.82	7.13	17.22	13.60	10.91	8.81	6.28
	γ_T	28.60	28.20	28.19	30.43	29.59	25.25	24.14	23.93	24.07	22.25	36.66	34.75	32.95	32.68	26.26	32.93	30.27	28.48	27.07	22.39

续上表

效应类型		模式Ⅰ										模式Ⅱ									
		T梁					小箱梁					T梁					小箱梁				
		5×20m	5×25m	5×30m	5×35m	4×40m	5×20m	5×25m	5×30m	5×35m	4×40m	5×20m	5×25m	5×30m	5×35m	4×40m	5×20m	5×25m	5×30m	5×35m	4×40m
边跨跨中截面上缘应力	η_G	22.25	25.99	27.94	29.59	31.55	20.20	23.30	26.17	28.75	30.93	15.70	18.49	19.80	20.74	22.07	14.66	16.95	19.07	20.93	22.62
	η_Q	22.73	22.45	21.83	20.08	19.93	28.25	27.95	26.90	25.60	25.33	16.03	15.97	15.47	14.08	13.94	20.50	20.34	19.60	18.63	18.52
	η_T	−55.02	−51.56	−50.22	−50.33	−48.52	−51.54	−48.75	−46.93	−45.66	−43.75	−68.27	−65.54	−64.73	−66.18	−63.98	−64.83	−62.71	−61.33	−60.44	−58.86
	γ_T	−70.77	−69.66	−69.70	−71.48	−70.88	−64.59	−63.56	−63.57	−64.07	−63.33	−80.98	−80.41	−80.71	−82.24	−82.11	−75.97	−75.51	−75.78	−76.43	−76.07
次边跨墩顶截面下缘应力	η_G	−37.52	−42.19	−45.12	−47.86	−49.74	−32.03	−36.20	−40.19	−43.90	−46.33	−32.67	−37.73	−41.24	−44.73	−47.56	−28.04	−32.57	−36.91	−41.04	−43.79
	η_Q	−38.43	−36.55	−35.19	−32.48	−31.33	−44.62	−43.55	−41.32	−39.05	−37.97	−33.47	−32.69	−32.16	−30.36	−29.96	−39.07	−38.99	−37.95	−36.50	−35.89
	η_T	24.05	21.26	19.69	19.66	18.93	23.36	20.45	18.49	17.06	15.70	33.87	29.58	26.60	24.91	22.48	32.89	28.44	25.13	22.46	20.32
	γ_T	38.49	36.77	35.88	35.71	37.67	34.36	32.05	30.92	30.41	29.26	50.30	47.51	45.27	45.08	42.87	45.71	42.18	39.84	38.10	36.15

表 6-5 大跨连续箱梁的作用效应比例（单位：%）

效应类型	效应	模式 I			模式 II		
		45m+70m+45m	58m+105m+58m	67m+122m+67m	45m+70m+45m	58m+105m+58m	67m+122m+67m
跨中位移	η_G	-70.63	-81.62	-85.72	-62.69	-74.71	-80.29
	η_Q	-21.90	-13.07	-10.63	-19.43	-11.97	-9.95
	η_T	-7.47	-5.30	-3.65	-17.88	-13.33	-9.76
	γ_T	-25.45	-28.86	-25.55	-47.92	-52.69	-49.50
跨中截面上缘应力	η_G	-53.60	-64.59	-66.53	-41.68	-52.22	-53.94
	η_Q	-16.23	-10.80	-8.73	-12.62	-8.73	-7.07
	η_T	-30.17	-24.61	-24.74	-45.70	-39.05	-38.98
	γ_T	-65.02	-69.49	-73.93	-78.36	-81.72	-84.64
跨中截面下缘应力	η_G	68.50	78.44	82.86	64.59	75.68	80.69
	η_Q	20.84	13.07	10.86	19.65	12.61	10.58
	η_T	10.67	8.49	6.28	15.76	11.72	8.73
	γ_T	33.86	39.39	36.62	44.52	48.18	45.22
墩顶截面上缘应力	η_G	62.28	66.93	70.84	50.09	54.21	58.40
	η_Q	8.71	6.20	5.33	7.00	5.02	4.39
	η_T	-29.02	-26.87	-23.82	-42.91	-40.77	-37.21
	γ_T	-76.92	-81.26	-81.71	-85.97	-89.03	-89.44
墩顶截面下缘应力	η_G	-86.25	-91.02	-92.63	-75.28	-74.88	-81.46
	η_Q	-12.06	-8.47	-6.97	-10.53	-6.97	-6.13
	η_T	1.69	0.51	0.40	-14.19	-18.15	-12.41
	γ_T	12.30	5.66	5.42	-57.40	-72.26	-66.92

表 6-3~表 6-5 分别给出了不同截面形式和不同跨径的中小跨简支梁、中小跨连续梁以及大跨箱梁在自重、汽车以及两种温度作用模式作用下的效应比例,分析可知:

(1)结构体系和截面形式相同的中小跨混凝土梁桥,随着桥梁跨径的增大,自重效应占比增加,汽车效应和温度效应占比减小,而温度效应和汽车效应的相对比例基本保持不变;相同的结构体系和跨径,T 梁的温度效应占比要高于空心板和小箱梁,高出约 0.6%~16.5% 不等。

(2)对于中小跨简支梁桥,温度作用引起的桥梁变形和截面上缘应力在桥梁跨径较小时能与自重效应接近,在桥梁跨径较大时能与汽车效应相近,甚至要超过汽车效应;当温度梯度中考虑底部升温段时,温度作用引起的截面下缘应力能与汽车效应相近。

(3)对于中小跨连续梁桥,温度作用引起的截面上缘应力能超过自重效应和汽车效应,甚至能超过两者的总和;墩顶截面下缘应力能与自重效应和汽车效应相当;桥梁变形和跨中截面下缘应力虽然远小于自重效应,但仍能与汽车效应相近。

(4)对于大跨径连续箱梁桥,自重效应占比非常大,能达到 90% 以上。温度作用引起的截面上缘应力要远超过汽车效应,能达到其 5 倍以上,且随桥梁跨径增大而提高;桥梁变形和截面下缘应力仍能与汽车效应相当。

6.4 钢-混组合梁桥的温度效应

6.4.1 BS5400 的温度效应计算方法

组合梁温度梯度按照《公路桥涵设计通用规范》(JTG D60—2015)的相关规定取值。组合梁截面上的温度梯度通常是按照折线变化的,采用这种温度梯度分布模式进行组合梁温度效应的理论计算较为复杂,宜采用有限元方法计算。简化计算中,可偏安全地取竖向温度梯度模式中混凝土桥面板的最高温度 T_1 作为混凝土桥面板与钢板梁的温差 ΔT_t,并假定:

①同一截面内混凝土桥面板的温度完全相同,钢梁的温度也完全相同,整个截面内只存在两个温度,而温差仅由这两个温度决定;

②沿梁全长各截面的温度分布情况相同;

③计算连续组合梁的温度效应时,不考虑负弯矩区混凝土开裂的影响。

对于简支组合梁,整体温差产生的应力可按以下过程计算:

步骤一,如图 6-24b)所示。混凝土桥面板与钢板梁之间没有连接,混凝土桥面板可以自由缩短。混凝土桥面板的初应变为 $\varepsilon_{z,c0} = -\Delta\alpha_T \Delta T_z$,但由于桥面板没有受到约束,因此截面应力为0，钢梁中的应力及应变均为0。

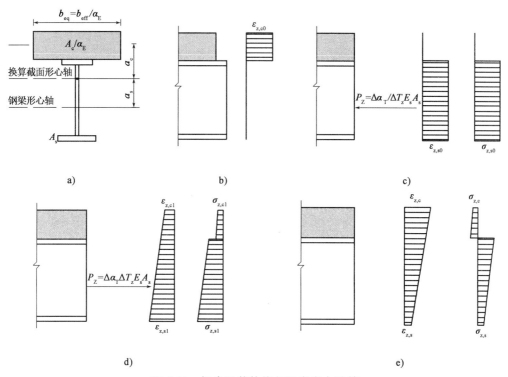

图 6-24　组合梁整体均匀温度应力计算

步骤二，如图 6-24c)所示。在钢梁形心轴位置施加假想力 P_z。这时混凝土桥面板应力仍为0。钢梁均匀受压，压应变为 $\varepsilon_{z,s0} = -\Delta\alpha_T\Delta T_z$（压应变为负），由于钢板梁受到边界条件约束，对应压应力为 $\sigma_{z,s0} = -\Delta\alpha_T\Delta T_z E_s$，压力 $P_z = \Delta\alpha_T\Delta T_z E_s A_s$。其中 A_s 为钢梁截面面积。

步骤三，如图 6-24d)所示。恢复钢梁与混凝土之间的连接，由于二者应变完全相同，恢复连接后应力和应变均不发生变化。然后在钢梁形心轴位置施加拉力 P_z，抵消原来假想压力 P_z。此时组合截面处于偏心受压状态。拉力 P_z 的作用点与换算截面形心位置的距离为 a_s，则偏心拉力 P_z 在组合截面中产生的应力为：

钢梁截面：

$$\sigma_{z,s1} = \frac{P_z}{A_{un}} + \frac{P_z a_s y}{I_{un}} \tag{6-87}$$

混凝土桥面板截面：

$$\sigma_{z,c1} = \frac{P_z}{A_{un}\alpha_E} + \frac{P_z a_s y}{I_{un}\alpha_E} \tag{6-88}$$

式中：y——截面中某点距换算截面形心轴的竖向距离，向下为正；

I_{un}——换算截面惯性矩；

A_{un}——换算截面面积。

叠加上述三个步骤，则组合梁的外力合力为零，且符合内力平衡条件和变形协调条件。三个步骤的应力叠加结果即为组合梁由于整体升温产生的应力。最后应力及应变分布如图6-24e)所示。

钢梁的应力为：

$$\sigma_{z,s} = -\Delta\alpha_T \Delta T_z E_s + \frac{\Delta\alpha_T \Delta T_z E_s A_s}{A_{un}} + \frac{\Delta\alpha_T \Delta T_z E_s a_s y}{I_{un}} \qquad (6-89)$$

混凝土桥面板的应力为：

$$\sigma_{z,c} = \frac{\Delta\alpha_T \Delta T_z E_s A_s}{A_{un} \alpha_E} + \frac{\Delta\alpha_T \Delta T_z E_s a_s y}{I_{un} \alpha_E} \qquad (6-90)$$

对于整体降温，仅需令均匀降温ΔT_z为负值带入上述公式即可。

按照上述计算过程，在步骤一、步骤二中组合梁都不发生挠曲变形。第三步由于偏心力P_z的作用，组合梁产生挠曲。对于简支梁，相当于全跨承受$P_z a_s$的弯矩，根据曲率面积法或图乘法即可求得变形。对于连续梁，需要根据力法或位移法进行次内力和次挠度的求解。

这种方法仍是采用了荷载等效法进行温度应力求解，是BS5400规范和我国《公路桥涵钢结构及木结构设计规范》(JTJ 025—86)(已废止)中提供的组合梁桥温度应力的计算方法，但这种方法并不适用于温度梯度等作用模式，具有明显的局限性。

6.4.2 不考虑界面滑移的解析解

1)基本假定

(1)钢-混凝土组合梁沿纵桥向截面相等；

(2)钢-混凝土组合梁中存在竖向的温度非线性分布$T(y)$，以组合梁形心O为原点建立的坐标系xOy，如图6-25a)所示；

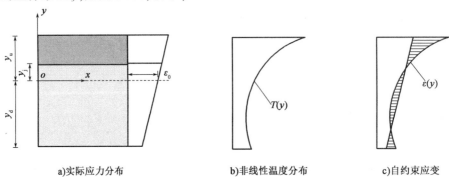

a)实际应力分布　　　　b)非线性温度分布　　　　c)自约束应变

图6-25　组合梁温度应力计算图示

(3)桥面板与钢梁交界面无相对滑移,钢-混凝土组合梁整体变形服从平截面假定。

2)温度效应分析

取一单元梁段进行分析,假定组合梁截面变形满足平截面假定,则温度作用下的实际纵向应变沿主梁高度方向的应变 ε 分布为线性[图 6-25a)],日照作用在组合梁高度方向产生的非线性温度分布曲线为 $T(y)$[图 6-25b)],为满足平截面的变形,温度作用产生的纤维变形受到约束,而该部分的约束自应变为 $\varepsilon(y)$,见图 6-25c)中的阴影部分,则温度作用产生的自平衡应力 $\sigma(y)$ 为:

$$\sigma(y) = E(y)\varepsilon(y) = E(y)[\varepsilon_0 + \varphi y - \alpha(y)T(y)] \quad (6\text{-}91)$$

式中:$E(y)$——组合梁弹性模量沿梁高 y 的分布;

ε_0——温度作用下组合梁形心处的实际应变;

φ——组合梁由温度梯度引起的弯曲变形曲率;

$\alpha(y)$——组合梁线膨胀系数沿梁高的分布。

在下面分析中,混凝土桥面板和钢梁的力学量和几何量分别用下标为 1 和 2 表示。

通过对自平衡应力 $\sigma(y)$ 在主梁截面进行面积分可得到温度作用产生的轴力 N 与弯矩 M,对于静定结构,温度作用下不产生外力作用,则有:

$$N = \iint_{A_1+A_2} \sigma(y)\mathrm{d}A = 0 \quad (6\text{-}92)$$

$$M = \iint_{A_1+A_2} \sigma(y) y \mathrm{d}A = 0 \quad (6\text{-}93)$$

式中:A_1——混凝土桥面板的截面面积;

A_2——钢梁的截面面积;

$\mathrm{d}A$——面积微元;

A——梁高坐标 y 的函数。

选取组合梁形心为计算坐标轴原点,根据对称性可知,$\iint_{A_1+A_2} E(y) y \mathrm{d}A = 0$ 成立,将式(6-91)代入式(6-92)和式(6-93)后可联立解得:

$$\begin{cases} \varepsilon_0 = \dfrac{\iint_{A_1+A_2} E(y)\alpha(y)T(y)\mathrm{d}A}{\iint_{A_1+A_2} E(y)\mathrm{d}A} = \dfrac{E_1\alpha_1 T_{A1} + E_2\alpha_2 T_{A2}}{E_1 A_1 + E_2 A_2} \\ T_{A1} = \iint_{A_1} T(y)\mathrm{d}A \\ T_{A2} = \iint_{A_2} T(y)\mathrm{d}A \end{cases} \quad (6\text{-}94)$$

$$\begin{cases} \varphi = \dfrac{\iint_{A_1+A_2} E(y)\alpha(y)T(y)y\mathrm{d}A}{\iint_{A_1+A_2} E(y)y^2\mathrm{d}A} = \dfrac{E_1\alpha_1 T_{S1} + E_2\alpha_2 T_{S2}}{E_1 I_1 + E_2 I_2} \\ T_{S1} = \iint_{A_1} T(y)y\mathrm{d}A \\ T_{S2} = \iint_{A_2} T(y)y\mathrm{d}A \end{cases} \qquad (6\text{-}95)$$

式中：α_1——混凝土的线膨胀系数；

α_2——钢的线膨胀系数；

E_1——混凝土的弹性模量；

E_2——钢的弹性模量；

I_1——混凝土桥面板相对于换算截面形心的惯性矩；

I_2——钢梁相对于换算截面形心的惯性矩；

将式(6-94)和式(6-95)代入式(6-91)可得组合梁自应力沿梁高的分布 $\sigma(y)$，以及混凝土桥面板和钢梁上的自应力分布 $\sigma_1(y)$ 和 $\sigma_2(y)$，可求得温度作用下不考虑界面滑移时组合梁的界面剪力 Q 为：

$$Q = \iint_{A_1} \sigma_1(y)\mathrm{d}A \qquad (6\text{-}96)$$

可知，不考虑界面滑移时，钢-混凝土组合梁桥温度作用下的界面剪力 Q 与弯曲变形曲率 φ 均为一常数，若组合梁为简支梁，则其变形为一圆弧线。可以看出：不考虑滑移时，钢-混凝土组合梁温度效应的计算采用沿梁高的一维计算模型，主梁弯曲曲率、界面剪力和主梁截面应力分布沿梁长分布一致。

连续梁桥在温度作用下会引起次应力，计算温度次应力时，即可按照"6.2.1　基于结构力学的温度应力计算方法"进行计算。

6.4.3　考虑界面滑移的解析解

由于剪力连接件刚度有限，钢-混界面不可避免发生滑移，使得组合梁温度效应的计算方法与单一材料桥梁（钢桥或混凝土桥）有本质不同，若不考虑界面引起的滑移效应，计算结果可能产生明显的偏差。

Girhammar 等曾基于 Euler-Bernoulli 梁理论提出了侧向均布荷载、弯矩和轴力组合作用下组合梁的 6 阶挠度微分方程及通解形式，可以很好地适应组合梁不同边界条件的求解。以下以此为基础，考虑组合梁钢-混凝土界面滑移作用，建立组合梁桥温度效应的解析计算模型。

1)基本假定

(1)钢-混凝土组合梁沿纵桥向截面相等;

(2)混凝土桥面板与钢梁中均存在沿竖向的非线性温度分布;

(3)混凝土桥面板与钢梁的变形分别服从平截面假定;

(4)将钢梁与混凝土桥面板交界面上离散的剪力连接件简化为连续分布,组合梁处于弹性工作阶段;

(5)混凝土桥面板无掀起,并与钢梁曲率一致。

2)挠度微分方程

组合梁在正常使用状态下受到轴力 F、弯矩 M、剪力 V、分布荷载 $q(x)$ 和竖向温度荷载 $T(y)$ 等多种荷载耦合作用,分别以混凝土桥面板板形心 O_1、钢梁形心 O_2 为坐标原点建立局部坐标系 xO_1y_1 和 xO_2y_2,组合梁长 L,$T_1(y_1)$、$T_2(y_2)$ 分别为混凝土桥面板和钢梁的温度分布(图 6-26)。其横断面尺寸如图 6-27 所示,桥面板和钢梁的高度分别为 h_1 和 h_2,r 为桥面板中性轴至钢梁中性轴的距离,其中 r_1 和 r_2 分别为桥面板和钢梁中性轴至组合梁截面中性轴的距离,显然:$r = r_1 + r_2$。在下面分析中,桥面板和钢梁的力学量和几何量分别用下标为 1 和 2 表示。

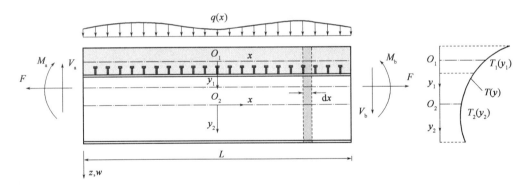

图 6-26 钢-混凝土组合梁受力图

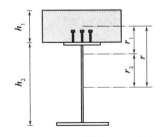

图 6-27 组合梁横断面尺寸参数

取组合梁 dx 微段为研究对象，考虑桥面板和钢梁之间相互作用的微段受力图如图 6-28 所示，由整个微段平衡可知：

$$\begin{cases} V' = -q \\ M' = V \\ M'' = -q \end{cases} \quad (6\text{-}97)$$

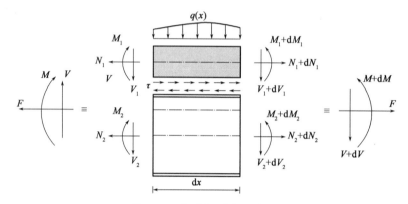

图 6-28　组合梁微段受力图

考虑组合梁截面的内力平衡条件，则：

$$\begin{cases} F = N_1 + N_2 \\ V = V_1 + V_2 \\ M = M_1 + M_2 - N_1 r_1 + N_2 r_2 \end{cases} \quad (6\text{-}98)$$

根据桥面板和钢梁局部平衡，则：

$$\begin{cases} \mathrm{d}N_1 = -\tau \mathrm{d}x \\ \mathrm{d}N_2 = \tau \mathrm{d}x \end{cases} \quad (6\text{-}99)$$

根据基本假设，界面剪力 τ 与界面滑移 Δu 成正比，则有：

$$\tau = K\Delta u \quad (6\text{-}100)$$

$$K = \frac{nk_{ss}}{d} \quad (6\text{-}101)$$

$$k_{ss} = 13.0 d_{ss} \sqrt{E_1 f_{ck}} \quad (6\text{-}102)$$

式中：K——组合梁等效剪切滑移刚度，与界面剪力连接件的抗剪刚度和布置形式有关，若采用栓钉连接件，按式（6-101）计算；

d——相邻剪力钉之间的间距；

n——横向每排剪力钉的个数；

k_{ss}——《公路钢混组合桥梁设计与施工规范》(JTG/T D64-01—2015) 中栓钉连接件的抗剪刚度,按式(6-102) 计算,其中,E_1 为混凝土的弹性模量,f_{ck} 为混凝土抗压强度标准值。

如图 6-29 所示,组合梁微段在多种荷载组合作用下发生变形。根据变形协调条件:

$$\Delta u = u_2 - u_1 - w'r \tag{6-103}$$

$$\Delta u' = \varepsilon_{02} - \varepsilon_{01} - w''r \tag{6-104}$$

式中:u_1——桥面板形心处沿 x 方向的位移;

u_2——钢梁形心处沿 x 方向的位移;

w——组合梁的挠度;

ε_{01}——桥面板形心处的应变;

ε_{02}——钢梁形心处的应变。

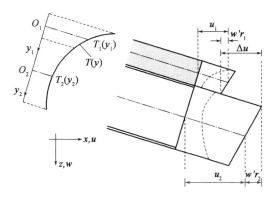

图 6-29 组合梁微段变形图

温度荷载作用下,桥面板和钢梁沿梁长方向产生变形,如图 6-29 虚线所示,而实际变形为图中实线位置,则结构内部应力产生的变形即为实际变形减去温度改变产生的变形量,因此,桥面板和钢梁内应力产生的应变 $\varepsilon_1(y_1)$ 和 $\varepsilon_2(y_2)$ 可由式(6-105) 计算:

$$\begin{cases} \varepsilon_1(y_1) = \varepsilon_{01} - w''y_1 - \alpha T_1(y_1) \\ \varepsilon_2(y_2) = \varepsilon_{02} - w''y_2 - \alpha T_2(y_2) \end{cases} \tag{6-105}$$

由此可以得到桥面板及钢梁中性轴上产生的轴力和弯矩分别为:

$$\begin{cases} N_1 = \iint_{A_1} E_1 \varepsilon_1 \mathrm{d}A = \iint_{A_1} E_1 [\varepsilon_{O_1} - w''y_1 - \alpha_1 T_1(y_1)] \mathrm{d}A = E_1 A_1 \varepsilon_{O_1} - \alpha_1 E_1 A_1 T_{e1} \\ N_2 = \iint_{A_2} E_2 \varepsilon_2 \mathrm{d}A = \iint_{A_2} E_2 [\varepsilon_{O_2} - w''y_2 - \alpha_2 T_2(y_2)] \mathrm{d}A = E_2 A_2 \varepsilon_{O_2} - \alpha_2 E_2 A_2 T_{e2} \end{cases}$$

$$\tag{6-106}$$

$$\begin{cases} M_1 = \iint_{A_1} E_1\varepsilon_1 y_1 \mathrm{d}A = \iint_{A_1} E_1[\varepsilon_{O_1} - w''y_1 - \alpha_1 T_1(y_1)] y_1 \mathrm{d}A = -E_1 I_1 w'' - \alpha_1 E_1 I_1 T_{y1} \\ M_2 = \iint_{A_2} E_2\varepsilon_2 y_2 \mathrm{d}A = \iint_{A_2} E_2[\varepsilon_{O_2} - w''y_2 - \alpha_2 T_2(y_2)] y_2 \mathrm{d}A = -E_2 I_2 w'' - \alpha_2 E_2 I_2 T_{y2} \end{cases}$$

(6-107)

式中：T_{e1}——桥面板截面的平均温度，$T_{e1} = \dfrac{\iint_{A_1} T_1(y_1) \mathrm{d}A}{A_1}$；

T_{e2}——钢梁截面的平均温度，$T_{e2} = \dfrac{\iint_{A_2} T_2(y_2) \mathrm{d}A}{A_2}$；

T_{y1}——桥面板截面的竖向线性温度梯度，$T_{y1} = \dfrac{\iint_{A_1} T_1(y_1) y_1 \mathrm{d}A}{I_1}$；

T_{y2}——钢梁截面的竖向线性温度梯度，$T_{y2} = \dfrac{\iint_{A_2} T_2(y_2) y_2 \mathrm{d}A}{I_2}$。

根据式（6-106）和式（6-107）可得：

$$\begin{cases} \varepsilon_{O_1} = \dfrac{N_1}{E_1 A_1} + \alpha_1 T_{e1} \\ \varepsilon_{O_2} = \dfrac{N_2}{E_2 A_2} + \alpha_2 T_{e2} \end{cases}$$

(6-108)

$$\begin{cases} w'' = -\dfrac{M_1}{E_1 I_1} - \alpha_1 T_{y1} \\ w'' = -\dfrac{M_2}{E_2 I_2} - \alpha_2 T_{y2} \end{cases}$$

(6-109)

式中：α_1——混凝土的线膨胀系数；

α_2——钢的线膨胀系数；

E_1——混凝土的弹性模量；

E_2——钢的弹性模量；

I_1——混凝土桥面板形心处惯性矩；

I_2——钢梁形心处惯性矩；

A_1——混凝土桥面板面积；

A_2——钢梁面积。

将式(6-109)代入式(6-98)中的 M 等式,整理可得:

$$w'' = -\frac{M + N_1 r - F r_2}{EI} - \chi_t \tag{6-110}$$

式中:χ_t——等效温度曲率,$\chi_t = \dfrac{E_1 I_1 \alpha_1 T_{y1} + E_2 I_2 \alpha_2 T_{y2}}{EI}$,为组合梁完全无剪力连接时桥面板和钢梁竖向线性温度梯度 ΔT_{y1} 和 ΔT_{y2} 在组合梁上产生的曲率;

EI——组合梁完全无剪力连接的抗弯刚度,$EI = E_1 I_1 + E_2 I_2$。

将式(6-110)两边同时取 x 的2阶导数可得:

$$w^{IV} = \frac{q - N_1'' r}{EI} \tag{6-111}$$

将式(6-98)中 F 等式、式(6-99)、式(6-108)、式(6-110)代入式(6-104),令 $a^2 = K\left(\dfrac{1}{E_1 A_1} + \dfrac{1}{E_2 A_2} + \dfrac{r^2}{EI}\right)$,$b = \dfrac{1}{E_2 A_2} + \dfrac{rr_2}{EI}$,整理可得:

$$N_1'' - a^2 N_1 = \frac{Kr}{EI} M - KbF + K(\varepsilon_m + \chi_t r) \tag{6-112}$$

式中:ε_m——定义为等效温度滑移应变,$\varepsilon_m = \alpha_1 T_{e1} - \alpha_2 T_{e2}$,为组合梁完全无剪力连接时桥面板和钢梁截面平均温度 T_{e1} 和 T_{e2} 在界面产生的滑移。

联立式(6-110)、式(6-111)和式(6-112),可得:

$$w^{IV} - a^2 w'' = \frac{q}{EI} + \frac{a^2 M}{EI^*} - \frac{K\beta F}{EI} - \frac{Kr\varepsilon_m}{EI} + \frac{K\chi_t}{EA} \tag{6-113}$$

其中:$\beta = \dfrac{r_2}{E_1 A_1} - \dfrac{r_1}{E_2 A_2}$;

$EI^* = EI + EAr^2$,为组合梁完全剪力连接时的抗弯刚度;

$EA = \dfrac{E_1 A_1 \cdot E_2 A_2}{E_1 A_1 + E_2 A_2}$。

等式右边包含了5项引起组合梁挠曲的因素,依次为侧向分布荷载、弯矩、轴力、钢-混均匀温差和线性温度梯度,根据组合截面形心算法可知 $\dfrac{r_2}{E_1 A_1} = \dfrac{r_1}{E_2 A_2}$,故 $\beta = 0$,即通过组合梁形心的轴向力并不会使组合梁产生挠曲。故可得外力荷载和温度荷载共同作用下组合梁的挠度微分方程为:

$$w^{IV} - a^2 w'' = \frac{q}{EI} + \frac{a^2 M}{EI^*} - \frac{Kr\varepsilon_m}{EI} + \frac{K\chi_t}{EA} \tag{6-114}$$

根据式(6-114)可知，作用于组合梁上的外力荷载与温度荷载对组合梁挠度的影响并不耦合，故计算外力和温度共同作用下组合梁桥的结构效应时，可简化挠度微分方程，分别计算外力荷载和温度荷载的效应，随后进行叠加。

通过求解挠度微分方程，得到挠度 w 沿组合梁梁长 x 方向的表达式，根据式(6-114)、式(6-110)、式(6-99)和式(6-100)，可进一步可以推导出均布荷载 q 与温度荷载 $T(y)$ 共同作用下弯矩 M、桥面板轴力 N_1、界面剪力 τ 和滑移 Δu 的表达式如下：

$$M = \frac{EI^*}{a^2}\left(w^{\text{IV}} - a^2 w'' - \frac{q}{EI} + \frac{Kr\varepsilon_m}{EI} - \frac{K\chi_t}{EA}\right) \tag{6-115}$$

$$N_1 = -\frac{1}{r}\left[EI(w'' + \chi_t) + M - Fr_2\right] \tag{6-116}$$

$$\tau = \frac{1}{r}(EIw''' + M') \tag{6-117}$$

$$\Delta u = \frac{1}{Kr}(EIw''' + M') \tag{6-118}$$

根据式(6-105)可知桥面板和钢梁的应力分布 $\sigma_1(y_1)$ 和 $\sigma_2(y_2)$ 分别为：

$$\begin{cases} \sigma_1(y_1) = E_1[\varepsilon_{01} - \omega''y_1 - \alpha T_1(y_1)] \\ \sigma_2(y_2) = E_2[\varepsilon_{02} - \omega''y_2 - \alpha T_2(y_2)] \end{cases} \tag{6-119}$$

求得 N_1 后，则可知 $N_2 = F - N_1$，代入式(6-108)可得桥面板和钢梁形心处应变 ε_{01} 和 ε_{02}，进一步代入式(6-119)即可求得 $\sigma_1(y_1)$ 和 $\sigma_2(y_2)$。

3) 挠度微分方程求解

由式(6-114)可知，作用于组合梁上的荷载与温度作用对组合梁挠度的影响并不耦合，故计算外力荷载和温度荷载共同作用下的组合梁效应时，可简化挠度微分方程，分别计算外力荷载和温度荷载的效应，随后进行叠加。以下分别以一跨简支梁(静定梁)和两跨连续梁(超静定梁)为例，对任意温度荷载 $T(y)$ 作用下的挠度方程进行求解。简支梁以跨中为坐标原点，跨径为 L，连续梁以中支点为坐标原点，总长度为 L，单跨跨径为 $L/2$，如图 6-30 所示。

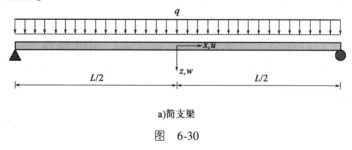

a) 简支梁

图 6-30

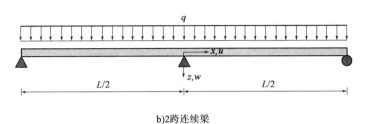

b) 2跨连续梁

图 6-30　结构体系图示

（1）简支梁

对于仅受温度荷载 $T(y)$ 作用的组合梁桥，不产生次弯矩，取 $q=0, M=0$，则温度荷载挠度微分方程变为：

$$w^{IV} - a^2 w'' = -\frac{Kr\varepsilon_m}{EI} + \frac{K\chi_t}{EA} \quad (6\text{-}120)$$

式（6-120）为关于挠度 w 的 4 阶常系数微分方程，令 $B = -\frac{Kr\varepsilon_m}{EI} + \frac{K\chi_t}{EA}$，则其通解为：

$$w_0(x) = C_1 \sinh(ax) + C_2 \cosh(ax) + C_3 x + C_4 - \frac{B}{2a^2}x^2 \quad (6\text{-}121)$$

式中：$C_1 \sim C_4$——待定常数。

简支梁两端支点处位移为 0，跨中截面的转角为 0；支点弯矩为 0，支点界面剪力为 0，结合式（6-110），可得边界条件为：

$$\begin{cases} w(x)\vert_{x=L/2}=0 \\ w(x)\vert_{x=-L/2}=0 \end{cases}, \begin{cases} w'(x)\vert_{x=0}=0 \\ w''(x)\vert_{x=L/2}=-\chi_t \end{cases} \quad (6\text{-}122)$$

可以解得：

$$\begin{cases} C_1 = 0 \\ C_2 = -\frac{B}{a^2 \cosh(aL/2)}\left(\frac{\chi_t}{B} - \frac{1}{a^2}\right) \\ C_3 = 0 \\ C_4 = \frac{B}{a^2} \cdot \left(\frac{L^2}{8} - \frac{1}{a^2} + \frac{\chi_t}{B}\right) \end{cases} \quad (6\text{-}123)$$

（2）2 跨连续梁

对于仅受温度荷载 $T(y)$ 作用的连续组合梁，结构会产生次弯矩，故 $M \neq 0$。对

式(6-114)两边同时取 x 的 2 阶导数,取 $q=0, M''=0$,可得:

$$w^{\text{VI}} - a^2 w^{\text{IV}} = 0 \tag{6-124}$$

其通解为:

$$w(x) = C_5 \sinh(ax) + C_6 \cosh(ax) + C_7 x^3 + C_8 x^2 + C_9 x + C_{10} \tag{6-125}$$

式中: $C_5 \sim C_{10}$ ——待定常数。

对于连续梁,当 $0 \leq x \leq L/2$ 时,中支点和端支点位移为 0,中支点截面转角为 $0°$;端支点弯矩为 0,端支点界面剪力为 0,又有中支点的界面滑移为 0,结合式(6-110)和式(6-114),则可求解温度作用下 2 跨连续梁挠度微分方程通解的边界条件为:

$$\begin{cases} w(x)|_{x=0} = 0 \\ w(x)|_{x=L/2} = 0 \end{cases}, \begin{cases} w'(x)|_{x=0} = 0 \\ w''(x)|_{x=L/2} = -\chi_t \end{cases}, \begin{cases} w^{\text{IV}}(x)|_{x=L/2} = -a^2 \chi_t + B \\ w^{\text{V}}(x) - a^2\left(\dfrac{EI}{EI^*} - 1\right) w'''(x)|_{x=0} = 0 \end{cases}$$

(6-126)

限于篇幅,2 跨连续组合梁各待定系数的解析式不再给出。

6.4.4 关于组合梁温作用引起界面滑移机理的讨论

1) 滑移机理

微分方程的建立和求解可知:在结构尺寸确定下,组合梁温度产生的挠度与界面滑移仅由 ε_m 和 χ_t 决定,计算挠度与滑移时,应先计算这 2 个参数:

$$\varepsilon_m = \varepsilon_{m1} - \varepsilon_{m2} \tag{6-127}$$

$$\chi_t = \dfrac{E_1 I_1 \chi_{t1} + E_2 I_2 \chi_{t2}}{E_1 I_1 + E_2 I_2} \tag{6-128}$$

式中: ε_{m1} ——钢-混界面完全自由时温度分布引起的桥面板自由应变, $\varepsilon_{m1} = \alpha_1 T_{e1}$;

ε_{m2} ——钢-混界面完全自由时温度分布引起的钢梁自由应变, $\varepsilon_{m2} = \alpha_2 T_{e2}$;

χ_{t1} ——钢-混界面完全自由时的温度分布引起的桥面板曲率, $\chi_{t1} = \alpha_1 T_{y1}$;

χ_{t2} ——钢-混界面完全自由时的温度分布引起的钢梁的曲率, $\chi_{t2} = \alpha_2 T_{y2}$。

因此, ε_m 本质上为界面刚度 $K=0$ 时桥面板和钢梁的应变差,故定义为等效温度滑移应变,在 $0 < K < \infty$ 时,产生界面滑移 Δu_1,如图 6-31a)所示;χ_t 则为 χ_{t1} 和 χ_{t2} 关于桥面板和钢梁各自抗弯刚度的加权平均数,即 $K = \infty$ 时组合梁的曲率,故定义为等效温度曲率,在 $0 < K < \infty$ 时,产生界面滑移 Δu_2,如图 6-31b)所示。组合梁在温度作用下产生的界面总应变即为 $\Delta u = \Delta u_1 + \Delta u_2$。

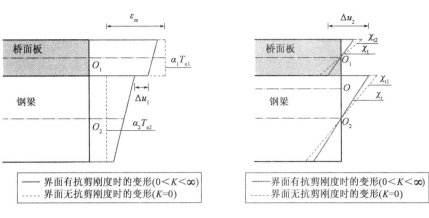

a) ε_m产生滑移的机理   b) χ_t产生滑移的机理

图 6-31　温度作用滑移产生的机理

2）温度作用分解

在认为钢-混界面无滑移（$K\to\infty$）时，任意竖向温度分布 $T(y)$ 可以分解为如图 6-32a)所示的有效温度 T_e、竖向线性温差 T_y 和残余温度分布 $T_r(y)$ 等相互独立的 3 部分。温度自应力则完全由 $T_r(y)$ 引起，受约束后的温度次应力则由 T_e 和 T_y 按结构力学力法或位移法进行求解。以上是界面无滑移时组合梁温度效应求解的基本思路。

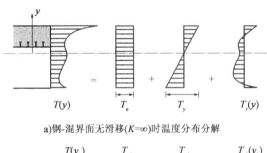

a)钢-混界面无滑移($K=\infty$)时温度分布分解

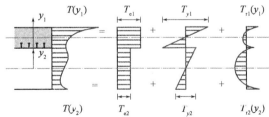

b)钢-混界面存在滑移($0<K<\infty$)时温度分布分解

图 6-32　温度分布分解对比

类似的，当认为钢-混界面存在滑移（$0<K<\infty$）时，桥面板和钢梁应视为各自满足平截面假定且相互独立的 2 个部件，则组合梁的任意温度分布由桥面板的 $T(y_1)$ 和钢梁的 $T(y_2)$ 组成，可分别分解为有效温度 T_{e1} 和 T_{e2}，竖向线性温差 T_{y1} 和 T_{y2}，及残余温度分布 $T_r(y_1)$ 和 $T_r(y_2)$［图 6-32b)］。当 $K=0$ 时，桥面板和钢梁的温度自应力完全由

$T_r(y_1)$和$T_r(y_2)$引起;当$0<K<\infty$时,桥面板和钢梁相互约束产生温度次应力,再叠加自应力即可得到有滑移静定组合梁的温度应力。因此,组合梁截面桥面板和钢梁相互约束产生的次生效应是计算的关键,可在求得T_{e1}、T_{e2}和T_{y1}、T_{y2}的基础上,按式(6-127)和式(6-128)计算得到ε_m和χ_t,再进一步通过建立的微分方程计算。

6.4.5 组合梁桥算例分析

1)算例1:10m跨径简支组合梁桥

(1)桥梁概况

以计算跨径为10m的简支组合梁桥为案例,断面形式如图6-33所示,钢梁与混凝土桥面板通过剪力钉连接,取每延米的等效剪切滑移刚度为$3.3\times10^3\,\mathrm{N\cdot mm^{-2}}$,混凝土弹性模量为$3.0\times10^4\,\mathrm{MPa}$,钢材弹性模量为$2.1\times10^5\,\mathrm{MPa}$。选取3种温度梯度模式(图6-34),其中模式1取自欧洲规范的简化温度梯度模式,仅考虑混凝土桥面板与钢梁整体温差,在组合梁顶部160mm范围内,温度T_0为10℃;模式2为《公路桥涵设计通用规范》(JTG D60—2015)规定的温度梯度模式,对于本次计算的组合梁,组合梁顶部160mm范围内存在温差,其中,钢梁部分不存在温差,取T_1为10℃,T_2为6.7℃;模式3为英国规范BS5400中规定的温度梯度模式,在组合梁顶部560mm范围内钢与混凝土部分均存在温差,取T_3为10℃,T_4为4℃,T_5为3.5℃。

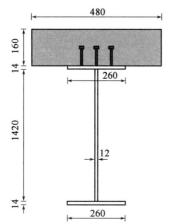

图6-33 钢-混组合梁断面(尺寸单位:mm)

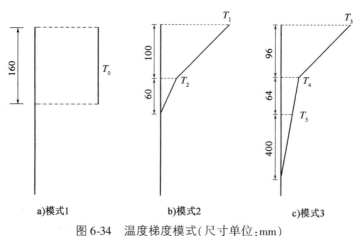

图6-34 温度梯度模式(尺寸单位:mm)

(2) 计算结果

通过 ABAQUS 程序建立上述组合梁有限元模型(剪力钉采用弹簧单元模拟),与考虑滑移的组合梁温度效应理论推导结果进行对比,图 6-35 分别为考虑相对滑移作用时 3 种温度梯度模式下组合梁界面剪力分布。可以看出,理论推导的界面剪力分布与有限元计算结果整体规律一致,为双曲余弦函数,跨中($x=0$)剪力最大,向梁端部($x=\pm L/2$)逐渐减小为 0;剪应力沿梁长分布为双曲正弦函数,如图 6-36 所示,最大剪应力在简支梁端部($x=\pm L/2$)最大,向跨中($x=0$)逐渐减小为 0。

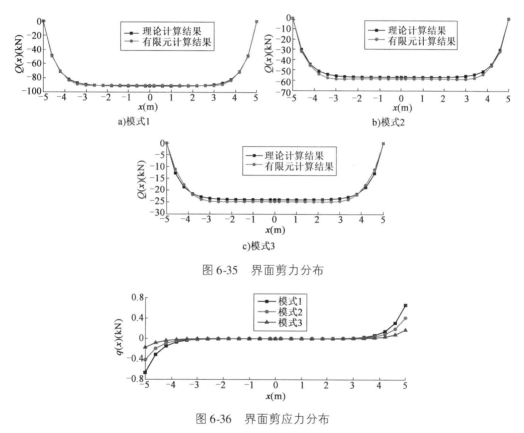

图 6-35 界面剪力分布

图 6-36 界面剪应力分布

针对 3 种温度梯度模式,选择混凝土桥面板顶部温差分别为 10℃、15℃ 和 20℃,针对不考虑滑移作用和考虑滑移作用 2 种情况进行温度效应的计算,计算内容包括界面剪力、相对滑移量以及混凝土与钢梁上、下缘的应力,计算结果见表 6-6,表中剪力与滑移量均为最大值。可以看出:不考虑滑移与考虑滑移作用得到的界面最大剪力(跨中位置)基本相等,最大偏差仅为 1.22%,考虑滑移时,剪力沿梁长为双曲余弦分布,不考虑滑移作用则剪力沿梁长分布一致;不考虑滑移作用与考虑滑移作用计算出的组合梁温度应力在跨中的结果一致,最大偏差不超过 1%,但在组合梁端部两者计算结果偏差较大,模式 3

组合梁温度效应主要计算结果

表 6-6

温度模式	温差(℃)	有无滑移	剪力(kN)	滑移量(mm)	混凝土上缘应力(MPa)跨中	混凝土上缘应力(MPa)端部	混凝土下缘应力(MPa)跨中	混凝土下缘应力(MPa)端部	钢梁上缘应力(MPa)跨中	钢梁上缘应力(MPa)端部	钢梁下缘应力(MPa)跨中	钢梁下缘应力(MPa)端部
模式1	$T_0=10.0$	无滑移	−91.395	—	−1.063	−1.063	−1.317	−1.317	11.781	11.783	−4.266	−4.267
		有滑移	−91.381	0.053	−1.063	0.000	−1.317	0.000	11.781	0.000	−4.266	0.000
	$T_0=15.0$	无滑移	−137.092	—	−1.595	−1.595	−1.975	−1.975	17.672	17.674	−6.399	−6.400
		有滑移	−137.072	0.079	−1.595	0.000	−1.975	0.000	17.672	0.000	−6.399	0.000
	$T_0=20.0$	无滑移	−182.790	—	−2.127	−2.127	−2.633	−2.633	23.562	23.566	−8.533	−8.534
		有滑移	−182.763	0.105	−2.126	0.000	−2.633	0.000	23.562	0.000	−8.533	0.000
模式2	$T_1=10.0$, $T_2=6.7$	无滑移	−57.676	—	−1.724	−1.724	1.107	1.107	7.799	7.747	−3.113	−3.003
		有滑移	−56.984	0.033	−1.713	−1.050	1.114	1.935	7.799	0.425	−3.113	−0.425
	$T_1=15.0$, $T_2=6.7$	无滑移	−71.070	—	−2.908	−2.908	1.380	1.380	9.709	9.657	−3.921	−3.812
		有滑移	−70.375	0.041	−2.898	−2.079	1.387	2.401	9.709	0.636	−3.921	−0.636
	$T_1=20.0$, $T_2=6.7$	无滑移	−84.464	—	−4.092	−4.092	1.652	1.652	11.619	11.567	−4.730	−4.621
		有滑移	−83.767	0.048	−4.082	−3.107	1.660	2.867	11.619	0.819	−4.730	−0.819

续上表

温度模式	温差(℃)	有无滑移	剪力(kN)	滑移量(mm)	混凝土上缘应力(MPa) 跨中	混凝土上缘应力(MPa) 端部	混凝土下缘应力(MPa) 跨中	混凝土下缘应力(MPa) 端部	钢梁上缘应力(MPa) 跨中	钢梁上缘应力(MPa) 端部	钢梁下缘应力(MPa) 跨中	钢梁下缘应力(MPa) 端部
模式3	$T_3=10.0$ $T_4=4.0$ $T_5=3.5$	无滑移	-23.894	—		-1.509		0.266		0.412		-2.928
		有滑移	-23.974	0.014	-1.510	-1.231	0.265	0.610	0.405	-2.686	-2.915	-1.796
	$T_3=15.0$ $T_4=4.0$ $T_5=3.5$	无滑移	-36.728	—		-2.706		0.528		2.248		-3.709
		有滑移	-36.806	0.021	-2.707	-2.707	0.527	1.058	2.241	-2.504	-3.695	-1.977
	$T_3=20.0$ $T_4=4.0$ $T_5=3.5$	无滑移	-49.562	—		-3.902		0.790		4.084		-4.489
		有滑移	-49.638	0.029	-3.903	-3.326	0.790	1.505	4.076	-2.323	-4.475	-2.158

温差为20℃时,考虑滑移作用时的混凝土底部温度拉应力为不考虑滑移作用时的1.9倍,模式3温差为30℃时,甚至出现梁段应力拉、压相反的情况。因此,不考虑滑移作用对跨中计算结果影响非常小,但对计算结果沿梁长的分布影响较大。

3种模式中,同等温差情况下,模式1产生的界面剪力与相对滑移最大,模式3最小,在温度梯度模式图中,混凝土桥面板所占的温度比重越大,则计算出的温度效应也就越大。现实中日照作用下的组合梁,在钢梁顶部也存在较大不均匀温差,忽略该部分的温差往往会高估组合梁的界面温度效应,使组合梁温度应力分布的计算产生偏差。图6-37和图6-38分别为界面剪力与相对滑移与温差的关系,3种模式下界面剪力和相对滑移均随温差呈线性变化,模式1的变化速率均最快;温差为30℃时,模式1的变化速率与模式3结果相差3倍以上,即可说明,温差越大时,忽略钢梁部分温差带来的计算偏差则越大。

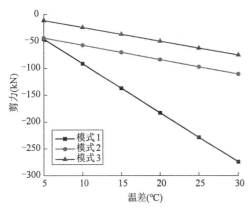

图6-37 界面剪力与温差的关系　　图6-38 界面相对滑移与温差的关系

2)算例2:20m跨简支梁和2跨连续梁桥

(1)桥梁概况

选取陕西省一座6主梁组合梁桥南侧边梁为计算对象进行算例分析,断面形式如图6-39a)所示。桥面板采用C50混凝土,钢梁采用Q345钢材,弹性模量分别为$E_1 = 3.45 \times 10^4$MPa和$E_2 = 2.06 \times 10^5$MPa,栓钉型号采用ϕ22mm,布置间距150mm,则可计算得到钢-混界面的等效剪切滑移刚度$K = 5008.4$N/mm²。采用以上截面形式,分别计算图6-39b)所示的简支梁($L = 20$m)和2跨连续梁($L = 40$m)的温度效应。

(2)温度梯度模式

竖向温度梯度作用采用"第4章 桥梁温度场与温度作用"中提出的适用于多主梁钢板组合梁桥的3种作用模式:升温模式1(HP-1)、升温模式2(HP-2)和降温模式

(CP),如图 6-40 所示。按图 6-41 可将桥面板和钢梁温度分布分解为有效温度、竖向线性温差和残余温度。进一步可以求得各温度作用模式对应的 ε_m 和 χ_t 值(见表 6-7),以便于进行考虑滑移作用的组合梁温度效应计算。由图 6-40、图 6-41 和表 6-7 可知,采用的温度梯度模式可以覆盖 ε_m 和 χ_t 的正值和负值,其中,由于降温模式的钢梁温度大面积小于混凝土桥面板,所以其 ε_m 值最大;而升温模式 2 钢梁的竖向线性温差明显更大,其 χ_t 则最大。

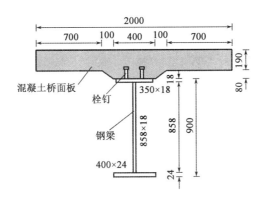

a)算例组合梁断面形式

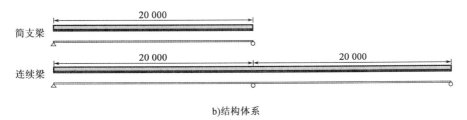

b)结构体系

图 6-39 算例组合梁桥(尺寸单位:mm)

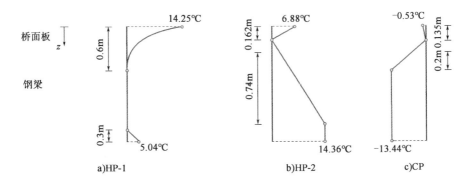

a)HP-1　　　　　　b)HP-2　　　　　　c)CP

图 6-40 竖向温度梯度模式

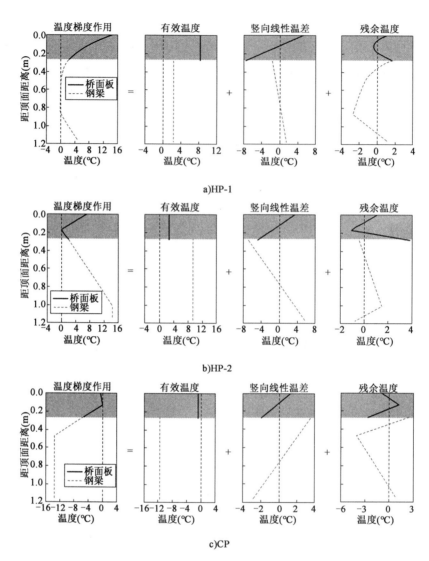

图 6-41 竖向温度梯度模式分解

温度参数 ε_m 和 χ_t 的取值　　表 6-7

温度作用模式	T_{e1} (℃)	T_{e2} (℃)	T_{y1} (℃/mm)	T_{y2} (℃/mm)	等效温度滑移应变 ε_m	等效温度曲率 χ_t (mm^{-1})
HP-1	8.29	2.38	-4.68×10^{-2}	3.49×10^{-3}	5.43×10^{-5}	5.83×10^{-9}
HP-2	2.79	9.34	-2.95×10^{-2}	1.43×10^{-2}	-8.41×10^{-5}	1.39×10^{-7}
CP	-0.18	-11.52	-1.21×10^{-2}	-7.17×10^{-3}	1.30×10^{-4}	-8.86×10^{-8}

(3) 解析模型验证

通过 ABAQUS 程序建立上述组合梁有限元模型,与考虑滑移作用的组合梁温度效应理论推导结果进行对比,混凝土桥面板采用 C3D20R 八节点六面体线性减缩积分单元模拟,钢梁采用 S4R 四节点四边形线性减缩积分单元模拟,栓钉采用弹簧单元 Spring 2 模拟,以提供给组合梁界面剪切和竖向刚度,其中,竖向刚度设置无穷大,如图 6-42 所示。

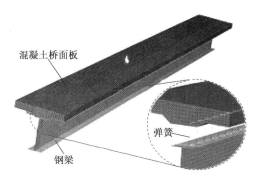

图 6-42　有限元模型

组合梁在 3 种温度梯度模式下的最大挠度和滑移计算结果见表 6-8。可以看到,与有限元计算结果相比,简支梁的挠度和滑移计算的平均偏差分别为 2.5% 和 3.3% 左右,连续梁因本身挠度和滑移较小,平均偏差分别为 4.4% 和 4.0%,较简支梁稍大一些。

有限元解与解析解对比($K=5000.8$ N/mm^2)　　　　　表 6-8

温度作用模式	计算结果	简支梁		2 跨连续梁	
		跨中挠度 w (mm)	端部滑移 Δu (mm)	最大挠度 w (mm)	端部滑移 Δu (mm)
HP-1	解析解	-2.736	0.0331	-0.875	0.0357
	有限元解	-2.815	0.0345	-0.923	0.0375
	误差	2.89%	4.23%	5.49%	5.04%
HP-2	解析解	6.573	0.0482	0.671	0.0463
	有限元解	6.733	0.0498	0.695	0.0483
	误差	2.43%	3.32%	3.58%	4.32%
CP	解析解	-8.176	0.0122	-1.619	0.0144
	有限元解	-8.456	0.0127	-1.678	0.0149
	误差	3.42%	4.10%	3.64%	3.47%

(4)界面滑移与挠度

通过考虑滑移作用的组合梁解析模型计算简支梁和 2 跨连续梁的挠度图(图 6-43),正值为向下挠曲,负值为向上挠曲。挠度是 ε_m 和 χ_t 综合作用的结果,HP-1 和 CP 使组合梁上挠曲,HP-2 则使组合梁向下挠曲,其中降温模式的竖向挠度最大,可以达到 8.18mm,连续梁的规律与此一致。

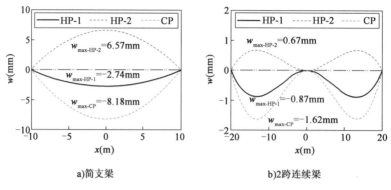

图 6-43 挠度分布

图 6-44 给出了各温度梯度模式作用下的简支梁和连续梁的钢-混界面滑移分布。由图 6-44 可知,简支梁在温度作用下的界面滑移沿梁长呈现反对称分布,梁端最大,向跨中逐渐减小至 0。连续梁与简支梁的分布类似,但在中支点处存在反弯点,在端部和中支点间存在等值段。相同温度作用下,简支梁与连续梁端部的滑移量接近,其中升温模式 2 的滑移量最大,达到 0.048mm,升温模式 1 次之,降温模式最小。滑移量在组合梁端部变化最大,分布范围约为 2m,即温度梯度引起的剪力在界面的传递范围约为 2m,超过 2m 的范围外,简支梁的界面滑移均基本为 0,连续梁的界面滑移基本无变化。

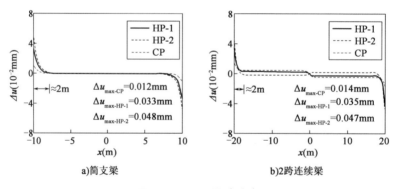

图 6-44 界面滑移分布

(5) 温度应力

通过式(6-119)可计算得到简支梁和 2 跨连续梁在各温度梯度模式作用下的温度应力,选取混凝土顶面(CT)、混凝土底面(CB)、钢梁顶面(ST)和钢梁底面(SB)4 个位置,绘制温度应力沿梁长的分布,如图 6-45 和图 6-46 所示,其中 2 跨连续梁仅给出了右跨的结果,左跨完全对称。可以看到,受界面滑移作用的影响,组合梁的温度应力也在梁端部约 2m 范围内沿梁长有明显的曲线变化,其中,钢-混界面处 CB 处和 ST 处温度应力变化最为显著,在如图6-47所示的竖向应力分布中也可以明显看出。以升温模式1(HP-1)作用下的简支梁为例,CB处温度应力由跨中的1.49MPa变化至端部的2.07 MPa,ST处应力由跨中的8.88MPa变化至端部的-0.58MPa,变化率分别为38.9%和106.5%,远大于CT处的1.5%和SB处的29.8%。

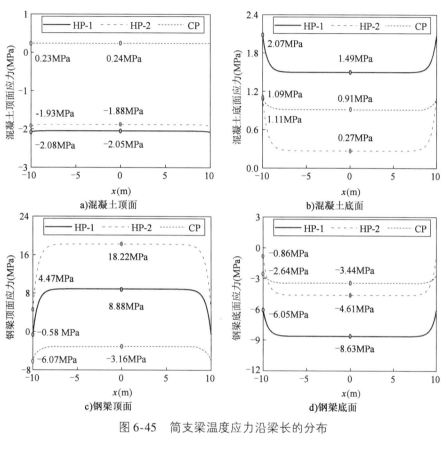

图 6-45 简支梁温度应力沿梁长的分布

图 6-46

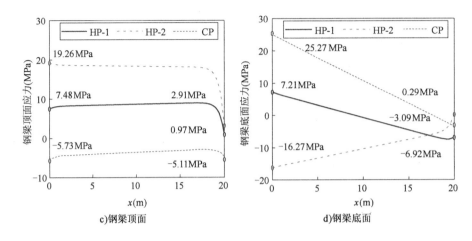

c) 钢梁顶面　　　　　　　　　d) 钢梁底面

图 6-46　连续梁温度应力沿梁长的分布（右跨）

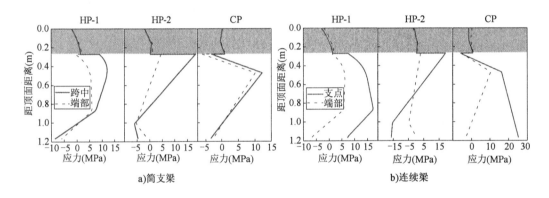

a) 简支梁　　　　　　　　　　b) 连续梁

图 6-47　温度应力的竖向分布

连续梁温度应力沿梁长的分布有与简支梁类似的规律。不同的是，温度作用下的连续梁存在次弯矩，其产生的温度次应力沿梁长线性分布。其中，靠近截面形心的 CB 和 ST 处次应力较小，温度应力沿梁长变化不明显，斜率较小 [图 6-46b)，c)]；远离截面形心的 CT 和 SB 处次应力较大，温度应力沿梁长变化显著，斜率较大 [图 6-46a)，d)]。在连续梁端部的温度次应力为 0，且滑移值与简支梁接近，因此，温度应力与简支梁端部温度应力值基本一致。

需要说明的是，受界面滑移作用的影响，组合梁端部桥面板底面的拉应力水平显著提高，最高已超过 2MPa，而现有不考虑界面滑移作用的组合梁温度应力计算方法显然会低估该应力水平，造成偏于不安全的设计，从而增加组合梁桥面板底面的开裂风险，这也是组合梁桥面板底面常产生裂缝的重要原因。

6.5 桥梁墩柱的温度应力

桥墩温差应力计算所作的假定条件同桥梁上部结构一样。温差荷载在桥墩中产生的应力可分为与支承条件无关的自应力和与支承条件有关的次应力。在此主要讨论与支承条件无关的温度自应力。

6.5.1 纵向（墩高）的温差应力

日照温差引起的截面自约束应力的计算原理同上部结构，根据平截面假定条件和截面自约束应力的平衡条件，可得到自约束应力。太阳斜晒时，可按叠加原理先分别计算两个方向的应力，然后再叠加。纵向外约束应力可按结构力学方法或有限元分析方法求解。

对于圆形空心桥墩，其横断面温度分布如图 6-48 所示。圆形筒体横断面中任意点的温度 $T(\rho,\theta)$ 为：

$$T(\rho,\theta) = T_2 \frac{1+\cos\theta}{2} e^{-c_\rho(R-\rho)} + T_1 \qquad (6\text{-}129)$$

圆形筒体横断面中任意点的应变为：

$$\sigma(\rho,\theta) = E\left[\varepsilon_1 - \varepsilon_2\left(\frac{R+\rho\cos\theta}{2R}\right) - \alpha T(\rho,\theta)\right] \qquad (6\text{-}130)$$

合并两式，应用温度自应力的平衡条件并注意到 T_1 不产生自应力，则有：

$$\begin{cases} \iint \sigma(\rho,\theta)\,dA = 0 \\ \iint \sigma(\rho,\theta)\rho\cos\theta\,d\rho\,d\theta = 0 \end{cases} \qquad (6\text{-}131)$$

经分析有：

$$\sigma(\rho,\theta) = \alpha T_2 E\left[\frac{k_3}{2R_\rho} + \frac{\pi\rho\cos\theta}{2I_\rho}k_4 - \frac{1+\cos\theta}{2}e^{-c_\rho(R-\rho)}\right] \qquad (6\text{-}132)$$

式中：$k_3 = \left[R - \dfrac{1}{c_\rho} - \dfrac{c_\rho r}{c_\rho}\dfrac{1}{c_\rho}e^{-c_\rho(R-r)}\right]\dfrac{1}{c_\rho}$；

$k_4 = \left(R^2 - \dfrac{2}{c_\rho}R + \dfrac{2}{c_\rho^2}\right)\dfrac{1}{c_\rho} - \left(r^2 - \dfrac{2}{c_\rho}r + \dfrac{2}{c_\rho^2}\right)\dfrac{e^{-c_\rho(R-r)}}{c_\rho}$；

$I_\rho = \dfrac{1}{4}(R^4 - r^4)$；

$R_\rho = \dfrac{1}{4}(R^2 - r^2)$。

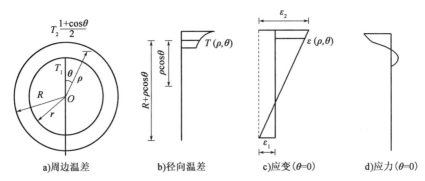

图 6-48　圆形横断面桥墩温度分布

6.5.2　横向(水平)温差应力

箱形桥墩横向约束应力的计算同箱梁一样,即分为箱梁壁板非线性温差的自约束应力和横向框架约束应力。第一部分自约束应力计算方法同上部结构;第二部分横向框架约束应力也可用结构力学方法或有限单元法计算。

对于圆形空心墩柱,图 6-49 所示的两个赘余未知力分别为。

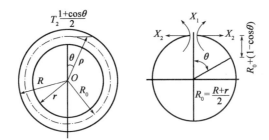

图 6-49　圆形空心墩的约束应力

$$\begin{cases} x_1 = -\dfrac{-\alpha T_2 \mu_1 E I_0}{2R_0} \\ x_2 = \alpha T_2 \mu_1 E I_0 \end{cases} \quad (6\text{-}133)$$

式中：$\mu_1 = \dfrac{R - r e^{-c_\rho(R-r)} - [1 - e^{-c_\rho(R-r)}](R_0 + c_\rho^{-1})}{c_\rho}$, $R_0 = \dfrac{R+r}{2}$, $I_0 = \dfrac{1}{12}(R-r)^3$。

墩壁上各点的温度自应力为：

$$\begin{cases} \overline{\sigma}[R(r), 0] = \mp \dfrac{1}{2}\alpha T_2 \mu_1 E(R-r) \\ \overline{\sigma}[R(r), \dfrac{\pi}{2}] = \mp \dfrac{1}{4}\alpha T_2 \mu_1 E(R-r) \\ \overline{\sigma}[R(r), \pi] = 0 \end{cases} \quad (6\text{-}134)$$

对于桥墩温差效应,在采用固定支座传递的柔性体系中,简支墩的日照温差应力数值不小,一般超过 C20 混凝土的容许拉应力,而接近 C20 混凝土的极限拉应力,且拉应力的分布区域很宽,达到整个截面厚度的 2/3。因此,简支墩的日照温差应力在柔性墩的计算中是一项不可忽略的因素,在与其他不利荷载组合之后决定设计的经济性和安全性。

箱形桥墩的温差应力是一个重要的问题。实测资料表明,沿箱壁厚度方向的非线性温度分布较明显,温差高达 15℃ 以上。温差荷载在箱形墩横向产生的温差自应力,其影响往往超过活载效应,尤其是在角隅附近因实际结构应力集中的影响,可能会发生温度裂缝。因此,在箱形桥墩的设计中,应充分考虑温差应力的影响,并在构造处理上减少不必要的自约束作用。总之,桥梁结构温度应力分析是一个复杂问题,但温度对结构的影响及其特点是可以把握的。

CHAPTER SEVEN 第7章

桥梁三维温度场和温度效应精细化模拟

7.1 桥梁早龄期混凝土热-力耦合模拟

7.1.1 早龄期混凝土材料特性的发展

混凝土浇筑成形过程中力学性能的发展取决于水泥中水化反应的程度,即水化热度。水化反应放热和环境边界条件会引起混凝土的温度变化,混凝土材料的温度变化也会反过来进一步影响水化反应的速率,因此,在水化热阶段,混凝土材料力学性能的发展不仅仅取决于龄期,与温度变化历程也紧密相关,也就意味着同一混凝土结构的不同单元的力学性能发展是不均衡的。阿伦尼乌斯方程(Arrhenius)方程定义了化学反应速率受温度的影响程度为:

$$\frac{d(\ln \nu_k)}{dT} = \frac{E_r}{RT^2} \tag{7-1}$$

式中:ν_k——化学反应的速率;

T——热力学温度;

E_r——活化能,常温下的一般硅酸盐水泥可取为41572J/mol;

R——气体常量,取值为 8.3144 J·mol^{-1}·K^{-1};

E_r/R——活化温度,常温下的一般硅酸盐水泥可近似取5000K,或按式(7-2)计算:

$$\frac{E_r}{R} = \theta_{ref} \left(\frac{30}{T+10}\right)^o \tag{7-2}$$

其中,$\theta_{ref} = 4600\text{K}$;对于普通的波特兰水泥,$o = 0.39$。

为了考虑温度历程T对混凝土水化程度及力学性能的影响,Bazant 根据 Arrhenius 方程通过T与参照温度T_r的对比,来确定水化反应程度是加快了还是减缓了,并提出了一种用来计算相对于参考温度T_r的等效龄期t_e函数。

$$t_e = \sum_i \exp\left[\frac{E_r}{R}\left(\frac{1}{T_r+273} - \frac{1}{T+273}\right)\right]\Delta t \tag{7-3}$$

式中:Δt——时间增量。

等效龄期t_e可以量化温度历程对水化热度α的影响,在得到混凝土确定的水化热模式后,实际混凝土各单元的水化热度可通过在等效时间下的水化热释放占总水化热的比重计算:

$$\alpha(t_e) = \frac{Q(t_e)}{Q_\infty} \tag{7-4}$$

为了计算混凝土硬化过程中的应力,需要建立水泥水化热对混凝土抗拉强度f_t、抗压强度f_c和弹性模量E_c等力学参数的影响关系。已有文献在大量试验的基础上发现,水化热度与混凝土材料力学性能的演变具有显著的相关性,可按式(7-5)~式(7-7)计算:

$$\frac{f_t(\alpha)}{f_t(\alpha=1)} = \left(\frac{\alpha-\alpha_0}{1-\alpha_0}\right)^{na} \tag{7-5}$$

$$\frac{f_c(\alpha)}{f_c(\alpha=1)} = \left(\frac{\alpha-\alpha_0}{1-\alpha_0}\right)^{a} \tag{7-6}$$

$$\frac{E_c(\alpha)}{E_c(\alpha=1)} = \left(\frac{\alpha-\alpha_0}{1-\alpha_0}\right)^{ma} \tag{7-7}$$

式中:α_0——混凝土材料形成初始刚度对应的水化热度;

n、m、a——待定参数,大量试验表明,对于波特兰水泥,$n=2/3$,$m=1/3$,$a=3/2$。

由于水泥水化热发展是一个并不短暂的过程,通常在龄期达到28d时,水化反应并未发展完全,即$\alpha<1$,但为了便于计算,式(7-5)~式(7-7)中的$f_t(\alpha=1)$、$f_c(\alpha=1)$和$E_c(\alpha=1)$一般取值为混凝土28d龄期时的值。

混凝土材料的弹性模量和抗压强度直接影响组合结构的剪力连接件刚度k,一般采用式(7-8)所示经验公式计算:

$$k = 13.0 d_{ss}\sqrt{E_c f_{ck}} \tag{7-8}$$

式中:d_{ss}——栓钉根部直径;

f_{ck}——混凝土材料的立方体抗压强度标准值。

由式(7-8)可知,组合梁桥面板处于早龄期时,k会随着混凝土桥面板龄期的发展而变化,可按式(7-9)计算,$k(\alpha=1)$同样取为混凝土28d龄期时的剪力钉连接刚度。

$$\frac{k(\alpha)}{k(\alpha=1)} = \sqrt{\frac{E(\alpha)f_c(\alpha)}{E(\alpha=1)f_c(\alpha=1)}} \tag{7-9}$$

7.1.2 温度、收缩和徐变效应计算方法

在混凝土水化热期间,由于温度和湿度变化引起混凝土体积变化,在受到约束时,混凝土便会产生温度和收缩应力。在进行混凝土水化反应期间温度场变化产生效应的分析时必须考虑徐变影响,徐变变形对早期混凝土应力的影响能达到50%甚至更高。在运营过程中,桥梁混凝土受日照温度场、湿度变化和长期自重等荷载的影响,也会产生温度、收缩和徐变等应力。总之,组合梁的总应变主要由以下部分组成:

$$\varepsilon(t) = \varepsilon_e(t) + \varepsilon_{cr}(t) + \varepsilon_{sh}(t) + \varepsilon_T(t) + \varepsilon_g(t) \tag{7-10}$$

式中:$\varepsilon_e(t)$——应力加载瞬间产生的弹性应变;

$\varepsilon_{cr}(t)$——混凝土材料的徐变应变，与应力大小、加载龄期和持荷时间相关；

$\varepsilon_{sh}(t)$——混凝土材料的收缩应变，主要为干缩引起的变形；

$\varepsilon_T(t)$——温度应变；

$\varepsilon_g(t)$——混凝土材料自生体积变形产生的应变。

其中 $\varepsilon_e(t)$ 和 $\varepsilon_{cr}(t)$ 与应力相关，$\varepsilon_{sh}(t)$、$\varepsilon_T(t)$ 和 $\varepsilon_g(t)$ 与应力无关。

1）基本假定

（1）混凝土和钢材均发生弹性变形，且混凝土构件应力水平不超过50%的抗压强度。

（2）忽略混凝土桥面板和钢梁界面之间的水平滑移和竖向掀起，钢-混凝土组合梁截面应变服从平截面假定。

（3）混凝土桥面板中的钢筋不单独考虑，按配筋率和弹性模量换算为钢梁或桥面板的一部分。

（4）组合梁沿梁高方向存在竖向的非线性温度分布。

（5）收缩和徐变的发展速率相同。

2）温度应变

在 $\Delta t_n = t_n - t_{n-1}$ 时间段内的温度应变增量 $\Delta \varepsilon_{T,n}$ 可以按式（7-11）进行计算：

$$\Delta \varepsilon_{T,n} = \alpha_c \Delta T_n \tag{7-11}$$

式中：ΔT_n——$\Delta t_n = t_n - t_{n-1}$ 时间段内的温度变化；

α_c——混凝土的温度线膨胀系数。

已有研究表明，混凝土的线膨胀系数随着温度的升高会有略微的提升，但是提升幅度并不大，因此可以认为是一常数，一般取值为 $1 \times 10^{-5}/℃$。

3）收缩应变

混凝土材料的收缩包括自生和干燥收缩两种。其中，由胶凝材料水化作用而产生的混凝土构件体积变化称作自生收缩，对于高性能混凝土来说较大，一般混凝土可不考虑。由混凝土内部湿度状态变化引起的体积变形称作干燥收缩，是混凝土收缩中占比较大的部分。混凝土收缩的计算模型较多，包括 CEB-FIP 90 模型、ACI209 模型、B3 模型和 GL2000 等。《公路钢筋混凝土及预应力混凝土桥涵设计规范》（JTG 3362—2018）主要是根据 CEB-FIP 90 模型建立的，且通过对比发现当混凝土强度等级低于 C50 时，规范与 CEB-FIP 90 模型计算的徐变系数差异很小，同时 JTG 3362—2018 在我国应用广，在国内适用性高，因此，本书主要按照 JTG 3362—2018 和 CEB-FIP 90 中的公式计算收缩应变：

$$\varepsilon_{sh}(t, t_0) = \varepsilon_{cso} \beta_s(t - t_0) \tag{7-12}$$

$$\varepsilon_{cso} = \varepsilon_s(f_{cm}) \beta_{RH} \tag{7-13}$$

$$\varepsilon_s(f_{cm}) = 10^{-6}[160 + 10\beta_{sc}(9 - f_{cm}/f_{cm0})] \tag{7-14}$$

$$\beta_{RH} = 1.55[1 - (RH/RH_0)^3] \tag{7-15}$$

$$\beta_s(t - t_0) = \left[\frac{(t-t_0)/t_1}{350(h/h_0) + (t-t_0)/t_1}\right]^{0.5} \tag{7-16}$$

式中：t——混凝土材料的龄期(d)；

t_0——混凝土材料开始收缩时的龄期(d)；

ε_{cs0}——名义收缩系数；

β_s——收缩随时间变化而演变的参数；

f_{cm}——强度等级 C25-C50 混凝土在 28d 龄期时的平均圆柱体抗压强度，取值为 $0.8f_{cu,k} + 8$MPa；

$f_{cu,k}$——28d 龄期的混凝土材料立方体抗压强度标准值(MPa)；

β_{RH}——根据年平均湿度确定的参数，适用于 $40\% \leqslant RH < 99\%$；

RH——环境年平均湿度(%)；

β_{sc}——根据水泥型号确定的参数，对于常用的硅酸盐类水泥或快硬水泥，β_{sc} 取值为 5.0；

h——构件的理论厚度(mm)。

$RH_0 = 100\%$；

$h_0 = 100$mm；

$t_1 = 1$d；

$f_{cm0} = 10$MPa。

4）徐变系数及徐变应变

徐变的性能通常用徐变系数表示，按 JTG 3362—2018 和 CEB-FIP 90 中的公式进行计算：

$$\phi(t, t_0) = \phi_0 \cdot \beta_c(t - t_0) \tag{7-17}$$

$$\phi_0 = \phi_{RH} \cdot \beta(f_{cm}) \cdot \beta(t_0) \tag{7-18}$$

$$\beta(f_{cm}) = \frac{5.3}{(f_{cm}/f_{cm0})^{0.5}} \tag{7-19}$$

$$\beta(t_0) = \frac{1}{0.1 + (t_0/t_1)^{0.2}} \tag{7-20}$$

$$\phi_{RH} = 1 + \frac{1 - RH/RH_0}{0.46(h/h_0)^{\frac{1}{3}}} \tag{7-21}$$

$$\beta_c(t - t_0) = \left[\frac{(t-t_0)/t_1}{\beta_H + ((t-t_0)/t_1)}\right]^{0.3} \tag{7-22}$$

$$\beta_H = 150\left[1 + \left(1.2\frac{RH}{RH_0}\right)^{18}\right]\frac{h}{h_0} + 250 \leqslant 1500 \qquad (7\text{-}23)$$

式中：t_0——混凝土材料的加载龄期（d）；

t——计算考虑时刻的混凝土龄期（d）；

$\phi(t,t_0)$——加载龄期为 t_0，计算考虑龄期为 t 时的混凝土徐变系数；

ϕ_0——名义徐变系数；

β_c——徐变随时间变化而演变的参数。

徐变应变可通过徐变系数按式(7-24)计算：

$$\varepsilon_{cr}(t,t_0) = \frac{\sigma(t_0)}{E(t_0)}\varphi(t,t_0) = \sigma(t_0)C(t,t_0) \qquad (7\text{-}24)$$

式中：$\sigma(t_0)$——t_0 时刻混凝土材料受到的常应力作用；

$E(t_0)$——t_0 时刻混凝土材料的弹性模量；

$C(t,t_0)$——从 t_0 时刻加载，到 t 时刻混凝土的徐变度，$C(t,t_0) = \varphi(t,t_0)/E(t_0)$。

如图 7-1 所示，徐变应变和弹性应变之和，可以通过徐变函数(徐变柔量)$J(t,t_0)$ 按式(7-25)计算：

$$\varepsilon_e(t,t_0) + \varepsilon_{cr}(t,t_0) = \frac{\sigma(t_0)}{E(t_0)} + \sigma(t_0)C(t,t_0) = \sigma(t_0)J(t,t_0) \qquad (7\text{-}25)$$

式中：$J(t,t_0) = 1/E(t_0) + C(t,t_0) = [1 + \varphi(t,t_0)]/E(t_0)$。

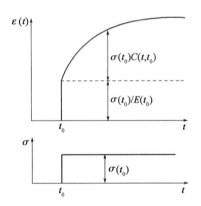

图 7-1 常应力作用下的混凝土应变

5）隐式徐变分析方法

显式分析(即初应变法)在进行徐变应力分析时，采用的阶梯式的应力计算路径，与实际的曲线路径相差较大，而过多地缩小步长则会大大增加计算时间。由于线性徐变假定和叠加原理的应用，则每一步长内应力-时间曲线的斜率为常数，基于此，可以提出徐变应力计算的隐式方法，该方法的应力计算路径更接近真实应力路径，同时可以采用相对较大的步长进行计算，如图7-2 所示。

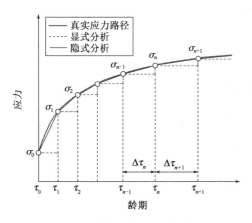

图 7-2 徐变分析的迭代过程

t_n 时刻的徐变应变 $\varepsilon_{cr}(t_n)$ 和 $\Delta t_n = t_n - t_{n-1}$ 的徐变应变增量 $\Delta \varepsilon_{cr,n}$ 分别为：

$$\varepsilon_{cr}(t_n) = C(t_n, \tau_0) \Delta \sigma_0 + \sum_n \int_{\tau_{n-1}}^{\tau_n} C(t_n, \tau) \frac{\partial \sigma}{\partial \tau} d\tau$$

$$= C(t_n, \tau_0) \Delta \sigma_0 + \sum_n C(t_n, \tau_{n-0.5}) \Delta \sigma_n \tag{7-26}$$

$$\Delta \varepsilon_{cr,n} = \Delta \varepsilon_c(t_n) - \Delta \varepsilon_c(t_{n-1})$$

$$= [C(t_n, \tau_0) - C(t_{n-1}, \tau_0)] \Delta \sigma_0 + \sum_{n-1} [C(t_n, \tau_{n-1-0.5}) -$$

$$C(t_{n-1}, \tau_{n-1-0.5})] \Delta \sigma_{n-1} + C(t_n, \tau_{n-0.5}) \Delta \sigma_n \tag{7-27}$$

式中：$\tau_{n-0.5}$——增量步 Δt_n 的中间龄期。

可见，混凝土徐变与当前步的应力和过往应力历程均相关，计算过程需要储存大量的应力历史，不利于有限元计算。早龄期的混凝土是一种黏弹性材料，可以采用开尔文流变模型模拟混凝土的徐变行为，开尔文模型将弹簧和阻尼器并联起来，其中弹簧表示材料的弹性特性，阻尼器表示材料的黏性特性，将不同分析步的开尔文模型串联起来形成开尔文链，即可方便地进行有限元模型的计算，如图 7-3 所示，E 为混凝土的弹性模量，η 为混凝土的黏度。

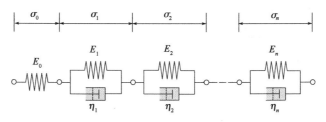

图 7-3 基于开尔文链的混凝土徐变分析

目前常用的计算徐变度的方法包括老化理论、弹性徐变理论和弹性老化徐变理论等指数函数式，以及复合幂指数函数式、对数函数式、幂指数-对数式和混凝土徐变度参数拟合的优化方法等(表7-1)。

混凝土徐变度或徐变柔量计算表达式　　　　　表7-1

类型		表达式
指数函数式	老化理论	$C(t,\tau) = C(t,\tau_0) - C(\tau,\tau_0)$
	弹性徐变理论	$C(t,\tau) = (C_0 + \dfrac{A_1}{\tau})[1 - e^{-r(t-\tau)}] = \Psi(\tau)[1 - e^{-r(t-\tau)}]$
	弹性老化徐变理论	$C(t,\tau) = C_1(t,\tau) + C_2(t,\tau)$
复合幂指数函数式		$C(t,\tau) = (\Psi_0 + \Psi_1 \tau^{-p})\{1 - \exp[-(r_0 + r_1 \tau^{-q})(t-\tau)^s]\}$
对数函数式		$C(t,\tau) = F(\tau)\ln(t - \tau + 1)$
幂指数-对数式		$J(t,\tau) = \dfrac{1}{C\ln(\tau b + 1)} + (A_0 + A_1 \tau^{-B_1})\ln(t - \tau + 1)$
混凝土徐变度参数拟合的优化方法		$C(t,\tau) = (x_1 + x_2 \tau^{-x_3})[1 - e^{-x_4(t-\tau)}] +$ $(x_5 + x_6 \tau^{-x_7})[1 - e^{-x_8(t-\tau)}]$

根据前述假定,徐变在应力不超过其强度一半时,满足叠加原理,徐变变形可完全恢复,因此,采用弹性徐变理论计算徐变度,并基于开尔文链,采用狄利克雷(Dirichlet)级数的形式表达:

$$C(t,\tau) = \sum_{i=1}^{m} \Psi_i(\tau)[1 - e^{-r_i(t-\tau)}] \qquad (7\text{-}28)$$

式中:$\Psi_i(\tau)$——与龄期相关的函数;

r_i——常数项。一般情况下,取 $r_1 = 1, r_2 = 0.1, r_3 = 0.01, r_4 = 0.001$,采用 Dirichlet 级数的 4 项即可得到较好的拟合效果,在运营阶段,相邻徐变度取值间隔时间较大时,需取 5 项进行拟合,即 $r_5 = 0.0001$。

将徐变度的计算公式(7-28)代入徐变应变增量表达式(7-26)和式(7-27),取 3 个相邻时刻 τ_{n-1}、τ_n、τ_{n+1},并计算 3 个时刻的徐变应变和徐变应变增量,即可得到单向应力状态下徐变应变的一组递推公式,即式(7-29)~式(7-32)。可以看到,采用这种隐式方法计算徐变时,徐变仅与当前步和上一步的应力增量有关,不需要记录过往的应力历程,仅需储存 $\omega_{i,n}$,因此大幅度地降低了计算机的数据存储量。

$$\Delta\varepsilon_{cr,n} = \varepsilon_{cr}(t_n) - \varepsilon_{cr}(t_{n-1}) = \eta_n + \Delta\sigma_n C(t_n, \tau_{n-0.5}) \qquad (7\text{-}29)$$

$$\eta_n = \sum_{i=1}^{m} \omega_{i,n}(1 - e^{-r_i \Delta\tau_n}) \qquad (7\text{-}30)$$

$$\omega_{i,n} = \omega_{i,n-1} e^{-r_i \Delta\tau_{n-1}} + \Delta\sigma_{n-1} \Psi_i(\tau_{n-1-0.5}) e^{-0.5 r_i \Delta\tau_{n-1}} \qquad (7\text{-}31)$$

$$\omega_{i,1} = \Delta\sigma_0 \Psi_i(\tau_0) \qquad (7\text{-}32)$$

式中:η_n——显式徐变应变;

$\omega_{i,n}$——中间变量。

6)复杂应力状态下的徐变本构模型

在时段 $\Delta\tau_n$ 内单向应力状态下的应变增量为:

$$\Delta\varepsilon_n = \frac{\Delta\sigma_n}{E(\tau_{n-0.5})} + \eta_n + \Delta\sigma_n C(t_n, \tau_{n-0.5}) + \Delta\varepsilon_{T,n} + \Delta\varepsilon_{g,n} + \Delta\varepsilon_{sh,n} \quad (7\text{-}33)$$

进一步可改写为:

$$\Delta\sigma_n = E_{n-0.5}(\Delta\varepsilon_n - \eta_n - \Delta\varepsilon_{T,n} - \Delta\varepsilon_{g,n} - \Delta\varepsilon_{sh,n}) \quad (7\text{-}34)$$

$$E_{n-0.5} = \frac{E(\tau_{n-0.5})}{1 + E(\tau_{n-0.5}) C(t_n, \tau_{n-0.5})} \quad (7\text{-}35)$$

对于空间问题,应变和应力取列矩阵:

$$\varepsilon = [\varepsilon_x, \varepsilon_y, \varepsilon_z, \gamma_{xy}, \varepsilon_{yz}, \varepsilon_{xz}]^T \quad (7\text{-}36)$$

$$\sigma = [\sigma_x, \sigma_y, \sigma_z, \tau_{xy}, \tau_{yz}, \tau_{xz}]^T \quad (7\text{-}37)$$

根据式(7-33)和式(7-34),弹性、徐变和温度的应变增量列矩阵分别可按式(7-38)~式(7-40)计算:

$$\Delta\varepsilon_{e,n} = \frac{1}{E(\tau_{n-0.5})} \boldsymbol{Q} \Delta\sigma_n \quad (7\text{-}38)$$

$$\Delta\varepsilon_{cr,n} = \eta_n + C(t, \tau_{n-0.5}) \boldsymbol{Q} \Delta\sigma_n \quad (7\text{-}39)$$

$$\Delta\varepsilon_{T,n} = \{\alpha_c \Delta T_n, \alpha_c \Delta T_n, \alpha_c \Delta T_n, 0, 0, 0\}^T \quad (7\text{-}40)$$

式中:$\boldsymbol{Q}$——关于泊松比 μ 的矩阵。

$$\boldsymbol{Q} = \begin{bmatrix} 1 & -\mu & -\mu & 0 & 0 & 0 \\ -\mu & 1 & -\mu & 0 & 0 & 0 \\ -\mu & -\mu & 1 & 0 & 0 & 0 \\ 0 & 0 & 0 & 2(1+\mu) & 0 & 0 \\ 0 & 0 & 0 & 0 & 2(1+\mu) & 0 \\ 0 & 0 & 0 & 0 & 0 & 2(1+\mu) \end{bmatrix} \quad (7\text{-}41)$$

与单向应力状态下的应变增量计算类似,复杂应力状态下的应变增量可按式(7-42)计算:

$$\Delta\varepsilon_n = \Delta\varepsilon_{e,n} + \Delta\varepsilon_{cr,n} + \Delta\varepsilon_{T,n} + \Delta\varepsilon_{g,n} + \Delta\varepsilon_{sh,n} \quad (7\text{-}42)$$

将式(7-38)~式(7-40)代入式(7-42),应变增量与应力增量在复杂应力条件下具有式(7-43)所示关系:

$$\Delta\sigma_n = \boldsymbol{D}_{n-0.5}(\Delta\varepsilon_n - \eta_n - \Delta\varepsilon_{T,n} - \Delta\varepsilon_{g,n} - \Delta\varepsilon_{sh,n}) \quad (7\text{-}43)$$

式中:$\boldsymbol{D}_{n-0.5}$——复杂应力状态下的弹性模量矩阵,可按式(7-44)计算:

$$[D_{n-0.5}] = E_{n-0.5}[Q]^{-1} \quad (7-44)$$

Q 矩阵的逆矩阵同样可得到：

$$Q^{-1} = \frac{1-\mu}{(1+\mu)(1-2\mu)} \begin{bmatrix} 1 & \frac{\mu}{1-\mu} & \frac{\mu}{1-\mu} & 0 & 0 & 0 \\ \frac{\mu}{1-\mu} & 1 & \frac{\mu}{1-\mu} & 0 & 0 & 0 \\ \frac{\mu}{1-\mu} & \frac{\mu}{1-\mu} & 1 & 0 & 0 & 0 \\ 0 & 0 & 0 & \frac{1-2\mu}{2(1-\mu)} & 0 & 0 \\ 0 & 0 & 0 & 0 & \frac{1-2\mu}{2(1-\mu)} & 0 \\ 0 & 0 & 0 & 0 & 0 & \frac{1-2\mu}{2(1-\mu)} \end{bmatrix} \quad (7-45)$$

7.1.3 基于 ABAQUS 的早龄期混凝土热-力耦合模拟方法

采用 ABAQUS 进行水化热期间组合梁早期混凝土桥面板热-力耦合分析,由于力学行为对温度的影响可以忽略不计,因此,可采用单向耦合(unidirectional coupling)进行热-力耦合分析,即先进行温度场数值模拟,后进行温度应力模拟。图 7-4 给出了单向热-力耦合分析的基本流程。

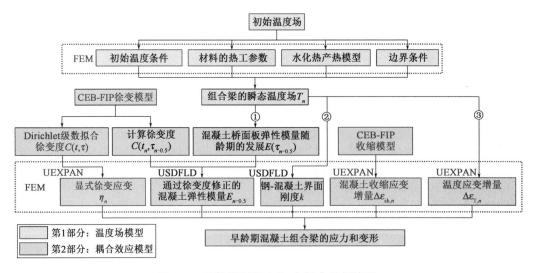

图 7-4 早龄期混凝土热-力耦合分析流程

(1)确定结构初始温度、材料热工参数、选取合适的水化热模型及计算太阳辐射、对

流等边界条件,进行热传导数值模拟,得到组合梁的瞬时温度场;

(2)通过温度计算结果,计算温度应变增量 $\Delta\varepsilon_{T,n}$;

(3)通过混凝土的温度结果,采用水化热度和等效龄期的方法计算材料的力学参数,包括弹性模量和界面刚度;

(4)采用 CRB-FIP 90 的收缩模型,计算收缩应变增量 $\Delta\varepsilon_{sh,n}$;

(5)采用 Dirichlet series 拟合 CEB-FIP 90 徐变模型的徐变度,得到参数 $\Psi_i(\tau)$,计算徐变度 $C(t_n,\tau_{n-0.5})$;

(6)采用徐变度 $C(t_n,\tau_{n-0.5})$ 修正弹性模量得到 $E_{n-0.5}$;

(7)用参数 $\Psi_i(\tau)$ 和上一步的应力结果计算显式徐变应变 η_n;

(8)通过有限元程序进行计算,得到应力与变形结果。

在采用 ABAQUS 进行分析的过程中,需要采用 Fortran 语言调用用户子程序 USDFLD 和 UEXPAN 以及功能子程序 GETVRM 进行二次开发。USDFLD 是用来定义预定义场变量,以实现硬化混凝土弹性模量变化的模拟。UEXPAN 是用来定义热应变增量,以实现温度、收缩和徐变应变增量的计算。GETVRM 可以提取结构材料点处的变量值,如应力、应变和温度等,并传递至 USDFLD 和 UEXPAN 中使用。

7.2 水化热阶段混凝土热-力耦合模拟算例

7.2.1 现浇混凝土箱梁水化温度应力分析

针对"4.4.1 混凝土箱梁水化阶段的温度分布模式"中的混凝土箱梁节段模型,进行早龄期水化温度效应分析。

1)计算模型

图 7-5 为混凝土箱梁有限元模型,进行水化温度作用分析时,混凝土箱梁采用 8 节点线性传热实体单元 DC3D8 模拟;进行水化温度效应分析时,混凝土箱梁采用 8 节点线性传热实体单元 C3D8R 模拟,密度、导热系数和比热容根据本次试验 C55 混凝土现场实际配合比和所用材料的热工参数加权平均求得。

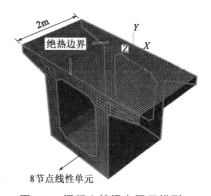

图 7-5 混凝土箱梁有限元模型

取混凝土箱梁模型浇筑完毕时截面平均温度 26.8℃ 作为入模温度。在测试的前 48h,混凝土箱梁模型被棉被覆盖养护,不考虑风速对对流换热系数的影响。箱梁浇筑时采用木模板,导热系数为 0.837kJ/(m·h·℃),厚度为 1cm。48h 后拆除所有模板,对模型两端进行隔热封堵,避免端部与外界环境的热交换影响水化热温度分布。

2)计算结果验证

图 7-6 给出了混凝土箱梁各典型测点温度时程变化的实测值和有限元计算值。可以看到,各测点的有限元计算结果与实测结果变化规律一致,到达峰值的时间基本相同,峰值温度偏差不超过 2.5℃,温度总体偏差均不超过 4℃。以左侧 P1 测点为例,在混凝土浇筑后 15h 左右,混凝土温度达到峰值,达到 55.22℃。在浇筑后 40～44h,混凝土温度第一次达到谷底,为 38.52℃。在浇筑后 48h 混凝土箱梁整体温度呈下降趋势,环境作用影响凸显。在环境因素作用下,温度在 48～50h 时段略有上升,达到 38.99℃。在浇筑后 48～72h,在与外界热交换的主导影响下,混凝土箱梁温度整体呈现波动趋势。

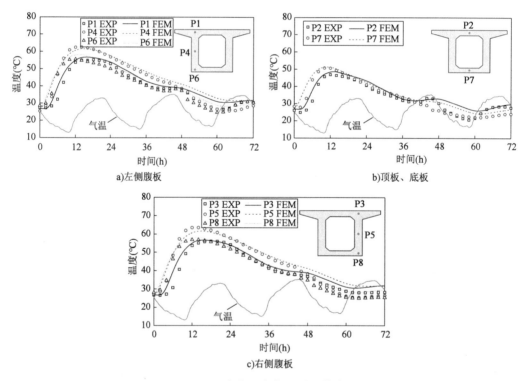

图 7-6 水化温度作用时程曲线

图 7-7 给出了典型时刻混凝土箱梁温度场实测云图与有限元计算云图的对比。可以看到,有限元计算云图和实测云图整体吻合较好,能反映出实测温度场的基本特征。

在水泥水化放热期间,箱梁内部温升基本呈对称分布,仅在浇筑后72h才出现不对称的温度分布趋势,因此,可进一步验证说明太阳辐射作用在混凝土箱梁水泥水化放热期间作用较小,在浇筑72h后太阳辐射作用逐渐主导结构的温度分布。

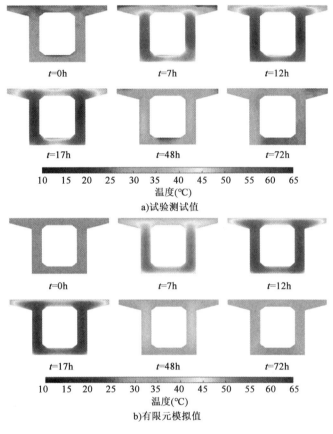

图 7-7 箱梁温度场云图验证

3) 水化温度效应

图 7-8 给出了混凝土箱梁模型典型测点。图 7-9 给出了典型测点最大主应力时程变化的有限元计算值。在水泥水化放热期间,箱梁顶底板应力水平均处于较低水平,其中顶板在梗腋位置对应处应力水平最高,在 30h 时达到 2.78MPa,与同时期混凝土抗拉强度接近;底板应力水平最高也在梗腋位置对应处,在 30h 时为 1.35MPa。箱梁两侧腹板的应力发展规律类似,以左侧腹板为例进行讨论。在浇筑后 12~72h,外侧梗腋位置应力水平大于同时期混凝土抗拉强度,30h 时应力水平达到峰值 4.71MPa。在浇筑后 12~40h,内侧梗腋位置应力水平大于同时期混凝土抗拉强度,30h 时应力水平达到峰值 3.58MPa,同时期混凝土箱梁腹板外侧沿厚度方向 10cm 内,最大主应力大于同时期混凝土抗拉强度,30h 时应力水平达到峰值 2.96MPa。在浇筑后 15~36h,混凝土箱梁腹板内

侧应力水平大于同时期混凝土抗拉强度,30h 时应力水平达到峰值 2.56MPa。由此可得,在混凝土浇筑完成 72h 内,箱梁顶板和底板应力水平较低,小于同期混凝土的抗拉强度,箱梁腹板和梗腋处应力水平较高,大于同期混凝土的抗拉强度,存在一定的开裂风险。

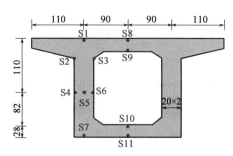

图 7-8 箱梁典型位置图(尺寸单位:cm)

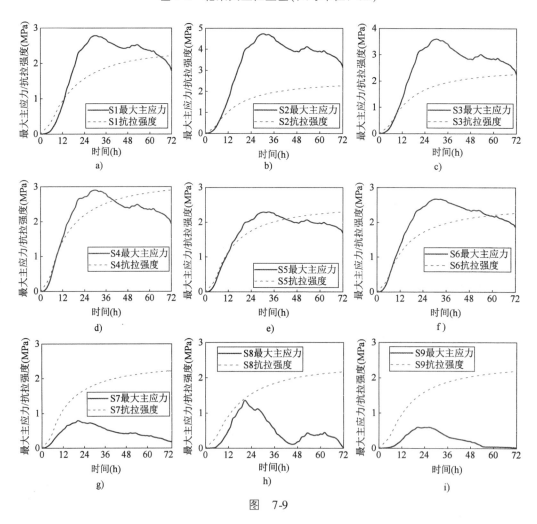

图 7-9

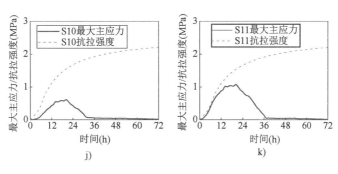

图 7-9 水化热温度应力时程曲线

图 7-10 给出了典型时刻混凝土箱梁最大主应力分布云图,图中当结构部位最大主应力小于对应时刻混凝土抗拉强度时用黑色表示,即此时刻该部位无开裂风险;大于时用云图实际色彩表示,即此时刻该部位存在开裂风险。可以看到,在水泥水化放热期间,箱梁整体处于受拉状态。在浇筑完成后 30h,箱梁应力水平达到峰值 4.71MPa,位于外侧梗腋处。在浇筑完成 30h 后,箱梁应力水平持续降低。在浇筑完成后 72h,由于水泥水化放热过程基本结束,箱梁产生的温度应力主要由环境作用引起,并保持在较低水平。

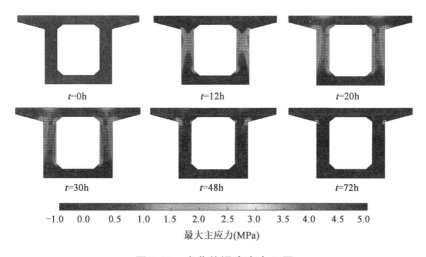

图 7-10 水化热温度应力云图

7.2.2 现浇桥面板组合梁早龄期水化温度效应分析

基于"4.4.2 组合梁桥水化阶段的温度分布模式"中的组合梁桥水化热温度场试验,进行现浇桥面板组合梁早龄期水化温度效应分析。

1) 计算模型

图 7-11 为组合梁的有限元模型,混凝土桥面板采用 8 节点线性传热实体单元

DC3D8模拟,钢梁采用4节点线性传热壳单元DS4模拟,桥面板和钢梁的界面采用"Tie"命令进行绑定,以保证界面处的热流和温度连续。为使温度场模型中热传导分析的结果准确地施加在作用效应模型中,作用效应模型的单元网格划分尺寸与温度场模型保持一致。

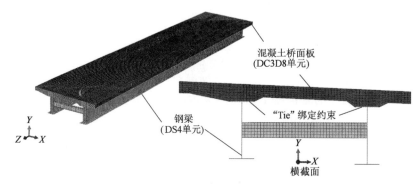

图7-11 有限元模型

钢筋可以有效抵制温度、收缩和徐变产生的效应,可通过配筋率计算混凝土桥面板等效弹性模量的方式考虑,则考虑钢筋效应的等效弹性模量E_{eff}可以按式(7-46)计算:

$$E_{\text{eff}} = E_c \left(1 + \mu \frac{E_s - E_c}{E_c} \right) \tag{7-46}$$

式中:E_c——混凝土材料的弹性模量;

E_s——钢构件的弹性模量;

μ——配筋率。

由于混凝土硬化过程中,剪力钉的连接刚度发生变化,选取最底部一层单元的温度历程计算剪力钉抗剪刚度的发展,计算结果如图7-12所示。为方便实现剪力钉刚度在计算过程中的变化,本书采用ABAQUS中提供的黏性单元(cohesive element)来模拟界面剪力钉的抗剪刚度,黏性单元的弹性模量为界面等效滑移刚度K,可按式(7-47)计算:

$$K = \frac{n}{d} k \tag{7-47}$$

式中:d——剪力钉间距;

n——横向剪力钉数目;

k——剪力钉刚度。

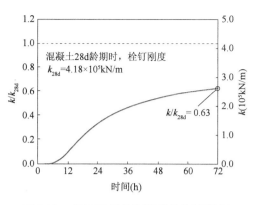

图 7-12 施工阶段栓钉连接件刚度发展

采用本书的水化热模型可以得到绝热温升下硬化混凝土等效时间 t_e 和水化热度 α 的关系,如图 7-13 所示,作为在子程序 USDFLD 中根据不同混凝土单元等效时间求对应水化热度的依据。根据 CEB-FIP 90 的徐变模型,可以求得不同龄期混凝土的徐变度随时间发展的变化规律,分别取 Dirichlet 级数的前 4 项和前 5 项,即可对施工阶段和运营阶段的徐变度曲线进行拟合,如图 7-14 所示,所有的曲线拟合精度 R^2 均可达到 0.99,拟合的结果在子程序 UEXPAN 中计算显式徐变应变。图中同时给出了徐变度 $C(t_n, \tau_{n-0.5})$ 的曲线,用以在子程序 USDFLD 中修正弹性模量。图 7-15 给出了 CEB-FIP 90 中的混凝土收缩应变的发展曲线,用以在 UEXPAN 中模拟收缩变形,从图中可以看出,采用实测大气湿度和平均大气湿度计算的收缩应变虽然总体发展趋势相近,但是按照实测大气湿度计算的收缩应变波动较大,即收缩应变的计算不能忽略大气湿度的影响,也进一步说明了大气湿度等气象数据实测的必要性。

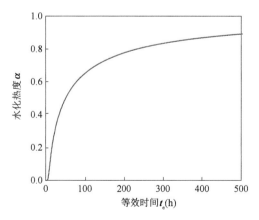

图 7-13 施工阶段等效时间 t_e 和水化热度 α 之间的关系

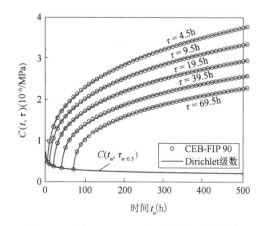

图 7-14 利用 Dirichlet 级数拟合的徐变度

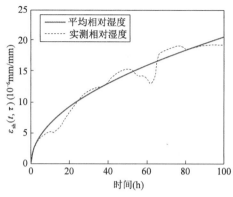

图 7-15 混凝土收缩应变增量

2）界面刚度对温度应力的影响

图 7-16a) 为施工阶段混凝土桥面板和钢梁沿组合梁高度的轴向应力变化。图 7-16b) 为 $t=47h$ 时沿组合梁纵桥向的轴向应力变化。两图均表明，梁端截面受界面刚度影响大于跨中截面。界面刚度对混凝土桥面板的影响不容忽视。对于钢梁，除了梁端截面靠近钢-混凝土界面的位置，应力偏差系数 χ 达到 31.2%（表 7-2），其他位置的应力偏差系数 χ 均小于 10%，界面刚度对钢梁应力的影响可认为忽略不计。

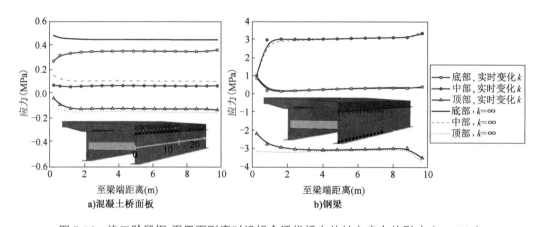

a) 混凝土桥面板

b) 钢梁

图 7-16 施工阶段钢-混界面刚度对沿组合梁纵桥向的轴向应力的影响（$t=47h$）

沿组合梁纵桥向的应力偏差系数　　表 7-2

位置			$t(h)$				
			22	38	47	61	70
钢-混凝土界面附近	混凝土桥面板	端部截面	33.3%	66.7%	43.6%	88.2%	42.7%
		跨中截面	22.1%	45.7%	18.8%	30.3%	21.3%
	钢梁	端部截面	6.2%	15.3%	31.2%	15.2%	73.4%
		跨中截面	17.5%	0.9%	5.9%	0.2%	3.3%

续上表

位置			t(h)				
			22	38	47	61	70
远离钢-混凝土界面	混凝土桥面板	端部截面	29.7%	35.9%	64.9%	30.1%	12.1%
		跨中截面	11.4%	15.5%	14.9%	5.5%	7.3%
	钢梁	端部截面	0.3%	12.7%	8.7%	3.5%	3.9%
		跨中截面	7.2%	2.2%	6.2%	0.1%	1.3%

3) 早期现浇混凝土温度、收缩和徐变效应对比

如图 7-17a) 所示，选择桥面板梗腋典型位置，在混凝土桥面板 $SC_{1,u}$ 位置，混凝土桥面板的热量由于直接与空气接触而迅速消散，降温速率较快，因此综合轴向应力 (温度、收缩和徐变应力之和) 主要是随时间变化的拉应力。在 $SC_{1,b}$ 位置，靠近钢-混凝土界面，混凝土桥面板的底部的变形由于栓钉剪力键的限制而产生拉应力。$t=22h$ 时，最大拉应力达到 0.25MPa 左右，温度应力、收缩应力和徐变应力分别为 0.26、0.06 和 -0.07MPa。在 $SC_{1,m}$ 位置，与桥面板顶面相比，混凝土热量消散缓慢，因此混凝土桥面板主要承受由水化热升温阶段引起的膨胀变形被限制而产生的压应力，最大压应力为 -0.14MPa，温度应力、收缩应力和徐变应力分别为 -0.22、0.05 和 0.03MPa。此外，混凝土桥面板的最大综合拉应力不大于 1.0MPa，小于相应的抗拉强度，表明组合梁的养护方法是有效的。

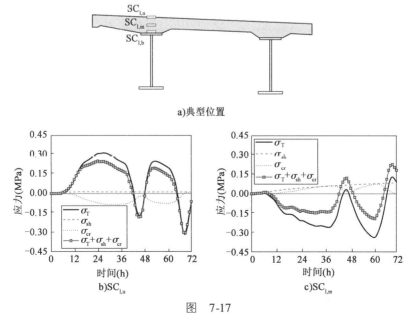

图 7-17

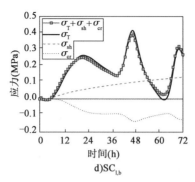

图 7-17 施工阶段温度、收缩和徐变应力对比

7.3 基于阴影识别的桥梁三维温度场精细化模拟

7.3.1 桥梁的日照阴影

影响桥梁温度作用的因素众多,不仅与材料、构造和结构形式有关,还受不同地域和气候差异的影响,太阳辐射、气温和风速等气象因素是影响桥梁日照温度场的直接因素,其中,太阳辐射易受到结构和地形等的遮挡而在结构表面产生阴影,从而使桥梁结构温度场研究变得复杂。现有桥梁日照温度场的研究主要通过试验和数值模拟来分析简单的一维和二维问题,采用三维整桥模型进行温度场的分析时仍采用过多的简化和假定,难以准确反映大跨复杂桥梁局部温度梯度、阳光的遮挡效应及构件间的相互约束等。实测表明,桥梁表面日照和阴影处的温差可达20℃左右,有效识别日照阴影范围是准确模拟复杂结构桥梁三维日照温度场的前提。

1) 阴影对桥梁温度场及温度效应的影响

(1) 结构阴影

日照作用下,结构表面吸收的热流包括太阳辐射热流、对流换热热流及辐射换热热流。其中,太阳辐射是最为主要的影响因素。北京市3、6、9、12月份太阳总辐射量和直接辐射月总量见图7-18,可以看到不同季节太阳辐射中直射辐射占比均超过50%,说明太阳直射辐射影响最为显著。

要识别日照产生的结构阴影,首先需要对日照作用下物体的日照阴影区域进行分类。根据阴影遮挡物的来源,可将日照阴影分为永久阴影、他阴影和自阴影3类(图7-19)。其中,永久阴影区域是密闭空间内的阴影,任何时刻都不会接收到太阳辐射;他阴影区域是被其他物体遮挡而得不到日照的区域;自阴影区域是由于物体自身背光而得不到日照的区域。显然,随着时间的推移,物体外表面在日照下形成的他阴影区域和自阴影区域是不断变化的,具有典型的时空变化特性。

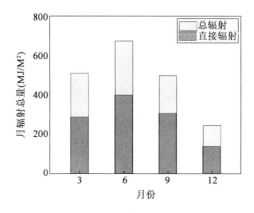

图 7-18 北京市太阳辐射强度占比

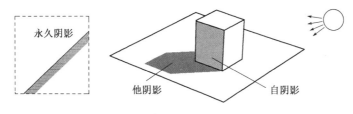

图 7-19 日照阴影分类

以一钢管混凝土桁架节段模型为例说明一天内的阴影区域变化,如图 7-20 所示。取结构表面 A 点说明日照阴影对结构接收太阳辐射热流的影响:凌晨和夜晚,太阳处于地平面以下,太阳高度角 h 小于 $0°$,A 点不受太阳辐射作用;上午,A 点被照亮(类似无阴影的区域称为光照区域),受太阳直接辐射、太阳散射辐射及地面反射辐射的共同作用;中午,A 点处于西侧上弦杆的阴影中(类似受到其他构件遮挡而形成的阴影称为他阴影);下午,A 点处于西侧下弦杆的阴影中(类似受到构件自身遮挡而形成的阴影称为自阴影)。处于阴影中的部位仅受到太阳散射辐射作用和地面反射辐射作用。

(2) 地形遮挡阴影

局部地形对桥梁结构温度作用的影响不可忽视。对于大跨结构桥梁,即使采用完全同样结构体系,修建在峡谷和平原两类地区,由于结构的阴影遮挡情况不同,结构的温度分布可能差别巨大[图 7-21a)]。峡谷地区桥梁受到周围地形遮挡,接收到的太阳辐射有限,采用平原地区桥梁温度作用难以对施工和运营过程中桥梁的温度效应进行准确把握。对于峡谷地区的长联桥梁,部分处于地形阴影遮挡之中,与日照区域的温度分布也不相同[图 7-21b)],常规沿桥梁走向各截面温度分布相同的假定也不再成立。因此,对于地形复杂的峡谷山区,如何考虑遮挡阴影的影响,并在计算模拟中动态识别遮挡阴影随太阳运行轨迹的时变规律,是温度作用研究的难点。随着我国西南峡谷地区桥梁建设越来越多,跨径越来越大,准确考虑地形遮挡带来的特殊温度问题尤为重要。

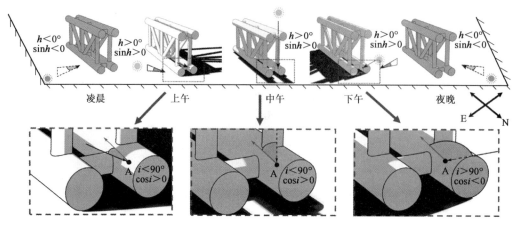

图 7-20　日照阴影变化

a)大跨桥梁

b)长联桥梁

图 7-21　峡谷地区地形遮挡阴影

2)桥梁日照阴影识别方法

桥梁构件间或地形遮挡在结构上形成阴影,显著影响桥梁日照温度场计算的准确性,如图 7-22 所示。桥梁阴影区域与日照区域热流边界不同,日照温度场的准确计算,关键在于如何动态识别这些阴影区域。早期学者通过判断光线与结构部件的几何关系,确定由顶板遮挡引起的腹板阴影高度,近似地考虑结构局部遮挡对混凝土箱梁温度分布的影响。对于结构形式复杂的桥梁,阴影范围随着太阳的运行实时变化,通过简单的几何关系难以识别。目前,多数学者基于计算机图像学中的"光线追踪算法",通过判断结构面射线是否与已有平面相交来自动识别结构阴影,对混凝土拱桥和斜拉桥开展了温度场数值模拟,均较好地反映阴影对桥梁温度分布的影响。"光线追踪算法"因算法成熟,可以初步地解决构件的遮挡问题。对于在峡谷等复杂地形环境下的桥梁,可导入桥梁周围环境的 DEM 模型(数字高程模型),结合"光线追踪算法"得到复杂地区大跨桥梁的温度场精确模型,为后续温度效应的精确模拟奠定基础。

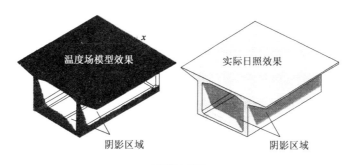

a)混凝土箱梁

b)混凝土拱桥

图 7-22　桥梁结构的阴影识别

7.3.2　光线追踪法基本原理

1)光线追踪算法识别阴影区域

光线追踪技术是一种高度真实感图形绘制技术,其基本思想是基于几何光学的原理,通过模拟光线的传播路径来确定反射、折射和阴影。利用该技术识别阴影的原理如图 7-23 所示:首先从待判断点发出与太阳光线平行的射线,其次判断射线与结构是否存在交点(待判断点除外),若交点存在,则待判断点为阴影区域;反之,待判断点为光照区域。图 7-23 中,A 点为光照区域,B 点为他阴影区域(构件与光纤的交点为 C 点、D 点,被腹杆遮挡)。

阴影识别的核心是判断射线与结构表面是否存在除起点外的其他交点,结构表面的几何方程不易建立,难以通过联立射线方程和结构表面几何方程的方法直接求解交点。利用有限元技术可将结构表面离散为

图 7-23　阴影识别示意

网格,射线与结构表面的相交计算可分解为射线与有限个网格的相交计算。以往学者均采用叉积符号法判断射线和网格是否相交,即通过求解射线与网格所在平面的交点并判断交点与网格的相对位置的方式识别阴影区域。该识别过程涉及大量叉积运算,不利于求解过程的高效执行,通过引入三角形重心坐标可以有效简化运算从而提高计算效率。

2)射线与三角形网格快速求交算法

三角形重心坐标法的判断原理如图 7-24 所示,图中点 A 和点 P 为待判断点,射线 AA′、PP′与阳光照射方向平行,d 为与射线同向的单位向量,三角形 BCD 为结构表面网格(四边形网格也可转化为三角形网格)。

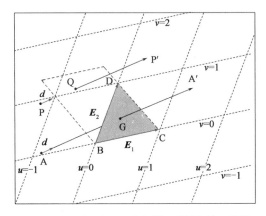

图 7-24 三角形重心坐标法阴影识别原理图

G 点与网格共面,其坐标可用 B 点坐标及网格邻边构成的向量表示,即:

$$G = B + u\bm{E}_1 + v\bm{E}_2 \tag{7-48}$$

式中:G、B——节点坐标;

$\bm{E}_1$、$\bm{E}_2$——网格邻边组成的基向量;

u、v——G 点对应的三角形重心坐标。

G 点位于射线 AA′上,其坐标也可用起点坐标 A 及单位向量 d 进行表示,即:

$$G = A + t\bm{D} \tag{7-49}$$

式中:t——G 点的参数坐标。

联立上述方程进而通过克拉默法则可同时求解出 t、u、v 三个参数:

$$\begin{bmatrix} t \\ u \\ v \end{bmatrix} = \frac{1}{\left[\begin{vmatrix} -d & \bm{E}_1 & \bm{E}_2 \end{vmatrix} \right]} \begin{bmatrix} \begin{vmatrix} T & \bm{E}_1 & \bm{E}_2 \end{vmatrix} \\ \begin{vmatrix} -d & T & \bm{E}_2 \end{vmatrix} \\ \begin{vmatrix} -d & \bm{E}_1 & T \end{vmatrix} \end{bmatrix} \tag{7-50}$$

式中：T——向量起点坐标差，$T=A-B$，A 为射线起点坐标；

B——基向量起点坐标。

通过判断参数 t、u、v 可确定射线与网格的关系，如图 7-25 所示：若 $|-d\ E_1\ E_2|=0$，则射线与网格平行，二者无交点。若 $|-d\ E_1\ E_2|\neq0$，当 $t\leqslant0$，则网格背离射线方向，二者无交点；若 $t>0$，说明射线与网格所在平面有交点，还需进一步判断交点和网格的相对位置。若 u、$v\in[0,1]$ 且 $(u+v)\leqslant1$，则交点位于网格边线或内部，判断点被网格遮挡（图 7-24 中 A 点），反之判断点不会被网格遮挡（图 7-24 中 P 点，该点：$t>0$，$-1<u<0$，$v>1$）。

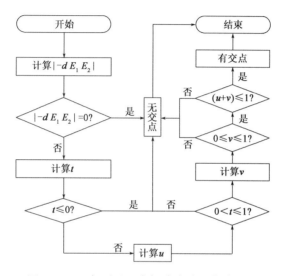

图 7-25　三角形重心坐标法遮挡判断流程图

7.3.3　日照阴影识别的加速算法

1）立方体栅格加速结构

由阴影识别的基本原理可知，若结构表面划分为 m 个单元、n 个节点，每识别一次阴影区域需要执行 $m\times n$ 次射线与单元的相交运算，随着单元数目的增加计算量将呈指数式增长。对于连续梁、连续刚构等结构形式简单的桥梁而言，计算量尚可接受。对于大跨钢管混凝土拱桥、斜拉桥、悬索桥等结构形式复杂、构件繁多的大跨径桥梁而言，计算量过于庞大，如何高效地完成阴影识别是三维日照温度场精细化模拟亟待解决的问题。

由阴影识别过程可知，每一条射线仅与部分网格相交，即大多数射线与网格的相交计算均为无效计算，可通过一定的加速方法减少无效计算来提高计算效率。栅格加速结构是一类常用的加速手段，其基本原理是采用垂直于坐标轴的平面将物体所在空间划分为若干个大小相等的立方体栅格并将物体表面的图元信息放入对应栅格中，通过预先判断射线与栅格的相对位置规避大量无效计算。以钢管混凝土桁架节段为例进行说明，图 7-26 为其原理示意图：首先，采用 6 个与坐标轴垂直的平面将包围桁架的空间划分为 27 个栅格并对其编号；其次，从结构表面发出与太阳光线平行的射线并寻找与射线相交的栅格；最后，通过前述方法判断射线与相交栅格内部网格的位置关系确定光照状态。以结构表面 A 点与 P 点为例进行说明：对于 A 点，从 A 点发出的射线 AA′ 与栅格 (3,2,1)、(3,1,1)、(3,1,2) 相交，故射线 AA′ 仅需与其内部的构件做相交计算，经判断射线与栅格 (1,1,2) 中的腹杆相交于点 D，说明 A 处于他阴影区域；对于 P 点，从 P 点发出射线 PP′ 与栅格 (3,1,3) 相交，经判断射线并未与栅格内部的构件相交，故 P 点处于光照区域。

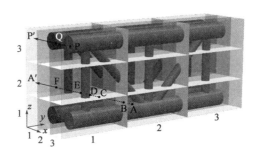

图 7-26　钢管混凝土桁架

2）射线与立方体栅格求交算法

栅格加速结构的核心为射线和立方体栅格的相交计算，其原理如图 7-27 所示，相交计算过程如下：

射线 OA 采用起点坐标和方向向量表示为：

$$\overrightarrow{OA} = A + td \tag{7-51}$$

式中：A——射线起点坐标，$A = (A_x, A_y, A_z)$；

d——与射线同向的单位向量，$d = (d_1, d_1, d_1)$；

t——射线上某点的参数。

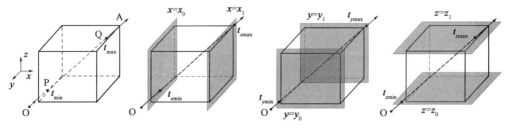

图 7-27　射线和立方体栅格的相交计算

计算射线与立方体表面所在平面的交点并求解其参数 t，对于 $x = x_0$ 平面，通过联立射线方程和平面方程可求出参数 $t_{xmin} = (x_0 - A_x)/d_x$，以此类推可求出其余参数 t_{xmax}、t_{ymin}、t_{ymax}、t_{zmin}、t_{zmax}。射线和立方体最近交点对应的参数为 $t_{min} = \max\{t_{xmin}, t_{ymin}, t_{zmin}\}$，最远交点对应的参数为 $t_{max} = \min\{t_{xmax}, t_{ymax}, t_{zmax}\}$。当 $t_{max} > t_{min}$ 且 $t_{max} \geq 0$ 时，射线与立方体栅格存在交点，具体判断流程如图 7-28 所示。

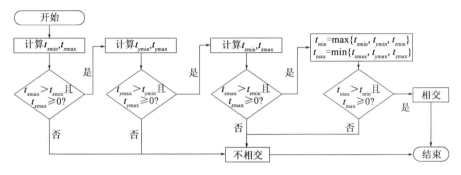

图 7-28　判断流程图

7.3.4　地形遮挡阴影的识别

随着 BIM（建筑信息模型）+GIS（地理信息系统）在桥梁建设中的逐渐应用，使得采用"光线追踪算法"结合 DEM 模型（数字高程模型）来考虑局部地形条件对桥梁的遮挡影响，从算法到应用均切实可行。

苏龙珠黄河特大桥为主跨 220m 的钢管混凝土拱桥，位于青海省黄南藏族自治州，东经 102°，北纬 35°，海拔 2150m。桥梁跨越"V"字形峡谷，日出后及日落前一段时间内，两侧山体可能在拱肋产生阴影（见图 7-29）。由于本地区太阳辐射强、昼夜温差大，山体阴影对温度场的影响不容忽视。图 7-30 给出了桥位处的 DEM 模型。利用 Hypermesh 和 Sketch Up 分别提取出结构表面网格信息及地形网格信息并传入子程序，即可准确考虑地形的遮挡进而准确计算山区、峡谷地带桥梁的日照温度场。

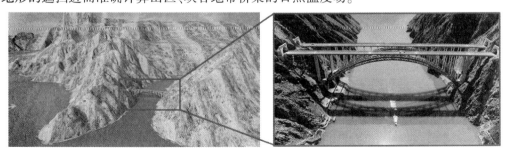

图 7-29　苏龙珠黄河特大桥

a) DEM模型　　　　　　　　　　b) 桥位地形+桥梁有限元模型

图 7-30　DEM 模型 + 桥梁模型

7.3.5　三维温度效应的热-力耦合模拟流程

借助 ABAQUS 提供的 DFLUX 子程序计算考虑阴影的三维日照温度场。该子程序可以定义与节点位置、计算时间、积分坐标等信息相关的热源方程,通过 Fortran 语言将基于栅格加速结构的阴影识别算法嵌入其中,即可根据阴影分布范围自动添加合理的太阳辐射边界条件进而计算结构三维日照温度场。具体计算流程见图 7-31,其中 flux(ZS)、flux(SS)、flux(FS)为太阳直射强度、散射强度和地面反射强度,flux(1)为太阳总辐射强度。首先,根据网格信息将结构体所在空间剖分为多个立方体栅格并将不同位置的图元信息装入其中;其次,计算地、日位置参数,通过太阳高度角及入射角两个判别条件初步识别阴影;再次,计算识别阴影并采用 Hottle 模型计算太阳总辐射强度 flux(1);最后,通过风速、大气温度、辐射率、吸收率、初始温度分布几何特征等参数确定模型对应的边界条件、初始条件、物理条件与几何条件并以此作为单值性条件求解结构三维日照温度场。

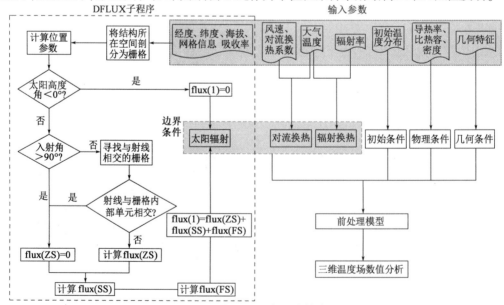

图 7-31　三维日照温度场计算流程图

1) 阴影识别效果

选取 2017 年 12 月 31 日 13 时 05 分计算结构吸收的太阳直接辐射热流,导入Tecplot 绘制直接辐射热流分布图,将热流大于 0 的区域设置为白色,热流等于 0 的区域设置为黑色,即可得到结构日照阴影分布图,如图 7-32 所示。对比实拍阴影照片可知,模型的阴影分布范围与实际阴影基本一致,说明本书提出的方法可以准确识别复杂结构的日照阴影。

a)模拟阴影　　　　　　　　　　b)拍摄阴影

图 7-32　阴影对比

2) 计算效率讨论

足够精细的网格才能准确反映阴影对结构日照温度场的影响。随着网格尺度的减小,单元数目和节点数量大幅增加,阴影识别的计算量急剧增长,必须选取高效的相交算法和合理的栅格划分方式提高计算效率。

分别利用以往学者采用的叉积符号法和本书提出的基于栅格加速结构的三角形重心坐标法编写 DLUX 子程序求解 2017 年 5 月 26 日桁架节段模型的温度场并统计运算时间,模型共划分 48 个增量步,即每半小时计算一次。不同方案的运算时间如图 7-33 所示,由图可知:不采用加速结构时(即各维度栅格数目为 1),叉积符号法求解时间为 79min,三角形重心坐标法求解时间为 68min,计算时间减少了 11min,计算效率提高了 14%。

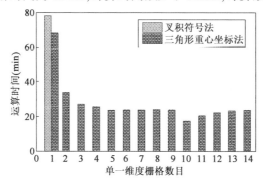

图 7-33　运算时间对比

栅格划分方式对计算时间影响较大,利用基于栅格加速结构的三角形重心坐标法可显著提高阴影识别效率。对于本例而言,各维度划分 10 个栅格时加速效果最显著,相对于传统的叉积符号法,计算效率提升了 2.8 倍。

7.4 桥梁日照三维温度效应计算算例

7.4.1 超高桥塔

1)工程概况与模型建立

某大跨斜拉桥桥塔采用 H 形钢结构桥塔,塔高 280m,塔柱横断面由底面13.5m×10.8m 渐变至顶面 10.5m×8.4m,桥塔钢箱壁厚为 35~50mm,其构造如图 7-34 所示。采用 ABAQUS 通用有限元软件建模,钢塔壁、钢横梁、加劲肋均采用传热壳单元 DS3/DS4 模拟。网格划分如图 7-35 所示。

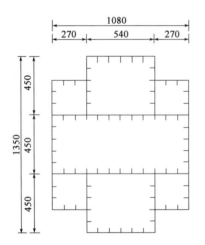

图 7-34 某大跨斜拉桥桥塔横断面构造图(尺寸单位:cm)

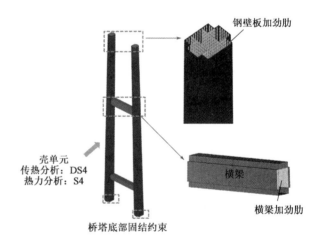

图 7-35 H 型超高钢桥塔模型示意图

以 2020 年夏至和冬至两日并提前 2d 作为计算时间,用以消除初始温度场的影响,对最后 1d 的温度场进行模拟。根据桥址处气象站的历史气象资料,可以得到当月的月平均风速和当天的最高气温和最低气温(表 7-3),通过正弦曲线可以较为准确地反映出一天中 24h 的气温变化规律。

夏至日和冬至日典型气象参数　　表 7-3

日期	最高气温(℃)	最低气温(℃)	月平均风速(m/s)
2020 年 6 月 21 日(夏至日)	26	23	2.1
2020 年 12 月 21 日(冬至日)	11	4	1.9

对于超高钢桥塔,随着桥塔高度的不断增加,风速逐渐增大,本书根据《公路桥梁抗风设计规范》(JTG/T 3360-01—2018)中 4.1.2 条规定,对高度方向上风速进行修正,进而求得夏至和冬至两日桥塔表面对流换热系数如图 7-36 所示。

2)温度场分析

(1)日照阴影

通过对比实际日照阴影与计算模拟温度场,并选择 2020 年 6 月 22 日 8:00 来验证日照阴影分布范围计算的准确性。从图 7-37 可以看出:桥塔温度云图与实际日照阴影分布基本一致,这说明本书提出的方法可以实现复杂结构三维日照温度场的精确模拟。

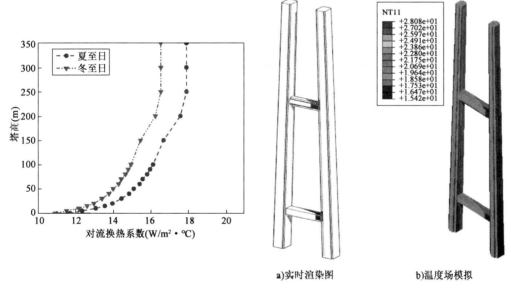

图 7-36　四季中沿塔高方向修正后对流换热系数　　图 7-37　夏季日照阴影验证

(2)桥塔截面温差

图 7-38 为上塔柱 A-A 截面的温度变化曲线,可以看出,东南西北面温度变化规律基本相同,日出之后东、南和西侧壁板开始逐渐升温,并分别在 9:00、13:00 和 16:00 前后达到最大值,内侧东、西壁板还主要受到阴影遮挡的影响。

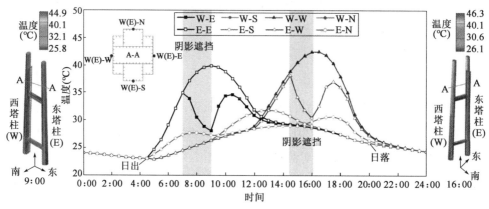

图 7-38 上塔柱 A-A 断面温度变化曲线

夏季东、西塔柱遮挡作用显著,塔柱阴影持续时间长且被遮挡位置温度下降明显。7:00~9:00 西塔柱的东侧壁板受到东塔柱的遮挡作用,温度呈现出先上升后下降的趋势;9:00~10:30 遮挡作用消失,温度逐渐上升;10:30 后太阳直射作用消失,温度下降,因此在图中形成了两个明显的波峰。9:00 东、西塔柱东侧壁板温差可达 14℃,而西塔柱的东、西侧壁板在阴影遮挡的影响下温差仅为 1.5℃。14:30~16:00 东塔柱的西侧壁板受到西塔柱的遮挡作用,壁板温度逐渐降低,16:00 后遮挡作用消失,温度逐渐上升,东、西塔柱间西侧壁板间温差达到最大,为 12℃。冬季,桥塔东、西塔柱间无明显的遮挡作用。由于桥塔南侧壁板在白天受到太阳辐射直射作用时间长,在 13:00 达到最高温度 31℃,而北侧壁板一直处于自遮挡的阴影状态,桥塔南、北侧塔壁最大温差达到 19℃。

《公路悬索桥设计规范》(JTG/T D65-05—2015)中规定:无实测数据时,混凝土索塔两侧的梯度温差可取 ±5℃。该规范中没有规定钢桥塔两侧的温度梯度。从桥塔外表面温度变化曲线可知:塔柱东、西两侧温差最大为 16℃,显著超过规范推荐值。

(3)桥塔塔壁温度竖向分布

图 7-39 为一天中 9:00 与 15:00 桥塔塔壁竖向温度分布状态,各个塔壁在对流换热系数的影响下,温度沿着塔高逐渐降低。冬季东南西三侧塔壁处于太阳直射作用下,在对流换热系数的影响下,温度沿着塔高逐渐降低,而北侧塔壁一直处于自阴影遮挡中,沿高度方向上温度变化不明显;冬季南侧壁板塔顶较塔底温度降低 8℃。夏季塔柱间遮挡作用显著,9:00 与 15:00 西塔柱东侧壁板与东塔柱西侧壁板分别受到另一塔柱遮挡,0~210m 范围内,壁板处于阴影遮挡状态,在对流换热作用的影响下,沿高度方向塔壁温度逐渐降低;210~280m 范围内,壁板受到太阳辐射直射作用,温度迅速升高,光照、阴影区最大温差达到 12℃。

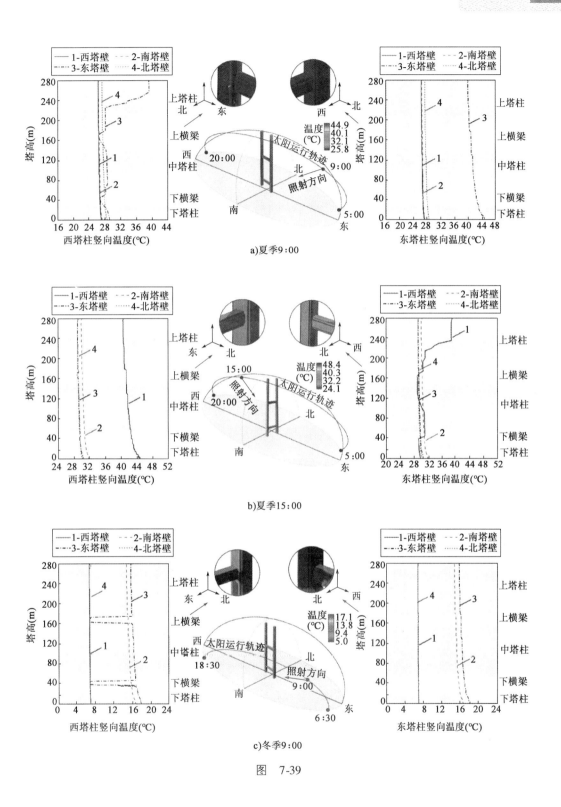

图 7-39

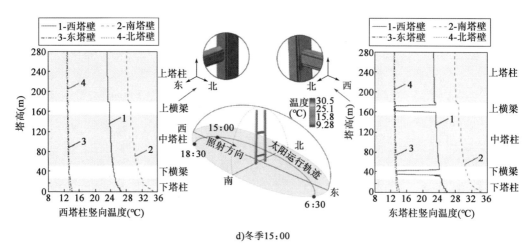

d) 冬季15:00

图 7-39 桥塔竖向温度分布

3) 温度效应分析

塔顶水平位移四季变化情况如图 7-40 和图 7-41 所示,桥塔横向为东西走向,纵向为南北走向,横向位移大于 0mm 时方向为东,纵向位移大于 0mm 时方向为南。TE 和 TW 分别代表东、西塔柱的横桥向位移,LE 和 LW 分别代表东、西塔柱的纵桥向位移。

冬季,塔顶纵向(南北)位移 14:00 往南侧偏位达到最大,达到 370mm;塔顶横向(东西)位移 10:00 往西侧偏位达到最大,16:00 往东侧偏位最大,横向(东西)位移日波动幅度可达 120mm。夏季东、西塔柱之间存在明显的互遮挡关系,两根塔柱横桥向变形不同步现象明显,17:00 西塔柱横向位移(东西向)向东达到最大值 109mm,而此时东塔柱仅有 77mm,两塔柱横向(东西)位移日波动幅度最大为 220mm。

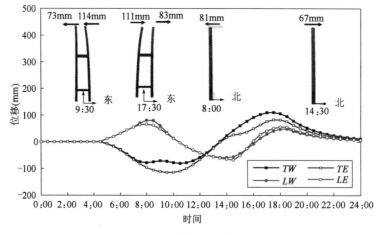

图 7-40 夏季塔顶水平位移

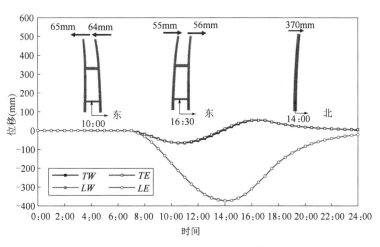

图 7-41 冬季塔顶水平位移

《公路悬索桥设计规范》(JTG/T D65-05—2015)中未规定桥塔平面误差的要求,因此借用《公路斜拉桥设计规范》(JTG/T 3365-01—2020)中第 8.3.1 条规定:索塔轴线平面误差应控制在 $H/3000$ 以内,且不大于 30mm。从四季塔顶水平位移图可知,春、夏、秋季日照温度作用下塔柱横向(东西)位移最大为 110mm,冬季日照温度作用下纵向(南北)位移最大为 370mm。同时,钢桥塔在一天中线形的变化波动较大,在桥塔施工时需要准确考虑日照温度作用对主塔线形的影响。

7.4.2 双层钢桁梁桥

1) 工程概况与模型建立

东江大桥位于莞深高速与环城路共线段,是莞深高速公路最后一段,也是东莞环城路北段最后一段控制性工程。东江大桥主桥全长 432m,跨度布置为:112m + 208m + 112m(图 7-42),是国内第一座刚性悬索加劲双层钢桁梁公路桥。主桁立面采用有竖杆的华伦桁架,上加劲弦采用二次抛物线,上弦与上加劲弦之间用吊杆连接。主桁横向采用三桁结构,桁高 10m,桁间距 2×18m,中间支点处上加劲弦中心到上弦中心高度 28m,上加劲弦与上弦在跨中合成上弦;节间长度 8m。主桁三片桁间仅在中跨两边支点上的加劲弦间设有横向联结系,其他位置将竖杆与横梁联结成横向"凵"框架

2) 温度场分析

图 7-43 为 2020 年 6 月 18 日 11 时东江大桥的温度场,可以看出,日照阴影影响下温度场分布极不均匀,受到太阳直射区域最高温度达到 49.30℃,而阴影遮挡区域的最低温度仅为 27.78℃,温差达到 21.52℃。从图 7-44 可以看出,纵向温度分布波动十分剧烈,不同时刻的温度分布趋势基本相同,图中的温度波动表明相邻光照-阴影区域温差十

分显著,最大温差超过 15℃,出现在上层桥面加劲梁大竖杆附近。

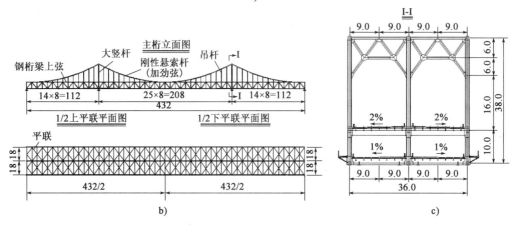

图 7-42 东江大桥总体布置(尺寸单位: m)

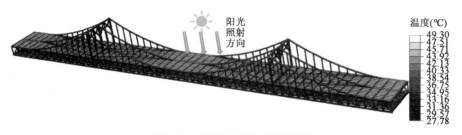

图 7-43 东江大桥温度场模型

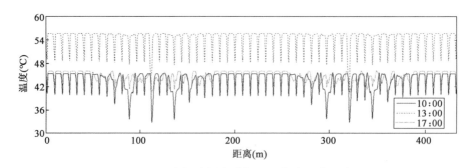

图 7-44 东江大桥上弦杆顶面纵向温度分布

3）温度效应分析

上层桥面板阴影遮挡最为明显，其局部温度分布和应力分析结果见图 7-45，可以看出，在桥面板局部日照阴影影响下，结构局部温度突变明显，且桥面板局部温度应力分布极不均匀，日照处应力较大，阴影处应力显著变小，非阴影处温度拉应力可达 59.3MPa，阴影处应力仅为 0.77MPa。

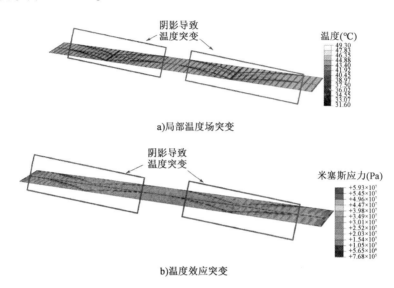

a) 局部温度场突变

b) 温度效应突变

图 7-45　阴影对温度场及温度效应的影响

CHAPTER EIGHT 第8章

桥梁温度效应控制

对于混凝土桥梁,主梁沿截面竖向的非线性温差在截面约束下会产生显著的温度应力,是混凝土箱梁顶板纵向裂缝,腹板竖向、水平裂缝产生的重要原因;对于钢结构桥梁,温度应力的增大会增加钢桥局部发生疲劳或屈曲破坏的风险;对于组合结构桥梁,由于钢梁顶部剪力连接件的约束,混凝土桥面板在降温作用下有开裂的趋势;斜弯桥在温度作用下会产生斜桥锐角转动或者弯桥沿凸边较大横向位移。对于无铰拱桥,升温作用下拱脚出现正弯矩,拱顶出现负弯矩,恰好与恒载、活载效应相反,一定程度上可以起到优化恒载内力的效果。

可见,温度效应对结构而言是一把"双刃剑",一方面会产生不利影响,增加桥梁破坏风险;另一方面,温度效应的有利影响又可加以利用,以优化桥梁内力。因此,在明确结构温度效应影响的基础上,对不利效应加以控制,对有利效应加以利用,是温度效应控制研究应该关注的重点。

8.1 温度效应控制基本原则

桥梁结构温度作用会引起结构响应,即温度效应,最受关注的为温度变形和温度应力。梁式桥或桥梁主梁结构在年温变化下梁端伸长或缩短的位移,决定了伸缩装置和支座(外部约束)的选型;连续梁桥、连续刚构桥、斜拉桥或斜拉-扣挂施工的拱桥在悬臂施工中,悬臂细长结构受日照发生偏位,对于桥梁施工线形控制产生显著影响,这些都是典型的桥梁结构温度变形问题。桥梁混凝土结构水化阶段的早期开裂以及箱梁、桥墩等在运营环境中的开裂问题,都是典型的温度应力问题。

针对温度效应的控制方法,学术界和工程界普遍围绕"抗"和"放"概念展开研究。在2200多年前,李冰父子以"分江导流、无坝引水"的方法,建成了闻名于世的水利枢纽都江堰,与惯用的筑坝阻水方法(即"抗"的方法)相比,都江堰堪称是"放"的典范。在基础工程领域,也存在以整体刚性基础抵抗不均匀沉降的"抗"的方法和以沉降缝将基础划分成许多段适应不均匀沉降的"放"的方法。通常情况下,我们更适合采用"抗放兼施"的方法,使结构既不产生很大的变位,也不产生很大的应力。

王铁梦在结构裂缝处理方面,总结了工程界"抗"与"放"的经验。根据应力-应变关系的推导,可知变形引起约束应力的特点,如果变形能得到满足,则不会产生约束应力,即呈全自由状态(既无外约束,又无内约束)。以空间(三维)应力-应变关系为例:

$$\begin{cases} \varepsilon_x = \varepsilon_y = \varepsilon_z = \alpha T = \varepsilon_{\max} \\ \sigma_x = \sigma_y = \sigma_z = \tau_{xy} = \tau_{yz} = \tau_{zx} = 0 \end{cases} \quad (8\text{-}1)$$

二维和一维问题也具有相同的应力状态。此状态下结构可以有任意长度,任意温差,不产生约束应力,只需给结构创造自由变形的条件,这就是控制变形引起裂缝的"放"原则。当然,式(8-1)表达的状态是理想的"放"原则,实际工程中不易做到。但是,减少约束,释放大部分变形,使出现较低的约束应力,这一"抗放兼施,以放为主"的设计原则,在工程中获得了广泛应用。

当结构的变形不是自由的,受到内、外约束作用,而且处于全约束状态,仍以空间问题为例,则:

$$\begin{cases} \varepsilon_x = \varepsilon_y = \varepsilon_z = \gamma_{xy} = \gamma_{yz} = \gamma_{xz} = 0 \\ \sigma_x = \sigma_y = \sigma_z = -\dfrac{E\alpha T}{1-2\mu} = \sigma_{max} \\ \tau_{xy} = \tau_{yz} = \tau_{zx} = 0 \end{cases} \quad (8\text{-}2)$$

可知,最大约束应力与尺寸无关,只要材料的强度能超过最大约束应力(即 $R \geq \sigma_{max}$)或材料的极限拉伸能力大于最大约束拉伸变形(即 $\varepsilon_p \geq \varepsilon_{max}$),则任意长度,不设伸缩缝,结构也不会开裂,只需选用的材料具有足够的抗拉强度和极限拉伸能力,该设计原则称为裂缝控制"抗"的原则,如无缝路面、无缝钢轨等。假定年变温为 ±40℃,混凝土材料的线膨胀系数取 10×10^{-5},则在年温变化下,能够产生的最大约束拉应力为 13.8MPa,因此,理论上,选择抗拉强度大于 13.8MPa 的材料,即可确保混凝土在温度作用下不发生开裂。

实际工程中,更多是采用"抗放兼施"的原则,其机理由弹性约束条件下的变位方程可以求得,即结构任一点的实际变位由约束变位与温度产生的自由变位叠加组成,可以写为:

$$\varepsilon_1 = \varepsilon_2 + \alpha T \quad (8\text{-}3)$$

式中:ε_1——结构实际变位;

ε_2——结构约束变位,按虎克定律 $\varepsilon_2 = \sigma/E$(一维问题);

α——线膨胀系数。

实际上,可以理解为自由变位 αT 分为 ε_1 和 ε_2 两部分,如果 ε_2 占 αT 的绝大部分,则是"以抗为主"的设计原则;如果 ε_1 占 αT 的绝大部分,则是"以放为主"的设计原则。

除此之外,还可以通过减小式(8-3)中 αT 的值,来实现桥梁温度效应的有效控制。如果温度引起的自由变位 αT 本身就比较小,则其产生的约束变位和实际变位同样不会太大,即温度应力和温度变形可以得到有效控制,这种方法通过问题产生的源头进行温度效应的控制,可以称之为"防"。大体积混凝土结构浇筑养护过程中常采用冷却管通水的人工冷却方式来降低混凝土的温度峰值和内外表面温差,即是采用了"防"的原则进行温度效应控制。

朱伯芳院士在《大体积混凝土温度应力与温度控制》一书中提到,混凝土裂缝的原动力是温度应力而不仅是温度,因为,拉应力的产生不仅与温差有关,还与约束条件有关。在基础上浇筑的混凝土板,由于水泥水化热等原因,板内产生了温度变化,混凝土温度应力 σ 可近似表示为:

$$\sigma = RK_p E\alpha\Delta T \leqslant \frac{f_t}{K} \tag{8-4}$$

式中:R——约束系数;

K_p——混凝土徐变引起的应力松弛系数;

E——混凝土弹性模量;

ΔT——混凝土温差;

f_t——混凝土抗拉强度;

K——安全系数。

可知,为防止混凝土开裂,应该从以下三个方面着手:①控制温差 ΔT;②减小约束系数 R;③提高混凝土抗拉强度 f_t。三者则分别对应了"防""放"和"抗"的控制原则。

8.2 温度效应控制方法——"抗"

"抗"是通过提高抗力(通常为材料强度)的方法来抵抗温度应力。对于桥梁的混凝土结构,往往存在因不利温度效应导致开裂的风险,合理的配筋设计和提高混凝土的抗拉性能等方法,都是有效控制混凝土开裂的"抗"的措施。

8.2.1 混凝土开裂问题

长期以来,对于裂缝和温差应力问题,存在着一种模糊观念,认为温差应力无关紧要,一旦产生温度裂缝,结构的内部、外部约束就自动解除,温差应力也就消失了。这种观念,看起来似乎也有一定的道理,但从混凝土结构的内、外约束温差应力的实际受力状态去分析,这种观念是不正确的。微小的裂缝既不会影响结构的温差作用的程度,也不会影响结构的外约束温差应力大小。因温差荷载存在,由于外约束产生的温差应力依然存在。当温差应力超过混凝土的抗拉强度后,混凝土结构继续开裂,直至裂缝开展足以达到使外约束作用减小,甚至完全消失,至此结构处于破损阶段。否则,由于存在足够大的温差荷载,而结构的外约束又未完全解除,温差应力依然存在,使得已开裂的断面在温差应力作用下,已经被部分削弱的结构外约束,继续因裂缝开展而被削弱下去,直至结构发生破坏而终止。

混凝土结构的裂缝一般由拉应力引起,而就材料自身来说,"抗拉强度不足引起开裂"的说法不够确切。对于变形引起的裂缝问题,仅仅看到抗拉强度是不全面的,更重要的是要看到"材料的抗变形能力",即混凝土轴向受拉断裂时的应变值——"极限拉伸"。绝大多数工程温度开裂问题是抗拉强度和极限拉伸问题。可以设想,某一结构虽由抗拉强度不太高的材料组成,但它却有良好的抗变形能力,也即有较大的极限拉伸能力,能适应结构的温度、收缩变形需要,那么它就不会开裂,这种有一定强度和较高极限拉伸能力的材料具有良好的"抗裂韧性"。仅就国内外大多数的试验研究看,混凝土在静荷载作用下的极限拉伸约为 1×10^{-4},慢速加荷时可提高到 1.6×10^{-4}。

由"2.3.3 混凝土硬化过程中力学性能的发展"可知,混凝土抗裂能力随时间增长,与此同时,变形引起的应力(约束应力)也随时间增长,各自的增长规律以相应的曲线描绘(图 8-1)。当抗拉强度 $R(t)$ 曲线高于约束应力 $\sigma_1(t)$ 曲线时,则结构不会开裂;当抗拉强度 $R(t)$ 曲线与约束应力 $\sigma_2(t)$ 曲线相交时,则在相应时刻 t_c 结构开裂。

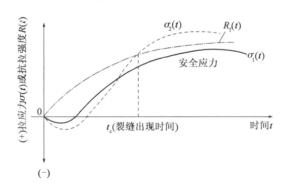

图 8-1 温度应力与抗拉强度随时间的变化

8.2.2 混凝土结构抗裂配筋设计

1)配筋对混凝土极限拉伸能力的影响

关于配筋对混凝土极限拉伸能力的影响,在国内外都是一个有争议的问题。一种观点认为,配筋对混凝土的极限拉伸能力没有影响;另一种观点认为,配筋可以提高混凝土的极限拉伸能力。两种观点的共同认识是,钢筋能起到控制裂缝扩展,减少裂缝宽度的作用。

王铁梦认为,混凝土材料结构是非均质的,承受拉力作用时,截面中各质点受力是不均匀的,有大量不规则的应力集中点,这些点由于应力首先达到抗拉强度极限,引起了局部塑性变形。如果没有钢筋,便在应力集中处出现裂缝;如进行了适当配筋,钢筋将约束混凝土的塑性变形,从而分担混凝土的内应力,推迟混凝土裂缝的出现,即提高了混凝土极限拉伸能力。大量的工程实践证明了适当配筋能够提高混凝土的极限拉伸能力。以适当的构造配筋控制温度收缩裂缝,有式(8-5)所示经验公式:

$$\varepsilon_{pa} = 0.5R_f\left(1 + \frac{p}{d}\right) \times 10^{-4} \tag{8-5}$$

式中:ε_{pa}——配筋后的混凝土极限拉伸应变;

R_f——混凝土抗裂设计强度(MPa);

p——截面配筋率$\mu \times 100$,例如配筋率$\mu = 0.2\%$、0.5%,则$p = 0.2$、0.5;

d——钢筋直径(cm)。

式(8-5)为经验公式,对于薄壁结构,较细较密的配筋可以提高抗裂能力。

2)组合梁混凝土桥面板防裂配筋措施

对现浇桥面板的钢-混凝土组合梁桥,现浇混凝土桥面板硬化后与钢梁形成整体,混凝土的温度变形等收缩会受到钢梁的限制,从而在混凝土内引发拉应力,对于连续组合梁桥负弯矩区,温度收缩引起的拉应力将显著增加混凝土桥面板开裂的风险。

在"6.4.5 组合梁桥算例分析"中,对钢-混组合简支梁和两跨连续梁桥温度应力进行了分析,如图8-2所示。可以看到,在不同的温度作用模式下,受钢-混组合梁界面滑移作用的影响,在简支梁和连续梁端部约2m的分布范围内,混凝土桥面板底面拉应力均大于跨中拉应力,端部底面存在更大的开裂风险,同时,连续梁在中支点($x = 0$)处桥面板底面的温度应力也有小幅提升。

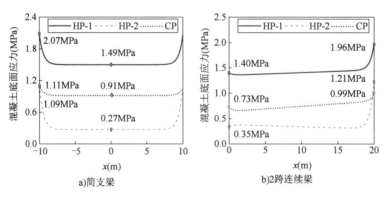

图8-2 组合梁桥面板底面应力

《钢-混凝土组合桥梁设计规范》(GB 50917—2013)中规定,组合梁桥的梁端和连续组合梁中支点附近桥面板内,宜设置承担混凝土收缩和温差应力的斜向分布钢筋,布置要求(图 8-3):①设置范围宜为腹板间距的 50%~100%;②钢筋的长度宜接近板的全宽,直径不宜小于 16mm,间距不宜大于 150mm;③宜布置在桥面板的截面中性轴附近;④钢筋的方向应与板的伸缩方向一致。

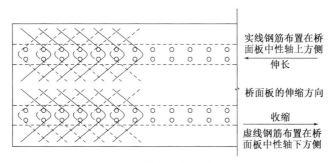

图 8-3 斜向分布钢筋布置

虽然组合梁桥的桥面板以横向配筋为主,但纵向钢筋的配置同样重要。Eurocode 4 要求纵向钢筋配筋率接近 1%,以控制横向裂缝的宽度。此外,如果混凝土桥面板有较大的开裂风险,设置纵向预应力也是一种有效的防裂措施,但应考虑预应力施加的时机,保证混凝土桥面板较高的预应力导入度,防止预应力施加效率过低而起不到桥面板防裂的作用。

3)混凝土桥塔/桥墩防裂配筋措施

大跨径桥梁的混凝土桥墩、斜拉桥和悬索桥的大截面混凝土桥塔,塔(墩)壁往往较厚,一方面导致壁板内外侧温差较大,另一方面,对温度变形的约束很强,因此,在长期运营过程中,常有开裂的现象。在日照升温作用下,塔(墩)壁外侧受压,内侧混凝土则受拉,有开裂的风险;而在寒潮或日降温作用下,塔(墩)壁外侧降温,在侧向塔壁强约束下,产生较大的拉应力,外侧则更易开裂。浙江省某主跨 580m 斜拉桥的混凝土桥塔在通车不久后,塔壁内侧非锚固区即出现了大量竖向裂纹(图 8-4),由于通车后的车流量很小,其形成与水化热效应和日照温度作用有极其重要的关系。

图 8-4 浙江省某斜拉桥桥塔内壁非锚固区裂纹

在"4.3.5 混凝土桥墩/桥塔"中,对青海省高原高寒地区主跨560m海黄大桥的H形混凝土桥塔(高)进行了温度作用下的开裂分析。在计算了四季典型气象条件下的桥塔温度场分布的基础上,基于平面应变问题的假定,采用热-力顺序耦合分析方法,计算了混凝土桥塔的横向温度应力。图8-5a)~d)给出了平面分析下的桥塔最大横向温度应力(x向和y向)的计算结果。可以看出,拉应力与压应力变化趋势相同,同样是冬季最大,但x向应力较y向小,与桥塔偏位有相同的规律。其中,x向拉应力最大为0.81MPa,y向拉应力最大为1.82MPa,且基本同时在15:00—16:00达到最大。

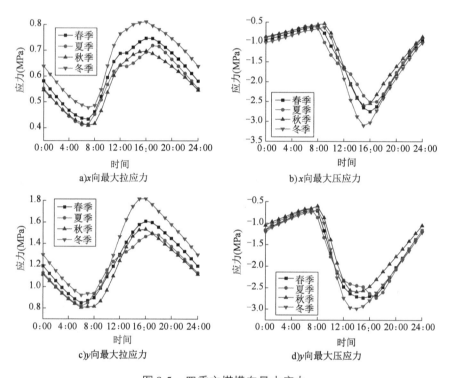

图 8-5 四季主塔横向最大应力

图8-6a)~d)给出了冬季15:00和4:00的温度应力。可以看出:15:00,最大拉应力位于桥塔西南面的内侧南位置,最大压应力位于桥塔东南面内侧偏南位置,即南侧内部的混凝土拉应力最大,可能会超过C50混凝土的抗拉强度设计值1.83MPa,在与其他荷载组合时,则存在开裂的可能;而在4:00,由于外表面温度逐渐降低,从而在桥塔外表面4个圆弧转角处产生了小范围的拉应力,桥塔内侧混凝土是否开裂难以观测,但可能会引起壁板内部钢筋锈蚀。在桥塔内壁与外侧倒角处布置一定量的钢筋网片,可以预防混凝土温度裂缝的开展。

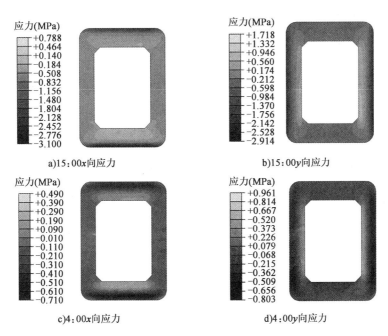

图 8-6 温度应力分布

研究配筋对桥塔温度应力变化及开裂的影响,即可通过对桥塔配筋措施进行优化以缓解混凝土桥塔施工早期温度开裂问题。对此李永乐等针对一混凝土桥塔分析 10 种不同的配筋方案时的桥塔温度应力变化规律(表 8-1)。原始方案为使用纵向钢筋和箍筋的设计,配筋率为 1.18%。方案一采用素混凝土,方案二和方案三采用与原始方案相同的钢筋布置设计,配筋率分别为原始方案的 0.5 倍和 2 倍。方案四至方案九采用与原始方案相同的配筋率,但钢筋的种类和布置位置不同。具体而言,方案四和方案五分别仅采用纵筋和箍筋,而方案六至方案九采用两种钢筋在不同位置布置。

不同混凝土桥塔配筋方案　　　　表 8-1

原始方案	方案一	方案二	方案三	方案四	方案五	方案六	方案七	方案八	方案九

通过计算不同配筋率(原始方案、方案一、方案二及方案三)时桥塔内外表面最大温度应力时程图(见图 8-7)。可以明显看出,配筋率的增加会导致内外表面应力水平的降低。例如,采用 2.26% 配筋率(方案三)时最大内表面应力为 0.64MPa,与配筋率 1.18%

(原始方案)和 0(方案一)相比分别降低 15.8% 和 31.2%。对于外塔壁,采用方案三时最大应力为 1.89MPa,比原始方案和方案一相比分别降低 4.1% 和 8.3%。图 8-8 给出了钢筋类型和布置位置(原始方案及方案四至方案九)对桥塔截面内外表面最大温度应力时程的影响。不难看出,除方案四仅含纵向钢筋外,其他所有考虑箍筋的方案均能有效降低内外表面的最大温度应力。这是因为箍筋有助于控制钢筋混凝土桥塔的温度变形,从而降低温度应力。

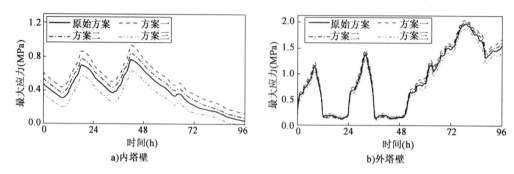

图 8-7 不同配筋率方案下混凝土桥塔内、外塔壁最大温度应力时程曲线

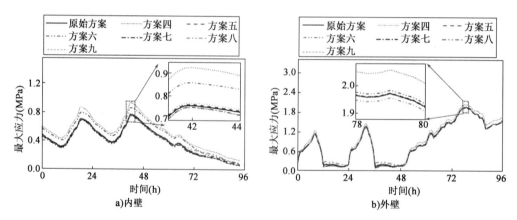

图 8-8 不同配筋方案下混凝土桥塔内、外塔壁最大温度应力时程曲线

8.2.3 提高混凝土早期强度

1)通过添加剂提高混凝土早期强度

早龄期混凝土可以通过外加剂提升早期强度。能够提高混凝土早期强度发展的添加剂主要是早强剂、减水剂、无机物矿物(如粉煤灰),其中早强剂的应用比较成熟和广泛,通过在混凝土中添加早强剂可以加速混凝土早期强度发展并且对后期强度无显著影响。早强剂对混凝土早期强度有强烈的促进作用,1d、3d 强度均要求比基准混凝土高 20% 以上,这利于混凝土早期抗裂性的增强,减少由于早期水化热温度效应产生的裂缝。

在标准养护条件下,添加早强剂的混凝土与普通混凝土的抗弯拉强度变化规律如图8-9所示。

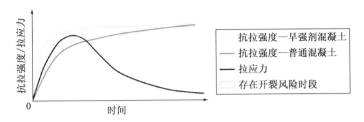

图8-9 添加早强剂的混凝土与普通混凝土的抗弯拉强度发展规律

2)通过养护措施提高混凝土早期强度

合理的养护措施也可以提高混凝土的早期强度,常用方法有蒸汽养护和蒸压养护。蒸汽养护将混凝土放在温度低于100℃的常压蒸汽中进行养护,在养护16~20d后,其强度一般可达到正常条件下养护28d强度的70%~80%;蒸压养护是将混凝土构件放在175℃的温度及8个大气压的压蒸锅内进行养护,在高温条件下,水泥水化时析出的氢氧化钙能同时与活性和结晶状态的氧化硅相结合,生成含水硅酸盐结晶,使水泥的水化加速,大幅提高混凝土早期强度。

基于"7.2.1 现浇混凝土箱梁水化温度应力分析",水泥水化放热期间,箱梁腹板和梗腋存在开裂风险。顶板对流换热系数 β_t 反映了桥面板顶部的养护条件。对于裸露无覆盖的养护条件,β_t 取值为 18.5kJ/(m²·h·℃);对于1.5cm泡沫塑料加3cm稻草覆盖养护,β_t 取值为 4.4kJ/(m²·h·℃),因此,对 β_t 在 5~20kJ/(m²·h·℃) 范围内进行参数分析,计算混凝土的早期抗拉强度。分析结果表明,随着混凝土箱梁顶部保温措施的加强,顶部对流换热系数降低,早期混凝土抗拉强度发展增快,以21h时为例,当顶板对流换热系数 β_t 分别为 5kJ/(m²·h·℃) 和 20kJ/(m²·h·℃) 时,抗拉强度分别为 1.83MPa 和 1.59MPa,增大约 15.1%(图8-10)。

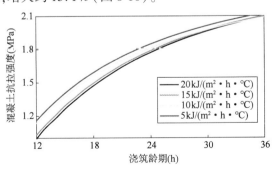

图8-10 β_t 对早期抗拉强度的影响

8.2.4 新型混凝土材料的使用

随着各类新型混凝土材料的研发和推广,高性能混凝土、纤维增强混凝土、超高性能混凝土、自愈混凝土等高性能混凝土材料由于在抗拉强度和极限拉伸应变的优异性能,为混凝土结构开裂问题的解决提供了新思路。

其中,纤维增强混凝土(fiber reinforced concrete,简称FRC)是在普通混凝土中掺入少量低碳钢、不锈钢和玻璃钢的纤维等物质后形成的一种比较均匀而多向配筋的混凝土,通过掺入纤维,可以显著提升其抗拉性能,以钢纤维混凝土(SFRC)为例,其抗拉性能约为普通混凝土的3倍。UHPC也称作活性粉末混凝土(reactive powder concrete,简称RPC),是基于最大堆积密度原理配置的新一代土木结构高性能材料,具有超高强度和超高耐久性,抗压强度可达200MPa以上,掺入钢纤维之后的抗拉强度可达7~15MPa,韧性也得到显著提高。自愈混凝土是指可自行修补裂缝的实验性混凝土,同样具有有效缓解混凝土开裂的能力,其包含有可生产石灰石的休眠的细菌孢子和细菌生长所需要的养分,通过作用于结构的腐蚀性雨水渗入加以激活,以期对混凝土开裂部分进行局部填充,提高混凝土的使用寿命,降低混凝土维护成本。混凝土材料力学性能指标范围见表8-2。

混凝土材料力学性能表 表8-2

性能指标	普通混凝土(NC)	高性能混凝土(HPC)	钢纤维混凝土(SFRC)	超高性能混凝土(UHPC)
抗拉性能(MPa)	1.5~2	3.2~4.5	3~6	7~15
抗压强度(MPa)	20~50	60~100	20~60	120~230
抗折强度(MPa)	2~5	6~10	4~12	30~60
弹性模量(GPa)	30~40	30~40	30~40	40~60
断裂能(KJ/m^2)	0.12	0.14	0.19~1.0	20~40
氯离子扩散系数(10~12m^2/s)	1.1	0.6	—	0.02
冻融剥落(g/cm^2)	>1000	900	—	7
吸水特性(kg/m^3)	2.7	0.4	—	0.2
磨耗系数	4.0	2.8	2.0	1.3

8.3 温度效应控制方法——"放"

"放"是通过合理的体系设计、刚度分配、约束和连接设置等方法来释放结构或构件过大的温度变形,从而降低温度应力。桥梁的伸缩缝和支座布置、连续刚构桥的双薄壁墩应用、无伸缩缝桥梁桥台的柔性基础设计以及水平弯桥天然的径向变形能力,都是通过"放"的方式来实现温度效应的控制。此外,大体积混凝土结构的分层、分块浇筑,除了降低水化热外,还有效释放已浇筑混凝土的温度变形和收缩变形,也包含了"放"的思想。

8.3.1 通过支座与伸缩缝释放温度变形

桥梁支座设置在上部结构和墩台之间,除了把上部结构的各种荷载可靠地传递到墩台上之外,还要有能够适应活载、温度变化、混凝土收缩与徐变等因素所产生的位移和转动的作用,使上、下部结构的实际受力情况符合理论计算图式。根据需要可设置固定支座或活动支座,其中,固定支座允许上部结构在支座处能自由转动,但不能水平移动;活动支座允许上部结构在支座处既能自由转动,又能水平移动,可分为多向活动支座(纵向、横向均可自由移动)和单向活动支座(仅一个方向可自由移动)。

按制作材料的不同,常用的支座可分为钢支座、聚四氟乙烯支座、混凝土支座、铅支座及橡胶支座。以橡胶支座为例,介绍其构造和变形释放原理。橡胶支座又分为板式橡胶支座和盆式橡胶支座两类,其中,板式橡胶支座构造通常为一块纯橡胶板或几层橡胶片内嵌薄钢板等加劲材料(图8-11),利用橡胶的不均匀弹性压缩实现转角,利用其剪切变形实现水平位移,且通常可不设固定支座,所有水平力由各个支座均匀分担,必要时采用不等高的橡胶板来调节各支座传递的水平力。盆式橡胶支座不是利用置于橡胶中的加劲物来加强橡胶,而是将素橡胶板置于圆形钢盆内,橡胶在受压后的变形由于受到钢盆的约束,处于三向受压状态,只要钢盆不破坏,橡胶就永远不会丧失承载力。密封在钢盆内的橡胶板可以通过适度不均匀压缩来实现转动,如果再加上聚四氟乙烯板和不锈钢板,还可以实现水平位移,因此,盆式橡胶支座可做成固定支座,也

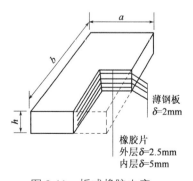

图8-11 板式橡胶支座

可做成活动支座(图8-12)。

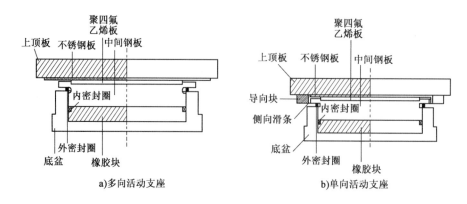

图8-12 盆式橡胶支座

除设置支座外,为满足桥面按照设计的计算图式自由变形,同时又保证车辆能平顺通过,需要在相邻两梁端之间,或梁端与桥台之间,或桥梁的铰接位置上预留伸缩缝,并在桥面设置伸缩装置。伸缩缝的主要功能是使桥梁在平行、垂直于桥梁轴线的两个方向可以自由伸缩。对于曲线桥或斜桥,除了纵向、竖向变形外,还存在横向、纵向及竖向相对错位,故选用的伸缩装置要有相应的变位适应能力。

古代的桥梁有如下特点:①跨径小;②圬工桥梁体积大,温度变化慢;③拱上建筑中台后实心填土,可以吸收一定梁的变形;④多用木、藤等材料,线膨胀系数小。因此,伸缩量一般较小,在桥面往往不设置伸缩装置。伸缩装置的出现是随着现代交通对桥梁的结构和功能的需求而产生的,最早出现在铁路桥上。随着交通量的增大与车辆速度的提高,公路桥梁为了安全,应用伸缩装置来封闭结构的伸缩缝就成为必需,特别是在活动支座的一端。最早简单采用钢板覆盖,当桥梁的跨径较大时,钢板覆盖不能满足要求,于是梳齿式和滑板伸缩装置就应运而生。

根据《公路桥梁伸缩装置通用技术条件》(JT/T327—2016),伸缩装置可分为模数式、梳齿板式和无缝式3种主要类型。模数式伸缩装置由热轧整体一次成型的异型钢、密封橡胶条和锚固系统3部分组成(图8-13)。其埋入深度较浅,适合于旧桥伸缩缝改造或伸缩量较小(80mm以内)的新桥。梳齿式伸缩装置是由分别连接在相邻两个梁端的梳齿形钢板交错咬合而成,利用梳齿的张合来满足桥体的伸缩要求(图8-14),其伸缩量更大(最大可达1000mm以上),但防水性较差,且梁端转角会在齿端形成折角,使路面不平,高速行车时可能引起跳车。无缝式伸缩装置,也称暗缝或闭口伸缩缝,是指结构不连续、桥面铺装连续的伸缩缝,通过在施工过程中将弹性伸缩体材料填充到伸缩缝中,以防止施工中接缝料等填入阻止其伸缩。其构造简单,不需要设专门的机械式伸缩装置,施工方便快速,但对材料耐久性要求较高。

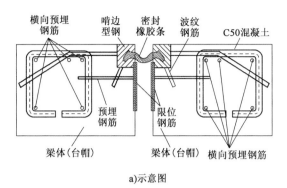

a)示意图　　　　　　　　　　　　b)实例照片(RG40型)

图 8-13　模数式伸缩装置

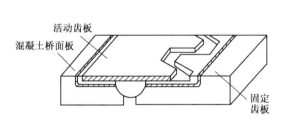

a)示意图　　　　　　　　　　　　b)实例照片

图 8-14　梳齿式伸缩装置

伸缩缝的设计及安装、养护是解决年温差影响的主要措施。预留伸缩缝的伸缩量过小,或有施工散落的混凝土碎块等杂物嵌入伸缩缝,或堆积于支座处的杂物没有及时清理而使伸缩缝和支座失灵等,当温度急剧变化时,结构伸长受到约束,上部桥跨结构就会出现均匀的温差裂缝,严重者更可能造成墩台的破坏。

以下介绍直梁桥、平面斜桥和平面弯桥的支座与伸缩缝布置方式。

1)直梁桥

(1)支座与伸缩缝布置

桥梁支座的布置方式主要根据桥梁的结构形式和桥梁的宽度确定。简支梁桥一端设固定支座,另一端设活动支座。公路 T 形梁桥[图 8-15a)]由于桥面较宽,因而要考虑支座横桥向移动的可能性,即在固定墩上设置一个固定支座,相邻的支座设置为横向可动、纵向固定的单向活动支座,而在活动墩上设置一个纵向活动支座(与固定支座相对应),其余均设置为多向活动支座。铁路桥梁[图 8-15b)]由于桥宽较小,支座横向变位很小,一般只需设置单向活动支座(纵向活动支座),图中箭头所指表示支座活动方向,无箭头者表示不能活动。

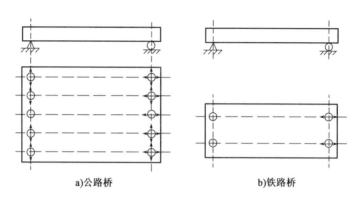

图 8-15　简支梁桥支座布置

直线连续梁桥每联只设置一个固定支座,其他墩设施设置纵向活动支座,以释放主梁纵向变形。在每个桥台和桥墩处一般各设置 2 个支座,其中一个支座为横向活动支座,以释放主梁横向变形。对于两跨连续梁桥,固定支座可以设置在中墩或桥台[图 8-16a)],当主梁抗扭刚度较大时,中间墩可以采用圆柱形,可以在柱上设置纵向变形的单向活动支座[图 8-16b)];若主梁水平抗弯刚度很大,可以在中段设置双向活动支座[图 8-16c)],让水平力传递至桥台。对于多跨连续梁桥,为避免梁的活动端伸缩缝过大,固定支座宜置于每联的中间支点上,但若该处墩身较高,则应考虑避开,或采取特殊措施,以避免该墩身承受的水平力过大。对于多跨连续梁,则应按图 8-16d)的方式进行支座布置,其中,固定支座设置在靠中间的桥墩上,以使全桥纵向温度变形分散在梁的两端。

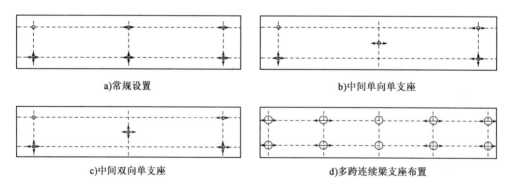

图 8-16　连续梁支座布置

(2)伸缩量计算

伸缩装置类型的选用,主要取决于桥梁的伸缩量 Δ^+(伸长)和 Δ^-(缩短),它包括以设置伸缩装置时为基准的气温升高伸长量 Δ_l^+ 和气温降低缩短量 Δ_l^-、混凝土收缩缩短量 Δ_s^-、混凝土徐变缩短量 Δ_c^-,以及由制动力引起的板式橡胶支座剪切变形而导致的伸缩装置开口量 Δ_b^+ 或闭口量 Δ_b^-,同时,还要计入梁的制造和安装误差的富余量(可采用大于 1 的伸缩量放大系数 β 表示)。伸缩量按式(8-6)和式(8-7)计算:

伸缩装置在安装后的闭口量 Δ^+:

$$\Delta^+ = \beta(\Delta_l^+ + \Delta_b^+) \tag{8-6}$$

伸缩装置在安装后的闭口量 Δ^-:

$$\Delta^- = \beta(\Delta_l^- + \Delta_s^- + \Delta_c^- + \Delta_b^-) \tag{8-7}$$

式中:β——伸缩量放大系数,即考虑伸缩装置加工误差、伸缩量计算模式的不确定性以及安装施工造成的误差等因素的富余量,《公路钢筋混凝土及预应力混凝土桥涵设计规范》(JTG 3362—2018)中规定 β 可取 1.2~1.4,《公路钢结构桥梁设计规范》(JTG D64—2015)中规定 β 可取25%~35%。

所选伸缩装置的伸缩量 Δ 应满足:

$$\Delta \geq |\Delta^+| + |\Delta^-| \tag{8-8}$$

对于影响伸缩装置伸缩量的其他因素,应视具体情况予以考虑。当施工安装温度在设计规定的安装温度范围以外时,伸缩装置应另行计算。伸缩装置的安装宽度(或出厂宽度),可按式(8-6)和式(8-7)进行计算。

梁体各部分伸长或缩短的量值中,温度变化引起的伸缩量最为显著,可按式(8-9)计算:

$$\Delta_l = \alpha l_t (T - T_0) \tag{8-9}$$

式中:Δ_l——梁体因温度变化引起的胀缩变形;

α——线膨胀系数;

l_t——梁体的温度计算长度,即温度变形覆盖区域梁体的长度,为梁体温度变形固定点与设置伸缩缝的梁端之间的距离;

T——梁体截面有效温度;

T_0——梁体截面的基准温度,即伸缩装置安装时的温度。

在计算伸缩装置的伸缩量时,所考虑的伸缩结构为桥面结构,由于构件厚度一般不大,因此,即使是混凝土结构,也可以将环境的最高温度与最低温度视为构件的最高有效温度和最低有效温度,因而也可以采用式(8-10)计算:

$$\begin{cases} \Delta_l^+ = \alpha l_t (t_{max} - t_{set,u}) \\ \Delta_l^- = \alpha l_t (t_{set,l} - t_{min}) \end{cases} \tag{8-10}$$

式中：t_{max}——桥位地区最高气温；

t_{min}——桥位地区最低气温；

$t_{set,u}$ 和 $t_{set,l}$——预设安装温度的上限值和下限值，可取相同值。

2）平面斜桥

对平面斜桥的支座来说，除需承受竖向力 V 外，一般还需承受较大的水平力 H。因此，固定支座设置时，需要考虑的是将水平力与竖向力的较大者相组合，还是与较小者相组合。就支座的作用来说，将水平力与较大竖向力相组合较为合适，这样更易于传递水平力。此时合力方向更加靠近支座中心，其与竖直方向的夹角更小，从而在桥梁上、下部结构中产生较小的（水平面上）弯矩（图 8-17）。因此，水平约束支座应设置在斜桥的钝角处或曲桥的外侧（图 8-18）。

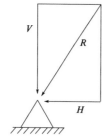

图 8-17 支座合力的方向示意

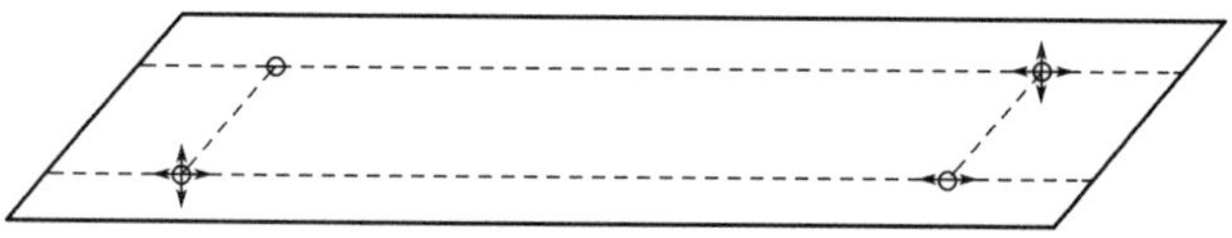

图 8-18 单跨简支斜桥支座布置

3）平面弯桥

（1）平面弯桥的变形特性

伸缩装置的主要变形最好是沿着行车道的方向（曲线的切线方向）。对于曲线桥梁，这个方向与固定支座到桥台活动支座间的放射线方向并不一致。为使梁体在平面上的胀缩变形既不在弯梁内产生附加力，又要沿着行车方向变形而不要引起活动支座处横桥向的变位，需要通过单向活动支座变位方向的合理设置、变位限位与导向支座的合理设计来实现。

如果单向活动支座处梁体变形引起它与固定支座夹角发生变化，则梁体的变形就受到约束，将产生约束力。约束力的大小与梁体的抗弯刚度有关，刚度越大，约束力也越大。

对于平面弯梁桥，引起梁体伸缩变形与位移的因素可分为两类，且两类位移的方向有着很大的差别。

第一类为预应力混凝土弯梁桥由于截面形心处施加预加力和混凝土徐变引起的变形,属于切线方向的位移。假定温度不动点在梁的一端(图8-19),位移方向与行车方向是一致的,不会引起曲梁横桥向的位移,这对于设置伸缩装置来说是有利的。此时,圆心角发生了改变,而曲率半径不发生改变,即 $R = R_0, \varphi_0 = \varphi$,几何关系见式(8-11)。

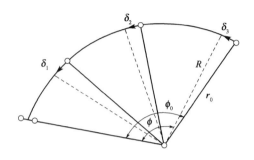

图8-19 预加力和混凝土徐变引起曲梁的变形

$$\begin{cases} \Delta\phi = \phi_0 - \phi \\ \Delta^- = \Delta_c^- + \Delta_p^- \\ \Delta^- = \delta_1 + \delta_2 + \delta_3 \end{cases} \quad (8\text{-}11)$$

式中:Δ_p^-——预应力产生的梁体缩短量;

Δ_c^-——徐变引起的梁体收缩量。

第二类是由于温度变化和混凝土收缩引起的水平位移,它是双向的。如图8-20所示,一个总弧长为 S、跨径为 L、矢高为 h 的曲杆由均匀温度升高引起的变形,沿杆长方向的膨胀量的计算公式与直杆的式(8-10)相同,沿跨径方向和矢高方向的膨胀增长为:

$$L' = L(1 + \alpha\Delta t) \quad (8\text{-}12)$$

$$h' = h(1 + \alpha\Delta t) \quad (8\text{-}13)$$

式中:L、h——半跨跨径与矢高;

L'、h'——变形后的半跨跨径与矢高。

在弧长方向的几何关系式(8-14):

$$\begin{cases} \phi_0 = S_0/R_0 \\ S = S_0 + \Delta S = S_0(1 + \alpha_c\Delta_t^+) \end{cases} \quad (8\text{-}14)$$

式中:S_0——初试弧长;

S——变化后弧长。

显然,弧长增长了,曲率半径也增大了,但圆心角不变。温度下降或混凝土收缩时,则发生与温度上升相反的变形。

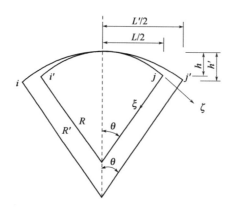

图 8-20　温度变化和混凝土收缩引起曲梁的变形

对于简支静定梁,温度上升引起梁体的膨胀变形如图 8-21 所示,温度变化引起梁体的胀缩,除了在弧线方向的变形外,活动端还会有径向的变位($h'-h$)。当顺桥向(弧长方向)的胀缩变形受到限制时,这种横向的"爬移"量还会加大,不仅影响到伸缩装置的受力、导致其破坏的加速,也不利于结构的安全与行车的安全。图 8-22 是一座城市立交桥的匝道桥,上部结构为曲线半径 60m 的曲线板梁,接线的刚性路面在长期往复温度变化作用下不断变长,将桥台处的伸缩装置伸缩空间顶死,夏天在高温作用下弯梁板的顺桥向膨胀无法实现,就产生了较大的侧向位移,盆式橡胶支座的内侧橡胶被挤出盆外。

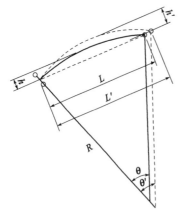

图 8-21　单跨简支静定曲梁的温升变形

图 8-22　弯桥的侧移情况

对于如图 8-23 所示的 3 跨连续曲梁桥，如果只有左端为双向固定支座，即为连续静定（指平面变形不受约束）的曲线梁，则位于 1、2、3 支座处的桥面会分别产生指向固定支座 0 处的 δ_1、δ_2 和 δ_3 的水平位移。曲率半径发生了改变，而圆心角不变，即 $r_0 \to r$，ϕ_0 不变。

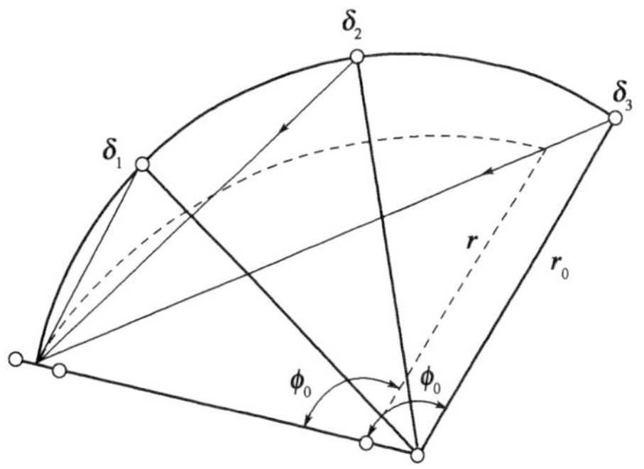

（2）平面弯桥的支座布置

图 8-23　3 跨连续曲梁桥温升变形

从前述弯梁桥平面内变形特点可知，温度变化和混凝土收缩在各支座处会产生纵桥向和横桥向的位移，给伸缩装置的活动带来困难。因此，平面弯桥的上部结构不宜太宽，太宽则纵桥向的胀缩变形产生的横桥向支座变位较大，且横桥向本身的胀缩也不容忽略。窄梁横桥向的胀缩变形可以不计，且横向抗弯刚度小，平面内弯曲变形产生的内力也较小。所以，当桥面较宽时，宜设计成分离的两座窄桥。

平面连续弯梁桥的支座布置会直接影响到梁的内力分布，同时，支座的布置应使其能充分适应曲梁的纵、横向自由转动和移动的可能性。与直桥不同，连续弯梁桥在释放平面位移时有切向和放射性两种设想，即产生了 2 种支座布置的方式：①切向型布置方式［图 8-24a）］：固定支座可设置在中墩或桥台，此时，弯桥各部分位移都与曲线半径相切（水平约束力大，径向变形由桥墩柔性提供）；②放射型布置方式［图 8-24b）］：固定支座可设置在中墩或桥台，此时，弯桥各部分位移都朝向一个设定的固定点，即沿弦长方向布置。前者适用于圆曲线和复合曲线，后者仅适用于圆曲线。放射型布置较切向型布置会占用更多的墩顶平面空间，可能造成桥墩墩帽或盖梁尺寸的增大（图 8-25）。

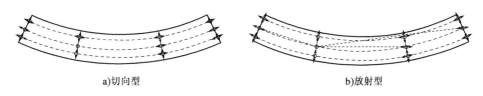

a）切向型　　　　　　b）放射型

图 8-24　连续弯梁桥的支座布置方式

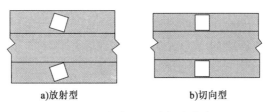

a）放射型　　　　　　b）切向型

图 8-25　切向布置和弦长方向布置

对于支座切向布置的连续弯梁桥,一般在一联的两端设置双支座,承担扭矩。对于中间支承,当弯梁曲率半径较大时,可在每个墩上布置抗扭支座,如图8-26a)所示;也可每隔2~3个支墩交替采用,如图8-26b)所示;当弯梁曲率半径较小,上部结构采用具有较大抗扭刚度的箱梁结构时,可将中间墩全部布置成独柱墩、点铰支承的构造,同时在布置伸缩装置的墩台处设置侧向限位支座,即限制径向位移,允许发生切向位移和平面扭转,来满足因温度、收缩和预应力张拉等因素产生变位,伸缩装置免遭破坏,如图8-26c)所示。近些年来,国内外发生过多起独柱墩单点支撑桥梁的侧向倾覆事故,因此,无论采用何种支座布置方式,均应保证结构具有足够的抗扭约束,避免结构的扭转破坏,尤其是刚体扭转引起的梁体倾覆落梁破坏。

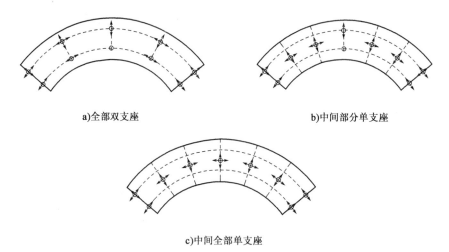

a)全部双支座　　　　　　　　b)中间部分单支座

c)中间全部单支座

图8-26　连续弯梁桥支座布置方式

在独柱墩较高的情况下,可以采用墩梁固结的形式,充分利用桥墩的柔性来适应上部结构的变形要求,既省去支座,又简化了墩梁连接处的施工。为图8-27 西安市西二环路与昆明路立交匝道桥,其中,匝道桥曲线连续梁桥的中支点最高墩处即采用了墩梁固接的形式,这种布置应充分考虑上部结构对桥墩受力的影响。

图8-27　西安市西二环路与昆明路立交匝道桥

切向布置法并不能完全释放所有温度约束应力,但是切向布置法能保证桥梁只沿切向发生变形,这样桥梁伸缩缝处就不会发生较大的横向错动,因此,切向布置法是曲线桥最常用的一种水平约束布置方法。刘诚通过分析发现,在均匀温度荷载作用下,固定支座位置对其径向反力的影响不大,但对切向反力有很大的影响,如图8-28所示,当固定支座布置在中墩位置时,切向约束反力可大幅度降低。

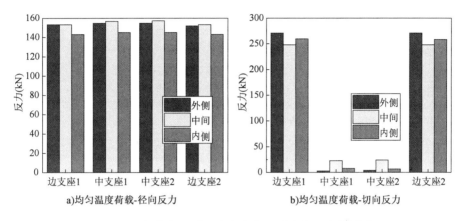

图8-28 切向布置时固定支座位置对水平反力的影响

由于温度效应会导致曲线桥的曲率半径发生变化,因此,支座水平约束体系采用切向布置法时总是存在水平约束反力。对于小半径曲线桥,工程中也常用放射型布置法,使桥梁所有的单向支座均指向唯一的固定支座。此时,在均匀温度作用下,支座将不产生水平约束反力。不过采用放射状布置时,桥梁端部的温度伸缩不再沿桥梁切向发展,而是会产生一个横向变形分量,从而导致伸缩缝的横向错动,该错动值与跨径、桥宽和曲梁半径均有关系,可能对伸缩装置产生不利影响。刘诚提出了一种释放水平反力的支座切向布置方法,见图8-29,并与采用切向布置时的支座反力进行了对比,见表8-3。曲线桥在平面内相当于拱结构,因此释放温度水平反力的另一个措施是适当降低支座对桥梁水平约束的个数。由结构力学可知,当且仅当约束3个有效自由度时,平面结构恰好形成静定结构,由此可得到释放温度作用下水平约束反力的一种支座优化布置方法。该布置方法不设置固定支座,而是设置3个单向支座:两个边墩分别各设置一个释放切向位移的单向支座,用来承担汽车离心力荷载;其中一个中墩处设置一个释放径向位移的单向支座,用来承担汽车沿切向的制动力。由于边墩处支座沿切向布置,因此不会出现放射状布置中伸缩缝横向错动变形的问题。该布置形式单向支座分担的汽车离心力和制动力较大,需要选用水平承载力较高的单向支座。

图 8-29　释放水平反力的支座切向布置方法

切向布置和优化布置下的最不利支座反力对比（单位：kN）　　　　表 8-3

温度荷载	①切向布置		②优化布置		比值②/①	
	水平	竖向	水平	竖向	水平	竖向
均匀温度	156.2	34.9	0.0	0.00	0%	0%
正温度梯度	198.3	833.5	0.0	831.7	0%	100%
负温度梯度	146.9	300.4	0.0	301.3	0%	100%

(3) 平面弯桥的真实温度不动点

由于支撑主梁的桥墩并非完全刚性，且滑动支座也并非完全光滑而存在摩擦力，同时，考虑支座安装没有对中以及伸缩缝堵塞带来的约束影响，桥墩固定支座处的支点实际上并不是梁体的温度不动点，而不动点应该是在固定墩支点和桥梁质心间的某一点，实际位置是桥墩刚度和支座刚度的函数。Chen 考虑了桥墩非完全刚性和支座摩擦刚度等真实的约束条件，计算了美国休斯敦洲际机场桥（Intercontinental Airport Bridge）的切向和径向的温度变形。该桥位于曲线半径为 291 m 的平曲线上，为 4 跨连续钢箱组合梁桥，跨径组合为 48.8m + 73.2m + 48.8m + 30.5m，支座布置采用沿弦长方向的布置方法，如图 8-30 所示。在升温 15℃的工况下，主梁的切线和法向变形如图 8-31 所示。可以看到，切向位移和径向位移的零点并不在固定支座位置，而是向质心的方向与固定支座轴向偏离了 8.53m，与桥梁中心线径向偏离了 1.52m。需要注意的是，当结构形式有差异时，桥梁的实际温度不动点可能会落在桥梁的外部。

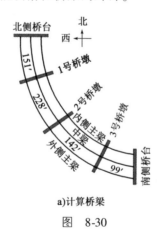

a) 计算桥梁

图 8-30

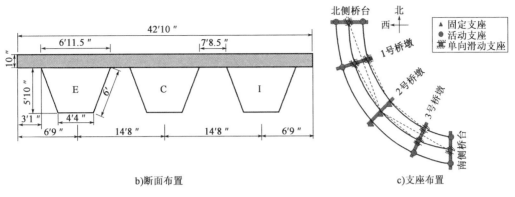

b)断面布置　　　　　　　　c)支座布置

图 8-30　美国休斯敦洲际机场桥

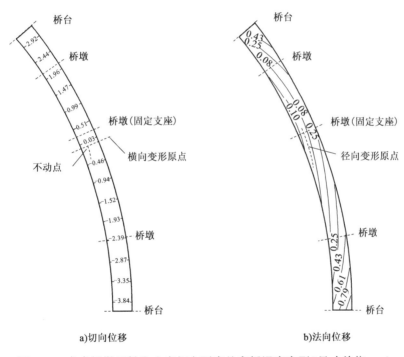

a)切向位移　　　　　　　　b)法向位移

图 8-31　考虑桥墩柔性和支座切向刚度的弯桥温度变形(尺寸单位:cm)

采用放射型支座布置方式的桥梁,单向支座的布置应指向桥梁的真实温度不动点,如图 8-32 所示。由于常规的单向支座是沿着弦向指向固定支座布置的,支座处仍会产生一定的水平反力。当桥墩较高、柔性较大时,主梁的温度变形在很大程度上可以通过桥墩的侧向变形来释放,因此,在支座产生的水平反力也可能不会太大。目前相关的研究不是很多,真实温度不动点的确定及在此基础上的平面弯桥支座布置,还得进一步分析桥墩刚度、支座剪切刚度及摩擦因数、跨径、曲率半径,甚至温度作用模式等因素对桥梁温度变形的影响。

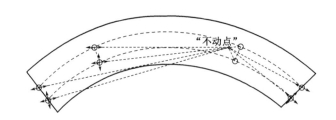

图 8-32　单向活动支座朝向真实的温度不动点的布置方式示意

8.3.2 无伸缩缝桥梁的温度变形与释放

无伸缩缝桥梁(简称无缝桥)是两引板末端范围内上部结构为连续结构且无伸缩装置的桥梁。传统桥梁通过设置伸缩缝和伸缩装置释放温度、混凝土收缩徐变等作用下的梁体变形,这种变形如何释放,是无缝桥设计计算的重点。

图 8-33 中的三根简支梁,从竖向受力来说,都是静定结构。但对于温度变形来说,图 8-33a)仍为静定结构,而图 8-33b)和图 8-33c)为超静定结构,前者为完全约束的具有双固定支座的简支梁,后者为纵向受到弹性约束的简支梁。

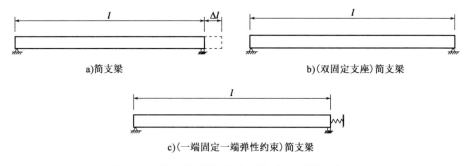

图 8-33　简支梁的温度变形与内力计算示意图

当梁受到有效温度变化值 ΔT 作用时,对于图 8-33a)的简支梁,梁产生了 Δl 的变形,但由于变形没有受到约束,梁体内没有产生附加内力。而对于图 8-33b)的双固定支座简支梁,因温度变形受到约束,会在梁体内产生附加纵向力;当梁为等截面梁时,温度附加内力可按式(8-15)计算。

$$\Delta N = \frac{\Delta l}{l} EA \tag{8-15}$$

式中:ΔN——温度附加内力;
　　　E——梁体材料的弹性模量;
　　　A——梁体的截面积。

在图 8-33a) 中，温度变形零点在左端，右端的温度变形值为 $\Delta l = \alpha l \Delta T$。如果两端采用的是板式橡胶支座，两端对水平位移的约束相同，则温度零点在跨中，左右端温度变形均为上述变形的一半。但采用固端支座时，由式 (8-15) 可知，所产生的温度附加内力是相同的（因为温度约束应变相同），而端部变形为零。

对于图 8-33c) 的弹性约束梁，温度自由变形量 Δl 由两部分组成：

$$\Delta l = \Delta l_1 + \Delta l_2 \tag{8-16}$$

式中：Δl_1——主梁轴向弹性变形；

Δl_2——弹簧变形。

由材料力学可知：

$$\Delta l_1 = \int \varepsilon \, \mathrm{d}l = \int \frac{\Delta N}{EA} \mathrm{d}l \tag{8-17}$$

对于等截面构件 $\Delta l_1 = (N/EA)$，记 EA/l 为梁的线刚度 k_1，则有：

$$\Delta l_1 = \Delta N / k_1 \tag{8-18}$$

假定弹簧的刚度为 k_2，则：

$$\Delta l_2 = \Delta N / k_2 \tag{8-19}$$

联立解式 (8-16) ~ 式 (8-19)，就可以求得主梁附加的轴向力 ΔN：

$$\Delta N = \frac{k_1 k_2 \Delta l}{k_1 + k_2} \tag{8-20}$$

式中，当 $k_2 = 0$ 时，转化为静定简支梁，温度变化不产生附加内力 ΔN；当 $k_2 = \infty$ 时，为双固定支座简支梁，温度变化产生的附加内力最大，按式 (8-15) 计算。

实际桥梁中不存在"绝对固定"与"绝对自由"的边界约束，超静定弹簧约束的简支梁的附加内力介于二者之间，弹簧刚度 k_2 越大，附加内力也越大。因此，合理地确定 k_2 的数值，对减小结构的附加内力非常重要，特别是对于混凝土结构，要防止此附加内力引起混凝土梁体的开裂。

无缝桥是典型的弹簧约束的超静定简支梁，梁体纵桥向自由变形可视为由主梁受附加轴向力产生的梁体弹性变形 Δl_1 和梁体末端的变形 Δl_2（即弹簧的变形）组成，如图 8-34 所示（图中未计引板的变形）。由式 (8-19) 可知，主梁的轴向刚度与桥台系统的水平刚度越小，附加轴力也越小。主梁的截面通常是由竖向抗弯来决定的，工程上经济合理的设计是以较小的面积换取较大的抗弯刚度，面积小则轴向刚度也小，这与无缝桥减小轴向刚度从而减小附加轴力的要求相一致。

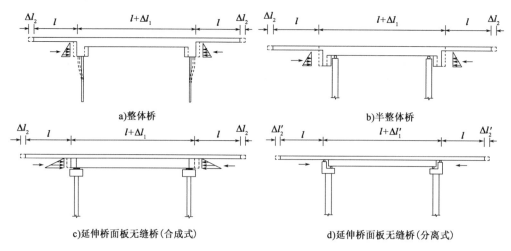

图 8-34 无缝桥纵桥向受力示意图

以下从整体式无缝桥、半整体式无缝桥、桥面板延伸式无缝桥和弯无缝桥的结构和构造形式的角度,揭示无缝桥释放温度变形的原理。

1) 整体式无缝桥

如图 8-34a) 所示,整体桥主梁与桥台连接在一起,梁体伸缩等变形受到桥台和接线部分的约束,可视为弹簧约束简支梁。这些约束作用(力)施加于主梁使梁体产生变形 Δl_1,余下的变形 Δl_2 (即弹簧的变形)传给桥台系统(包括台身桥台基础和台后的土体),并在引板的末端体现。

整体桥在所有无缝桥中对主梁的约束最大,主要有台身和台后土抗力、桩基础和桩周土抗力、引板与基层的摩擦力。其中,桩基础的影响最大,因此,一般采用柔性桩。此外,整体桥由于桥台与主梁连成整体,受力分析时应上、下部结构一起按刚架(框架)模型计算。

2) 半整体式无缝桥

对于图 8-34b) 所示的半整体桥,由于主梁与桥台之间通过支座联系,所以支座以下的结构对主梁不起约束作用;反过来,温度变形也不会对支座下的桥台结构产生附加力。所以,桥台基础不必采用柔性桩,可以采用刚度较大的混凝土桩或者刚性扩大基础。然而,其主梁与桥台上部分(端梁)连接在一起,温度变化引起的梁体伸缩受到台后土以及引板与土体摩阻力等约束作用,与整体桥相似,可归于弹簧约束简支梁的受力模式中。这些约束作用(力)施加于主梁,使梁体产生的变形 Δl_1 要小于整体桥,而余下的变形 Δl_2 (即弹簧的变形)由引板传递到其末端,其值要大于整体桥中的 Δl_2,只有极小部分通过支座摩擦阻力传给半整体桥桥台下部分。

与有缝桥不同的是,半整体桥主梁两端接有较高的端横梁,此端横梁起挡土作用(也被视为桥台的上部分)。主梁受到端横梁后面的土体约束作用,土压力和引板与其下土体之间的摩擦阻力会约束主梁的温度变形。相对于整体桥来说,主梁的附加轴向力小,桥台下部分与基础不受主梁伸缩变形的影响,因此,半整体桥的应用长度大于整体桥。

3)桥面板延伸式无缝桥

图 8-34c)所示的延伸桥面板无缝桥,主梁温度变化时所受的约束主要来自引板与其下土体的摩擦阻力。研究表明,该摩擦阻力很小,几乎可以忽略不计。因此,主梁轴向弹性变形 Δl_1 很小,所以纵桥向受力与变形特点与有缝桥相近,可以看成是将有缝桥的伸缩装置从桥台与主梁相接处后移到引板与接线道路相接处的一种无缝桥。

延伸桥面板桥在构造上,主梁与桥台分离,二者之间设有伸缩缝,这是它与整体桥和半整体桥结构上最显著的区别;而主梁与桥台之间不设伸缩装置,这是它与有缝桥最主要的不同。主梁纵桥向变形主要通过引板传到引板的末端(与引道相接处,也称路桥接缝),这是它的变形特点。在受力上,台后土压力不参与主梁受力,土压力由桥台"独自"承担,与有缝桥基本一致。

对于相同梁长的桥梁,相同均匀温度变化产生的自由胀缩量 Δl 是相同的。根据其结构和受力原理可知,3 种无缝桥的 2 个变形存在如下关系:

主梁轴向弹性变形 Δl_1:整体桥≥半整体桥≥延伸桥面板桥($\Delta l_1 \approx 0$);

弹簧变形 $\Delta l_2 (= \Delta l - l_1)$:延伸桥面板桥($\Delta l_2 \approx \Delta l$)≥ 半整体桥 ≥ 整体桥。

4)弯无缝桥

温度变化在弯桥引起的变形与直桥中的不同,对无缝桥的分析也要考虑到这些不同。弯桥在温度变化作用下结构沿轴线方向的变形,可以转化为径向的变形,对有缝桥支座和伸缩装置设置不利,但却成了无缝桥的优点。因此,弯桥整体桥的长度远大于直桥整体桥成为可能。

Akiyama 对 3 种类型的弯桥(有缝桥、半整体桥和整体桥)进行了有限元对比分析,得出如下结论:①整体桥的面内曲率降低了约束应力,因为通过侧向变位,其面内的拱效应(arch effect)可以缓解温差、徐变等产生的影响;②矢高大,拱效应明显,从而约束应力小;③桥台间的距离越长,拱面内弯曲刚度也就越小,从而产生的约束应力也越小,故更适合于多跨曲线形整体长桥。

弯无缝桥在国外有不少的应用。1975 年加拿大建造了一座平面无缝曲桥——420/QEW 桥(图 8-35)。全桥 12 跨,弧曲率半径在 218m 至 1165m 之间变化,桥面全长 598.3m。这种桥也被称为"变形自适应弯桥"。它通过位于水平面上的弧形桥面的弯曲变形作用来容纳水平温度变形。此弯曲作用由位于桥墩顶部的滑动支座来吸收。这些支座容许水平面内自由移动和任何方向的转动。该桥由混凝土箱梁组成,在箱梁的纵横向施加预应力。

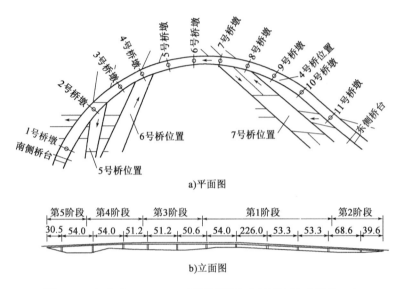

图 8-35 加拿大 420/QEW 桥平面图和立面图(尺寸单位:m)

另一座充分利用弧形梁曲线来吸收梁的温度变形的例子是美国最长的整体桥——田纳西州 50 号公路上跨越欢乐谷溪的桥(图 8-36)。该桥于 1998 年建成,全长 358m,其中曲线部分的长度为 297m,桥宽 14m,为预应力混凝土 T 梁结构,梁高 2.1m。各跨长度从 39m 至 43m 不等,采用双柱式墩,墩高为 15.5~27.7m。这种平面整体式曲桥可以实现较长的无缝桥梁建设。

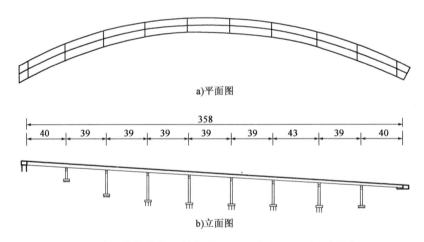

图 8-36 美国最长曲线无缝桥的平面图和立面图(尺寸单位:m)

8.3.3 连续刚构桥的温度变形与释放

1) 采用双薄壁墩降低桥墩的抗推刚度

梁体与桥墩固结的连续刚构桥,梁、墩二者的受力分配将由其相对刚度决定。常规的连续刚构桥,在高墩桥梁中,为了提高桥墩的稳定性,常采用单薄壁或实心桥墩。如果桥墩设置较矮或桥较长时,需要降低体系的水平抗推刚度,因此将单薄壁墩分开,改为双薄壁墩以降低温度变化在结构中产生的附加内力。当墩柱较矮时常用双薄壁柔性墩,其双壁间保持一定的距离,构成较大的整体抗弯刚度,并且其纵向抗推刚度较小,可减小墩柱对中跨梁体的纵向约束,释放温度内力,同时双薄壁墩竖向提供的反力能削减梁体力矩的峰值。因此,在桥墩较矮的连续刚构中一般多采用双薄壁墩的结构形式。

桥墩在水平荷载作用下抵抗水平变位的能力,称为桥墩的抗推刚度。在图8-37所示水平荷载 P 作用下,桥墩的抗推刚度 K 可由式(8-21)计算:

$$K = P/\Delta = \frac{3EI_y}{l^3} \tag{8-21}$$

式中:Δ——柱顶在水平力 P 作用下的水平位移。

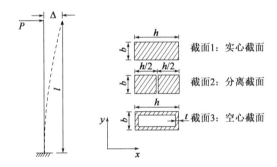

图 8-37 连续刚构桥墩的顶端水平推力与桥墩截面形式

从式(8-21)中可以看出,在柱长及材料特性相同的情况下,桥墩水平抗推刚度大小只与截面抗弯惯性矩有关,对于图8-37所示的3种截面形式($b=h/2, t=h/10$),有:

$$\begin{cases} I_{y1} = \dfrac{bh^3}{12} = \dfrac{h^4}{24} \\ I_{y2} = 2 \times \dfrac{b(h/2)^3}{12} = \dfrac{h^4}{96} \\ I_{y3} = \dfrac{bh^3}{12} - \dfrac{(b-2t)(h-2t)^3}{12} \approx \dfrac{h^4}{35} \end{cases} \tag{8-22}$$

由此可知,双壁墩的抗推刚度仅为单壁墩的1/4,因此,工程中,大跨、矮墩连续刚构桥等,为了避免结构温度变化在桥墩中引起较大的附加内力,需降低桥墩的水平抗推刚度,采用分离式截面的双薄壁墩可取得良好效果;对于高墩,水平抗推刚度较低,稳定性成为主要控制因素,因而多采用实心或空心箱形截面。

对某一连续刚构桥计算分析发现,当整体升温 15℃时,采用双薄壁墩时的墩底附加弯矩比采用单壁墩时减小很多,前者约占后者的 10%~30%,如图 8-38 所示。

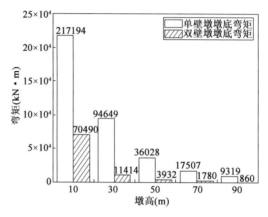

图 8-38 整体升温 15℃时的墩底附加弯矩

2)连续梁-连续刚构组合体系释放梁段温度变形

多跨连续刚构桥随着桥长的增加,桥梁端部温度变形较大且受到约束,会在外侧桥墩及主梁内产生较大的温度应力,为解决这一问题,可采用连续梁与连续刚构的组合形式,既能获得连续刚构在刚度和节省支座方面的优势,又可以解决温度应力问题,从而获得良好的力学经济性能。

重庆石板坡长江大桥复线桥的桥跨布置为 87.75m + 4 × 138m + 330m + 133.75m,总长 1103.5m,如图 8-39 所示。由于全桥总长较长,边墩与主梁固结将承受过大的温度附加内力,为改善边墩柱的受力,通过优化全桥内部连接,中间桥墩采用刚构,边墩采用连续梁的组合体系。

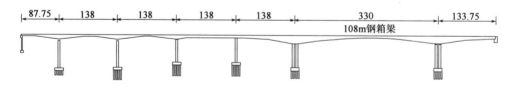

图 8-39 石板坡长江大桥复线桥总体布置(尺寸单位:m)

此外,对于 V 峡谷地区的连续刚构桥,中墩墩高较高,可以很好地适应温度变形,而边墩可能将设置在山壁,导致墩高非常的矮。云南红河大桥(图 8-40)为 58m + 182m + 265m + 194m + 70m 的 5 跨不等跨预应力混凝土连续刚构桥,共有 4 个桥墩,最高 3 号墩高 121.5m,最矮 1 号墩高 21.85m,两墩抗推刚度差别很大。连续刚构桥的温度内力和制动力按照主墩抗推刚度来分配,所以矮墩承担的温度水平力和制动力较大,靠近桥台侧受到的弯矩也较大,导致内、外侧两片墩的轴力相差也较大,增加了桥墩设计的困难。如果在1号墩顶上设置支座,释放掉温度力、混凝土收缩徐变、预应力产生的水平位移,形成连续梁-连续刚构组合体系,将避免对1号墩进行受力调整,大幅降低设计和施工难度大。采用组合体系后,桥梁的外形几乎没有改变,不影响整体的景观效果。

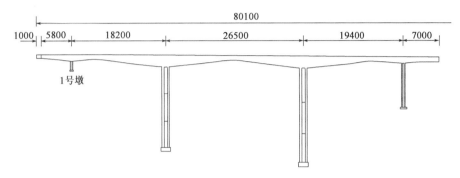

图 8-40　红河大桥总体布置(尺寸单位:cm)

8.3.4　其他体系和约束的控制措施

1)常泰长江大桥的温度自适应塔梁约束体系

连通常州市和泰兴市的常泰长江大桥主航道桥采用主跨1176 m斜拉桥,孔跨布置为142m+490m+1176m+490m+142m,如图8-41所示。主梁采用双层桥面钢桁梁,上层布置双向6车道高速公路,下层布置双向4车道普通公路和2线城际铁路,桁宽35 m,桁高15.5 m,桥塔采用空间钻石型结构,塔柱总高(塔座顶至塔顶)340 m。

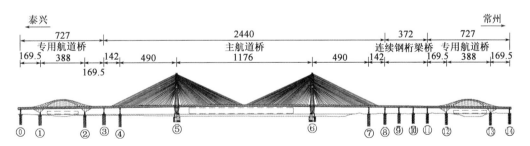

图 8-41　常泰长江大桥正桥立面布置(尺寸单位:m)

在该桥结构体系设计时,首先研究了半漂浮体系和塔梁约束体系。半漂浮体系方案[图8-42a)]桥塔、边墩和辅助墩上、下游侧均设纵向活动支座,上游侧支座同时约束横向位移,5号、6号2个桥塔和主梁之间分别设置8个纵向阻尼器。塔梁约束体系方案[图8-42b)]5号桥塔处上、下游侧均设纵向固定支座,6号桥塔与其余边墩和辅助墩上、下游侧均设纵向活动支座,上游侧支座同时约束横向位移,6号桥塔和主梁之间设置8个纵向阻尼器。

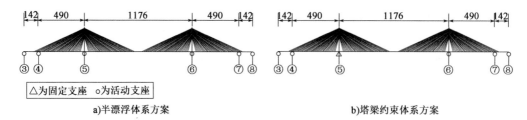

a)半漂浮体系方案　　　　　　　　　　　　b)塔梁约束体系方案

图8-42　结构体系方案(尺寸单位:m)

对于梁端位移,两种方案主梁温度不动点位置不同(见图8-43),半漂浮体系方案温度不动点位于中跨跨中,5号和6号塔侧梁端位移均为0.434 m;塔梁约束体系方案温度不动点位于5号塔侧,导致5号塔侧(固定侧)梁端位移为0.229 m,比半漂浮体系方案降低了47%,6号塔侧(活动侧)梁端位移为0.650 m,比半漂浮体系方案增加了50%。

a)半漂浮体系方案　　　　　　　　　　　　b)塔梁约束体系方案

图8-43　温度荷载作用下两种体系的变形

对于静力荷载下的塔底纵向弯矩,与半漂浮体系方案相比,塔梁约束体系方案中5号塔由于传力路径改变,缩短了力臂长度,塔底弯矩分别降低了64%和75%;6号塔侧梁端与温度不动点之间的主梁长度比半漂浮体系方案大,因此,由温度荷载引起梁端变形带动桥塔变位产生的塔底弯矩比半漂浮体系方案增加了近2倍。

同时,半漂浮体系方案在纵风荷载、制动力、温度、地震等作用下梁端位移幅值达2.8m,伸缩装置的设计、制造和养护难度大。

可以看到,塔梁约束体系方案2承受纵向荷载能力强;半漂浮体系方案温度不动点在主梁中点,两侧温度变形相等,温度荷载作用下塔底弯矩更优。因此,有必要将这两者的优点结合起来,构思一种既能在塔梁之间传递纵向力,又能适应体系温度变化而不增加结构内力的结构体系。

在常泰长江大桥主航道桥设计过程中,中国工程院秦顺全院士创新性地提出了"温度自适应塔梁约束体系"(Thermal-Adapting Tower-Deck Restraint System,简称TARS),即将梁上约束点(温度不动点)设置在中跨跨中,采用温度敏感性极低的碳纤维复合材料(CFRP)连杆将不动点与桥塔连接作为纵向约束,改变了风荷载与活载的传力路径,降低了主塔弯矩,且不增加温度荷载产生的内力,实现塔梁约束体系对温度的完全自适应。

对于常泰长江大桥主航道桥结构,若要使温度不动点位于中跨跨中,塔梁约束关系就需要纵向对称设置,即 5 号、6 号塔处塔梁均被约束时,体系温度变化在桥塔会产生比半漂浮体系方案和塔梁约束体系方案更大的塔底弯矩。为此,设计采用了秦顺全院士提出的温度自适应塔梁约束体系的构思,如图 8-44 所示。对称布置的半漂浮体系斜拉桥在体系温度升降时跨中 A 点为不动点。因此,约束 A 点纵向位移,不会限制结构体系温度升降时的变形释放。体系温度升降时,结构温度变形特性和半漂浮体系斜拉桥并无区别。如果将主梁跨中 A 点与桥塔的 B 点和 C 点连接起来,则既实现了塔梁的纵向约束,也不影响温度变形释放。但前提是连接主梁跨中点与桥塔的连杆 AB 和 AC 自身具有温度变形惰性,不会产生温度附加力。

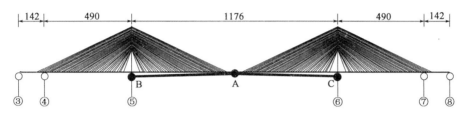

图 8-44 温度自适应塔梁纵向约束体系(尺寸单位:m)

为实现连杆的温度变形惰性,利用 CFRP 材料具有强度高、自重轻,且温度线膨胀系数仅为钢材的 1/2 的特点,在主梁上、下游每侧布置 8 根 CFRP 水平索,每个桥塔与跨中均设 16 根,全桥共 32 根。布置在主桁下弦杆件底面,一端锚固于跨中主梁下弦节点上,另一端锚固在桥塔横梁上,张拉端设置在桥塔横梁侧。阻尼器布置与半漂浮体系一致。

采用温度自适应塔梁约束体系后,由于对称设置了纵向水平索,结构纵向刚度增大,梁体纵向位移降低。相比半漂浮体系方案,梁端位移幅值从 2.81m 降低为 1.88m,降幅 33%,更有利于梁端伸缩装置的设置。温度荷载下桥塔塔底弯矩比塔梁约束体系降低了 70%,与半漂浮体系方案相同。由于水平索将主梁受到的纵向风荷载直接传递到桥塔的下横梁处,改变了荷载的传力路径,风荷载作用下的塔底弯矩比半漂浮体系方案降低了 40%,改善了桥塔的受力。

2)满足特殊温度变形要求的构造

在桥梁中,通常在需要设置伸缩缝的位置都存在铰。例如,梁端与相邻主梁的连接处或者主梁跨中带铰的铰接点处。为了提高结构的刚度,有时设计师更希望梁端不设铰,可以传递弯矩的同时实现自由伸缩,这就突破了常规伸缩装置的构造要求。例如建造多塔斜拉桥时,为了提高结构的刚度,希望主梁是连续体系,且主梁与桥塔固结,但在长年温差效应作用下,主梁纵向自由伸缩受到塔柱的约束,因而在塔柱内将产生巨大的弯矩。

要解决这一问题,最好的措施是让主梁能够自由伸缩,但是,又不通过设置铰而降低抗弯刚度,因此,德国的 Schiliesh 教授就提出了实现上述功能的滑动梁构造设想,如图 8-45 所示。

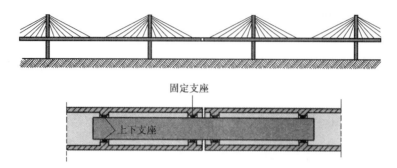

图 8-45 可以伸缩且传递弯矩的构造

美国加利福尼亚州圣迭戈的奥泰河大桥(图 8-46)于 2007 年建成,为跨径 53.5m + 10 × 90.5m + 53.5m 的连续刚构桥,桥宽 23m,采用双箱单室,采用短线节段预制。全桥设 3 道跨中刚性铰(可滑动内梁),可实现主梁的轴向伸缩并传递弯矩(图 8-47)。

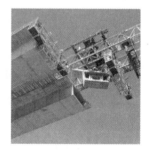

图 8-46 奥泰河大桥

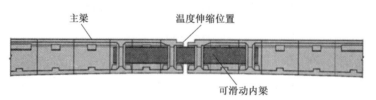

图 8-47 奥泰河大桥跨中刚性铰构造

位于克罗地亚的杜布罗夫尼克市的弗拉尼奥·图季曼大桥(图8-48),是一座结合梁斜拉桥与预应力混凝土刚构连接的协作体系桥梁,于2001年建成,桥梁全长484m,其中结合梁斜拉桥部分长337m,预应力混凝土箱梁刚构部分长147m,主跨304.05m。在结合梁斜拉桥与预应力混凝土箱形截面刚构桥的连接点就采用了上述的刚性铰构造,有效提高了斜拉桥与刚构桥连接断面的刚度,同时又允许两桥之间主梁的纵向伸缩。

图8-48 克罗地亚弗拉尼奥·图季曼大桥

8.3.5 分段及分块施工方法

"跳仓法"是在大体积混凝土结构施工中,在早期温度收缩应力较大的阶段,将超长的混凝土块体分为若干小块体间隔施工,经过短期的应力释放,在后期收缩应力较小的阶段再将若干小块体连成整体,依靠混凝土抗拉强度抵抗下一阶段的温度收缩应力的施工方法,对于减少超长、超厚、超薄大体积混凝土的裂缝效果显著,是在传统的留置永久性伸缩缝和"后浇带"方法的基础上发展起来的一种施工技术。

"跳仓法"施工的原理是"抗放兼施,先放后抗"(图8-49)。通过合理设置跳仓间距,在跳仓施工阶段释放混凝土早期应力,即所谓"先放"。在封仓阶段,混凝土的抗拉强度已经有所增长,充分利用混凝土的约束减小应变,即所谓"后抗",进而达到控制混凝土裂缝的目的,一般将建筑物地基或大面积混凝土平面划分成若干个区域,按照"分块规划、隔块施工、分层浇筑、整体成型"的原则施工(图8-50)。

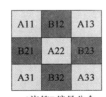

图8-49 "跳仓法"施工步骤

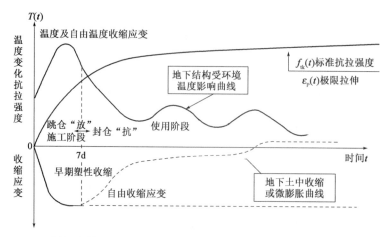

图 8-50 超长大体积混凝土"先放后抗"的地下工程"无缝跳仓法"原理

"跳仓法"主要用于超高、超大工业和民用建筑中,在桥梁工程也有采用,但是案例并不多。非洲最大跨悬索桥莫桑比克马普托·卡腾贝大桥(主跨680m)南锚碇基础混凝土内衬采用了跳仓法施工,南锚碇基础采用外径50m、壁厚1.2m的圆形地下连续墙加环形钢筋混凝土内衬支护结构,总深度56m。混凝土内衬原设计采用4段施工,并设置微膨胀混凝土后浇段。实际施工过程中,为实现"快撑快挖",将内衬分为了6段,采用跳仓法施工,取消了后浇段,先浇筑1、3、5段内衬,再浇筑2、4、6段内衬,上下两层内衬施工时错开竖向施工缝位置,缩短了施工工期(图8-51)。

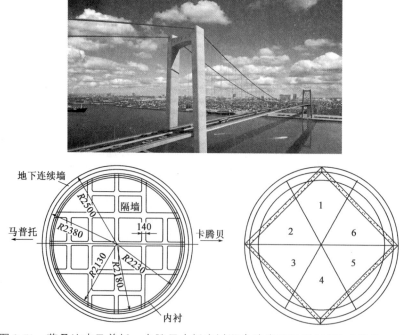

图 8-51 莫桑比克马普托·卡腾贝大桥内衬调仓法浇筑示意图(尺寸单位:cm)

8.4 温度效应控制方法——"防"

通过调整桥梁结构的热源、热边界条件和材料热物理性能等方式减小桥梁温度变化或降低温度分布的不均匀程度,可有效缓解桥梁的温度应力和温度变形,从改变温度作用的角度来控制结构的效应,这种方法可以称之为"防"。调整桥梁表面涂装降低对太阳辐射的吸收能力、混凝土箱梁开孔提高箱室内部的换热能力以及采用低热量水泥降低混凝土水化热温升等,均是典型的"防"的原则。

8.4.1 改善结构外部热交换条件

1) 调整辐射吸收率——优化箱梁涂装方案

日照引起的温度不均匀分布是引起桥梁构件温度自应力的重要原因。降低结构表面对太阳辐射的吸收能力即可降低构件局部的温度不均匀程度,降低温度应力水平。

太阳辐射吸收率与结构表面的粗糙程度及颜色相关。常规混凝土结构表面的太阳辐射吸收率一般在 0.4~0.6 之间,通过改变材料配合比的方式调整幅度有限。元强等开展了混凝土表面太阳辐射吸收率测试,白色、灰色和黑色油漆的混凝土表面太阳辐射吸收率分别为 0.15、0.45 和 0.57。如果进一步采用反射隔热涂层,太阳辐射吸收率调整的空间还会进一步增加。刘文燕等通过涂装反射隔热涂料来改变某高铁桥梁高墩的辐射吸收率,日照辐射作用下的桥墩各处温度幅值明显降低,最大可达 8.69℃。冀磊等配置出一种无砟轨道用反射隔热涂料,显著降低了轨道板温差;陈帅等在无砟轨道局部涂刷反射隔热涂料,白天辐射强时,反射隔热涂料降温效果可达 7~10℃,涂料涂刷区温度应力也会随之降低。

以内蒙古一混凝土箱梁和桥墩为例进行计算说明(图 8-52)。主梁采用 30m 标准跨径的 C50 混凝土小箱梁,原结构混凝土表面的太阳辐射吸收率为 0.6,在最不利的夏季,其竖向温度梯度模式中的顶部温差达到 18℃,底部温差为 5.2℃,在主梁产生的最大拉应力为 1.2MPa,与其他荷载叠加后有发生开裂的风险。

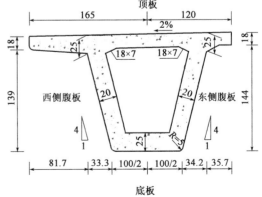

图 8-52 混凝土小箱梁断面图(尺寸单位:cm)

以混凝土小箱梁不同表面辐射吸收率为影响因素,取顶、底、东、西不同面的太阳辐射吸收率α分别等于0.2、0.4、0.6、0.8,设计四水平L22(4⁴)正交实验进行温度场计算,可得到22组太阳辐射吸收率组合下的箱梁桥竖向温差最大值。

通过回归分析,进一步得到小箱梁竖向温差与太阳辐射吸收率的相关关系,见式(8-23)和式(8-24):

西侧腹板竖向温差:

$$\Delta T_w = 4.6034 + 57.749\alpha_t - 2.029\alpha_b + 5.449\alpha_w \quad (8-23)$$

东侧腹板竖向温差:

$$\Delta T_e = 4.5450 + 59.482\alpha_t - 1.669\alpha_b + 3.958\alpha_e \quad (8-24)$$

式中:α_t——顶板吸收率;

α_b——底板吸收率;

α_w——西侧腹板吸收率;

α_e——东侧腹板吸收率。

为使ΔT_w和ΔT_e取值最小,即小箱梁截面竖向非线性温差最小,按上述参数水平,顶板、底板和西侧腹板、东侧腹板分别取表面太阳辐射吸收率为0.2、0.8、0.2、0.2,可分别取白色、黑色、白色和白色涂装。

涂装优化后的温度场和应力计算结果如图8-53所示。可以看出,涂装方案优化后,箱梁竖向非线性温差最大值从30℃降至10℃,最大降幅为66.7%。混凝土箱梁腹板的应力水平大幅度下降,从2.0MPa降到0.5MPa,最大降幅达到75%。

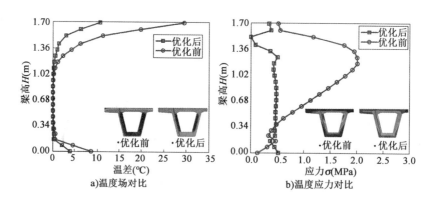

a) 温度场对比　　b) 温度应力对比

图8-53　涂装优化后的温度及应力结果

图8-54为意大利的一座连续刚构桥。出于景观效果考虑,该桥底板采用黑色涂装,腹板采用灰色渐变涂装。虽然设计师设计时并未考虑温度效应,但该涂装方案可以实现缓解日照温度效应的效果。

图 8-54　桥梁底部采用黑色涂装

2）减少或隔绝太阳辐射——增设太阳能板

影响桥梁结构日照温度场的最主要的环境因素是太阳辐射，通过合理的方法减少或隔绝太阳辐射即可有效降低温度作用，减小桥梁温度效应。

太阳能板作为可以通过反射和吸收太阳辐射有效降低箱体结构内外温差，同时所吸收的太阳能还可以转化为电能，带动制冷系统运行，降低箱体结构环境温度。除太阳能板外，浅色金属板也有太阳辐射吸收率低、吸收太阳辐射的能力。可以通过在已建桥梁箱体结构的两侧，利用白铁皮低辐射吸收率和其与桥梁外侧之间的空气流动，带走大量的热量，从而降低桥梁箱体外表面温度防止裂缝产生。

新伯克洛斯桥（New Boekelose Bridge，图 8-55）位于荷兰亨厄洛市，跨越特温特运河，是一座公路桥，跨径仅有 50m。主梁采用鱼腹式钢箱梁，顶板采用平钢板，在顶板上浇筑轻质混凝土形成桥面。为满足桥梁照明的需要，在桥面共铺设了约 $50m^2$ 的太阳能电池板。太阳能电池板上面覆盖高强度透明盖板，可以承受过往汽车的碾压。其设置太阳能板是为了满足桥梁照明需求，在设置太阳能板的范围内，理论上是可以降低日照作用下主梁的竖向温度梯度的。

图 8-55　荷兰新伯克洛斯桥

3）调整对流换热——混凝土箱梁开孔

除减少或隔绝太阳辐射外，从控制气温的角度也可以进行桥梁结构温度调控。从

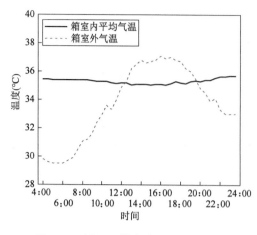

图 8-56　混凝土箱室内外气温实测数据

2017年8月21日对混凝土箱梁箱室内外空气温度实测数据(图8-56)可以看出,箱式内、外气温差异显著。一天内,箱外空气最大差值达到7.86℃,而箱内空气温度无明显波动。内外气温差可能导致结构板厚方向上存在较大温差。

同样以上述混凝土小箱梁为例,通过合理设置箱梁开孔,使箱室内外温度趋于一致,其余热物理边界不发生改变。开孔前后腹板里表温差以及腹板内侧拉应力对比如图8-57所示。可以看到,箱梁开孔可有效降低混凝土箱梁腹板的温差,开孔前后腹板里表最大温差从2.6℃降到2.0℃,降幅23%;相应地,混凝土箱梁的温度应力水平也得到有效降低,腹板内侧最大拉应力从2.9MPa降到2.2MPa,降幅达到24%。

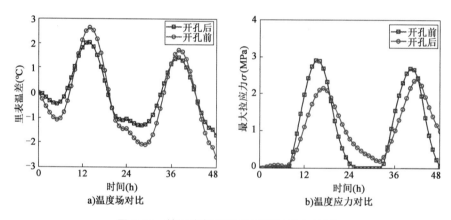

a)温度场对比　　b)温度应力对比

图 8-57　箱梁底板开孔后温度及应力结果

8.4.2　改善结构内部热传导条件

1)改善材料导热性能

除了控制结构外部的换热条件外,改善结构内部传热条件也可以达到控制桥梁温度场的目的。由于混凝土箱梁温度场的变化周期与日气温的变化周期相同且存在时间滞后性,若想降低混凝土与气温变化的相位差,可以从改善箱梁混凝土的导热性入手,使混凝土箱梁温度场的时间滞后性变小。混凝土的导热系数和比热容由组成材料的热工参数和混凝土配合比决定,可根据混凝土各组成成分的质量百分比加权平均计算。因此,可以从材料导热性能角度进行结构温度调节。混凝土作为多相材料,改变混凝土配合比或改变级配材料种类均可以实现对混凝土导热率的调节。

对上述混凝土小箱梁开展参数分析,得到了导热系数、比热容等热工参数对混凝土箱梁温度场的影响规律,见图 8-58 和图 8-59,可以看出,随着导热系数和比热容的增大,梁高和板厚方向的温差均呈现出减小趋势,但影响程度并不显著。

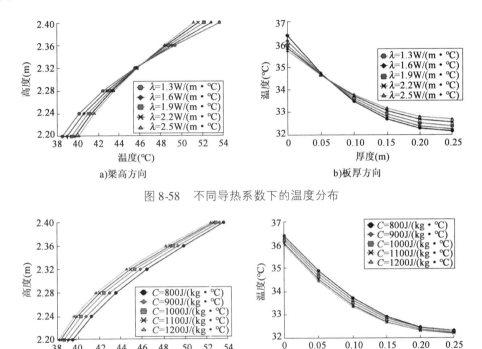

图 8-58　不同导热系数下的温度分布

图 8-59　不同比热容下的温度分布

在道路材料领域,为了降低沥青路面高温车辙变形和低温开裂,常采用相变材料调节路面温度场,将这种思路借鉴到桥梁工程领域,也可利用相变材料进行结构温度调控。

相变材料(phase change material,PCM)是指温度不变的情况下而改变物质状态并能提供潜热的物质。转变物理性质的过程称为相变过程,这时相变材料将吸收或释放大量的潜热。通过在桥梁结构所使用材料中合理添加相变材料,或在构件上合理设置由相变材料制作的装置可以达到降低温度作用的效果。

2)设置隔热层

在桥梁结构运营阶段,竖向温度梯度最主要的成因为顶面受到的太阳直射辐射。同时,结构竖向温差受到铺装种类及厚度的影响,《公路桥涵设计通用规范》(JTG D60—2015)及欧洲规范 Eurocode 1 均对不同铺装下的温差取值进行了规定(见"4.2　国内外桥梁规范关于温度作用的规定")。

沥青铺装厚度的不同可能会对桥面起到加热、隔热或保温的作用,以组合梁为例选取不同的沥青铺装厚度 $H_p=0\mathrm{cm}$、$5\mathrm{cm}$、$10\mathrm{cm}$ 和 $15\mathrm{cm}$,研究其对竖向温差的影响规律。从图8-60可以明显地看出,沥青铺装的厚度对混凝土桥面板温度梯度影响较大,对桥面板底部温度影响非常小。升温过程中,不同厚度沥青铺装在升温过程中起的作用不同,10cm 和 15cm 厚的沥青铺装可分别使混凝土桥面板表面温度减小 3.7℃ 和 8.6℃,起到明显的"隔热作用";5cm 厚的沥青铺装可使混凝土桥面板表面温度升高 2.3℃,起到明显的"加热作用"。降温过程中,沥青铺装对混凝土桥面板起到明显的"保温作用",15cm 厚的沥青铺装可使桥面板表面温度增加 7.7℃。

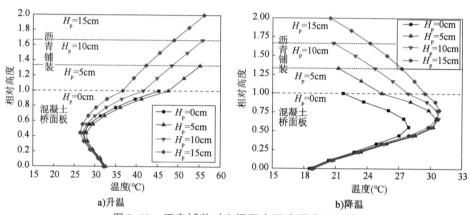

图 8-60　沥青铺装对主梁竖向温度梯度的影响

从图 8-61 可见,沥青铺装厚度的增加使白天钢-混界面处温差变小,故残余压应力减小;晚上钢-混界面处温差变大,故残余压应力减大。其对钢梁底部残余拉应力分布也有影响,随着沥青铺装厚度的增加,白天残余拉应力逐渐减小,晚上残余拉应力逐渐增加。

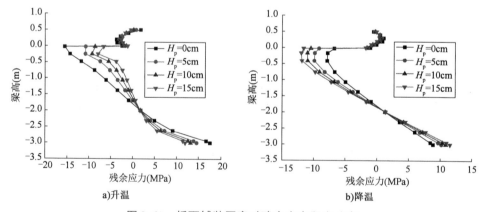

图 8-61　桥面铺装厚度对残余应力竖向分布

如果可以调整桥面铺装材料热学性能或设置隔热层,即可以达到降低由温度梯度引起的自应力和次应力,减少由温度梯度引起的主梁裂缝。沥青混凝土铺装宜由黏层、防水层、保护层及沥青面层组成,因竖向日照正温差较大,设置隔热层是降低局部日照温差对下部箱梁作用的有效途径之一。隔热层宜设置在防水层的下面,厚度不宜过大。

同样以"8.4.1 改善结构外部热交换条件"中的混凝土小箱梁为算例开展分析,计算模型及温差如图 8-62 所示。其中沥青铺装层厚 8cm,混凝土隔热垫层厚 10cm,材料性能见表 8-4。

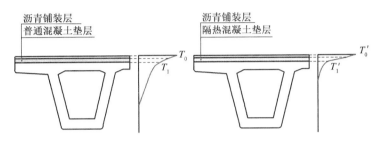

图 8-62 计算模型及温差示意

计算模型材料性能　　　　　　　　　　表 8-4

属性	沥青铺装层	混凝土隔热层
密度 (kg/m^3)	2450	1900
比热容 $[J/(kg \cdot ℃)]$	1600	890
导热系数 $\lambda [W/(m \cdot ℃)]$	1.6	0.3
线膨胀系数 $(℃^{-1})$	2.5×10^{-5}	1×10^{-5}
弹性模量 (MPa)	1400	34500

设置隔热垫层前后的混凝土箱梁温度作用和温度效应计算结果见图 8-63。可以看出,设置隔热垫层后混凝土箱梁顶板和梗腋位置竖向温差大幅度降低,甚至完全消除该位置竖向温差。同时,设置隔热层也可以有效减小顶板和腹板位置的温度应力,最大可降低 0.6MPa,降幅约 50%。

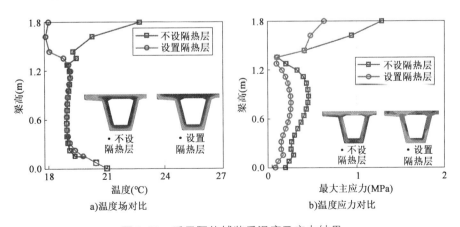

图 8-63 采用隔热铺装后温度及应力结果

目前,保温隔热措施在渡槽、大坝以及建筑外墙上应用较多。新疆塔西河石门子水库整个坝体表面喷涂聚氨酯硬质泡沫保温层,坝前喷涂3cm厚聚氨酯,坝后喷涂5cm厚聚氨酯,导热系数控制在0.03W/(m·℃)以下。喷涂保温隔热层后,当外界气温变化时混凝土内部不直接与大气进行热交换,混凝土表面温度梯度显著减小,外界气温在-20℃左右时,保温层下坝体混凝土一直保持在6~8℃,保温效果良好,有效防止了大坝混凝土裂缝的开展。曹伟等计算发现,通过给薄壁混凝土桥塔外侧塔壁设置厚度为15mm的聚氨酯保温板,桥塔内外温差可从13.6℃降低至4.3℃,温度拉应力可从2.31MPa降至1.7MPa。

8.5 施工阶段桥梁温度效应控制

8.5.1 基于温度效应确定合理的施工时机

日照作用下,桥梁结构温度分布复杂,特别是缆索体系桥梁,各桥梁部件温度分布存在显著差异。斜拉桥为多次超静定结构,施工周期长,影响因素多,部件温差和温度梯度将对其施工过程线形和内力变化产生重要影响。通过分析施工过程中温度作用对结构的影响,降低温度的不利影响,明确合理的施工时间,可为桥梁施工控制提供参考和依据。

1)考虑温度效应的组合梁斜拉桥施工时机

依据"4.3.6 组合梁斜拉桥的温度作用"中的组合梁斜拉桥部件温差分析结果,可以看出部件的平均温度和等效线性温差均在夏季和冬季达到最值,以下主要对青海省海黄大桥组合梁斜拉桥施工阶段夏季和冬季的温度效应进行分析。采用Midas/Civil建立杆系有限元模型对组合梁斜拉桥施工阶段温度效应进行分析。假定结构初始温度为合龙温度10℃,以夏季和冬季的温度作为温度荷载,施加于杆系模型上。选取最大单悬臂工况进行分析,模型图8-64所示。

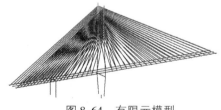

图8-64 有限元模型

最大单悬臂状态为梁河心侧最大悬臂,河岸侧跨过辅助墩,但未与过渡墩连接,梁端仍自由。此时温度效应将对边跨、中跨的合龙有很大影响。

在最大单悬臂工况下,塔梁位移在温度作用下的变化情况如图8-65所示。梁竖向位移受平均温度和温度梯度影响均较大,塔顶偏位仅在温度梯度下有明显变化。因此,在确定主梁高程时,应该避开斜拉桥各部件平均温度差较大的时段,并选择组合梁温度梯度较小的时段,1:00—6:00 比较合理。18:00—24:00 平均温度引起的位移改变迅速,不适宜主梁高程的控制。对塔顶偏位的监测,宜选择在 10:00 以前。

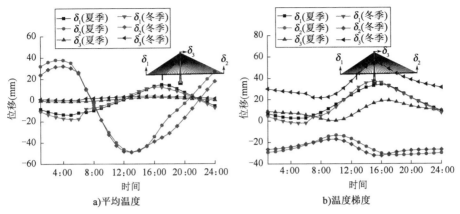

图 8-65 塔梁位移

拉索索力在夏季温度作用下的变化情况如图 8-66 所示。平均温度对短索索力影响显著,温度梯度对长索索力影响较大。在平均温度作用下,短索 S1 和长索 S22 日变化值最大分别达到 25.3MPa 和 10.4MPa;在温度梯度作用下,短索 S1 日变化值仅 1.1MPa,长索 S22 日变化值为 7.9MPa。

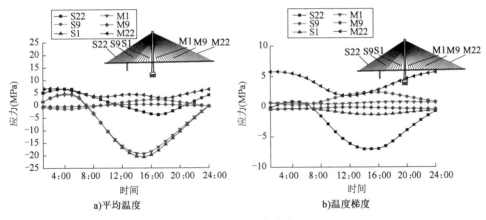

图 8-66 拉索索力

海黄大桥塔高 186.2m,主梁标准节段长 12m,根据《公路斜拉桥设计规范》(JTG/T 3365-01—2020)中对施工阶段控制精度的要求,相邻节段相对高程误差不应超过节段长度的 ±0.3%,索塔的倾斜度应控制在 $H/3000$ 以内,且不大于 30mm,斜拉索索力允许误差不宜大于 5%,即主梁控制精度应为 ±36mm,索塔偏位不应超过 30mm,斜拉索索力允许误差不宜超过 5%。为保证上述施工控制精度目标,可通过合理安排梁段匹配、安装时间及索塔偏位和索力监测时间,减小由温度造成的施工误差,使成桥后线形和内力满足设计目标。

施工过程中由有效温度和温度梯度引起的总的温度效应如图 8-67 所示,通过与规范限值对比得出的主梁高程、塔顶偏位及斜拉索索力的合理施工控制时间见表 8-5,斜拉索索力变化值在规范允许范围内,但应避开对索力影响较大的 08:00—20:00 时间段。

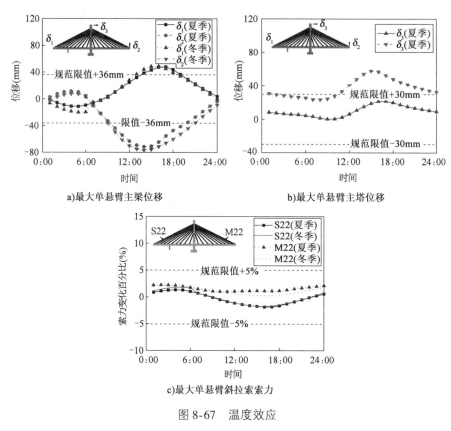

图 8-67 温度效应

合理施工控制时间　　　　　　　　　　　　　　表 8-5

季节	河心侧	河岸侧	塔顶	拉索
夏季	20:00—09:00	21:00—13:00	全天	全天
冬季	21:00—09:00	19:00—12:00	02:00—10:00	全天

2) 考虑温度效应的大节段钢箱梁焊接施工时机

大跨径桥梁中,钢结构桥梁占有极大的比重。大节段钢箱梁整体吊装施工方法已经在国内外广泛应用。但其施工阶段受力复杂、施工控制影响因素较多、温变影响显著等问题加大了桥梁线形的控制难度。

在钢箱梁大节段安装架设时,已架设大节段与待架设大节段在焊接合龙的位置都会出现一定的梁端夹角,根据梁端夹角计算值,需对钢箱梁顶板和底板进行配切修正,以保证大节段平顺连接。在大节段安装施工过程中,由于制造误差、施工误差、温度等因素的影响,均会对现场安装大节段的梁端夹角造成影响,根据现场情况可以选用调整焊缝、调整支座高度、压重等手段进行调节。顶板和底板应在温差较小(如2℃以内)的时间段内进行吊装架设,因此一般选在夜间施工。但实际施工过程并不能保证所有吊装过程都能满足此要求,因此应结合实际温变情况,根据温度梯度对梁端夹角作用选择合适的焊接作业时机,使当前温度梯度对梁端夹角的影响最小,即可直接焊接以满足合龙工作的需要。

王凌波等以港珠澳大桥工程中深水区非通航孔桥的钢箱梁桥为研究背景,研究了温度梯度变化对等跨径等截面连续钢箱梁制作及架设过程中由于线形变化而引起的匹配焊接的问题。在明确了温差与梁端夹角关系的基础上,根据实测夏季、冬季典型气候下顶板和底板温差变化趋势(图8-68),确定了临时焊接的顶板和底板温差范围及适合的焊接时间段(表8-6)。

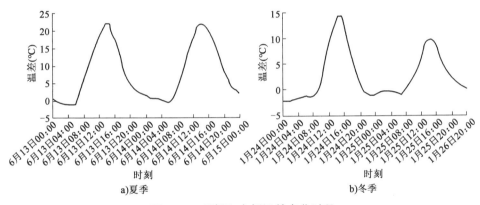

图8-68 顶板和底板温差变化时程

不同焊接端口在夏、冬两季典型气候下的最佳焊接时间段　　表8-6

端口	适合焊接温差范围	最佳焊接时间段			
		夏季		冬季	
		2014.6.13	2014.6.14	2014.1.24	2014.1.25
2号和3号端口	0~10℃	0:00—9:00 19:50—24:00	0:00—9:50 19:15—24:00	0:00—12:20 16:45—24:00	全天
3号和4号端口	0~7℃	0:00—8:20 18:45—24:00	0:00—9:00 20:40—24:00	0:00—10:20 17:40—24:00	0:00—12:40 16:50—24:00
4号和5号端口	0~7℃	0:00—8:20 18:45—24:00	0:00—9:00 20:40—24:00	0:00—10:20 17:40—24:00	0:00—12:40 16:50—24:00
5号和6号端口	0~8℃	0:00—8:30 18:20—24:00	0:00—9:20 20:40—24:00	0:00—11:45 17:20—24:00	0:00—12:50 16:30—24:00

8.5.2 合龙温度与成桥初始内力状态

1）不同合龙方法对斜拉桥成桥内力的影响

斜拉桥的合龙是将斜拉桥从施工期结构体系转换为成桥结构体系的过程，一般包括合龙口调整和锁定、合龙段安装、主梁临时约束解除以及主要临时荷载拆除等多个步骤。合龙是斜拉桥施工的最为重要的工况之一，合龙前后结构内力状态将发生显著变化，是施工控制的重点。斜拉桥一般可采用"温度配切合龙"和"无应力合龙"两种方法实现。温度配切合龙通过现场配切合龙段长度以适应实际温度情况下的合龙口宽度，合龙速度快，但会改变主梁的无应力长度，由于合龙温度与设计基准温度不符，对成桥内力影响比较大，会导致桥梁内力偏离设计状态。

无应力合龙一般采用两种方式：

"自然温度合龙"：首先，进行不少于48h合龙口尺寸连续观测，根据合龙口宽度观测结果和合龙时可能达到的温度条件，指定合龙温度，并根据该温度时的合龙口宽度作为合龙段的长度。然后待现场的温度条件适宜时锁定合龙口（一般采用劲性骨架锁定，仅释放合龙口纵向自由度），起吊合龙段至合龙口后再锁定纵向自由度，至此完成力学意义上的结构合龙，最后焊接合龙缝，合龙过程完成。这种合龙过程对环境温度条件的依赖程度很高，可称之为温度合龙。

"顶推合龙"：基于无应力状态理论和双目标几何控制原理，合龙前不需要进行合龙口观测，按正常梁段制造流程，以设计基准温度下的尺寸加工合龙段即可，当合龙温度与设计基准温度不一致时，通过主梁临时顶推构造措施调整合龙口形状以实现结构合龙。这种合龙过程以几何控制法为基础，通过调整合龙口几何形状实现合龙。

从上述合龙过程的分析可以看出，温度配切合龙是以指定合龙温度下的合龙口宽作为合龙段长度的，若指定的合龙温度与设计基准温度不一致，则将导致合龙段长度与设计合龙段长度间存在偏差，从而导致附加变形和应力，其原因可通过图8-69的示例说明。设基准温度下合龙口宽度为 D，当指定合龙温度低于基准温度时，由于主梁缩短，此时合龙口宽度将变化为 $D+\Delta$，合龙段的长度也为 $D+\Delta$。此时，合龙后，当温度恢复至基准温度时，相当于合龙段向两侧各施加了 0.5Δ 的强迫位移，不可避免地在主梁中产生温度附加应力，并将导致索力、主梁线形、塔偏的改变。对于指定合龙温度高于基准温度的情况也有相同的结论。

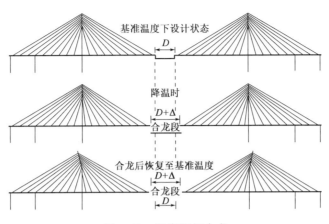

图 8-69 温度配切合龙

图 8-70 所示是基于几何控制的合龙方法,也即无温度效应合龙。合龙段长度即为基准温度下设计合龙段长度即 D,当合龙温度低于基准温度时,合龙口宽度也为 $D+\Delta$,此时在合龙段两侧各存在宽度为 0.5Δ 的合龙缝。在几何合龙中,通过施加外力(如在塔中心处顶推主梁)的方式调节合龙口宽度至 D,并在此时将施工期结构体系转换为成桥结构体系。在锁定合龙口定位架并卸除顶推力时,主梁中的附加轴力即为顶推力 P,可以证明顶推力 P 与降温至合龙温度时的温度力相等。可见,这实际上相当于将降温时的温度位移和温度力预先施加在结构上。若温度恢复至基准温度,则合龙口宽度仍为 D,此时与合龙段的长度正好是匹配的(理论上此时合龙段长度将变化为 $D+\Delta l_1$,但由于合龙段长度较短,Δ 很小,可忽略不计),因此不会产生温度附加应力和变形。

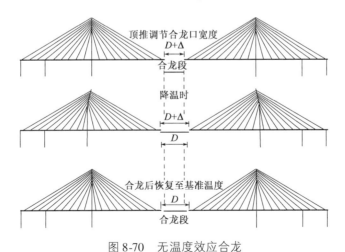

图 8-70 无温度效应合龙

根据上述分析可以看出,在基于几何控制的合龙方法中,合龙口宽度是通过外力来调节的,因此无论在何种温度下均可实施,只需根据合龙口宽度的不同变化顶推力即可,对环境条件基本无要求,而且从根本上消除了实际合龙温度与设计温度不一致带来的温度效应,故可称为无温度效应合龙。

2)某斜拉桥施工后主梁翘梁事故分析

某斜拉桥系一座有背索独塔单索面(两排索均布置于主梁中分带内)斜拉桥,桥梁南侧主跨跨径135m,北侧背跨跨径110m(跨间设辅助抗拉墩),如图8-71所示。主梁采用弧形边腹板钢箱梁结构,全宽37m,梁高3.2m。在3号和4号墩顶设普通盆式支座,在5号和6号墩顶各设2个抗拉支座。该桥的主要施工顺序为:施工下部桩基、承台及桥塔→架设河道内临时钢管墩,搭设主梁施工支架→施工主梁→张拉斜拉索→施工桥面系→调索→成桥运营。在该桥主梁拼焊后,自桥塔向南、北侧成对张拉斜拉索至S14和N14号边索时,南侧3号和北侧6号墩顶的主梁突发梁端翘起(支座脱空)事故(图8-72),南侧脱空值 $\Delta_3 = 4.8cm$,北侧脱空值 $\Delta_6 = 6.5cm$。事故造成北侧6号墩顶的抗拉支座与其垫石拉脱损毁;5号墩顶抗拉支座虽然并未脱空,但拉压状况不明。

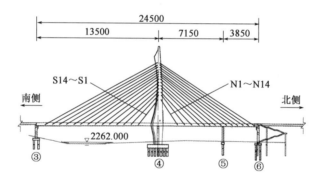

图8-71 某斜拉桥主桥立面布置(尺寸单位:cm)

图8-72 支座脱空

事故现场勘查发现,支座脱空值随温度变化而有明显变化,气温低的清晨脱空值达到最大,而气温相对较高的午后且太阳直射时脱空值最小,甚至可落回支座顶面;采取减小边索索力以及增大梁端压重等措施均不能使主梁落回至支座。考虑到在施工桥面铺装前,钢箱梁顶板直接受到太阳辐射,结构温度效应更明显。因此,初判事故是由温度作用导致。温度作用主要包括斜拉索和桥塔温差、斜拉索左右侧面温差、桥塔局部温差、斜拉索与主梁间温差、体系温差和主梁温差等。考虑到事故成因可能是上述各因素的组合,且主梁施工期间留存的实测温差数据匮乏,为分析事故原因、安全科学地处理此次事故,建立大桥有限元模型,采用多因素组合分析法研究各种温度作用对主梁翘起事故的影响,并提出事故处理方法。

该桥主梁的拼焊工艺为:在气温最低的清晨,首先在箱梁内部进行箱梁底板焊接;在气温升高的中午直至下午,依次进行腹板和顶板焊接。同时,查阅该桥施工记录及施工期间的温度资料可知,在主梁拼焊时未采取相关的恒温措施。在气温升高的过程中,梁体的各纤维层会逐渐伸长,因此,主梁拼焊后会形成如图 8-73 所示的楔形焊缝。主梁焊接后,随着气温的降低,箱梁顶板和底板温度将趋于一致,而施工时产生的梁顶伸长变形($\Delta_1 + \Delta_2$)将回缩;但回缩会受到焊缝和梁体自重的约束,从而在梁体内产生温度次内力。定义 Δt_1 为焊接温差,即由于上述不合理的拼焊工艺导致的"存储在梁体内的等效温差"。因此,主梁温差($\Delta t_1 + \Delta t_2$,即主梁综合温差)应为"焊接温差"与某一时刻主梁实际日照温差(Δt_2)的叠加。主梁综合温差随 Δt_2 的变化而发生变化:当 Δt_2 变化至箱梁节段拼焊完毕时的实际日照温差时,主梁综合温差为 0℃;而在清晨温度最低时($\Delta t_2 = 0℃$),主梁综合温差达到最大值。

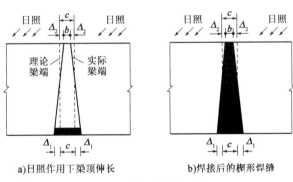

图 8-73 楔形焊缝示意图

Δ_1-焊接箱梁底板时,实际钢梁两端较理论梁端的回缩值; Δ_2-梯度升温导致的梁体纤维伸长量; c-理论梁间距; b-箱梁拼焊接完毕后梁顶实际间距

由于在清晨梁内实际温度场是基本均匀的,因此,在支座最大脱空时刻,主梁中并不存在真实的日照温差,即 $\Delta t_2 = 0$,焊接温差 $\Delta t_1 = -33.3℃$。由此可见,由于焊接工艺而导致的焊接温差很大,且为负温差。综上可知,焊接温差 Δt_1 对主梁翘起事故的影响最

大,是导致斜拉桥翘梁事故的主要原因,即不合理的拼焊工艺导致钢箱梁顶板和底板焊接温差较大,并在钢箱梁内形成长期的温度次内力。

根据主梁翘起事故原因分析,考虑焊接温差的影响,通过有限元计算分析确定了调索方案。通过调整两侧斜拉索索力使得主梁回落。每次调索均选择在主梁综合温差绝对值较大的时段(清晨,即主梁翘起值最大时)进行。结合有限元计算结果(在有限元模型中输入主梁综合温差 -33.3℃),最终确定的斜拉索索力调整值。同时,应分级调整 S11~S14 和 N11~N14 号斜拉索的索力值,每级索力调整值不大于200kN。在调索过程中,实时监控桥塔偏位,保证桥塔不得向南侧偏位且向北侧偏位不大于3cm。最终成功实现了钢箱梁的回落,并使3号和6号桥墩支座产生了1500kN的支座反力。

8.6 温度效应的有效利用

桥梁温度变形受到约束会产生较大的次内力,如果与恒载或活载内力相反,则能起到优化桥梁内力状态的作用,可对此加以利用。

8.6.1 利用环境温差的桥梁预应力综合加固方法

邢兵给出了利用温度次内力进行结构内力优化调整的案例,见图8-74。可以看到,在恒载作用下,无铰拱桥在拱脚位置为负弯矩,与活载等作用效应叠加,易产生拱脚顶面开裂问题;在整体升温作用下,拱脚为正弯矩,可与恒载弯矩作用抵消;而在整体降温下拱脚为负弯矩,此时结构温度次内力与恒载方向一致,作用效应叠加可能加剧拱脚开裂问题。

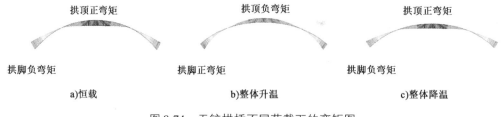

图 8-74 无铰拱桥不同荷载下的弯矩图

因此,可利用超静定结构由于变形(环境温度引起)受约束产生次内力的原理,巧妙地借助环境温差作用对待加固结构进行临时内力调整,使得加固后新加固混凝土处于预压或者预拉(结构预应力)状态,减小了新老混凝土的应力差,改善了加固组合截面的受力性能。

肖军给出了一种针对超静定桥梁结构的温度内力自适应控制案例,原理如图8-75所示。同样以无铰拱桥为例,在环境降温作用下,无铰拱桥拱脚处为负弯矩[图8-75a)],可能加剧拱脚处开裂问题;对此,在夏季温度较高的情况下,预先在拱肋弯矩零点附近设置非主动张拉的预应力钢绞线[图8-75b)];之后当环境温度再次降低时,拉索受降温影响而出现拉力,该拉力对拱脚产生正弯矩,可部分抵消超静定拱桥由于环境降温带来的附加弯矩[图8-75c)]。拉索的设置采用单向锁定,即使得拉索仅在降温作用下对结构起作用,而在升温情况下自动与拱桥分离。

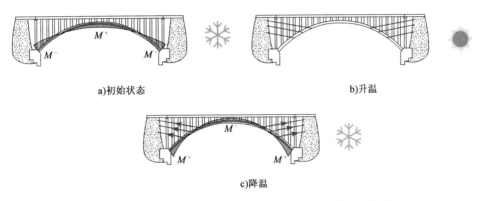

图 8-75　利用环境温差的无铰拱桥预应力综合加固方法

8.6.2　利用温度效应的梁式桥病害处治方法

对于中小跨径梁桥,特别是有纵坡时,在服役过程中时常会发生伸缩缝顶死,使其失去该侧变形能力。但在日照温度和环境温度升高作用下主梁有继续向该侧伸长的趋势,此时会导致主梁端部及桥台处发生损坏、支座剪切变形过大而破坏,结构不再符合受力图式,影响桥梁耐久性和行车安全性。

传统桥梁养护方案需要中断交通,采用千斤顶等设备实现主梁的移动,操作较为复杂。在此,提出一种通过日循环温度变化来实现梁体移动的方法。白天升温和夜晚降温作用分别会导致梁体产生纵向伸长和缩短变形,该温度变形每日会进行一次循环。依据此,可借助桥梁自身的温度变形实现移动桥梁的目的,方法原理如图8-76所示。

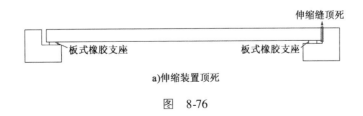

图　8-76

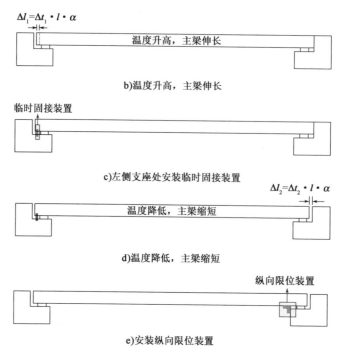

图 8-76 基于温度变形的梁式桥移梁方法原理

a）由于对安装温度或纵坡调平考虑不当，导致桥梁一侧伸缩缝顶死；

b）顶死后右侧无法变形，在日间升温阶段主梁将向左侧伸长 Δl_1；

c）主梁左侧伸长后，在左侧板式橡胶支座处设置临时固接装置；

d）在夜间降温阶段，由于主梁左侧设置有临时固接装置，梁体将向左侧缩短 Δl_2；

e）经过数次温度循环后，主梁将向左侧移动至预定位置，此时在右侧桥台/桥墩与主梁之间安装纵向限位装置，防止主梁整体再次发生向右过度移动顶死。对于长度 $l=30\text{m}$ 的混凝土梁，每日升温和降温均假定为 $\Delta t=15℃$，一次温度循环可以调整的位移为 $\Delta l=\alpha\cdot\Delta t\cdot l=1\times10^{-5}\times15\times30=4.5\text{mm}$，在年温差为 60℃ 的地区，循环 3～4 次，即可达到伸缩缝尺寸的要求。

参 考 文 献

[1] 刘永健,刘江,张宁. 桥梁结构日照温度作用研究综述[J]. 土木工程学报,2019,52(5):59-78.

[2] 刘永健,刘江. 钢-混凝土组合梁桥温度作用及效应研究综述[J]. 交通运输工程学报,2020,20(1):42-59.

[3] Liu J,Liu YJ,Zhang CY. Temperature action and effect of concrete-filled steel tubular bridges:a review [J]. JTTE (English Edition),2020,7(2):174-191.

[4] Leonhardt F,邓廷法,房国安. 混凝土桥梁的裂缝损害——原因及补救[J]. 国外桥梁,1980,02:2-15.

[5] Wittfoht H,刘全德. 意大利坎纳维诺桥在施工中发生破坏的原因[J]. 世界桥梁,1986(4):63-72.

[6] 樊健生,刘诚,刘宇飞. 钢-混凝土组合梁桥温度场与温度效应研究综述[J]. 中国公路学报,2020,33(4):1-13.

[7] American Association of State Highway and Transportation Officials. AASHTO LRFD Bridge Design Specification [S]. SI Units,2012.

[8] European Committee for Standardization. Eurocode 1, Actions on Structures, Part1-5: General actions-Thermal actions [S]. Brussels, Belgium: European Committee for Standardization,1991.

[9] British Standards Institution. BS5400: Steel, Concrete and Composite Bridges Part2. Specification for loads [S]. British Standards Institution,1978.

[10] 中交公路规划设计院有限公司. 公路桥涵设计通用规范:JTG D60—2015[S]. 北京:人民交通出版社股份有限公司,2015.

[11] 福州大学. 钢管混凝土拱桥技术规范:GB 50923—2013[S]. 北京:中国计划出版社,2014.

[12] 四川省交通运输厅公路规划勘察设计研究院. 公路钢管混凝土拱桥设计规范:JTG/T D65-06—2015[S]. 北京:人民交通出版社股份有限公司,2015.

[13] 招商局重庆交通科研设计院有限公司. 公路斜拉桥设计规范:JTG/T 3365-01—2020[S]. 北京:人民交通出版社股份有限公司,2020.

[14] 中交公路规划设计院有限公司.公路悬索桥设计规范:JTG/T D65-05—2015[S].北京:人民交通出版社股份有限公司,2015.

[15] 路桥集团第一公路工程局.公路桥涵施工技术规范:JTG/T 3650—2020[S].北京:人民交通出版社股份有限公司,2020.

[16] 中冶建筑研究总院有限公司、中交武汉港湾工程设计研究院有限公司.大体积混凝土施工标准:GB 50496—2018[S].北京:人民交通出版社股份有限公司,2020.

[17] LIN J, LIU Y J, ZHANG N, et, al. Research on temperature action and cracking risk of steel-concrete composite girder during the hydration process [J]. Archives of Civil and Mechanical Engineering, 2020, 20, 47.

[18] 朱伯芳.大体积混凝土温度应力与温度控制[M].北京:中国水利水电出版社,第2版,2012.

[19] 蔡正咏.混凝土性能[M].北京:中国建筑工业出版社,1979.

[20] LOUCHE A, CRISTOFARI C, NOTTON G. Study of the thermal behaviour of a production unit of concrete structural components [J]. Applied Thermal Engineering. 2004, 24: 1087-1101.

[21] HOTTEL H C. A simple model for estimating the transmittance of direct solar radiation through clear atmospheres [J]. Solar Energy, 1976, 18(2): 129-134.

[22] KEHLBECK F. Einfluss der sonnenstrahlung bei bruckenbauwerken [D]. Dusseldrof: Technische Universitat Hannover, 1975

[23] 张宁,周鑫,刘永健,刘江.基于点阵式测量的混凝土箱梁水化热温度场原位试验[J].土木工程学报,2019,52(3):76-86.

[24] 杨世铭,陶文铨.传热学[M].北京:高等教育出版社,2007.

[25] MIRAMBELL E, AGUADO A. Temperature and stress distributions in concrete box girder bridges [J]. Journal of Structural Engineering, 1990, 116(9): 2388-2409.

[26] LIU J, LIU Y J, ZHANG Z J. Numerical simulation on thermomechanical coupling behavior of early-age concrete in the large-scale steel-concrete connecting segment of a hybrid-girder cable-stayed bridge [J]. Journal of Bridge Engineering-ASCE, 2020, 25(11): 05020009.

[27] 宋爱国,王福然.北京地区晴天太阳辐射模型初探[J].太阳能学报,1993,(3):251-255.

[28] KJELLSEN,K O,LAGERBLAD B,et al. Hollow-shell formation-an important mode in the hydration of Portland cement [J]. Journal of Materials Science,1997,32:2921-2927.

[29] 石明霞,谢友均,刘宝举.水泥-粉煤灰复合胶凝材料的水化性能研究[J].建筑材料学报,2002,5(2):6.

[30] 李兴海.沥青混合料的热物理特性研究.[D] 哈尔滨工业大学,2007.

[31] 交通运输部公路科学研究院.公路工程水泥及水泥混凝土试验规程:JTG 3420—2020[S].北京:人民交通出版社股份有限公司,2020.

[32] 中国建筑科学研究院.混凝土热物理参数测定仪:JG/T 329—2011[S].北京:人民交通出版社股份有限公司,2011.

[33] 谢明志.山区复杂环境大跨度悬索桥主缆温度场效应及影响研究[D].重庆交通大学,2014.

[34] 甄英.川西高原近地面风速时空变化特征及影响因素[J].内江师范学院学报,2022,37(12):56-62.

[35] PEREZ I A,GARCLA M A,SANCHEZ M L,et al. Analysis of height variations of sodar-derived wind speeds in Northern Spain[J]. Journal of Wind Engineering and Industrial Aerodynamics,2004,92(10):875-894.

[36] SCHUTTER G D,TAERWE L. Degree of hydration-based description of mechanical properties of early age concrete [J]. Materials and Structures,1996,29(6):335-344.

[37] 刘兴法.混凝土结构的温度应力分析[M].北京:人民交通出版社,1991.

[38] 王魁汉.温度测量实用技术,第2版[M].北京:机械工业出版社,2020.

[39] 赵人达,王永宝.日照作用下混凝土箱梁温度场边界条件研究[J].中国公路学报,2016,29(7):52-61.

[40] KEHLBECK F. Einfluss der Sonnenstrahlung bei Bruckenbauwerken[D]. Dusseldrof:Technische Universitat Hannover,1975.

[41] 王永宝,赵人达,张双洋.桥梁结构温度场测点布置方法[J].沈阳建筑大学学报:自然科学版,2016(2):271-278.

[42] MAES M A,DILGER W H,BALLYK P D. Extreme Values of Thermal Loading Parameters in Concrete Bridges[J]. Canadian Journal of Civil Engineering,1992,19(6):935-946.

[43] FROLI M,BARSOTTI R. Statistical Analysis of Thermal Actions on a Concrete Segmental

Box-Girder Bridge[J]. Structural Engineering International, 2000, 10(2):111-116.

[44] ROBERTS-WOLLMAN C L, BREEN J E, CAWRSE J. Measurements of Thermal Gradients and their Effects on Segmental Concrete Bridge[J]. Journal of Bridge Engineering, 2002, 7(3):166-174.

[45] SHUSHKEWICH K W. Design of Segmental Bridges for Thermal Gradient[J]. PCI Journal, 1998, 43(4):120-137.

[46] LI D, MAES M A, DILGER W H. Thermal Design Criteria for Deep Prestressed Concrete Girders Based on Data from Confederation Bridge[J]. Canadian Journal of Civil Engineering, 2004, 31(5):813-825.

[47] 雷笑, 叶见曙, 王毅. 日照作用下混凝土箱梁的温差代表值[J]. 东南大学学报:自然科学版, 2008, 38(6):1105-1109.

[48] 叶见曙, 雷笑, 王毅. 基于统计分析的混凝土箱梁温差标准值研究[J]. 公路交通科技, 2009, 26(11):50-54.

[49] PEIRETTI H C, PARROTTA J I E, OREGUI A B, et al. Experimental Study of Thermal Actions on a Solid Slab Concrete Deck Bridge and Comparison with Eurocode 1[J]. Journal of Bridge Engineering, 2014, 19(10)-04014041:1-13.

[50] HEDEGAARD B D, FRENCH C E W, SHIELD C K. Investigation of Thermal Gradient Effects in the I-35W St. Anthony Falls Bridge[J]. Journal of Bridge Engineering, 2013, 18(9):890-900.

[51] LEE J H, KALKAN I. Analysis of Thermal Environmental Effects on Precast, Prestressed Concrete Bridge Girders: Temperature Differentials and Thermal Deformations[J]. Advances in Structural Engineering, 2012, 15(3):447-460.

[52] 陶翀, 谢旭, 申永刚, 等. 基于概率分析的混凝土箱梁温度梯度模式[J]. 浙江大学学报(工学版), 2014, 48(8):1353-1361.

[53] ABID S, TAYSI N, OZAKCA M. Experimental Analysis of Temperature Gradients in Concrete Box-girders[J]. Construction and Building Materials, 2016, 106(C):523-532.

[54] IM C K, CHANG S P. Thermal Behavior of Composite Box-girder Bridges[J]. Structures and Buildings, 2000, 140(2):117-126.

[55] LUCAS J M, BERRED A, LOUIS C. Thermal Actions on a Steel Box Girder Bridge[J].

Structures and Buildings,2003,156(2):175-182.

[56] LUCAS J M,VIRLOGEUX M,LOUIS C. Temperature in the Box Girder of the Normandy Bridge[J]. Structural Engineering International,2005,15(3):156-165.

[57] DING Y,ZHOU G,LI A,et al. Thermal Field Characteristic Analysis of Steel Box Girder Based on Long-term Measurement Data[J]. International Journal of Steel Structures,2012,12(2):219-232.

[58] 丁幼亮,王高新,周广东,等.基于长期监测数据的润扬大桥扁平钢箱梁温度分布特性[J].中国公路学报,2013,26(2):94-101.

[59] 王高新,丁幼亮,王晓晶,等.苏通大桥扁平钢箱梁温度场长期监测与统计分析[J].公路交通科技,2014,31(2):69-73.

[60] 刘扬,张海萍,邓扬,等.基于实测数据的悬索桥钢箱梁温度场特性研究[J].中国公路学报,2017,30(3):56-64.

[61] 王达,张永健,刘扬,等.基于健康监测的钢桁加劲梁钢-混组合桥面系竖向温度梯度效应分析[J].中国公路学报,2015,28(11):29-36.

[62] 徐丰.混凝土箱梁桥温度效应关键因素研究[D].武汉:华中科技大学,2009.

[63] Liu J,Liu Y J,Jiang L,Zhang N. Long-term field test of temperature gradients on the composite girder of a long-span cable-stayed bridge [J]. Advances in Structural Engineering,2019,22(13):2785-2798.

[64] CHEN Q. Effects of Thermal Actions on Texas Steel Bridges[D]. Austin:University of Texas at Austin,2008.

[65] Bridge Manual(2nd Ed). Section 3:Design Loading[S]. Transit New Zealand,2003.

[66] MISTRUCTE F T K A,MASCE L G T B,MPHIL M T B. Design Thermal Loading for Steel Bridges in Hong Kong[J]. Hkie Transactions,2001,8(2):1-9.

[67] 刘江,刘永健,房建宏,等.高原高寒地区"工"形钢-混凝土组合梁的竖向温度梯度模式[J].交通运输工程学报,2017,17(4):32-44.

[68] 李宏江,李湛,王迎军,等.广东虎门辅航道连续刚构桥混凝土箱梁的温度梯度研究[J].公路交通科技,2005(5):67-70.

[69] 中铁工程设计咨询集团有限公司.铁路桥涵混凝土结构设计规范:TB10092—2017[S].北京:中国铁道出版社,2017.

[70] Austroads,Bridge design,Part 2:Design loads. AS 5100.2[S]. Australia：Australian

Standard,2004.

[71] 史道济.实用极值统计方法[M].天津:天津科学技术出版社,2006.

[72] 国家气象科学数据中心[EB/OL],http://data.cma.cn/,1993-01-01/2015-01-01.

[73] 顾斌,谢甫哲,钱海,等.长江下游地区倒Y形混凝土桥塔有效温度的预测与极值估计[J].东南大学学报(自然科学版),2019,49(06):1124-1129.

[74] 李彬彬.基于极值理论与Copula函数的水文极值分析[D].河南:华北水利水电学院,2012.

[75] 张青雯,崔宁博,冯禹,等.基于气象资料的日辐射模型在中国西北地区适用性评价[J].农业工程学报,2018,2:189-196.

[76] Bahel V,Bakhsh H,Srinivasan R. A correlation for estimation of global solar radiation [J]. Energy,1987,12(2):131-135.

[77] Lee J H,Kalkan I. Analysis of thermal environmental effects on precast,prestressed concrete bridge girders: temperature differentials and thermal deformations [J]. Advances in Structural Engineering,2012,15(03):447-460.

[78] Priestley M J N. Design of concrete bridges for temperature gradients [J]. ACI Journal, 1978,75(5):209-217.

[79] 刘兴法.预应力混凝土箱梁温度应力计算方法[J].土木工程学报,1986,19(1):44-54.

[80] 张元海.箱形梁桥剪滞效应和温度效应理论研究及应用[D].成都:西南交通大学,2008.

[81] 任翔,黄平明,韩万水.混凝土薄壁箱形结构横向温度应力解析计算方法[J].中国公路学报,2012,25(1):76-82.

[82] 李维特,黄保海,毕仲波.热应力理论分析及应用[M].北京:中国电力出版社,2004.

[83] Elbadry M,Ghali A. Nonlinear temperature distribution and its effects on bridges [J]. International Association for Bridge and Structural Engineering Proceeding,1983,66:169-191.

[84] 彭友松.混凝土桥梁结构日照温度效应理论及应用研究[D].成都:西南交通大学,2007.

[85] 付春雨.混凝土梁桥的温度场与温度应力研究[D].成都:西南交通大学,2006.

[86] 汪剑.大跨预应力混凝土箱梁桥非荷载效应及预应力损失研究[D].长沙:湖南大学,2006.

[87] 刘永健,刘江,张宁,等.钢-混凝土组合梁温度效应的解析解[J].交通运输工程学报,2017,17(4):9-19.

[88] European Committee for Standardization. Eurocode 4: Design of composite steel and concrete structures [S]. Brussels, Belgium: European Committee for Standardization, 2005.

[89] 周良,陆元春,李雪峰.钢-混凝土组合梁的温度应力计算[J].公路交通科技,2012,29(5):83-88.

[90] Ellobody E, Young B. Performance of shear connection in composite beams with profiled steel sheeting [J]. Journal of Constructional Steel Research, 2006, 62(7):682-694.

[91] Loh H Y, Uy B, Bradford M A. The effects of partial shear connection in the hogging moment regions of composite beams: Part I—Experimental study [J]. Journal of Constructional Steel Research, 2004, 60(6):897-919.

[92] Loh H Y, Uy B, Bradford M A. The effects of partial shear connection in the hogging moment regions of composite beams Part II—Analytical study [J]. Journal of Constructional Steel Research, 2004, 60(6):921-62.

[93] 吴迅,陈经伟,肖春,等.温差、收缩引起的钢-混凝土组合梁界面处剪力作用研究[J].结构工程师,2009,25(1):41-44.

[94] 陈玉骥,叶梅新.钢-混凝土结合梁在温度作用下的响应分析[J].中国铁道科学,2001,05:51-56.

[95] 陈玉骥,叶梅新.钢-混凝土连续结合梁的温度效应[J].中南大学学报:自然科学版,2004,35(1):142-146.

[96] 朱坤宁,万水.温差和荷载引起的 FRP-钢组合梁界面剪应力分析[J].解放军理工大学学报:自然科学版,2011,12(4):387-392.

[97] 周勇超,胡圣能,宋磊,等.钢-混凝土组合梁的温度骤变效应分析[J].交通运输工程学报,2013,13(1):20-26.

[98] 阴存欣.钢-混组合梁温度及收缩效应分析的电算方法[J].中国公路学报,2014,27(11):76-83.

[99] ULM F-J, COUSSY O. Modeling of Thermochemomechanical Couplings of Concrete at Early Ages [J]. Journal of Engineering Mechanics, 1995, 121(7):785-794.

[100] CHOI S,CHA S W,OH B H. Thermo-hygro-mechanical behavior of early-age concrete deck in composite bridge under environmental loadings. Part 2:Strain and stress [J]. Materials and Structures,2011,44(7):1347-1367.

[101] BAZANT Z P. Constitutive equation for concrete creep and shrinkage based on thermodynamics of multiphase system. [J]. Materials & Structures,1970,3:3-36.

[102] 中交公路规划设计院有限公司. 公路钢结构桥梁设计规范:JTG D64—2015[S]. 北京:中华人民共和国交通运输部,2015.

[103] 中交公路规划设计院有限公司. 公路钢混组合桥梁设计与施工规范:JTG/T D64-01—2015[S]. 北京:中华人民共和国交通运输部,2015.

[104] RANZI G,BRADFORD M A. Analytical solutions for the time-dependent behaviour of composite beams with partial interaction [J]. International Journal of Solids & Structures,2006,43(13):3770-3793.

[105] 中交公路规划设计院有限公司. 公路钢筋混凝土及预应力混凝土桥涵设计规范:JTG 3362—2018[S]. 北京:中华人民共和国交通运输部,2018.

[106] 韩春秀. 徐变和收缩影响下钢-混凝土组合梁长期力学计算[M]. 重庆:重庆大学出版社,2018.

[107] 张宁,刘永健,刘江,等. 高原高寒地区H形混凝土桥塔日照温度效应[J]. 交通运输工程学报,2017,17(04):66-77.

[108] 尹冠生,赵振宇,徐兵. 太阳辐射作用下拱桥温度场研究[J]. 应用力学学报,2014,31(6):939-944.

[109] Zhu J S, Meng Q L. Effective and Fine Analysis for Temperature Effect of Bridges in Natural Environments[J]. Journal of Bridge Engineering,2017,22(6):04017017.

[110] Liu H B,CHEN Z H,ZHOU T. Theoretical and Experimental Study on the Temperature Distribution of H-shaped[J]. Applied Thermal Engineering,2012(37):329-335.

[111] 顾斌,谢甫哲,雷丽恒,等. 大跨桥梁结构三维日照温度场计算方法[J]. 东南大学学报(自然科学版),2019,49(4):664-671.

[112] 朱劲松,李雨默,顾玉辉,等. 钢箱-混凝土组合梁桥竖向温度梯度分析. 公路工程. https://kns.cnki.net/kcms/detail/43.1481.U.20210729.1645.008.html.

[113] Liu J, Liu Y J, Zhang C Y. Temperature action and effect of concrete-filled steel tubular bridges: a review [J]. JTTE (English Edition), 2020, 7(2): 174-191.

[114] 丁发兴,余志武.混凝土受拉力学性能统一计算方法[J].华中科技大学学报(城市科学版),2004(3):29-34.

[115] 沈健.大体积桥塔既有裂纹在温度疲劳荷载下扩展概率研究[D].湖北:武汉理工大学,2013.

[116] Yongle Li, Xu Huang, Jin Zhu. Research on temperature effect on reinforced concrete bridge pylon during strong cooling weather event. Engineering Structures,2022,273:141-296.

[117] 刘诚.钢-混凝土组合桥梁的温度场和温度效应研究[D].清华大学,2018.

[118] 秦顺全.常泰长江大桥主航道桥总体设计与方案构思[J].桥梁建设,2020年第50卷第3期(总第263期).

[119] Akiyama, H. Fundamentally Structural Characteristics of Integral Bridges Dissertation, Kanazawa University, January, 2008.

[120] Gara F, Leoni G, Dezi L. Slab cracking control in continuous steel-concrete bridge decks[J]. Journal of Bridge Engineering, 2013, 18(12): 1319-1327.

[121] 王桢,周建庭,廖棱等.混凝土箱体桥梁自控温装置设计与温度分析[J].科学技术与工程,2022,22(5):2100-2107.

[122] Chen Q. Effects of thermal loads on Texas steel bridges[D]. Austin: University of Texas at Austin, 2008.

[123] 元强,刘文涛,饶惠明.涂覆反射隔热涂料对高铁桥梁高墩日照温度效应的影响[J].2019,41(7):95-101.

[124] 刘文燕,耿耀明.混凝土表面太阳辐射吸收率试验研究[J].混凝土与水泥制品,2004,4:8-11.

[125] 冀磊,王鑫,周焱航.反射隔热涂料对轨道板温度及应力的影响[J].西南交通大学学报,2021,56(5):960-966.

[126] 陈帅,王安琪,常逢文.反射隔热涂料对路基上CRTSⅡ型板式无砟轨道纵向力学特性的影响[J].铁道标准设计,2020,64(2):57-62.

[127] 唐孝东,李国明,赵尚鹏,等.基于液气相变材料的混凝土箱梁结构自调温试验研究[J].科学技术与工程,2018,18(5):303-308.

[128] 丁鹏,滕钢,刘建春,等.桥梁箱体结构自调温固液相变材料的机理[J].科学技术与工程,2018,18(9):310-317.

[129] 曹伟,杨斌,田忠勇,等.混凝土坝保温保湿研究[J].应用基础与工程科学学报,2009,17(2):179-187.

[130] 宋一凡,朱季,王凌波.港珠澳大桥连续钢箱梁线形的温变影响分析[J].中国公路学报,2016,29(12):78-84.DOI:10.19721/j.cnki.1001-7372.2016.12.010.

[131] 刘江,刘永健,白永新,等.混凝土箱梁温度梯度模式的地域差异性及分区研究[J].中国公路学报,2020,33(3):73-84.DOI:10.19721/j.cnki.1001-7372.2020.03.006.

[132] 刘江,刘永健,马志元,等.钢-混凝土组合梁桥的温度梯度作用——地域差异与等值线地图[J].中国公路学报,2023,36(1):135-149.DOI:10.19721/j.cnki.1001-7372.2023.01.012.

[133] 马志元,刘江,刘永健,等.钢-混组合梁桥有效温度取值的地域差异性[J].浙江大学学报(工学版),2022,56(5):909-919.DOI:10.3785/j.issn.1008-973X.2022.05.008.

[134] 邢兵.一种利用环境温差的结构预应力综合加固法:ZL.201410747031.3[P].2016-11-23.

[136] 肖军.一种针对超静定桥梁结构的温度内力自适应控制方法:ZL.201510581616.7[P].2017-07-25.

[137] 王铁梦.工程结构裂缝控制[M].中国建筑工业出版社,1997.

[138] 方荣生.太阳能应用技术[M].中国农业机械出版社,1985.

[139] 秦顺全,徐伟,陆勤丰,等.常泰长江大桥主航道桥总体设计与方案构思[J].桥梁建设,2020,50(3):10.

[140] Rastrup E. Heat of hydration in concrete[J]. Mag Concr Res,1954,6(17):127-140.

[141] Freiesleben H P,Pedersen E j. Maturity computer for controlling curing and hardening of concrete[J]. Nordisk Betong,1977,1(19):21-25.

[142] Copeland L,E,Kant ro D l,Verbeck G. Chemistry of Hydration of Portland Cement[A]. Energetic of the Hydration of Porland Cement Part Ⅲ. Washing-ton D C:NBS Monograph,1962:453.

索 引

C
超阈值模型 … 218

D
导热系数 … 020
对流换热 … 046
等效荷载法 … 256

F
辐射换热 … 047

G
光线追踪法 … 330

J
绝热温升 … 052
极值分析 … 216

Q
晴空模型 … 035
气象相关性公式 … 207
区组模型 … 217

S
水化度 … 049

W
温度梯度 … 019
温度作用 … 102
温度作用分区地图 … 232
温度场分解 … 106

Y
有效温度 … 102

Z

逐层绘制法 ………………………………………………………………… 237

组合梁界面滑移 …………………………………………………………… 284